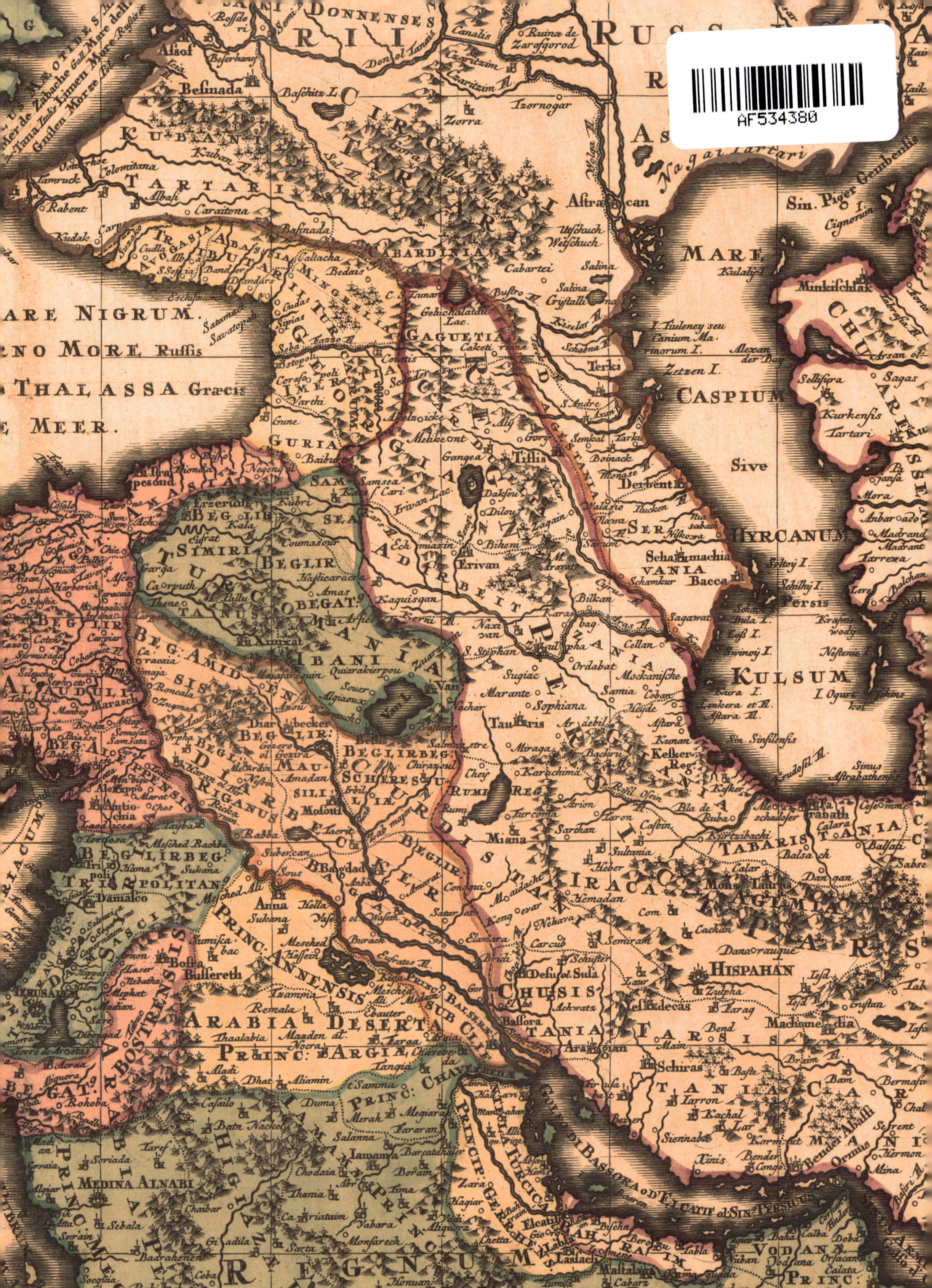

MARE NIGRUM
NO MORE Russis
THALASSA Græcis
MEER
MARE
CASPIUM
Sive
HYRCANUM
KULSUM
CIRCASSI TARTARI
KUBANI TARTARI
GAGUETIA
GEORGIA
TURCOMANIA
ARABIA DESERTA
PRINC. ANNENSIS
CHUSISTANIA
IRACA AGEMIA
FARSISTANIA
HISPAHAN
Tauris
Erivan
Tiflis
Bagdad
Damasco
Mofoul
Schiras
Astracan
Derbent
Bacca
Schamachia
AF534380

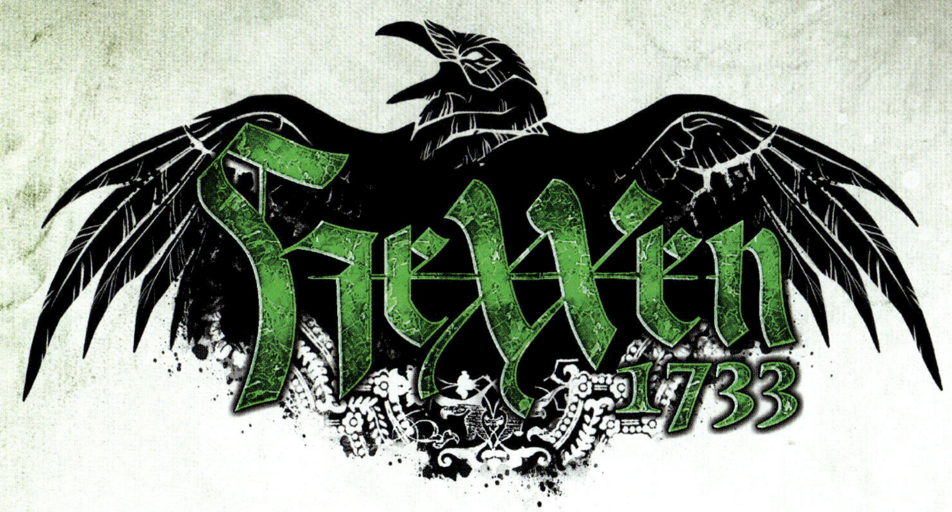

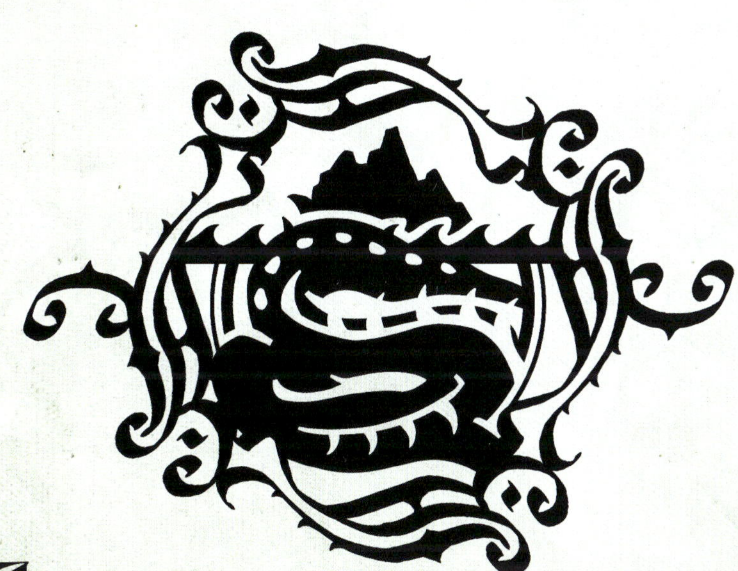

Geheimnis der Inseln

Abenteuerkampagne im Mare Monstrum

Impressum

Verlagsleitung
Thomas Michalski

Redaktion
Mirko Bader

Autoren
Raphael Brack, Bjorn Beckert, Jens Thomä, Martin Weber, Mirko Bader

Lektorat
Nils Schürmann

Künstlerische Leitung
Maik Schmidt

Cover- und Schriftdesign
Steffen Brand

Layout
Nadine Hoffmann

Illustrationen
Nicolas Arnold, Isabeau Backhaus, Helge Balzer, Steffen Brand, Carlos Diaz, Guillaume Ducos, Regina Kallasch, Andreas Lagner, Björn Lensing, Maik Schmidt

HeXXen-Logo
Steffen Brand, Nadine Schäkel

Grafik-Konzeption
Steffen Brand, Maik Schmidt

Historische Bilder
Sergej Ermolaev

Mitarbeiter Ulisses Spiele

Administration Christian Elsässer, Carsten Moos, Sven Paff, Stefanie Peuser, Marlies Plötz **Marketing** Philipp Jerulank,Björn Meyer, Katharina Wagner **Verlag** Zoe Adamietz, Jörn Aust, Mirko Bader, Steffen Brand, Simon Burandt, Christiane Ebrecht, Frauke Forster, Christof Grobelski, Kai Großkordt, Nikolai Hoch, Nadine Hoffmann, Johannes Kaub, Arne Frederic Kunz, Matthias Lück, Susanne Majewski, Thomas Michalski, Jasmin Neitzel, Markus Plötz, Elisabeth Raasch, Diana Rahfoth, Nadine Schäkel, Maik Schmidt, Ulrich-Alexander Schmidt, Nils Schürmann, Alex Spohr, Jens Ullrich, Jan Wagner **Verlag USA** Robert Adducci, Bill Bridges, Timothy Brown, Darrell Hayhurst, Eric Simon, Ross Watson **Vertrieb** Stefan Heinrichs, Jan Hulverscheidt, Stefan Tannert, Anke Zimmermann

Inhalt

Verwendete Abkürzungen
MMO Mare Monstrum Obscura

Das Geheimnis der Inseln

Ohne die Freiheit, was wärst du, Hellas?
Ohne dich, Hellas, was wäre die Welt?
– Wilhelm Müller

Was vor kurzem geschah …

Der Fischer holte sein Netz ein, aber achtete kaum auf den Fang. Ruhig saß er in dem kleinen Schiff, das leicht auf den Wellen schaukelte. Die Sonne schickte sich an, hinter den von Dunst umhüllten Bergen weit im Westen unterzugehen, und nur noch einige wenige Möwen flatterten um den einzigen Mast des Bootes.

Der Fischer schloss die Augen. „Es beginnt", murmelte er in einer längst vergessenen Sprache. Er holte tief Luft. „Sie werden kommen. Sie werden das Geheimnis erforschen, das Rätsel ergründen. Aber wo zuerst? Wo zuerst?" Seufzend erhob er sich und hielt sich am Mast fest.

Er blickte nach Norden und sandte seinen Geist aus. „Die Stadt der sieben Hügel? Die Goldene? Nein, dort wird es nicht beginnen."

Er blickte nach Osten und sandte seinen Geist aus. „Das Land der Seldschuken? Der bröckelnde Riese? Nein, auch dort wird es nicht beginnen."

Er blickte nach Süden und sandte seinen Geist aus. „Die Wiege des alten Gottes? Mythos selbst für jemanden wie mich?" Er konzentrierte sich lange. „Außenposten der Serenissima. Aber nein, auch dies ist nicht der richtige Ort."

Er blickte nach Westen und sandte seinen Geist aus. „Verfallene Ruinen unter dem Parthenon. Nein, dort ist nichts als Staub und hohle Echos." Er hielt inne. „Doch was ist mit der Geburtsstätte des Palamedes? Obgleich nur Fliegendreck auf der Landkarte, dort wird es beginnen. Ja, in Nauplia."

Der Fischer machte sich auf den Weg.

Mythen, Legenden und Schätze

Ein geheimer Schatz der legendären Tempelritter. Eine verzauberte See an der Grenze zur Anderswelt. Mächtige Feinde aus Mythen und Sagen. Ein undurchschaubares Ränkespiel zwischen einflussreichen Organisationen. Und ein Unsterblicher mit einem großen Namen. Das sind die Zutaten dieser Kampagne für HeXXen 1733, die die Jäger in ein bislang unerforschtes Territorium entsendet: die Ägäis – Teil des „Mare Monstrum", wie das Mittelmeer und seine angrenzenden Länder mit einer Mischung aus Abscheu und Faszination mittlerweile genannt werden.

Das Geheimnis der Inseln baut auf den Quellenbänden *Mare Monstrum* und *Mare Monstrum Obscura* auf und sollte in jedem Fall in Verbindung mit diesen gespielt werden, da dort viele Regionen und Monster, aber auch neue Regeln (z. B. für Seegefechte) beschrieben werden, die für die Kampagne von Bedeutung sind. Nicht zuletzt enthält *Mare Monstrum* auch eine genaue Beschreibung der *Lucrezia*, jenes Schiffes, mit dem die Jäger die Wogen des Mittelmeeres in dieser Kampagne befahren werden sowie Spielwerte der wichtigsten Monster und Gegner, auf die die Jäger treffen werden.

Das Geheimnis der Inseln führt die Gruppe kreuz und quer durch die Ägäis und das östliche Mittelmeer. Von Napoli di Romania im Westen bis nach Zypern weit im Osten. Durch Zufall gelangen die Jäger zu Beginn ihrer Reise in den Besitz kryptischer Aufzeichnungen über einen legendären Schatz, mit deren Hilfe sie dem Geheimnis der Inseln auf die Spur zu kommen versuchen. Indem sie den Hinweisen folgen, machen sie fünf Schlüsselfragmente ausfindig, die sich einst im Besitz einer kleinen Gruppe unnatürlich langlebiger Tempelritter befanden. Erst wenn die Gruppe alle Fragmente beisammen hat, kann sie das Rätsel der Inseln lösen und in Erfahrung bringen, auf welchem Eiland die Templer ihren legendären Schatz versteckt haben.

Doch die Jäger sind nicht allein. Nicht nur müssen sie an jedem der Schauplätze gefährliche Abenteuer bestehen, sie ziehen auch die Aufmerksamkeit eines venezianischen Gouverneurs auf sich, eines osmanischen Korsaren und des mysteriösen Orakelbundes.

Die Kampagne selbst ist offen aufgebaut. Die Spieler entscheiden eigenständig, in welcher Reihenfolge sie die vermeintlichen Standorte der Templergräber ansteuern und wie sie die jeweiligen Einzelepisoden dort erleben.

Zwischen den Abenteuern jedoch sind die Gegenspieler der Gruppe am Zug. Je nachdem, wie die Episoden enden, sind dabei verschiedene Entwicklungen möglich. Der HeXXenmeister sollte stets darauf achten, dass die Spieler immer das Gefühl haben, die Handlung der Kampagne entscheidend beeinflusst zu haben – sie sind nicht nur Spielball größerer Mächte, sie sind Impulsgeber. Die Entwicklungen und Verflechtungen der Episoden werden nachfolgend in diesem ersten Abschnitt „Einleitung" beschrieben.

Das Geheimnis der Inseln ist zwar für Startspieler geeignet, erfordert aber vom HeXXenmeister einen erhöhten Aufwand in punkto Vorbereitung und zudem etwas Improvisationstalent, da dieses Buch unmöglich alle denkbaren Entwicklungsmöglichkeiten der Handlung abdecken kann.

Vorgeschichte der Kampagne

1098 wird Antiochia im Verlauf des Ersten Kreuzzugs durch europäische Kreuzfahrer erobert. Doch die Freude über den Sieg währt nur kurz, denn ein muslimisches Entsatzheer belagert wenig später die Stadt. Die christlichen Verteidiger leiden Hunger. Erst der Fund der sogenannten Heiligen Lanze von Antiochia sorgt dafür, dass die Eingeschlossenen sämtliche Kraftreserven mobilisieren: Sie wagen einen verzweifelten Ausfall, und tatsächlich gelingt es ihnen, die zahlenmäßig weit überlegenen Gegner zu besiegen. Nachdem zuvor bereits die Grafschaft Edessa gegründet worden war, wird das Fürstentum Antiochia zum zweiten Kreuzfahrerstaat.

1099 erobern die Kreuzritter auch Jerusalem und rufen dort das gleichnamige Königreich aus. Etwa 20 Jahre später gründen sie in der einstigen Stadt Davids den Templerorden. Die Ordensmitglieder, gleichzeitig Krieger wie Mönche, verschreiben sich dem Schutz der Pilger, die nun in Scharen ins Heilige Land strömen. Gleichzeitig gründen sie in Europa, vor allem in Frankreich, Spanien und England, zahlreiche Komtureien. Der Reichtum des Ordens wächst zusehends, was wiederum dazu führt, dass die Templer mehr und mehr im Finanzgeschäft tätig werden. Das in Europa gesammelte Geld wird in großen Ladungen zu den Ordenshäusern in Outremer geschafft, die immer mehr dazu dienen, die gewaltigen Summen sicher zu verwahren.

Zum Schatz der Templer gehört auch die Heilige Lanze von Antiochia. Sie hat für den Orden mehr oder weniger sentimentalen Wert. Dass es sich wahrhaftig um jene Lanze handelt, die dem gekreuzigten Jesus in die Seite gestoßen wurde, glaubt niemand. Trotzdem gilt sie als Symbol für die Unbeugsamkeit der Kreuzritter.

Im 13. Jahrhundert gehen die Kreuzfahrerstaaten im Heiligen Land nacheinander unter. Die letzte Bastion der Templer, die Insel Aruad vor der syrischen Küste, muss 1302 aufgegeben werden. Kurz vor dem Fall der Festung werden fünf der letzten verbliebenen Ordensbrüder damit beauftragt, den Templerschatz sicher nach Europa zu bringen. Doch ihr Schiff kentert, und die Ritter stranden an der Küste von Rhodos. Zwar gehört die Insel nominell zum befreundeten Byzanz, doch die Templer haben Angst davor, dass die Reichtümer des Ordens gestohlen werden, und verbergen sie in einer Grotte an der Küste.

Einige Tage lang versuchen sie, auf Rhodos ein neues Schiff zu organisieren, und erfahren dabei von der wachsenden Aversion des französischen Königs gegenüber dem Templerorden (1307 wird

Outremer

„Outremer" ist ein anderer Begriff für die sogenannten Kreuzfahrerstaaten, die von den christlichen Rittern im Verlauf des Ersten Kreuzzugs in der Levante gegründet wurden: die Grafschaft Edessa, das Fürstentum Antiochia, das Königreich Jerusalem und die Grafschaft Tripolis. „Outremer" bzw. „outre mer" bedeutet auf Altfranzösisch nichts anders als „jenseits des Meeres" oder „Übersee".

es zur Anklage kommen, 1312 zur Auflösung). Unter diesen Bedingungen fassen die fünf Ritter den schweren Entschluss, nicht nach Europa zurückzukehren und den Schatz stattdessen an einem sicheren Ort zu verbergen.

Als sie zu der Grotte zurückkehren, um ihr Vorhaben in die Tat umzusetzen, treffen sie dort auf einen seltsamen Fischer. Sie unterhalten sich mit ihm und finden in seinen Worten Erleuchtung. Sie ahnen nicht, dass sie in Wahrheit Longinus vor sich haben, jenen römischen Legionär, der der Legende nach seinen Speer in die Seite des gekreuzigten Jesu trieb – und somit den Mythos der Heiligen Lanze erst ins Leben rief. Longinus ist ein Unsterblicher; kein Heiliger (zu dem er später werden soll), sondern ein Verfluchter, dem die Gnade des Todes und des ewigen Lebens an der Seite Gottes verwehrt blieb. Seit 1300 Jahren versucht er, Erlösung zu finden, die ihm jedoch bislang nicht gewährt wurde. In den fünf Tempelrittern sieht er eine weitere Möglichkeit, Buße zu tun. Er überzeugt sie, ihren Schatz für das Gute einzusetzen und nicht für eine kirchliche Organisation. Zu diesem Zweck unterweist er die ihm demutsvoll ergebenen Ritter mehrere Jahre lang, während die versteckten Reichtümer auf Rhodos verbleiben.

Dies ändert sich erst 1309, als der Hospitaliterorden die Insel erobert. Die Nähe zu den papsttreuen Rittern verunsichert die fünf Templer. Sie laden den Schatz in eine kleine Schaluppe und bringen ihn auf die Insel Santorin. Dort verbergen sie ihn in einer unterirdischen Kammer und schaffen einen fünfteiligen Schlüssel, dessen einzelne Fragmente von Longinus gesegnet werden – und durch die Macht des Unsterblichen die Lebenserwartung ihrer Besitzer um ein Vielfaches verlängern. Außerdem bildet der Schlüssel einen Hinweis auf das Versteck des Templerschatzes: In jedem Fragment sind scheinbar willkürliche und sinnlose Zeichen eingraviert. Erst wenn man alle Teile zusammenfügt, leuchten fünf Buchstaben auf und ergeben die Worte „Santa“ auf der Querachse und „Irini“ auf der Längsachse, den einst gebräuchlichen venezianischen Namen der Insel Santorin.

Während der folgenden Jahrhunderte sind die fünf langlebigen Templer in der Ägäis und im Heiligen Land tätig, sie helfen den Armen, unterstützen die Schwachen und gründen mit den „Wächtern des Tempels“ (auch nur „Tempelwächter“ genannt) eine Organisation, die sich der Wahrung des Friedens verschreibt. Der Schatz ihres Ordens schwindet dabei immer mehr, bis zuletzt nichts mehr übrig ist – außer der Heiligen Lanze von Antiochia.

Mit der Zeit lässt auch Longinus' Segen in den Schlüsselfragmenten nach und die Tempelritter sterben einer nach dem anderen. Jeder wird mit seinem Teil des Hinweises begraben.

Jüngere Entwicklung

Als schwedische Söldner 1640 im Schwarzwald das Tor zur Hölle aufstoßen, stirbt der letzte noch lebende der fünf Ritter, Guillaume de Borgonde, im Felsenkloster Amorgos. Sein Tod wird von den Tempelwächtern als Omen aufgefasst, da sich zeitgleich ein Durchgang zu einem uralten Labyrinth unter dem Kloster auftut. Erste Erkundungsversuche des scheinbar wirren Gangsystems verlaufen ins Leere. Erst als später die Nachricht nach Amorgos dringt, dass Rom unter dem Ansturm von Dämonen gefallen sei, befürchtet man, dass auch die Schriften und Artefakte hier nicht mehr sicher seien. Die Tempelwächter dringen immer tiefer in den felsigen Untergrund der

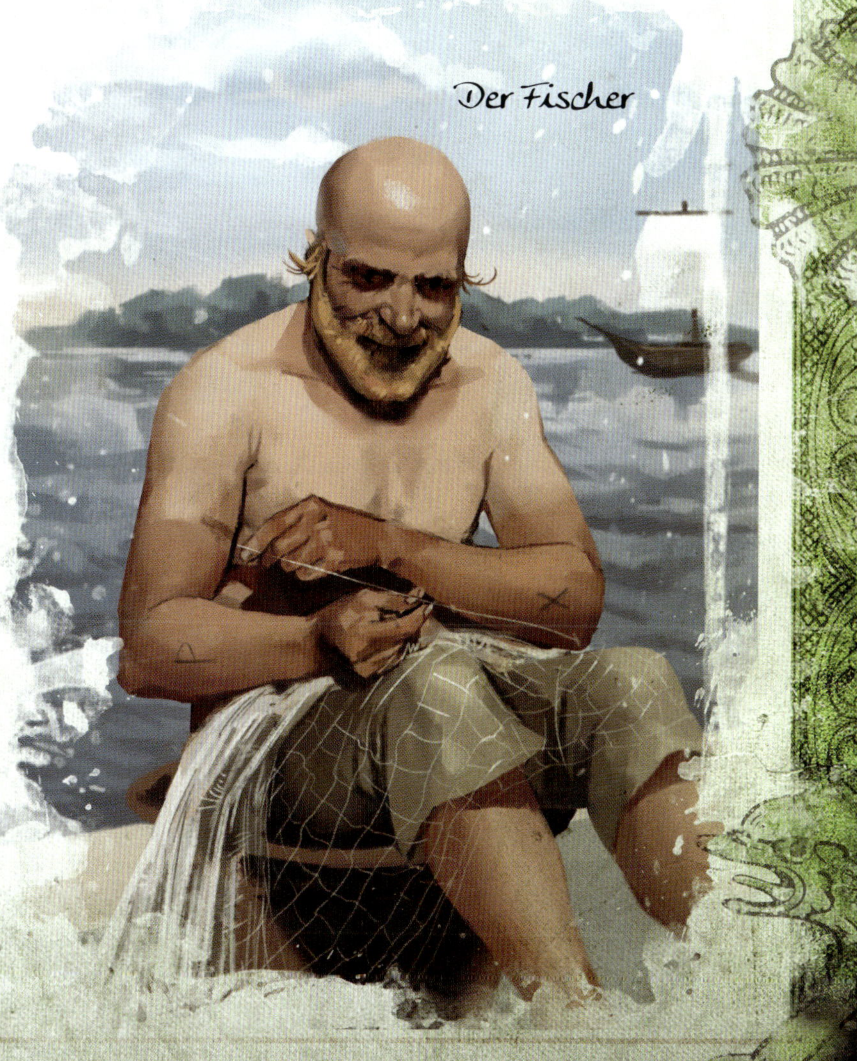

Insel vor, um ihr Wissen dort zu verbergen, und katalogisieren gleichzeitig die über Jahrhunderte gewachsene Sammlung. Dabei stoßen sie auf uralte Aufzeichnungen ihrer Gründer, die von einem gewaltigen Schatz berichten – und sie finden ein Schlüsselfragment im Nachlass des verstorbenen de Borgonde. Doch die Tempelwächter kommen nicht mehr dazu, die versteckten Reichtümer zu suchen. Bei ihrer Erkundung des Labyrinths überwinden sie die Grenzen zwischen dem Diesseits und der Anderswelt und entdecken das verfluchte Volk der Tantaliden.

Die blassen Dämonen begleiten die Tempelwächter in die Sphäre der Menschen, nisten sich im Herz der Organisation ein und übernehmen sie Stück für Stück, bis aus der ehemaligen Friedensbewegung der sogenannte Orakelbund hervorgeht. Die Tantaliden finden die Aufzeichnungen de Borgondes und beginnen damit, die anderen vier Schlüsselfragmente zu suchen. Doch sie haben wenig Erfolg. Hinzu kommt, dass um 1723 ihr eigenes Schlüsselfragment von Verrätern gestohlen und fortgebracht wird. Dennoch hält der Orakelbund an dem Plan fest, die Reichtümer des Templerordens in seinen Besitz zu bringen.

Vor wenigen Wochen werden die Tantaliden ein weiteres Mal hintergangen: Marcos Papadakis, ein Spion der Orakeljünger, verkauft sein Wissen über den vergessenen Schatz an den berüchtigten Barbaresken-Korsaren Feysal Bey, der sich seinerseits auf die Suche nach den Schlüsselfragmenten macht. Der Orakelbund weiß,

Die fünf Templer

- **Gilbert de Chartres** verstirbt auf Rhodos im Jahre 1520. Seine Gebeine werden in einer Kirche der Hospitaliter beigelegt. Nur zwei Jahre später vertreiben die Osmanen die Ordensbrüder von der Insel und reißen das Gotteshaus ab. Die Gebeine (und mit ihnen das Schlüsselfragment) erwirbt ein osmanischer Kaufmann. Über Umwege gelangten sie vor kurzem in den Besitz des Korsaren Feysal Bey.

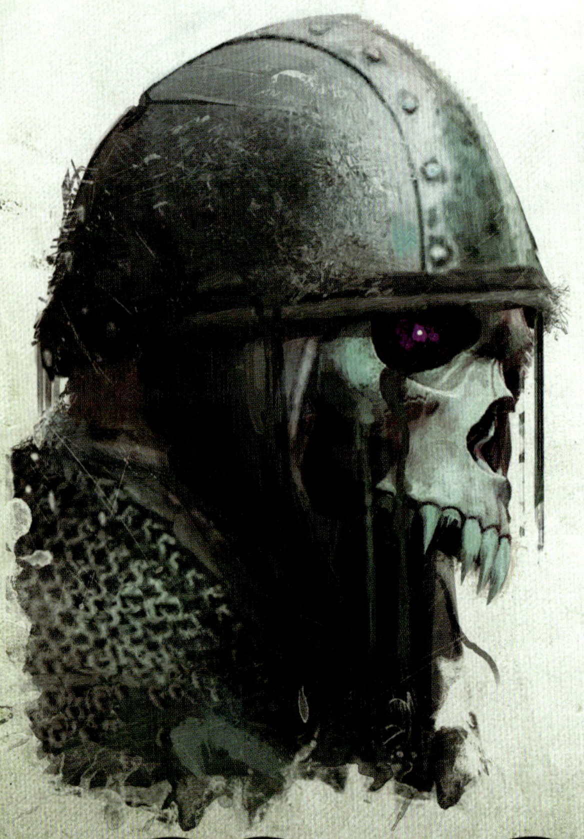

- **Sir John-Arthur, Baron Clinton,** stirbt um 1530 auf Kreta, nachdem er sich dort lange für die unterdrückten Inselbewohner eingesetzt hatte. Seine sterblichen Überreste werden mit dem Schlüsselfragment in einer Höhle bestattet. Dort liegen sie noch immer, bewacht von den Bewohnern eines christlich-orthodoxen Klosters.
- **Godewyn de Mol** scheidet 1456 in Athen aus dem Leben. Seine Leiche und das Schlüsselfragment werden unter dem Parthenon begraben und geraten in Vergessenheit.
- **Armand de Sonnac** segnet das Zeitliche 1630 auf Zypern. Er wird mitsamt seines Schlüsselfragments in Lefkoşa beigesetzt, in jenen Katakomben, auf denen etwa 10 Jahre später die Ritter vom Heiligen Grab nach der Machtergreifung ihre Ordensburg errichten. Doch die tyrannischen Herrscher werden 1700 im Rahmen eines Aufstands von der Insel vertrieben. Heute befindet sich die Burg im Besitz des Dionysoskultes und somit von Hexen.
- **Guillaume de Borgonde** begibt sich um 1400 ins Felsenkloster Amorgos und lenkt von dort aus die im Entstehen begriffenen Tempelwächter – Vertraute der fünf Ritter, die für die Wahrung des Friedens eintreten und überall in der bekannten Welt Wissen sammeln, das sie in Form von Schriftrollen und Büchern in den sogenannten Tempel unter dem Felsenkloster auf Amorgos schicken. Er stirbt 1640.

dass nun Eile geboten ist, denn Feysal Bey ist ein skrupelloser Spürhund. Der Bund beauftragt einen ihrer Jünger, Marino di Alessia, eine bekannte Schatzjägerin anzuwerben: Carlotta d'Ambrosio. Sie soll das verlorene Schlüsselfragment wiederbeschaffen und nach den übrigen vier Ausschau halten. Carlotta ist die Tochter von Cosimo Calergi, dem Gouverneur des venezianischen Königreiches Morea auf der Peloponnes. Vor Jahren distanzierte sie sich von ihrem skrupellosen Vater, als sie herausfand, dass er in den Handel mit Menschen verwickelt war. Sie änderte ihren Nachnamen und verdiente sich als Abenteurerin ihre Sporen. Ihrem Vater gefiel das allerdings wenig, da Carlotta seine beste Helferin beim Aufspüren magischer Artefakte war. Seitdem versucht Cosimo, seine Tochter ausfindig zu machen und wieder für sich zu gewinnen.

Über den Schatzjägerring bringt Carlotta in Erfahrung, dass ein Schlüsselfragment in der mysteriösen Gasse der Wunder in Konstantinopel aufgetaucht ist. Sie bricht unverzüglich auf, ahnt jedoch nicht, dass ihr Cousin Eduardo Calergi ihre Spur aufgenommen hat. In den engen Gassen Konstantinopels trifft sie auf ihren Cousin und ist gezwungen, zu fliehen – bevor sie das Schlüsselfragment erwerben kann. Auf der Flucht kapert sie das Schiff ihres Cousins, die *Lucrezia*. Mit ihrer eigenen Mannschaft verwegener Seefahrer und Schatzsucher segelt sie vondannen.

Feysal Bey, der zuvor ebenfalls von dem Fragment erfahren hatte, nutzt die Situation aus und bringt den Schlüssel in seinen Besitz. Gleichzeitig wird er auf Carlotta aufmerksam und gibt Anweisungen, dass jede Nachricht über ihren Verbleib direkt an ihn gemeldet wird.

Carlotta segelt nach Napoli di Romania, wo sie sich mit dem Agenten des Orakelbundes treffen will, um ihm von ihrem Versagen zu berichten. Dort befinden sich auch die Jäger.

Die Jäger

Das Geheimnis der Inseln ist für eine neue Gruppe von Jägern der Stufe 2 ausgelegt, bei erfahrenen Spielern kann der HeXXenmeister diese auch Charaktere der Stufe 3 erschaffen lassen. Am sinnvollsten ist es, wenn es sich bei der Gruppe selbst um Schatzjäger handelt bzw. um Abenteurer, die materiellem Wohlstand in Form von vergessenen Reichtümern nicht abgeneigt sind. Bei der Zusammenstellung der Gruppe sollte man auf eine gute Mischung verschiedener Rollen und Professionen achten.

Aufgrund des maritimen Themas der Kampagne ist es empfehlenswert, wenn mindestens ein Jäger die neue Rolle „Seefahrer" aufweist (siehe: *Mare Monstrum*, S. 112). Dies ist jedoch nicht zwingend notwendig, da die wesentlichen Aufgaben auf dem Schiff (beim Reisen oder während eines Seegefechts) auch von der Crew der *Lucrezia* übernommen werden können. Besitzt ein Jäger allerdings die Fertigkeit „Schiffsnavigation", sollte der HeXXenmeister dafür sorgen, dass diese zur Anwendung kommt. Vielleicht wurde der Navigator des Schiffes durch eine schwere Wunde außer Gefecht gesetzt oder der Jäger konnte sich durch kluge Anweisungen gegenüber der Mannschaft behaupten.

Darüber hinaus sind die ebenfalls in *Mare Monstrum* vorgestellten Professionen „Schatzjäger" und „Seeräuber" ideal für die Kampagne geeignet. Der Assassine und der Johanneus-Bruder hingegen sind sehr speziell und passen womöglich nicht zu jeder Gruppenkonstellation. Vor allem jedoch wenn die Gruppe eher zu einer moralischen Grauzone tendiert, sind durchaus Konstellationen aus Seeräuber und Assassine ergänzt durch beliebige andere Professionen denkbar.

Wenn die Spieler die Vorgeschichte ihrer Gruppe nicht ausspielen oder detailliert ausgestalten möchten, können sie stattdessen den Gruppenprolog „Schatzjäger" wählen, der unten vorgestellt wird (mehr zu Gruppenprologen in der *Fibel des Jägerhandwerks*).

Schwierigkeit und Stufenaufstieg

Aufgrund des sandboxartigen Aufbaus der Kampagne ist es schwer vorhersehbar, auf welcher Stufe sich die Jäger beim Erreichen der jeweiligen Schauplätze befinden (mit Ausnahme der ersten Episode „Napoli di Romania"). Wir empfehlen, nach jeder der fünf Hauptepisoden sowie des Finales einen Stufenanstieg stattfinden zu lassen, wodurch sich die Jäger am Ende der Kampagne auf Stufe 8 oder 9 befinden.

Damit die Kämpfe während der Abenteuer spannend und herausfordernd werden, ist die Improvisationsgabe des HeXXenmeisters gefragt. Er sollte sich nicht scheuen, beispielsweise die Lebenspunkte von Anführergegnern zu reduzieren bzw. zu erhöhen, wenn sie sich nach der ersten Kampfrunde als zu schwierig oder zu leicht erweisen.

Auch kann die Zahl der Bandengegner in beide Richtungen angepasst werden, um der Stärke der Gruppe Rechnung zu tragen. Ein probates Mittel ist es, für die Berechnung von Nsc-Werten und -Kräften die Jz um 1 zu erhöhen oder zu reduzieren, was automatisch Auswirkungen auf die LeP von Anführern und die Menge beschworener Bandengegner hat.

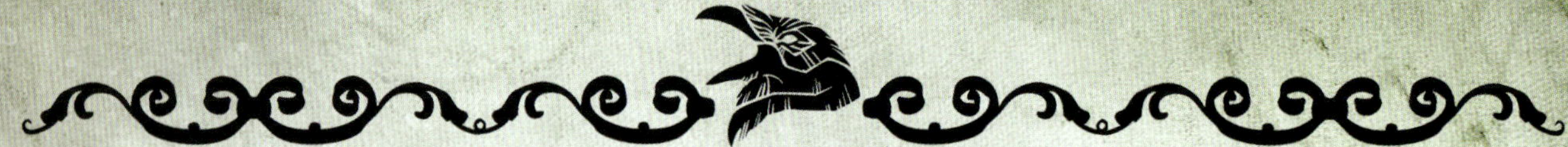

Gruppenprolog: Schatzjäger

Jung, enthusiastisch und völlig abgebrannt: So lässt sich die Ausgangslage der Jäger beschreiben. Aber schließlich gibt es mannigfaltige Möglichkeiten, etwas an diesem Zustand zu ändern und zu Geld zu kommen – vor allem im Mare Monstrum. Hier liegen die wertvollen Überreste vieler vergangener Zeitalter verborgen und locken mit schnellem Reichtum, sofern man bereit ist, einige Risiken einzugehen bei der Suche nach antiken Schätzen, Artefakten und uraltem Wissen. In den Ruinen und vergessenen Höhlen lauert so manche Gefahr aus Mythen und Sagen auf die Schatzjäger – doch wen stört das, wenn man die Beute später für einen guten Preis in der Gasse der Wunder verkauft?

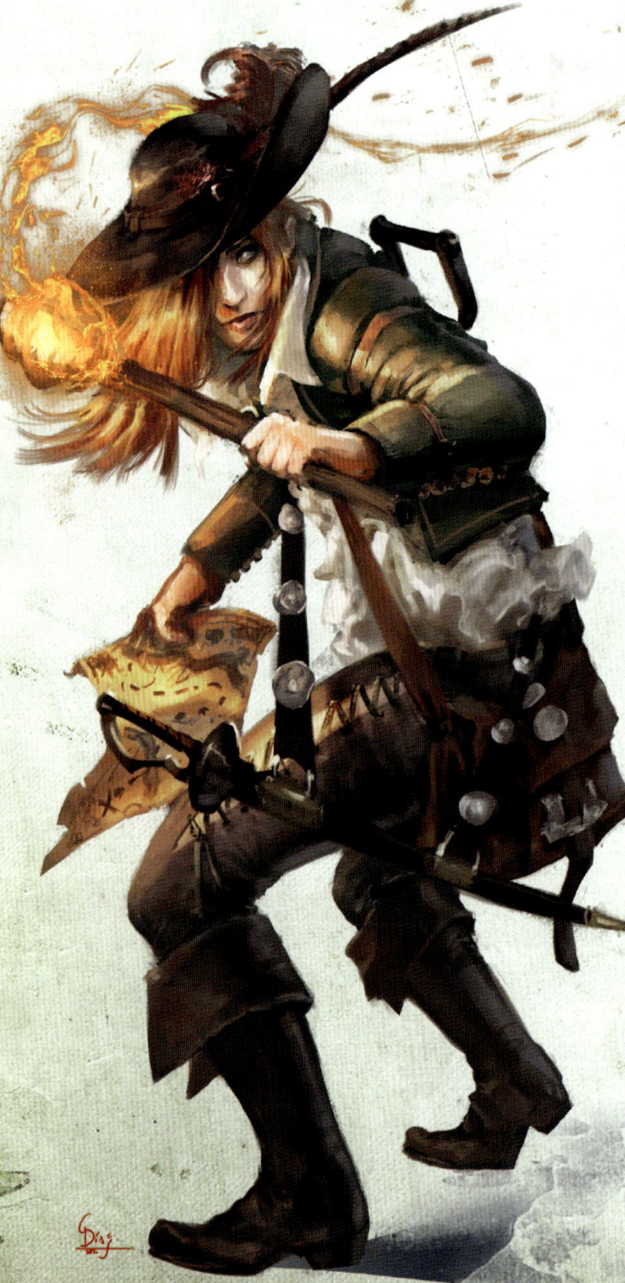

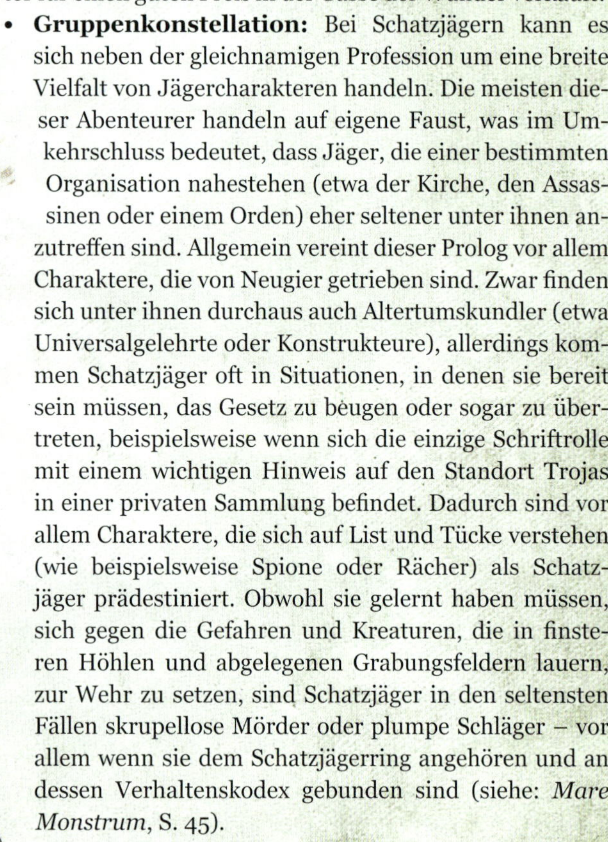

- **Gruppenkonstellation:** Bei Schatzjägern kann es sich neben der gleichnamigen Profession um eine breite Vielfalt von Jägercharakteren handeln. Die meisten dieser Abenteurer handeln auf eigene Faust, was im Umkehrschluss bedeutet, dass Jäger, die einer bestimmten Organisation nahestehen (etwa der Kirche, den Assassinen oder einem Orden) eher seltener unter ihnen anzutreffen sind. Allgemein vereint dieser Prolog vor allem Charaktere, die von Neugier getrieben sind. Zwar finden sich unter ihnen durchaus auch Altertumskundler (etwa Universalgelehrte oder Konstrukteure), allerdings kommen Schatzjäger oft in Situationen, in denen sie bereit sein müssen, das Gesetz zu beugen oder sogar zu übertreten, beispielsweise wenn sich die einzige Schriftrolle mit einem wichtigen Hinweis auf den Standort Trojas in einer privaten Sammlung befindet. Dadurch sind vor allem Charaktere, die sich auf List und Tücke verstehen (wie beispielsweise Spione oder Rächer) als Schatzjäger prädestiniert. Obwohl sie gelernt haben müssen, sich gegen die Gefahren und Kreaturen, die in finsteren Höhlen und abgelegenen Grabungsfeldern lauern, zur Wehr zu setzen, sind Schatzjäger in den seltensten Fällen skrupellose Mörder oder plumpe Schläger – vor allem wenn sie dem Schatzjägerring angehören und an dessen Verhaltenskodex gebunden sind (siehe: *Mare Monstrum*, S. 45).
- **Optionale Gruppenregel:** Alle Gruppenmitglieder haben sich für ihre Arbeit als Schatzjäger vielfältige Kenntnisse angeeignet – seien sie auch noch so obskur. Jeder Charakter erhält zu Beginn der Kampagne 1 Wissenspunkt, den er ausgeben kann, um in einer bestimmten Situation über genau das Wissen zu verfügen, das gerade benötigt wird. Der Jäger könnte eine Schriftrolle in einer toten Sprache entziffern, mit Informationen über eine untergegangene Kultur glänzen, sich mit einem legendären Monster, verschollenen Schiffen, vergessenen Schätzen, okkulten Praktiken oder Vergleichbarem auskennen. Wird der Wissenspunkt ausgegeben, muss der HeXXenmeister alle verfügbaren, situationsspezifischen Informationen preisgeben. Eine Probe ist nicht erforderlich.

Die fünf Schlüsselfragmente

Jedes der fünf Fragmente ist ungefähr 10 Zentimeter lang, aus Gusseisen gefertigt und teilweise schartig oder abgewetzt. Hält man alle Einzelteile zusammen, leuchten fünf Buchstaben auf und ergeben das Wort „Santa“ auf der Querachse sowie „Irini“ auf der Längsachse.

Alle fünf Schlüsselfragmente sind in *Handout #5* dargestellt. Es empfiehlt sich, das Handout zu kopieren (oder von der Ulisses-Website herunterzuladen und auszudrucken) und in die einzelnen Teile zu zerschneiden. Welches Fragment die Jäger in einer Episode finden, ist unwichtig. Der HeXXenmeister kann der Gruppe ein beliebiges Fragment nach Abschluss jedes Abschnitts austeilen. Der Schlüssel entfaltet erst dann seine Funktion, wenn alle Fragmente so angeordnet werden, dass sie eine Art Kreuzschwert bilden (siehe Abbildung). Die vielen mysteriösen Details und Zeichen dienen nur der Irreführung.

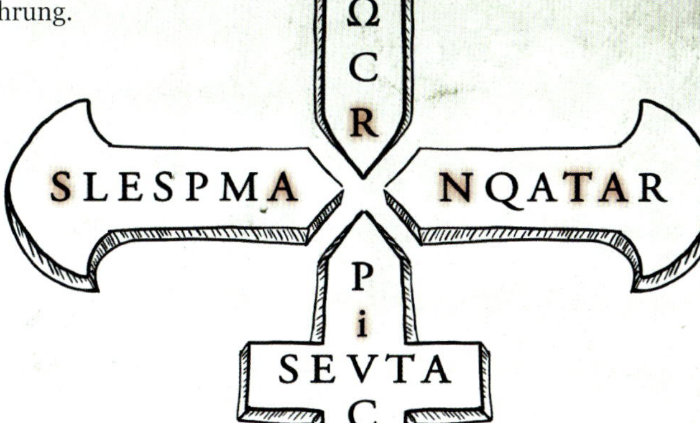

Übersicht über die Kampagne

Das Geheimnis der Inseln besteht aus fünf Episoden, die jeweils ein in sich geschlossenes Abenteuer darstellen und in beliebiger Reihenfolge gespielt werden können. Einzig die Episode „Napoli di Romania“ muss zwingend als Erstes stattfinden, da sie die Jäger überhaupt erst auf die Suche nach dem Templerschatz schickt. Abgesehen von dieser ersten Episode können die übrigen auch losgelöst von der Kampagne gespielt werden. Die Jäger treten in diesem Fall als Schatzjäger in Erscheinung, die nach einem beliebigen Artefakt suchen, das das jeweils am Ende der Episode gefundene Schlüsselfragment ersetzt. Außerdem kann der HeXXenmeister die einzelnen Abenteuer beliebig ausbauen, indem er sich von den Beschreibungen in *Mare Monstrum* und *Mare Monstrum Obscura* inspirieren lässt oder eigene Ideen entwickelt. Einige Vorschläge für weitere Nebenhandlungen finden sich im Anhang ab S. 104 (siehe unten).

Episode „Napoli di Romania“

Nachdem Carlotta d'Ambrosio die *Lucrezia* in Konstantinopel gekapert und mit ihrer eigenen Mannschaft aus Schatzjägern bemannt hat, kehrt sie nach Napoli di Romania zurück. Hier will sie sich mit ihrem Verbindungsmann des Orakelbundes, Marino di Alessia, treffen, um ihm vom Scheitern ihrer Mission zu berichten. Gleichzeitig sind aber auch Assassinen des skrupellosen ägyptischen Zweigs anwesend, die von Feysal Bey angeworben wurden, um Carlotta zu folgen und ihr alle Informationen über die Schlüsselfragmente zu entreißen. In der Stadt angekommen, trifft Carlotta den Orakeljünger in einer Hafenkaschemme – just in dem Moment, als dort auch die Jäger anwesend sind. Marino bekommt ob des Scheiterns der Schatzjägerin kalte Füße und beschließt, die Mitwisserin aus dem Weg zu räumen. Mithilfe eines alten Zauberbuchs beschwört er Schaitane. Den Kampf gegen die Dämonen kann Carlotta nur gewinnen, indem die Jäger eingreifen. Als diese die junge Frau daraufhin zu Marino begleiten, werden sie Zeuge, wie dieser von einem der finsteren Assassinen getötet wird. Der Meuchelmörder liefert sich ein Gefecht mit den Jägern, kann aber besiegt oder vertrieben werden. Im Gepäck des toten Marino entdeckt die Gruppe nicht nur die Materialien zur Dämonenbeschwörung, sondern auch einen Brief des Orakelbundes (*Handout #1*) sowie eine Abschrift mit kryptischen Hinweisen zu fünf Tempelrittern und einem mysteriösen Schatz (*Handout #2*). Als Carlotta zu ihrem Schiff zurückkehrt, lauert ihr dort einer von Feysal Beys Häschern auf: Ein weiterer Assassine bedroht den Kapitän und verlangt von der Schatzjägerin, mit ihm zu kommen. Welches Ende die Episode auch nimmt, in jedem Fall können die Jäger mit der *Lucrezia* aufbrechen, um das Rätsel um den Schatz der Tempelritter zu lösen.

Informationen vor der Ankunft

Bevor die Jäger eine neue Insel erreichen, bietet es sich an, sie eine Probe auf Land und Leute ablegen zu lassen, um zu bestimmen, was sie bereits über den Zielort wissen. Die entsprechenden Informationen finden sich im Kasten „Jägerwissen“ des jeweiligen Kapitels im Band *Mare Monstrum*.

Die weiteren Episoden (mit Ausnahme des Finales) können in beliebiger Reihenfolge stattfinden. Je nachdem, welches Ziel die Jäger als Nächstes ansteuern möchten.

Episode „Amorgos"

Auf Amorgos werden die Jäger auf perfide Weise von den dämonischen Tantaliden manipuliert, den geheimen Machthabern des Orakelbundes. Diese schleusen eine Doppelagentin in die Gruppe ein, die die Jäger dazu bringen soll, das gestohlene Schlüsselfragment für den Bund wiederzubeschaffen. Dieses befindet sich im Besitz eines verfluchten Geisterkapitäns namens Willem van Teehlen, der den Jägern gegenüber allerdings erstaunlich freundlich eingestellt ist und sogar zu deren Verbündeten werden kann – sofern sie eine Aufgabe für ihn erfüllen, die sie kreuz und quer durch die Ägäis führt.

Episode „Kreta"

Auf Kreta kommen die Jäger mit dem Widerstand in Kontakt, der sich gegen die venezianischen und osmanischen Herrscher auflehnt. Auch der gesuchte Tempelritter Sir John-Arthur war im Widerstand tätig und ging als „O ippótis" (griech. „der Ritter") in die Annalen der Einheimischen ein. Die Episode ist vergleichsweise offen gehalten: Die Jäger können verschiedenen Handlungsfäden folgen, um schließlich in die von O ippótis gegründete Schule zu gelangen, in der sie alte Aufzeichnungen des Baron Clinton finden, die etwas Licht in die Vorgeschichte der Tempelritter bringen (*Handouts #3* und *#4*). Alle Handlungsfäden führen zum Felsengrab des Ritters in der Lasithi-Hochebene, wo eine Gorgone ihr Unwesen treibt.

Episode „Athen"

Dreh- und Angelpunkt in Athen ist Michel Fourmont „der Verrückte Franke", ein exzentrischer Altertumsforscher im Dienst von Cosimo Calergi. Jüngst ging der Franzose bei seinen Forschungen zu weit und wurde von der osmanischen Obrigkeit gefangen genommen. Indem die Jäger ihn retten, haben sie einen Verbündeten an der Hand, der ihnen wertvolle Hinweise liefern kann. Doch ob mit oder ohne seine Hilfe, kann die Gruppe das Rätsel des Uhrenturms lösen und in die unterirdischen Kammern des Parthenon vorstoßen, wo sich das Schlüsselfragment Godewyn de Mols befindet. Ein Hindernis allerdings stellt ein Orden von Derwischen dar, der sich in dem alten Bauwerk niedergelassen hat.

Episode „Zypern"

Auf Zypern herrscht der Hexenkult des Dionysos. Direkt nach ihrer Ankunft erleben die Jäger mit, wie rigoros dieser gegen Andersdenkende und Rebellen vorgeht. Aus diesem Grund muss die Gruppe in dieser Episode möglichst unauffällig vorgehen. Gleich zwei Auftraggeber, darunter ein wahnsinniger Vampir, buhlen darum, dass die Jäger ihnen einen Gefallen tun – wodurch sie sich schließlich Zugang zum Palast der Mänaden verschaffen können, in deren Schatzkammer sich das Schlüsselfragment befindet.

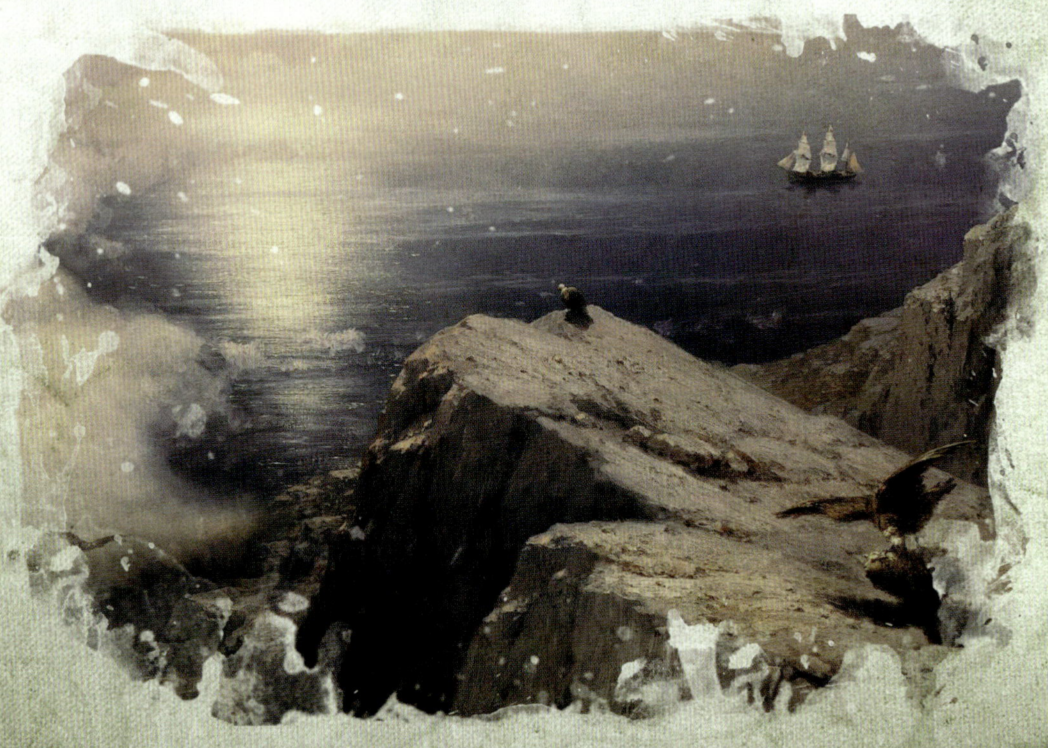

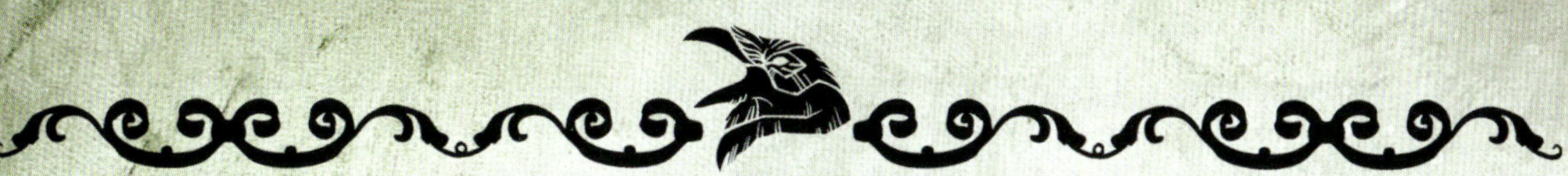

Das Rätsel der Inseln

In der ersten Episode werden die Jäger in den Besitz von Notizen kommen, die Marino di Alessia zu de Borgondes Rätsel um die Standorte der Templergräber anfertigte. Sie sind als *Handout #2* im Anhang aufgeführt. Damit der HeXXenmeister nicht lange rätseln muss, folgt hier die Auflösung.

Insel der Frommen. Rückkehrer aus dem Heiligen Land. Gesichert hinter hohen Mauern, den Mameluken trotzend. Insel der Sonne. Des wahren Glaubens Eiland. Tief verborgen im sakralen Schatten der Trutzburg ruht das Grab des Gilbert de Chartres.

- Die Templer galten zwar als fromm, doch zu Zeiten der Kreuzfahrer waren viele Ritterorden im Heiligen Land tätig. Unter anderem die Hospitaliter, die sich ab 1309 auf der Insel Rhodos niederließen, der sogenannten Insel der Sonne (nicht umsonst ist der berühmte Koloss von Rhodos ein Abbild des Sonnengottes Helios). Das Grab von Gilbert de Chartres befand sich in der Krypta der Hospitaliterkirche unmittelbar neben dem Großmeisterpalast (der „Trutzburg"), die jedoch später von den Osmanen geplündert und zerstört wurde. Da Guillaume de Borgonde davon nie erfuhr, enthält sein Rätsel noch diesen irreführenden Hinweis. In Wirklichkeit wurde das Fragment über Jahrhunderte weitergegeben und gelangt vor kurzem in Konstantinopel in den Besitz Feysal Beys.

Insel des geflügelten Löwen. Wo der Orient auf den Okzident trifft. Vor 1400 zehnmal aufbegehrend und zehnmal niedergeschlagen. Wo alte Säulen die Zeiten überstehen. Auf ewig schlummernd in den Bergen, der tapfere Ritter Sir John-Arthur, Baron Clinton, Streiter für die Unterdrückten.

- Gesucht wird eine Insel, die bereits zur Zeit des Guillaume de Borgonde unter venezianischer Herrschaft stand und auf der es im 13. Jahrhundert zu zehn Aufständen kam. Das trifft allein auf Kreta zu, wobei nur ein Geschichtsgelehrter wie beispielsweise Michel Fourmont von den Aufständen weiß.

Stolze Säulen in der Oberstadt. Altare reicher Götterwelten, dem Heiden Ort der Anbetung. Godewyn de Mol, begraben im goldgelben Lichte in des Berges Eingeweide. Der richtige Wind zeigt den Weg.

- Di Alessia vermutet in seinen Notizen, dass Athen gemeint ist – und liegt damit vollkommen richtig. Er begeht jedoch einen Denkfehler, indem er anführt, dass Athen von den Venezianern beschossen und zerstört wurde. Das geschah aber erst 1687, als Guillaume de Borgonde bereits 47 Jahre tot war. Das goldgelbe Licht hat nichts mit Kornfeldern zu tun, sondern beschreibt das legendäre „attische Licht", das bereits in der Antike gepriesen wird. „Des Berges Eingeweide" weist auf einen unterirdischen Ort hin. „Der richtige Wind zeigt den Weg" meint den Turm der Winde, von dem aus man in die verborgene Kammer gelangt.

Lateinisches Königreich von Wellen umschlossen. Das Herz des Löwen legte den Grundstein. Wo die Kauffahrerrepubliken ihren Krieg ausfochten, bis zunächst die westliche gewann. Wo die Spuren der Templer im Staube vergehen. Armand de Sonnac, mein treuer Freund, möge es dir im Grabe besser ergehen.

- Der entscheidende Hinweis auf die gesuchte Insel („von Wellen umschlossen") ist das „Herz des Löwen", mit dem niemand anderes als Richard Löwenherz gemeint ist und nicht der Markuslöwe auf der Flagge der Republik Venedig. Seine Eroberung Zyperns während des Dritten Kreuzzugs begründete eine fast vier Jahrhunderte währende lateinische Herrschaft. Der englische König war es auch, der die Insel den Templern verkaufte, die sie jedoch nur kurz in ihrem Besitz halten konnten und daher keine Spuren hinterließen. Mit seinen Überlegungen bezüglich der „Kauffahrerrepubliken" liegt der Orakeljünger richtig. Tatsächlich kämpften Venedig und Genua um die Vorherrschaft und vor allem die wirtschaftliche Kontrolle Zyperns. Zwar gehörte die Insel später zur Serenissima, doch zuvor etwa hundert Jahre lang zum (westlicher gelegenen) Genua.

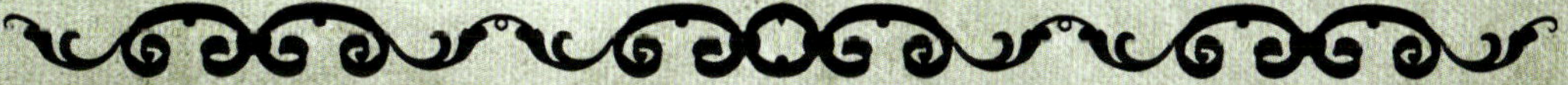

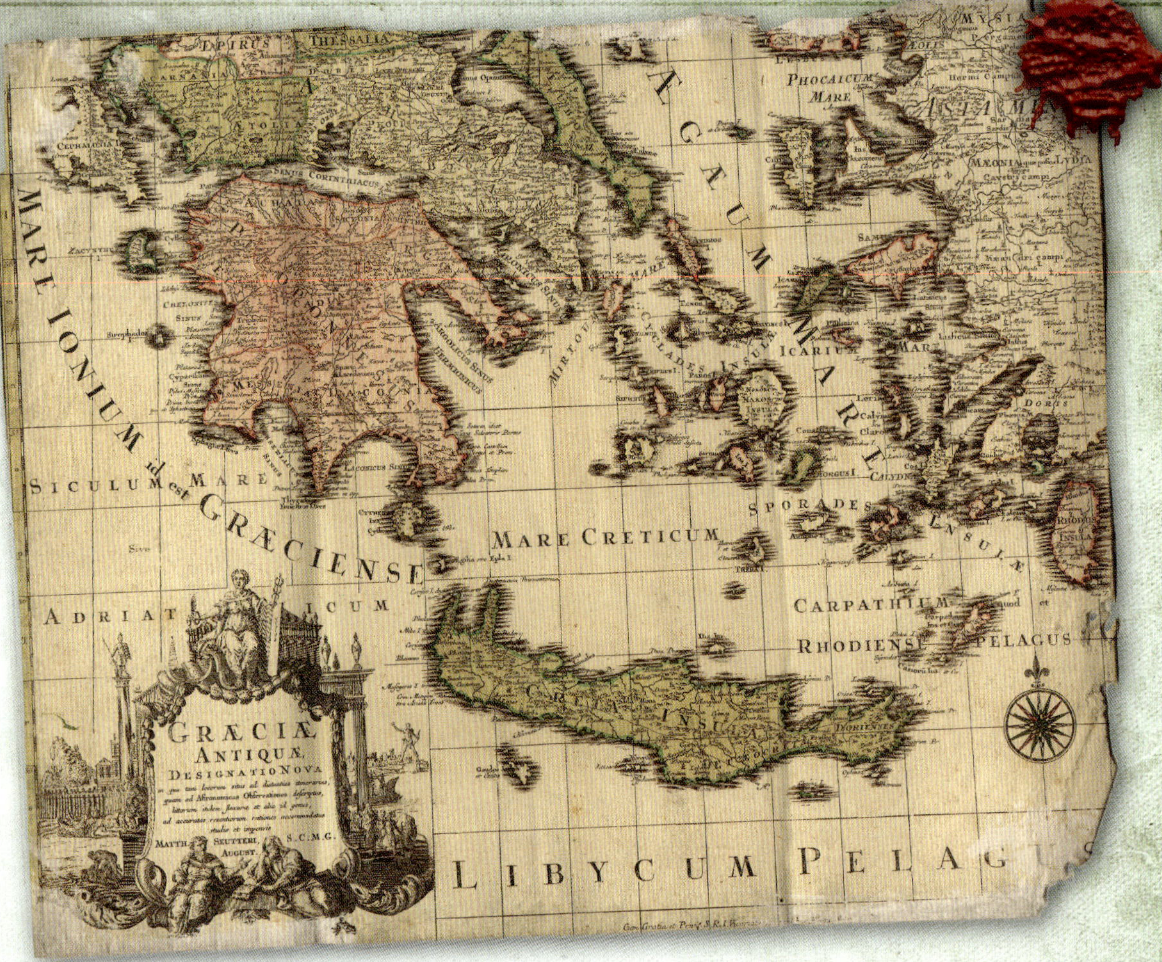

Anhang

Im Anhang sind eine Reihe von Zwischenepisoden beschrieben, die sich im Laufe der Kampagne ergeben können. Die wichtigste von ihnen betrifft die Einbindung von Feysal Bey, der das fünfte Schlüsselfragment besitzt und daher in jedem Fall in Erscheinung treten muss. Auch das Finale auf Santorin ist im Anhang aufgeführt.

Darüber hinaus werden einige Nebenhandlungen vorgestellt, die nicht zwangsweise eintreten müssen, darunter die Beschaffung des Ätherschnapses für den Geisterkapitän, Desminas verzweifelte Suche nach ihrer Geliebten sowie eine Expedition nach Troja unter der Leitung Cosimo Calergis. Auch Rhodos wird kurz beschrieben, da es wahrscheinlich ist, dass die Jäger die Insel bei der Lösung des Rätsels anlaufen. Allerdings befindet sich das dort einstmals ruhende Schlüsselfragment inzwischen im Besitz von Feysal Bey, sodass die Suche der Jäger hier erfolglos bleibt.

Handouts

Das Abenteuer enthält fünf Handouts, die am Ende des Buchs abgedruckt sind.

- *Handout #1* ist ein Brief, in dem der Orakelbund Marino di Alessia beauftragt, Carlotta d'Ambrosio für eine Sondermission anzuheuern. Das Schriftstück fällt den Jägern zu Beginn der Kampagne in die Hände und fasst noch einmal zusammen, worum es überhaupt geht.
- *Handout #2* enthält das für die Kampagne essenzielle Rätsel, das die Standorte der vier Tempelrittergräber beschreibt. Guillaume de Borgonde fehlt, da er es selbst verfasste und davon ausging, dass die Tempelwächter, für die es bestimmt war, bei der Suche bereits im Besitz seines Schlüsselfragments sein würden.
- *Handout #3* ist ein Tagebuch, in dem einer der Tempelritter von der Flucht aus dem Heiligen Land und dem Verstecken des Schatzes berichtet. Die Jäger erlangen es auf Kreta, aber der HeXXenmeister kann es auch an jedem der anderen Gräber verorten, falls die Gruppe es dort nicht in ihren Besitz bringen konnte.
- *Handout #4* beschreibt die späten Tage des Tempelritters Sir John-Arthur, Baron Clinton, auf Kreta. Es enthält Hinweise, wie es zu seinem Tod kam, und hilft beim Verständnis des Hintergrunds der Kampagne.
- *Handout #5* enthält die fünf Schlüsselfragmente (zusammengesetzt), die die Jäger während der einzelnen Episoden finden.

Freunde und Feinde

In *Das Geheimnis der Inseln* kommen eine Reihe wiederkehrender Nsc vor, von denen die meisten den Jägern feindlich gegenüberstehen.

Feysal Bey

Er ist der Schrecken der Venezianer und der freien Kaufleute im gesamten östlichen Mittelmeer: Feysal Bey. Sein Ruf eilt ihm voraus, schneller als der Wind sein Schiff *Seewolf* über die stürmische See treiben kann. Feysal Bey ist der wohl namhafteste und berüchtigste Korsar im Dienst des Osmanischen Reiches. Mit dem Kaperbrief des Sultans in der Hand soll er zwar in erster Linie die verhassten Venezianer aus osmanischen Gewässern vertreiben, aber so genau nimmt es der Freibeuter nicht. Mitunter fällt er über freie Kaufleute und sogar Landsmänner her. Auch die Edikte zum Schutz französischer und spanischer Schiffe und Siedlungen scheren ihn wenig. Wer sollte dem Sultan schon von seinen Taten berichten? Doch der Barbaresken-Korsar ist nicht nur Seeräuber, er beschäftigt sich auch mit den Künsten der schwarzen Magie, vor allem der Dämonen- und Geisterbeschwörung. Ist seine Mutter doch die Hexe Paraskevi, jene siebte Haseki, die einst an der Seite des verrückten Sultans İbrahim herrschte (siehe: *Mare Monstrum Obscura*, S. 21). Entsprechend hoch ist Feysals Interesse an okkulten Gegenständen.

Der Korsar und die Assassinen

Feysal Bey mag ein Korsar sein und auf seine Unabhängigkeit pochen. Doch gleichfalls ist er auf das Wohlwollen des Sultans und seiner Wesire angewiesen, deren jüngste Politik immer größere Einschnitte in die Handlungsfreiheit der Barbaresken-Korsaren mit sich bringt. Dass er auf diese Weise in das politische Leben Konstantinopels verstrickt ist, stellt für Bey eine große Bürde dar, vor allem da er schon seit Jahren Kontakte zum fanatischen ägyptischen Flügel der Assassinen pflegt und insgeheim mit dem Dāʿī Jaffar „dem Scherenschleifer" zusammenarbeitet (siehe: *Mare Monstrum Obscura*, S. 46). Der zum Schwarzmagier gewordene Anführer der ägyptischen Assassinenzelle schickt dem Korsaren regelmäßig seine besten Attentäter

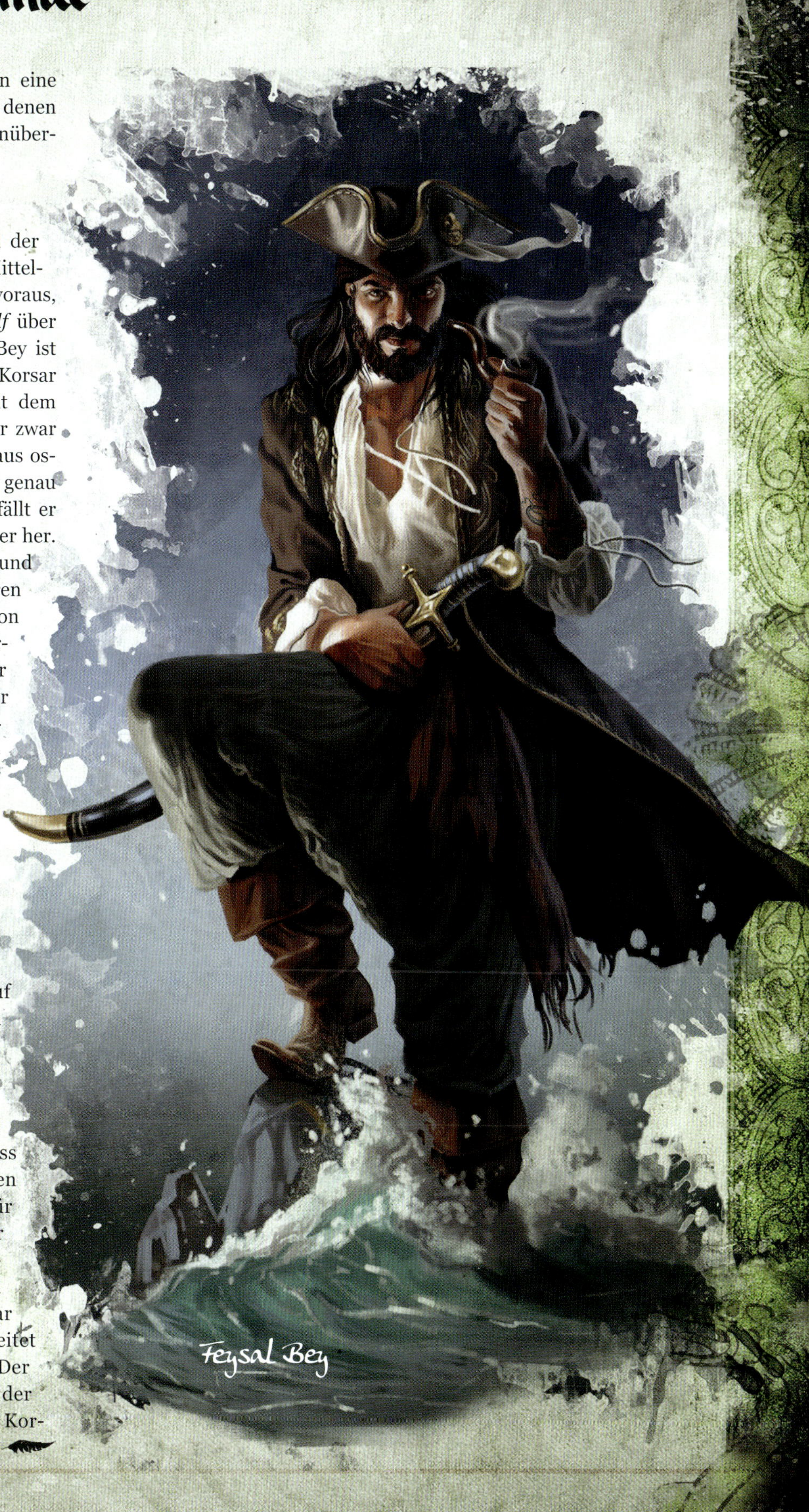
Feysal Bey

Gerüchte über Feysal Bey

Elixier-würfel	Gerücht
1	Feysal Bey arbeitet für den Sultan und besitzt einen Kaperbrief für venezianische Schiffe. Er pfeift aber auf die Anweisungen aus Konstantinopel und überfällt manchmal auch Handelsfahrer anderer Nationen, sogar osmanische, wenn ihm der Sinn danach steht. *(wahr)*
2	Feysal Bey ist dabei, einen gewaltigen Bund von Korsaren zu formen. Er will die Barbareskenstaaten als vereinte Seefahrernation ausrufen und scheut dabei auch nicht die Konfrontation mit dem Sultan. *(erfunden)*
3	Beys Schiff, die *Seewolf*, ist von Dämonen beseelt, die der Korsar selbst beschworen hat. Früher war es ein Linienschiff der Venezianer, heute ist es ein Gefährt der Hölle. *(wahr)*
4	Die Mannschaft Feysal Beys besteht aus den besten und skrupellosesten Seeleuten, die man im Mittelmeer nur finden kann. Jedoch verfallen viele dem Wahnsinn. Sie werden in der Bilge des Schiffes als Gefangene gehalten. Manchmal, wenn die *Seewolf* in einem Hafen vor Anker liegt, kann man ihr wahnsinniges Gebrabbel durch den Rumpf dringen hören. *(wahr)*
5	Feysal Bey verfügt über ein Netz aus Spionen in jedem Hafen des Mare Monstrum. Zudem hat er ein Abkommen mit teuflischen Meuchelmördern getroffen, die in der Tradition des untergegangenen Ordens der Assassinen stehen sollen. *(wahr)*

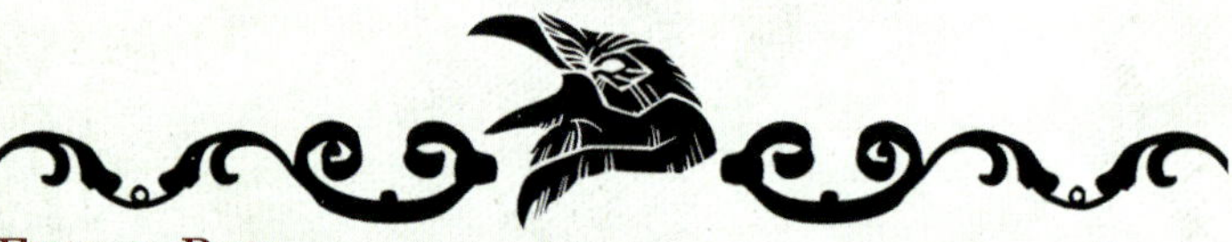

Feysal Bey

(Anführer 3)

Kkr 10, Ath 10, Ges 7, Wil 10, Wis 10, Sin 6
LeP: Jz x 20 | **Pw: 1** (leichte Seefahrerkleidung)
Ini: 13 | **Strategie:** Allrounder (⚔⚔|🔫🔫)

⚔ **Fausthieb** (Ath) Angriff 13, Schaden 0
⚔ **Säbel** (Kkr) Angriff 13, Schaden 4 +*Seelenraub (je 1 bei LeP-Verlust)*
🔫 **Pistole** (Sin) Angriff 9, Schaden 3

- **Beschwörung** (⚔|🔫: Plapperschreck*MMO* (Bande 1, 3 für 1 Hex), Sündensucher*MMO* (Bande 3, 1 für 1 Hex))
- **Derwisch** (1 Hex: +1 N-Handlung)
- **Fluch des Unglücks** (⚔|🔫: 13 gegen Geistesstärke, 1 Malusstufe (Trauma, 5: Fluch) pro Differenzerfolg, 1 Hex pro Ziel (1–3 Ziele))
- **Hex-Macht** (Jz Hex bei Start)
- **Hex-Wachstum** (wenn der Säbelangriff Schaden anrichtet: Hex +1)
- **Schmerzen** (⚔|🔫: 13 gegen Geistesstärke, 1 äußere Schadensstufe (Blutung, 5: MF) pro Differenzerfolg, 1 Hex pro Ziel (1–3 Ziele))
- **Zauberverbrennung** (⚔|🔫: 3 Schaden pro Hex, 1–5 Hex pro Ziel (1 Ziel), reduzierbar über Ausweichen, Schildblock)
- **Zauberverwertung** (⚔|🔫: opfere 1–3 Bandengegner*, die nicht in dieser Runde beschworen wurden, pro Bandengegner +1 Hex)

Beute: 20 Gulden (Beutegut: Plunder und Tand)

Erzählkräfte: Bewegung (mithilfe seines Schiffs), Beschwörung, Kontrolle, Sabotage

* *Feysal Bey hat keine Skrupel, auf diese Weise auch seine Crew zu opfern.*

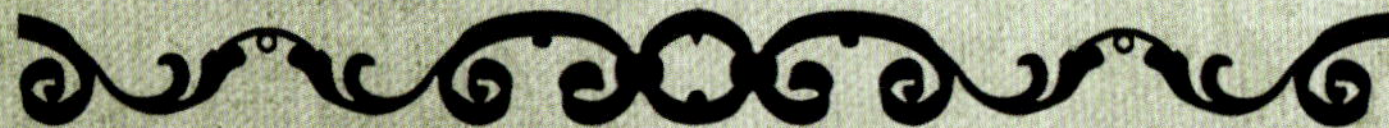

… und erhält dafür im Gegenzug von Bey wertvolle Informationen und einen Teil seiner Beute, oft Sklaven, die er für seine finsteren Experimente benötigt.

Aussehen

Feysal Bey ist eine stattliche Erscheinung. Mit seinen 2,10 Metern Größe überragt er nahezu alle anderen Menschen in seiner Umgebung. Zudem ist er breit gebaut und muskulös, seine Haut eher dunkel. Seinen Oberkörper bedecken zahlreiche Tätowierungen, was gemeinhin als grober Verstoß gegen die Lehren des Islam betrachtet wird (auf die der Korsar jedoch nichts gibt). Anstelle eines Turbans trägt Bey einen reich verzierten Dreispitz nach venezianischer Mode, der einst einem Admiral der Serenissima gehörte. Seine Lieblingswaffe ist ein übergroßer Kilidsch, ein traditioneller türkischer Säbel, dessen Klinge so fein geschliffen ist, dass sie angeblich die Seele jedes armen Tropfes einfängt, der von der Waffe getötet wird.

Feysal Bey im Spiel

Feysal Bey ist der mysteriöse Gegenspieler der Jäger, über den diese zu Beginn lediglich Gerüchte vernehmen. Der HeXXenmeister kann jeweils bei einer Massenbefragung eines der in der oben abgebildeten Tabelle aufgeführten Gerüchte verbreiten oder sich auch völlig neue ausdenken (sie müssen schließlich nicht der Wahrheit entsprechen). Im Laufe der Kampagne wird der Korsar immer stärker in Erscheinung treten. Der HeXXenmeister kann sich hierzu an die Abfolge halten, die im Anhang ab S. 104 beschrieben ist, oder diese nach eigenem Gutdünken ausbauen. Am Ende ist ein Zusammentreffen mit Feysal

Bey unausweichlich, da er eines der benötigten Schlüsselfragmente besitzt.

Feysal Beys Schiff

Die *Seewolf* (türk. *Deniz kurdu*) ist ein ursprünglich in Venedig gebautes, mächtiges Linienschiff (siehe zum Vergleich die *Serenissima* in *Mare Monstrum,* S. 105). Feysal Bey eroberte es vor einigen Jahren, wodurch ihm auch die im Schiff verbauten Seelenlichtkanonen in die Hand fielen. Mithilfe seiner Fähigkeiten in der Dämonologie hat der Korsar die darin gebannten Sturmgeister verstärkt, sodass die Kanonenkugeln nun von schwarzen, faserigen Fäden umwoben gewaltige Löcher in gegnerische Schiffe zu schlagen vermögen. Auch in den Rumpf und die Segel bannte er Sturmgeister, sodass die *Seewolf* wendiger ist, als sie es aufgrund ihrer beeindruckenden Größe sein dürfte. Das hat jedoch einen Nebeneffekt, der für den Korsaren nicht nur von Vorteil ist: Das Schiff verströmt schon beim Anblick eine Aura des Schreckens. Schatten sind auf der *Seewolf* dunkler und angsteinflößender als gewöhnlich, das Sonnenlicht erreicht das Deck nur wie durch einen trüben Schleier, das Knarzen des Holzes klingt nach geisterhaftem Jammern und schmerzerfülltem Ächzen. So manches Crewmitglied treibt dies in den Wahnsinn (siehe unten), auch wenn sich die vor Furcht bibbernden Opfern des Korsaren natürlich leichter überwältigen lassen. Beys Kapitänskajüte ist angefüllt mit Knochen und Schädeln, uralten Beschwörungsformeln, Geistertrommeln und undefinierbaren okkulten Gegenständen aus aller Herren Länder (Beutegut: 6000 Gulden).

Die Crew der „Seewolf“

Feysal Beys Mannschaft besteht aus den tapfersten und kaltblütigsten Korsaren, die im Mare Monstrum zu finden sind. Sie müssen nicht nur ausgezeichnete Kämpfer und Seefahrer sein, sondern auch gleichzeitig die düstere Aura des Schiffes und seines Kapitäns aushalten können. Dennoch verfallen viele von ihnen mit der Zeit dem Wahnsinn. Die Unglückseligen lässt Bey in die Bilge sperren, dem untersten Teil des Schiffes, in dem ständig Wasser steht. Hier müssen sie ausharren, bis sie sich buchstäblich in Luft auflösen: Ihre Seelen werden von dem Schiff innewohnenden Geist regelrecht aufgefressen und dienen der dämonischen *Seewolf* somit als perfide Nahrung. Sollte es den Jägern gelingen, die Wahnsinnigen freizulassen, wird dies zu einem Chaos an Bord führen.

Kommt es zu einer Begegnung mit Crewmitgliedern (ob wahnsinnig oder nicht) handelt es sich zu etwa gleichen Teilen um Gewöhnliche sowie um Erfahrene Seeräuber (Bande 2 bzw. 3, siehe: *Mare Monstrum Obscura*, S. 119).

Spielwerte für die „Seewolf“

Schiffsnavigation von Feysal Bey: 10
Schiffsnavigation eines Stellvertreters: 8
Größe: 9
Wendigkeitsmodifikator: −2
Schnelligkeitsmodifikator: +4
Crew: 50 % Gewöhnliche Seeräuber[MMO] (Bande 2), 50 % Erfahrene Seeräuber[MMO] (Bande 3)
Dämonische Seelenlichtkanonen: Sollte die *Seewolf* bei einem Seegefecht 1 Treffer durch das Abfeuern der Bordkanonen erzielen, wird mit dem Januswürfel gewürfelt: Bei einem Janussymbol zählt dieser wie 2 Treffer.

Eduardo Calergi

Eduardo ist einer der überaus zahlreichen sogenannten Neffen des venezianischen Gouverneurs Cosimo Calergi. Er ist zwar erst Mitte 20, hat es aber durch einen feinen Spürsinn und große Menschenkenntnis bereits zum bevorzugten

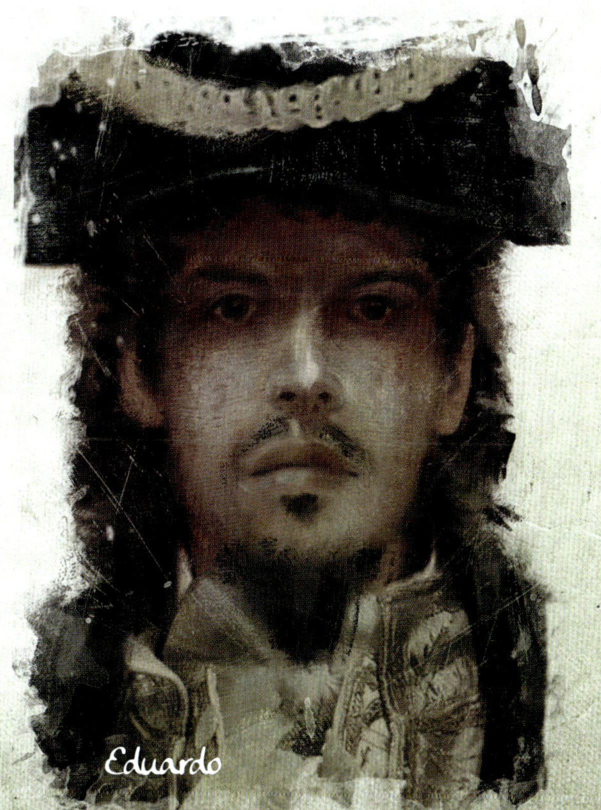

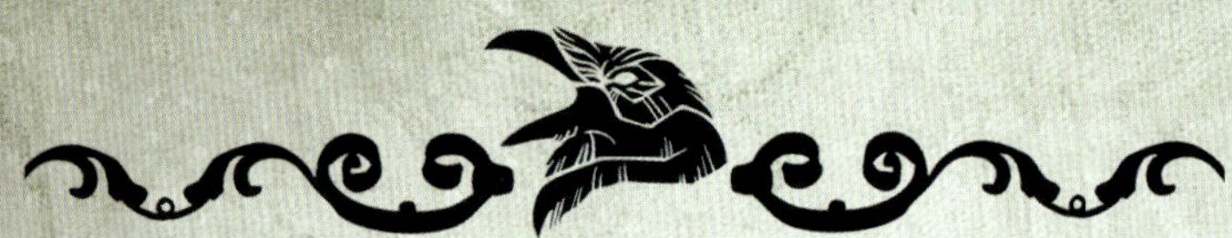

Eduardo Calergi
(Anführer 2)

Kkr 8, Ath 10, Ges 8, Wil 8, Wis 7, Sin 10
LeP: Jz x 15 | **Pw: 1** (bürgerliche Kleidung)
Ini: 18 | **Strategie:** Allrounder (⚔⚔|🔫🔫)

⚔ **Fausthieb** (Ath) Angriff 12, Schaden 0
⚔ **Degen** (Ath) Angriff 12, Schaden 2
🔫 **Pistole** (Sin) Angriff 12, Schaden 3

- **Ansporn** (⚔|🔫: +1 Trefferertolg für untergebene Bandengegner des Typs „Seesoldat")
- **Deckungshaltung** (SR –3/Fernkampfangriffe, freistehend)
- **Derwisch** (Elixierwürfel LeP: +1 ⚔-Handlung)

Beute: 400 Gulden (Münzen, Beutegut: Ausrüstung)

Spielwerte für die „Carlotta"
Schiffsnavigation des Kapitäns: 8
Größe: 7
Wendigkeitsmodifikator: 0
Schnelligkeitsmodifikator: +2
Crew: Seesoldaten*MMO* (Bande 2)

Bluthund seines Onkels gebracht – vor allem durch seine Fähigkeiten, Lüge von Wahrheit zu unterscheiden sowie jede nur erdenkliche Person ausfindig zu machen.

Auf den ersten Blick wirkt Eduardo wie ein arroganter Stutzer. Sein pompöser Herrenrock, der ausladende Hut, das fein gelockte schwarze Haar und sein sorgsam gepflegter Spitzbart lassen ihn wie einen unreifen Jungen oder Höfling erscheinen. Doch weit gefehlt: Er ist ein meisterhafter Fechter und herausragender Schütze. Zwar ist er beileibe nicht der beste Kapitän, aber dafür hat sein Onkel schließlich andere Leute.

Eduardo Calergis Schiff

Nachdem ihm die *Lucrezia* abhandengekommen war, stellte ihm sein einflussreicher Onkel eine kleine Fregatte zur Verfügung (siehe zum Vergleich die *Valpolicella* in *Mare Monstrum,* S. 105). Eduardo benannte sie nach der von ihm gesuchten Cousine *Carlotta*. Eine unmissverständliche Kampfansage.

Cosimo Calergi

Auch wenn Cosimo Calergi inzwischen Generalgouverneur des venezianischen Königreiches Morea ist, das die gesamte Peleponnes umfasst, ist sein Ruf nicht unbefleckt und seine Herkunft nicht über jeden Zweifel erhaben. 1689 erschien er plötzlich in Venedig und behauptete, der Familie Calergi zu entstammen, ursprünglich eine Seitenlinie des griechischen Adelshauses Kallergis, die jedoch als ausgestorben galt. Ob seine Geschichte nun wahr ist oder erfunden: Dank seiner Skrupellosigkeit, seiner politischen Schläue und seinem eiskalten Durchsetzungsvermögen gelang es Cosimo, sich nach und nach beim Dogen von Venedig einen Namen zu machen.

Im Laufe der Zeit präsentierte Calergi immer mehr Verwandte mit zweifelhafter Herkunft (und teils sehr unterschiedlichem Aussehen), die er mit Erfolg in einflussreichen Positionen unterbrachte. Durch sie und ihre Nachkommen (Cosimos „Neffen" und „Nichten") gelangte er zunehmend an Macht. Er selbst heiratete nur einmal, wobei Alea, die Mutter seiner einzigen Tochter, ein wahres Mysterium darstellt. Sie trat nur selten in Erscheinung und verschwand kurz nach der Geburt Carlottas. Zahlreiche Gerüchte besagen, dass es sich bei Alea um eine Hexe oder Zauberin gehandelt haben soll. Manche glauben sogar, dass sie eine der legendären Nymphen war.

Natürlich machte sich Cosimo zahlreiche Feinde und Rivalen. Darunter vor allem das Adelshaus Vendramin, die engsten Verwandten der alten Familie Calergi. Nachdem der Doge Cosimo als legitimen Erben der Calergis akzeptiert hatte, sprach er ihm zahlreiche Güter zu, die einst in den Besitz der Vendramins eingegangen waren. Folglich versuchten diese verstärkt, die wahre Herkunft Cosimos und seiner Sippe herauszufinden, und nutzten jeden Anlass, ihn zu diffamieren.

Zwar stieg das neue Oberhaupt der Calergis stetig in der Hierarchie des venezianischen Adels auf, aber er fand es zunehmend schwieriger, sich in der von Missgunst und Zweifel geprägten Umgebung zu behaupten. Dankbar nahm er daher die Möglichkeit an, einen aussichtsreichen Posten fernab von Venedig zu bekleiden, und ist seitdem Generalgouverneur des Königreiches Morea.

Auch über Cosimo Calergi kann der HeXXenmeister Gerüchte im Rahmen einer Massenbefragung an die Jäger weitergeben (siehe Tabelle auf der rechten Seite).

Gerüchte über Cosimo Calergi

Elixierwürfel	Gerücht
1	Der Gouverneur hat eine Vorliebe für Jünglinge und unterhält einen wahren Harem in einem eigenes dafür eingerichteten Haus in Napoli di Romania. Man munkelt sogar, er würde sich mit den Knaben nicht nur amüsieren, sondern auch deren Blut trinken. *(erfunden)*
2	Calergi besitzt eine Vorliebe für okkulte Dinge. Überall hat der alte Mann seine Spione, die ihm Kunstwerke und Artefakte besorgen sollen. Vor allem die griechische Antike hat es ihm angetan. *(wahr)*
3	Calergis Frau Alea verschwand kurz nach der Geburt von Cosimos einziger leiblicher Tochter Carlotta. Man sagt, sie sei bewandert gewesen in den Künsten der schwarzen Magie. Eine leibhaftige Hexe! *(erfunden oder wahr, wie der HeXXenmeister möchte)*
4	Cosimos Tochter Carlotta ist ein echter Heißsporn. Sie hat sich Piraten angeschlossen und will sich als eine Art Wohltäterin beweisen, indem sie Schiffe reicher Händler plündert und die Beute unter den Armen verteilt. *(erfunden)*
5	Der Generalgouverneur von Morea ist in allerlei dubiose Geschäfte verwickelt. Er verkauft Kinder verarmter Bauern in die Sklaverei und einige seiner Kapitäne betätigen sich als Freibeuter. *(wahr)*

Faible für Magie

Schon immer sind Cosimos Handlungen von seiner Faszination für magische und okkulte Dinge motiviert. Viele sagen ihm sogar nach, dass er seinen Einfluss in Venedig nur durch Flüche und finstere Zauberkräfte zu untermauern vermochte. Gerüchten zufolge besitzen auch einige andere Mitglieder seiner Sippe die Gabe der Magie, was jedoch niemals bewiesen werden konnte. Tatsache ist, dass ein Großteil von Cosimos Reichtum darauf beruht, antike Schätze zu bergen und zu verkaufen, wobei er offiziell als Mäzen und Kunstliebhaber gilt. Seine Sammlung alter Fundstücke und Schriften, die er in der Festung Palamidi über Napoli di Romania aufbewahrt, gehört sicher zu den größten in den Ländern des Mare Monstrum. Bei seinen Anstrengungen, um in den Besitz neuer Objekte zu kommen, verlässt er sich größtenteils auf seine „Nichten und Neffen", wobei der Begriff mehr ein Synonym für alle Angehörigen seiner Sippe darstellt.

Inzwischen ist Cosimo merh als 80 Jahre alt und sehr gebrechlich, allerdings haben weder seine Scharfsinnigkeit noch sein Verlangen nach Macht unter den Jahren gelitten. Im Gegenteil: In letzter Zeit wird er immer besessener von der Vorstellung, sein Leben mithilfe arkaner Kräfte zu verlängern. Unter anderem sucht er dazu nach dem legendären Mana, der Speise der Götter, die er in den untergegangen Ruinen Trojas vermutet. Entgegen so manchem Gelehrten ist er davon überzeugt, dass Troja wirklich existiert – wenn nicht in dieser Welt, dann in einer anderen. Da seine Nichten und Neffen keine gebildeten Forscher sind, arbeitet er eng mit anderen Organisationen zusammen und auch auf den innersten Kreis des Schatzjägerrings erstreckt sich sein Einfluss bereits.

Cosimo Calergi

Mehr Informationen zum zwielichtigen Generalgouverneur Moreas finden sich jeweils in *Mare Monstrum* bzw. *Mare Monstrum Obscura* in den Kapiteln über Griechenland, die Republik Venedig, den Schatzjägerring und Atlantis.

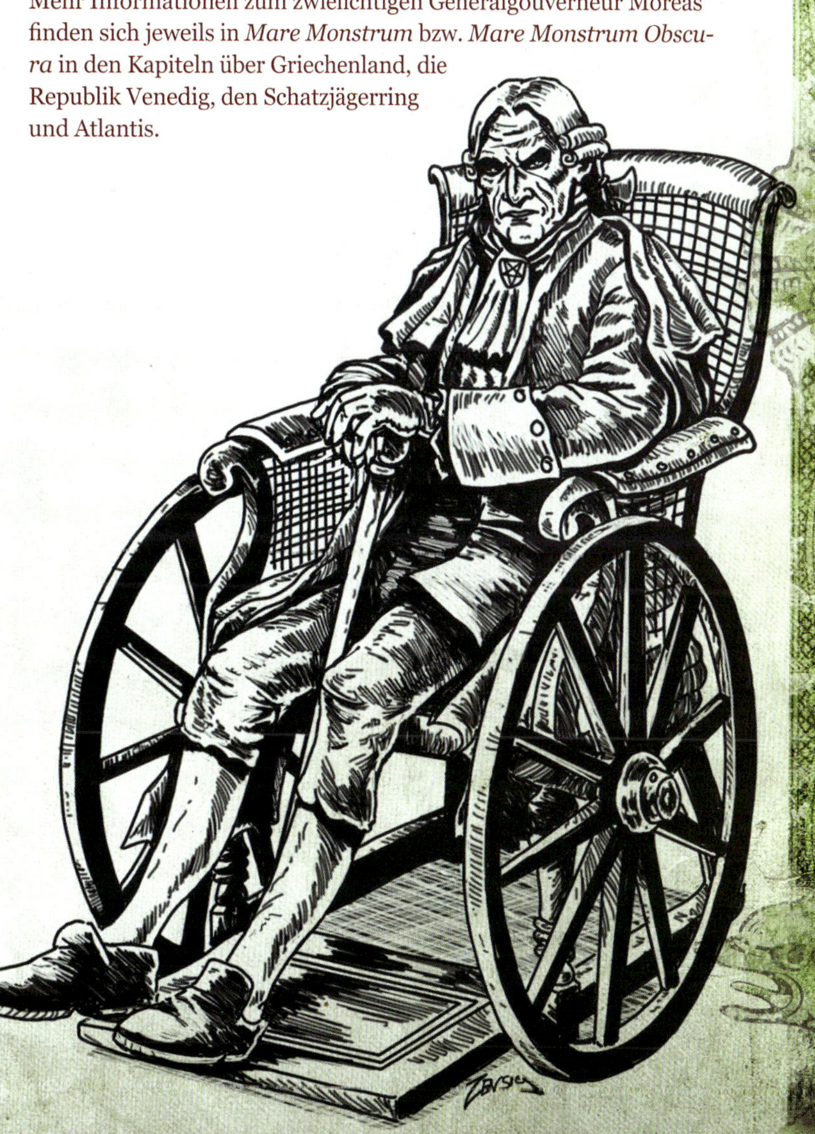

Spielwerte für Cosimos Linienschiff

Schiffsnavigation des Kapitäns: 8
Größe: 10
Wendigkeitsmodifikator: -3
Schnelligkeitsmodifikator: +3
Crew: Einfacher Matrose[MMO] (Bande 1)

Trotz aller Gerüchte über seine Person beherrscht Cosimo lediglich einige einfache Zaubersprüche, die im Kampf wenig taugen. Seine Macht geht nicht so weit, dass er als Schwarzmagier bezeichnet werden kann. Im Spiel wird er als Nichtkombattant behandelt, der selten persönlich in Erscheinung tritt, höchstens beschützt von einem großen Aufgebot an Leibwächtern (zählen wie „Seesoldaten", Bande 2).

Cosimos Schiff

Cosimos Lieblingsschiff war die *Lucrezia*, die er speziell für seine Bedürfnisse ausbauen ließ. Als Generalgouverneur von Morea verfügt er aber über ausreichende Mittel und Befugnisse, um auf nahezu jeder Art von Schiff zu reisen. Sollte er sich selbst an Bord begeben, wird er eines der fortschrittlichen Linienschiff der venezianischen Flotte benutzen (siehe zum Vergleich die *Serenissima* in *Mare Monstrum,* S. 105).

Carlotta d'Ambrosio

Carlotta d'Ambrosio ist das einzige leibliche Kind von Cosimo Calergi und der mysteriösen Alea. Ihre Mutter lernte sie nie kennen, stattdessen wuchs sie im Umfeld des weitverzweigten Familienclans auf. Schnell wurde klar, dass Carlotta etwas Besonderes war. Auf seltsame Art und Weise konnte sie Dinge aufspüren, die verloren gegangen oder absichtlich versteckt worden waren. Ob es sich dabei um eine Art übersinnlichen Spürsinn handelte, den sie ihrer Mutter verdankte, oder einfach ein besonderes natürliches Talent, konnte nie ermittelt werden. Zumal sich Carlotta zu keinem Zeitpunkt freiwillig für Versuche und Forschungen zur Verfügung gestellt hätte.

Carlottas Schiff

Eine ausführliche Beschreibung der *Lucrezia* findet sich in *Mare Monstrum* ab S. 108.

Von Kindesbeinen an galt sie als wild und unbezähmbar, zudem aber auch als extrem neugierig und abenteuerlustig. Sie nutzte jede Möglichkeit, mit ihrem Vater oder einem anderen Familienmitglied auf Reisen zu gehen, und wenn ihr dies verboten wurde, schlich sie sich als blinder Passagier an Bord. Seit ihrem zwölften Geburtstag, setzte ihr Vater sie mehr und mehr gezielt ein, um bestimmte Dinge ausfindig zu machen: wertvolle Bücher auf einem Basar, antike Schätze in alten Ruinen, aber auch Hinweise in alten Schriften. Carlotta erlernte mehrere Sprachen, darunter Altgriechisch, Latein und Aramäisch. Sie war der Stolz ihres Vaters, seine beste Gehilfin. Dabei wurde sie jedoch mehr und mehr in dessen Angelegenheiten verstrickt und fand heraus, dass ihr Vater in allerhand dubiose und grausame Machenschaften verwickelt war, von Menschenhandel bis Erpressung. Sogar vor Mord schreckte er nicht zurück.

Mit 17 Jahren lief sie aus diesem Grund von zu Hause fort. Und obwohl ihr Vater über ein ausgezeichnetes Netzwerk von Spionen und Informanten verfügt, gelang es ihr bis heute, ihm jedes Mal durch die Maschen zu schlüpfen. Sie schloss sich freien Seefahrern an, später Schatzjägern und Schmugglern. Ihr Spürsinn öffnete ihr Tür und Tor, und nach wenigen Jahren erwarb sie sich einen geradezu legendären Ruf. Heute ist sie mit ihren gerade einmal 21 Jahren bereits eine erfahrene Schatzjägerin mit ausgezeichneten

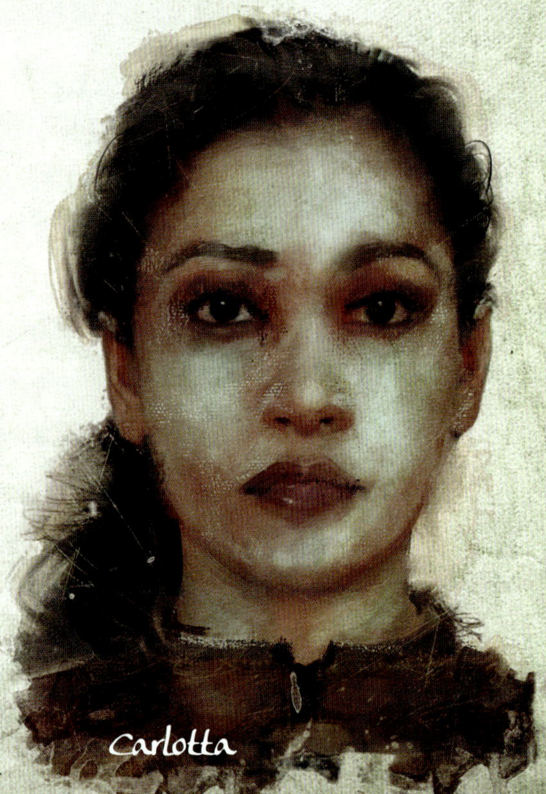

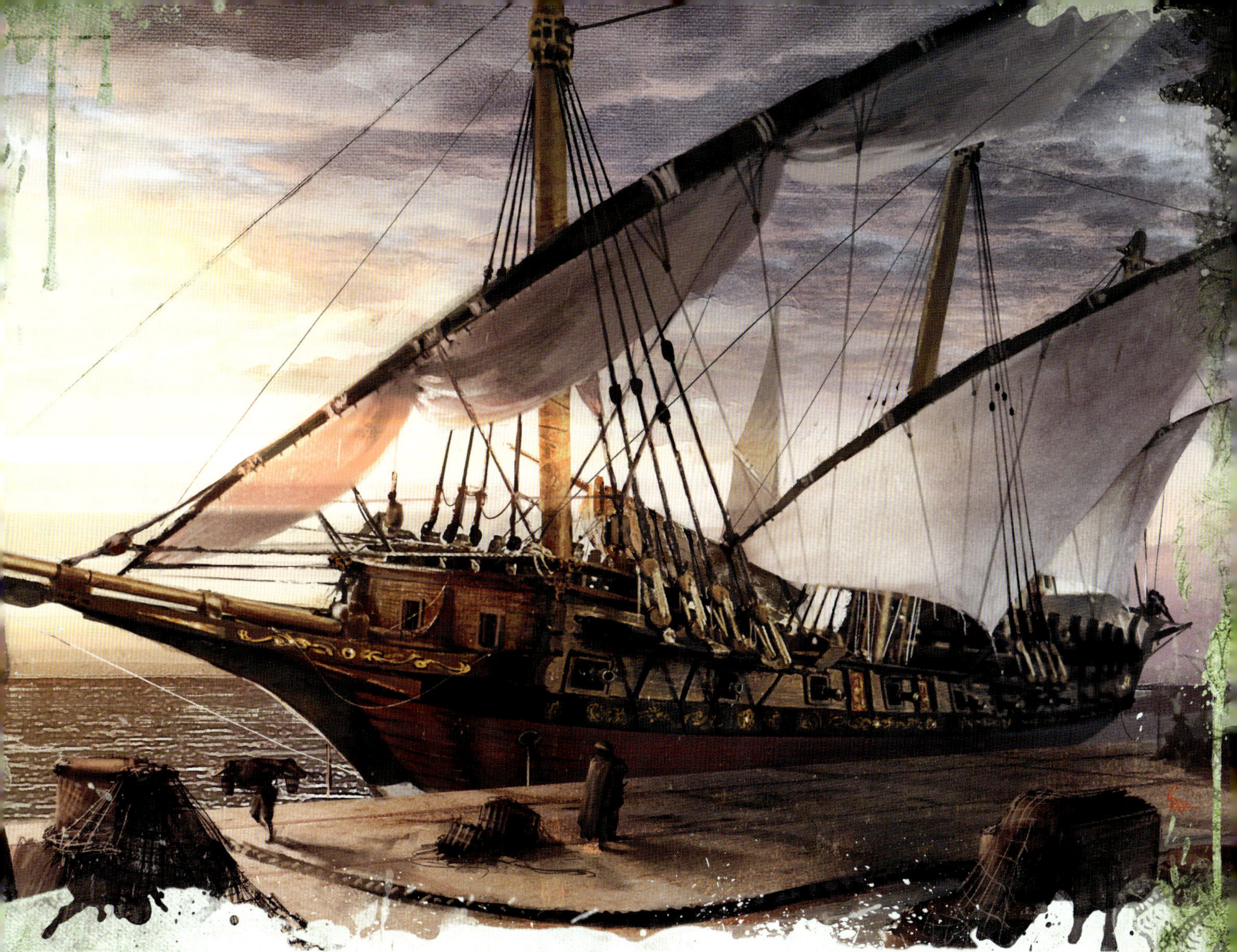

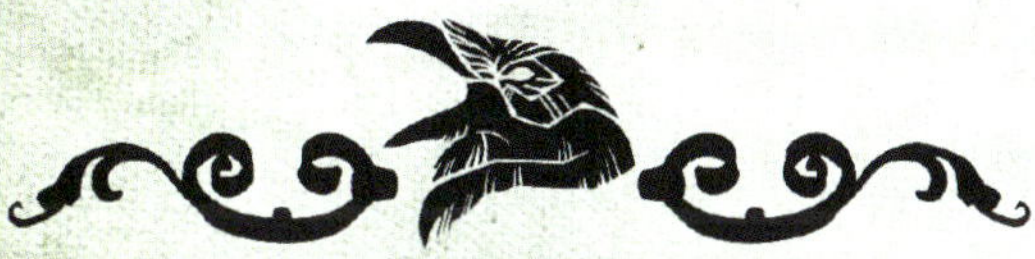

Spielwerte für die „Lucrezia“
Schiffsnavigation des Kapitäns: 8
Größe: 6
Wendigkeitsmodifikator: 0
Schnelligkeitsmodifikators: 0
Crew: Seesoldaten[MMO] (Bande 2)

Ortskenntnissen und Kontakten überall in der Ägäis. Nach wie vor jedoch ist sie beständig auf der Flucht vor den Häschern ihres Vaters und verweilt daher niemals lange an einem Ort.

Carlotta im Spiel
Carlotta steht aufseiten der Charaktere, daher sind für sie keine Spielwerte angegeben. Falls der HeXXenmeister dennoch welche benötigt, kann er die Werte von Maria Hexenfluch (siehe: *Buch der Regeln*, S. 194) oder Valentina „Dina“ Michelakis (siehe: *Archiv des Wächterbundes 4*) verwenden, jeweils ergänzt um die Fertigkeit „Schiffsnavigation“, die Carlotta mit Fw 4 beherrscht. Im Kampf kann Carlotta als Bandenfreund der Stufe 3 eingesetzt werden.

Weitere bedeutsame NSC

Desmina
Desmina ist die vom Orakelbund ausgeschickte Doppelagentin, die die Jägergruppe unterwandern soll, um zu einem späteren Zeitpunkt die entdeckten Schlüsselfragmente zu stehlen und nach Amorgos zu bringen. Desmina wird in der Amorgos-Episode vorgestellt, kann die Jäger aber durchaus für längere Zeit begleiten. Idealerweise erweist sie sich mit der Zeit, trotz anfänglicher Vorbehalte, als gute Gefährtin. Umso grö-

ßer wiegt dann der Frevel ihres Verrats. Wird die entsprechende Nebenhandlung ausgespielt (siehe: Anhang, S. 114), könnte Desmina dem Orakelbund auch den Rücken kehren und sich gänzlich auf die Seite der Jäger stellen.

Willem van Teehlen

Der verfluchte Geisterpirat Willem van Teehlen kann zu einem Verbündeten der Jäger werden oder alternativ von ihnen erpresst werden. In jedem Fall stellt er mit seinem Geisterschiff, der *Seedirne* (nl. *Zeehoer*), eine bedeutenden Macht dar: Ein einziges Mal während des Kampagnenverlaufs kann er die Gruppe aus einer misslichen Lage befreien oder ihnen beistehen (beispielsweise wenn sie bei einem Seegefecht unterlegen sind). Van Teehlen kommt in der zweiten Hälfte der Amorgos-Episode ins Spiel.

Michel Fourmont

Der Altertumsforscher des Pariser Hofs könnte die Jäger begleiten, wenn sie ihn aus seinem Gefängnis in Athen retten. Er kann sie mit wertvollen Hinweisen unterstützen und evtl. eines der Rätsel lösen, die zu den Standorten der Rittergräber führen. Er ist jedoch alles andere als ein Abenteurer und etwas naiv, sodass er die Gruppe und die Crew der *Lucrezia* auch in Schwierigkeiten bringen kann.

Der geheimnisvolle Fischer

Im Verlauf der Kampagne tritt der Unsterbliche Longinus immer wieder in Erscheinung, und zwar als Fischer, der seltsamerweise immer dort anzutreffen ist, wo sich die Jäger gerade aufhalten. Meist sitzt er an der Küste, auf einer Hafenmauer oder an Bord seines kleinen Fischerboots mit dem passenden Namen *Centurio* und repariert seine Netze oder hält ein Schläfchen.

Longinus ist ein unterdurchschnittlich kleiner Mann mit kahlem Schädel. Dafür ziert ein dichter, auffallend rotblonder Bart sein Gesicht. Sein Oberkörper ist meist frei, seine leichte Leinenhose reicht nur bis zu den Knien. Er trägt Sandalen oder geht barfuß. Am linken Unterarm ist eine verblasste Tätowierung in Form der übereinander geschriebenen griechischen Buchstaben X und P zu erkennen: das sogenannte Christusmonogramm, eines der frühesten christlichen Symbole. Sein Alter ist unbestimmbar. Es könnte sich ebenso um einen Mann Anfang 30 handeln, der Zeit seines Lebens dem rauen Klima der See ausgesetzt war, wie um einen 60-Jährigen, der sich gut gehalten hat.

Zum ersten Mal begegnen die Jäger ihm in Napoli di Romania (siehe erste Episode). Danach sollte der HeXXenmeister ihn gelegentlich und scheinbar beiläufig erwähnen, etwa: „Auf der Hafenmauer sitzt ein bärtiger Fischer mit kahlem Schädel und knüpft seine Netze." Irgendwann sollten die Spieler bemerken, dass sich die Beschreibungen auffallend wiederholen. Sprechen die Jäger den Fischer daraufhin an, erzählt er ihnen grundsätzlich nichts von Belang (was er über das Meer weiß, das Wetter, die Fische). Kommen sie aber gerade bei einem Rätsel nicht weiter, kann er zu diesen Gelegenheiten kleine Weisheiten einfügen, die der Gruppe vielleicht weiterhelfen, wie z. B.:

- „Ich habe gehört, die Mameluken hätten vor langer Zeit einmal Rhodos belagert."
- „Überall begehrt das Volk auf. Pah! Wie die Kreter. Deren Aufstände kann man kaum noch zählen."
- „Ich fische gern vor Attika. Wenn die Sonne untergeht, herrscht dort zauberhaftes, goldenes Licht. Wurde schon in der Antike gepriesen."
- „Wusstet ihr eigentlich, dass Zypern früher einmal vom berühmten Richard Löwenherz erobert wurde?"

Sollten die Jäger den Fischer zu stark bedrängen oder ihn sogar attackieren, geschehen merkwürdige Dinge. Eine auf ihn angelegte Muskete zündet nicht, ein nach ihm schlagender Säbel gleitet dem Angreifer aus der Hand oder Longinus verschwindet einfach, indem er ins Wasser springt – und nicht mehr auftaucht (als Unsterblicher muss er nicht atmen und kann sich daher am Grund des Meeres bewegen).

Longinus kennt die mythischen Seerouten über den Okeanos (siehe: *Mare Monstrum Obscura*, S. 49) und ist daher mit seinem klapprigen Fischerboot immer vor den Jägern am Ziel. Fragt man ihn, wie er schneller als die *Lucrezia* reisen kann, zuckt er mit den Schultern und gibt an, dass die Jäger ihn entweder mit einer anderen Person verwechseln oder sich eben mehr hätten anstrengen sollen.

Longinus

Die Existenz des Longinus basiert auf einer Legende, die in den frühen Jahren der Christenheit mehreren Änderungen unterlag. Erst im apokryphen Nikodemusevangelium, das vermutlich im 4. Jahrhundert entstand, wird der Mann, der Jesus die Lanze in die Seite stach, als römischer Centurio namens Longinus beschrieben. Da er sich später zum Christentum bekannte und den Märtyrertod starb, wird er bis heute als Heiliger betrachtet.

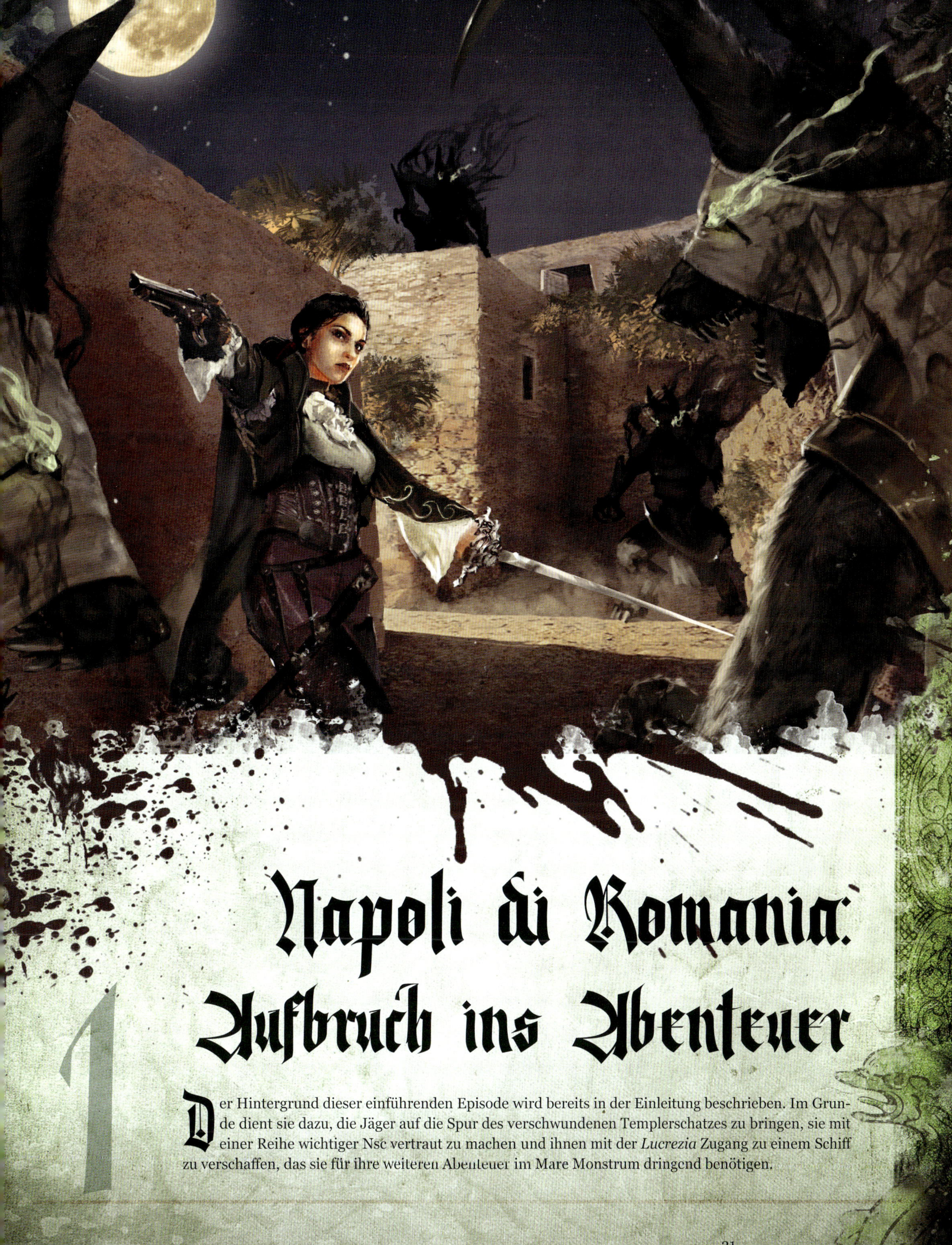

1 Napoli di Romania: Aufbruch ins Abenteuer

Der Hintergrund dieser einführenden Episode wird bereits in der Einleitung beschrieben. Im Grunde dient sie dazu, die Jäger auf die Spur des verschwundenen Templerschatzes zu bringen, sie mit einer Reihe wichtiger Nsc vertraut zu machen und ihnen mit der *Lucrezia* Zugang zu einem Schiff zu verschaffen, das sie für ihre weiteren Abenteuer im Mare Monstrum dringend benötigen.

Über die Episode

In einer Hafenkneipe in Napoli di Romania geraten die Jäger per Zufall an Carlotta d'Ambrosia, die sich hier mit einem Agenten des Orakelbundes treffen will. Doch der Orakeljünger bekommt kalte Füße und beschwört Schaitane, die die Mitwisserin töten sollen. Nur mithilfe der Jäger können die Dämonen abgewehrt werden. Kurz darauf tritt eine weitere Partei in Erscheinung: Der Korsar Feysal Bey hat skrupellose ägyptische Assassinen entsandt, um Carlotta zu ihm zu bringen. Und schließlich konnte auch Carlottas Cousin, Eduardo Calergi, die Spur der von ihm gesuchten Schatzjägerin aufnehmen ...

Vor dem Beginn der Reise

Bevor die Kampagne mit dieser Episode beginnt, müssen die Spieler geklärt haben, wie die Jäger zueinander stehen, wie sie nach Napoli di Romania kamen und was ihre Ziele als Gruppe sind. Da die Episode in einer schäbigen Hafenkaschemme startet, ist auch der traditionelle Ansatz möglich: Die Jäger kennen sich nicht und kommen erst durch den Angriff der Schaitane auf Carlotta miteinander in Kontakt. Allerdings sollte dies mehr als Notbehelf eingesetzt werden, denn zumindest besteht bei dieser Variante die Gefahr, dass eher einzelgängerische Jäger der Gruppe nicht folgen wollen und ihrer eigenen Wege gehen.

Napoli di Romania
Mehr Informationen zur Hauptstadt des venezianischen Königreiches Morea finden sich in *Mare Monstrum*, S. 33, und *Mare Monstrum Obsura*, S. 26.

Alternativ können die Jäger eine eigene Vorgeschichte entwerfen oder den in der Einleitung vorgestellten Gruppenprolog verwenden.

Eine Nacht in Napoli di Romania

Der HeXXenmeister kann die folgende Szenenbeschreibung verwenden, um den Start in die Kampagne einzuleiten:

Szene – Sommernacht in Napoli di Romania

Ihr habt schon viele Städte gesehen, aber Napoli di Romania, die Hauptstadt des Königreiches Morea, scheint älter, düsterer und verwitterter als viele andere. In den engen Gassen stinkt es nach Unrat, im gewaltigen Hafen drängen sich Schiffe aus fremden Gestaden und über allem thronend werfen die gedrungenen Mauern der Palamidi-Festung, an denen die Flaggen Venedigs mit dem geflügelten Markuslöwen flattern, ihre Schatten. In den Gassen nahe der Uferkante herrscht ein babylonisches Sprachengewirr: Italienisch mischt sich mit Griechisch und Türkisch sowie vielen weiteren Zungen des Balkans, aus Anatolien und dem Vorderen Orient. Ihr habt euch in einer namenlosen Spelunke niedergelassen oder besser gesagt davor, denn wie in vielen Ländern des Südens findet das Leben hier auf der Straße statt, wo eine kühle Brise die drückende Hitze vertreibt. Vor euch stehen ein Glas Wein und eine Karaffe Minztee.

Die Szene ist ideal, um die Spieler mit ihren Jägern und dem exotischen Schauplatz vertraut zu machen. Sollte die Gruppe noch nicht zusammengekommen sein, sitzen die einzelnen Charaktere wahrscheinlich an getrennten Tischen oder genießen ihr Getränk im Stehen.

Es ist ratsam, wenn sich die Jäger nach Neuigkeiten und allgemeinen Informationen zu der Festungsstadt mit dem gewaltigen Hafen umhören (siehe Rabenkasten). Falls die Spieler nicht selbst auf diese Idee kommen, kann der HeXXenmeister ihnen auch vorschlagen, eine Massenbefragung durchzuführen. Sollten die Jäger getrennt voneinander reisen, kann er ihnen alternativ jeweils eine zufällig ermittelte Information zukommen lassen, ohne die Spieler würfeln zu lassen. Auf diese Weise ergeben sich möglicherweise Anregungen für Gespräche untereinander.

Eine unerwartete Begegnung

Nach einer Weile werden die Jäger auf eine markante Frau aufmerksam, die in der Spelunke erscheint.

Szene – Die Abenteurerin

Ihr bemerkt, wie mehrere Gäste – größtenteils Männer – in die gleiche Richtung schauen. Als ihr den Blicken folgt, erkennt ihr eine deplatziert wirkende Person: eine junge Frau mit wallendem, tiefschwarzem Haar, gekleidet nach Art einer Abenteurerin mit eng anliegenden Lederhosen, einem schwarzen Mieder und einem dunkelroten Herrenrock. Sie macht sich keine Mühe, die vielen Waffen zu verbergen, die sie bei sich trägt, darunter mindestens zwei Pistolen, mehrere Dolche und ein für Seeleute typisches Entermesser. Ein älterer Mann an eurem Nachbartisch schüttelt den Kopf und spuckt auf den Boden. „Dass die sich hierher traut!“

Bei der jungen Frau handelt es sich um Carlotta d'Ambrosio, eigentlich Carlotta Calergi, die vermisste Tochter des Gouverneurs. Ihren Namen können die Jäger leicht von den anderen einheimischen Anwesenden erfragen. Besitzen sie nicht das entsprechende Wissen aus einer Massenbefragung („Calergis Tochter“, siehe Extra-

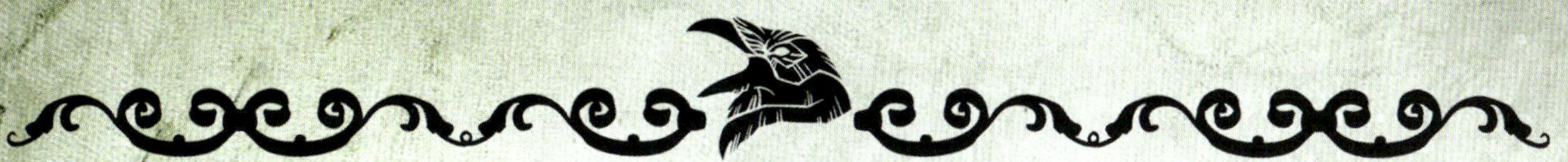

Informationen beschaffen

Jeder Jäger kann im Rahmen einer FZA eine Probe auf Land und Leute ausführen, um sich nach Neuigkeiten und Gerüchten umzuhören. Viele dieser Informationen können aber auch durch freies Rollenspiel im Gespräch mit NSC in Erfahrung gebracht werden.

- **Das Königreich Morea (1 Erfolg):** Seit nahezu 50 Jahren steht die griechische Halbinsel vollständig unter venezianischer Herrschaft. Die Hauptstadt der Provinz, die von Venedig hochtrabend als Königreich Morea bezeichnet wird, ist das einstige Nauplia oder Nafplio, ebenfalls von den Venezianern umbenannt in Napoli di Romania. 1715 unternahmen die Osmanen den Versuch, die Peleponnes zurückzuerobern, doch der Angriff scheiterte – unter anderem aufgrund der fortschrittlichen venezianischen Flotte, die teilweise sogar mit Seelenlichtkanonen ausgerüstet ist.
- **Der Generalgouverneur (1 Erfolg):** Generalgouverneur des Königreiches Morea, das die gesamte Halbinsel der Peloponnes umfasst, ist der Venezianer Cosimo Calergi. Er ist ein absonderlicher alter Mann und tyrannischer Herrscher, der sich selten im Volk blicken lässt und meist in seinem prachtvollen Stadthaus residiert. Calergi gilt als Sammler von Kunstwerken und Schriften, die er in der uneinnehmbaren Palamidi-Festung sicher verwahrt.
- **Befestigungen (1 Erfolg):** Nach dem osmanischen Angriffsversuch, bauten die Venezianer die Stadt immer weiter aus und befestigten sie, zuletzt durch die Errichtung der Palamidi-Festung. Bereits aus der Zeit der Byzantiner stammt die Festung Akronauplia, die ebenso wie Palamidi auf einer felsigen Erhebung am Stadtrand thront und einst eine eigene Stadt war. Die dritte Festung ist Bourtzi. Sie liegt auf einer kleinen Insel vor der Hafeneinfahrt und beherbergt unter anderem das Gefängnis.
- **Die Hexe (1 Erfolg, erfordert Wissen „Befestigungen", erfundenes Gerücht):** In der Festung Bourtzi soll der Gouverneur jüngst eine Hexe eingesperrt haben, die er des Öfteren aufsucht. Man sagt, es handle sich um eine seiner Verwandten, von denen der Generalgouverneur eine nahezu unüberschaubare Anzahl hat.
- **Calergis Tochter (1 Erfolg, erfordert Wissen „Der Generalgouverneur"):** Seit sie vor einigen Jahren von zu Hause fortgelaufen ist, sucht Cosimo Calergi nach seiner einzigen Tochter Carlotta. Man sagt, sie sei eine Seeräuberin geworden. Wer ihm seine geliebte Tochter zurückbringen kann, soll eine Belohnung von 1000 Gulden erhalten, heißt es außerdem.
- **Eduardo Calergi (1 Erfolg, erfordert Wissen „Der Generalgouverneur"):** Einer von Calergis vielen Neffen, Eduardo, liegt mit seinem Schiff im Hafen vor Anker. Eduardo gilt als Spürhund, der für seinen Onkel Menschen oder Gegenstände auftreibt. Es geht das Gerücht, er habe jüngst eine Schlappe erlitten und sein Schiff verloren.
- **Die „Lucrezia" (1 Erfolg, erfordert Wissen „Eduardo Calergi"):** Die *Lucrezia* ist eine Schebecke, die von Cosimo Calergi zu einem prachtvollen Luxusschiff ausgebaut wurde. Zuletzt brach Eduardo Calergi mit ihr nach Konstantinopel auf. Der Neffe des Generalgouverneurs ist inzwischen wieder zurück, die *Lucrezia* allerdings nicht. Eduardo reist seitdem auf einem anderen Schiff.

kasten, oben), erfahren sie nun, dass diese gesucht wird und dass eine hohe Belohnung auf ihre Ergreifung ausgesetzt ist.

Versuchen die Jäger, mit der Frau in Kontakt zu kommen, erweist sich dieses Vorhaben im dichten Gedränge der Hafenkneipe als unmöglich. Immerhin lässt sich dabei aber beobachten, wie die Abenteurerin in einem Treppenhaus verschwindet. Hartnäckige Jäger werden versuchen, ihr zu folgen, und der HeXXenmeister kann dazu wahlweise Proben auf Redekunst („Hey, du da, hast du gesehen, wohin die Schwarzhaarige gegangen ist?"), Akrobatik („Entschuldigung, ich muss hier durch.") oder Muskelspiel („Aus dem Weg, du Sohn einer Seehexe!") verlangen. Der Weg der Verfolger führt über steile Treppen, enge

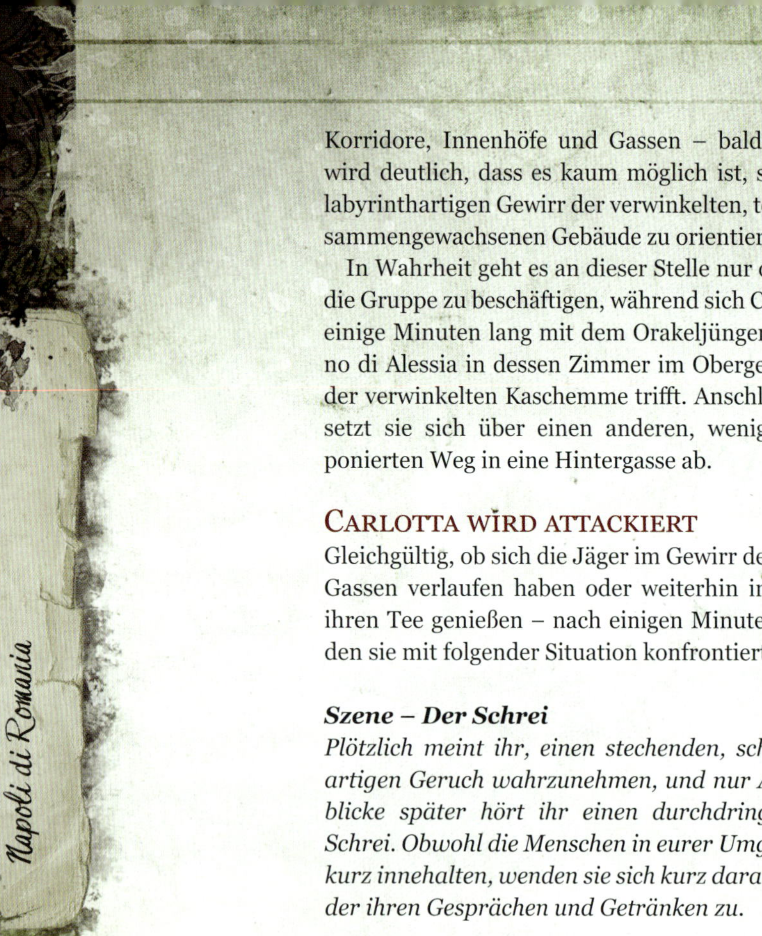

Korridore, Innenhöfe und Gassen – bald schon wird deutlich, dass es kaum möglich ist, sich im labyrinthartigen Gewirr der verwinkelten, teils zusammengewachsenen Gebäude zu orientieren.

In Wahrheit geht es an dieser Stelle nur darum, die Gruppe zu beschäftigen, während sich Carlotta einige Minuten lang mit dem Orakeljünger Marino di Alessia in dessen Zimmer im Obergeschoss der verwinkelten Kaschemme trifft. Anschließend setzt sie sich über einen anderen, weniger exponierten Weg in eine Hintergasse ab.

Carlotta wird attackiert

Gleichgültig, ob sich die Jäger im Gewirr der alten Gassen verlaufen haben oder weiterhin in Ruhe ihren Tee genießen – nach einigen Minuten werden sie mit folgender Situation konfrontiert:

Szene – Der Schrei

Plötzlich meint ihr, einen stechenden, schwefelartigen Geruch wahrzunehmen, und nur Augenblicke später hört ihr einen durchdringenden Schrei. Obwohl die Menschen in eurer Umgebung kurz innehalten, wenden sie sich kurz darauf wieder ihren Gesprächen und Getränken zu.

Jäger sollten jedoch aus einem anderen Holz geschnitzt sein und nicht untätig herumsitzen. Auch wenn sie allein die Neugier treibt, werden sie nach dem Rechten sehen wollen. Laufen sie in die Richtung, aus der der Schrei kam, gelangen sie in eine dunkle Gasse. Sollte sich die Gruppe aufgeteilt haben, trifft sie gleichzeitig am Ort des Geschehens ein.

Szene – Monster!

Ihr erreicht eine dunkle, enge Gasse, zu beiden Seiten flankiert von mehrstöckigen Gebäuden mit schmalen Fenstern. Beleuchtet ist sie nur durch das nach außen dringende Licht der Häuser und den flackernden Schein einer Schiffslaterne, die auf dem gepflasterten Boden steht. Schwer atmend kommt euch ein blutender Mann entgegen, der von einer Hafenhure mit panischem Blick gestützt wird. „Rennt weg!“, ruft euch die Dirne zu. „Monster!“ Etwas tiefer in der Gasse erkennt ihr mehrere dunkle Schemen mit grotesken Formen – aber auch den Umriss einer Frau. Und ihr vernehmt den Ruf: „Welche Hölle euch auch ausgespuckt hat, kehrt zu ihr zurück!“, gefolgt von einem Kampfschrei.

Für die Jäger wird es Zeit, einzugreifen und der Frau im Kampf gegen die Monster beizustehen. Nähern sie sich dem Kampfschauplatz, sehen sie Folgendes:

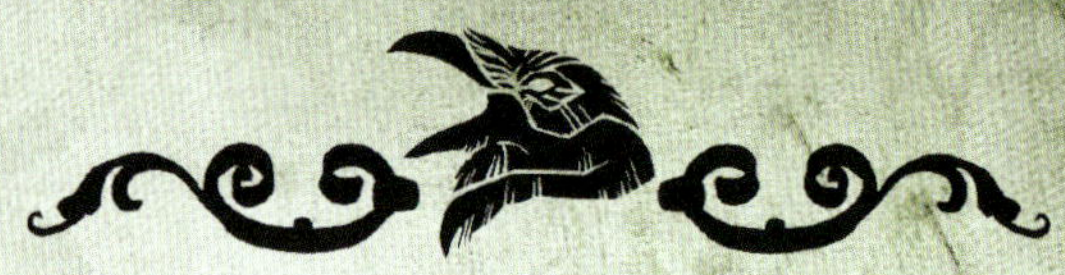

Übersicht über den Kampf

- 1 Sündensühner
- Jz x 2 Sündensucher

(Werte siehe Mare Monstrum Obscura*, S. 110)*

Umgebungseffekt: Nachschub

Dieser erste Kampf ist gut geeignet, um dem HeXXenmeister ein Gefühl für die Schlagkraft der Jägergruppe zu geben. In Ini 0 kann er weitere Sündensucher in den Kampf eingreifen lassen – sie erscheinen einfach mit leisem Knistern aus dem Nichts, begleitet von einem beißenden Gestank. Sollten die Jäger unterlegen sein, kann der HeXXenmeister die Sündensucher sich nach Waffen umsehen lassen (Nsc-Kraft „Waffenaufwertung“). Dies verbessert zwar langfristig ihre Schlagkraft, lässt sie aber auch eine Runde aussetzen.

Umgebungseffekt: Carlotta

Carlotta wird verbissen mitkämpfen. Jeweils in Ini 0 schaltet sie automatisch 1 Sündensucher aus, den der HeXXenmeister bestimmt. Sind alle Bandengegner besiegt, verursacht sie jeweils 2 Elixierwürfel Schaden bei dem Sündensühner.

Optionaler Umgebungseffekt: Enge Gasse

Wenn der HeXXenmeister möchte, kann er bestimmen, dass die Gasse zu eng für einen geregelten Kampf ist. In diesem Fall haben alle Fernkampfangriffe einen Malus von –2 und jeder Jäger kann maximal an 1 Gegner gebunden sein (Effekte wie die Zusatzregel der Landsknechtkleidung, die das Maximum an gebundenen Gegnern erhöhen, gelten jedoch weiterhin).

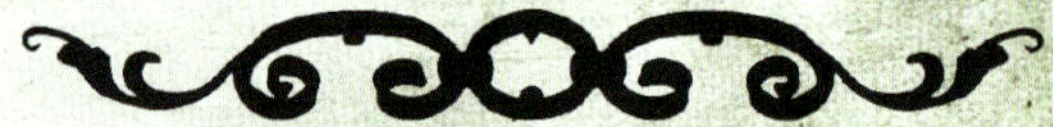

Szene – Die Dämonen

In der engen Gasse drängen sich mehrere Kreaturen, die nur aufgrund ihrer Proportionen an Menschen erinnern. Ihr Kopf ähnelt dem eines Schakals, ihr Haupthaar lodert scheinbar in schwarzem Feuer und ihre Finger münden in scharfen, spitzen Krallen. Sie scheinen von einem noch mächtigeren Wesen angeführt zu werden, aus dessen Rumpf vier Arme wachsen und das in jeder Hand einen Krummsäbel aus schwarzem Stahl führt. Der Kopf der Kreatur ist löwenartig, doch die Mähne besteht aus rauchartigem Feuer, die Augen sind blutrote Rubine.

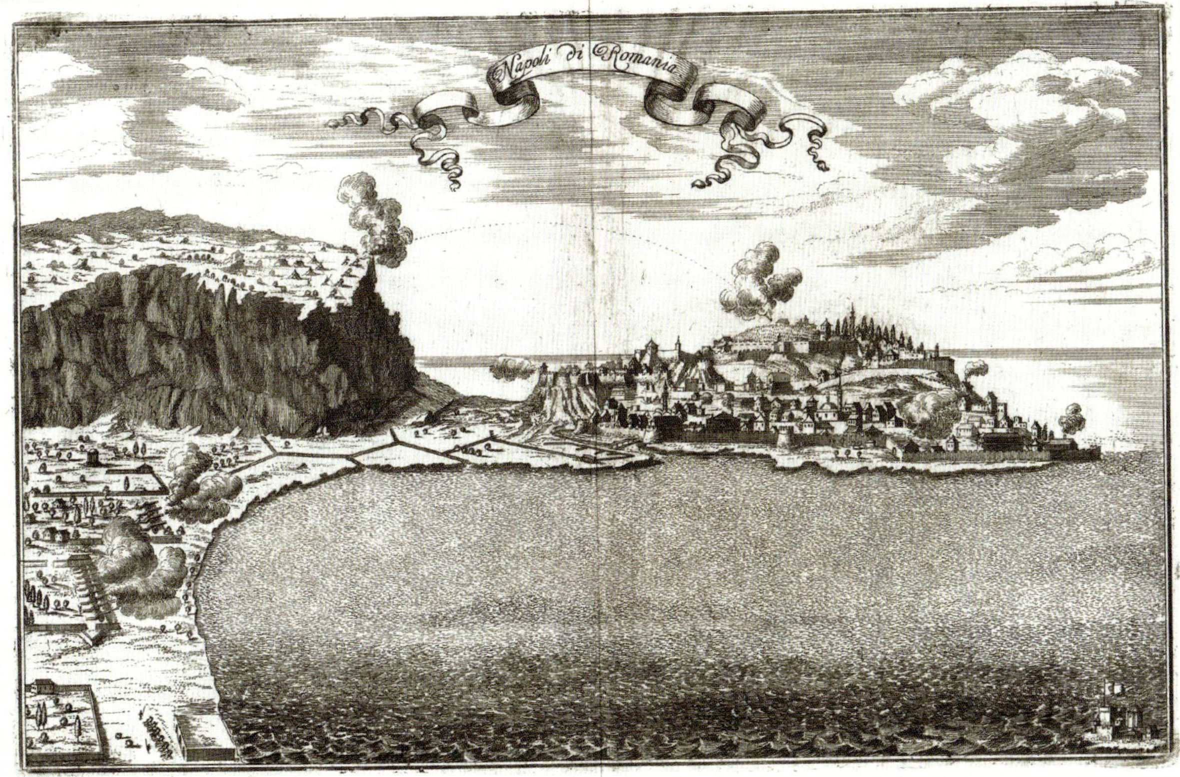

Jeder Jäger erkennt sofort, dass es sich um Dämonen handelt, die er bei einer gelungenen Probe auf Wissensgebiete (–2) als Schaitane genauer definieren kann. Wenn der HeXXenmeister möchte, kann er für jeden Erfolg bei dieser Probe ein Detail über dieses Dämonenvolk mitteilen, z. B.:

- Die schakalköpfigen Kreaturen werden Sündensucher genannt und stehen im Dienst des Dämonenfürsten Asasel.
- Sündensucher sind von Natur aus feige. Sie werden danach trachten, ihre Umgebung nach verwertbaren Materialien abzusuchen, mit denen sie besser kämpfen können.
- Der Löwenartige ist ein sogenannter Sündensühner, ein niederer Anführer im Heer des Asasel.
- Sündensühner sind dafür bekannt, den Toten im Kampf die Rüstung zu entreißen, um ihre eigene Panzerung zu verbessern.

Sieg über die Monster

Am Ende sollten die Jäger die Dämonen besiegen können. Sie haben einige Augenblicke Zeit, um ihre Wunden zu versorgen. Zudem füllt sich ihr Vorrat an Coups und Ideen wieder auf.

Szene – Carlotta erklärt sich

Die schwarzhaarige junge Frau wischt sich das dampfende Blut einer der Bestien von der Klinge ihres Entermessers. „Verdammt!“, schimpft sie. „Wo kamen die bloß her? Danke für eure Hil–“ Sie hält inne. „Falls die Kreaturen gezielt mich attackiert haben, bin nicht nur ich in Gefahr. Ich muss los!“ Ohne sich umzudrehen, stürmt sie davon und verschwindet in einem Eingang, der zurück in die Hinterhöfe der Kaschemme führt.

Jäger, die Carlotta folgen wollen, haben diesmal keine Probleme damit, Schritt zu halten, obwohl die junge Schatzsucherin äußerst wendig ist. Folgen die Jäger ihr nicht, werden sie einige Augenblicke später Kampfeslärm aus dem Obergeschoss der Hafenkneipe vernehmen. Womöglich splittert das Glas eines Fensters und rieselt auf die Gruppe herab, um den Ernst der Lage zu unterstreichen. Stoßen die Jäger später zu Carlotta, wird sich diese bereits im Kampf mit dem Assassinen befinden und der HeXXenmeister muss die folgende Szenenbeschreibung anpassen.

Szene – Das verwüstete Zimmer

Ihr gelangt in ein größeres Gästezimmer, das opulent mit weichen Teppichen und schweren Kissen, großen Wandbehängen und reich verzierten Möbeln aus dunklem Holz ausgestattet ist. Es riecht stark nach Räucherwerk. Dann fällt euer Blick auf die in weiße Roben gehüllte Gestalt, die über einem am Boden liegenden Mann kniet und gerade in diesem Moment ein Messer aus dessen Rücken zieht. Der Attentäter erfasst die Situation mit raschem Blick, dann stürmt er mit gezückter Klinge auf euch zu.

Übersicht über den Kampf

- 1 Assassine
(Werte siehe Mare Monstrum Obscura*, S. 47)*

Umgebungseffekt: Carlotta
Jeweils in Ini 0 verursacht Carlotta bei dem Assassinen 2 Elixierwürfel Schaden. Dieser kann die junge Frau als Nahkampf- oder Fernkampf-Handlung zu Boden schlagen, wodurch sie automatisch für 1 Kampfrunde aussetzen muss.

Umgebungseffekt: Flucht
Ein einzelner Assassine sollte für die Jäger keine Herausforderung darstellen, jedoch könnten sie durch die vorherige Begegnung mit den Schaitanen bereits stark verletzt sein. Verwendet der Attentäter seine Nsc-Kraft „Droge der Assassinen“, während er weniger als 50 % seiner LeP besitzt, verfügt er immerhin über insgesamt 4 Nahkampfangriffe. Das kann auch einen standhaften Beschützer in Bedrängnis bringen. Der HeXXenmeister kann daher entscheiden, dass sich der Assassine mithilfe der Nsc-Kraft „Sicherheitssprung“ automatisch am Ende der laufenden Kampfrunde absetzt, indem er durch ein offenstehendes Fenster springt. Sind nach ihm noch Jäger an der Reihe, können sie Fernkampfangriffe auf ihn ausführen, deren Schaden aufgrund der Deckungshaltung des Assassinen jedoch um 5 reduziert wird. Der HeXXenmeister kann den flüchtigen Meuchelmörder in der finalen Begegnung dieser Episode auf der *Lucrezia* wieder ins Spiel bringen, dann jedoch nur mit 50 % seiner LeP.

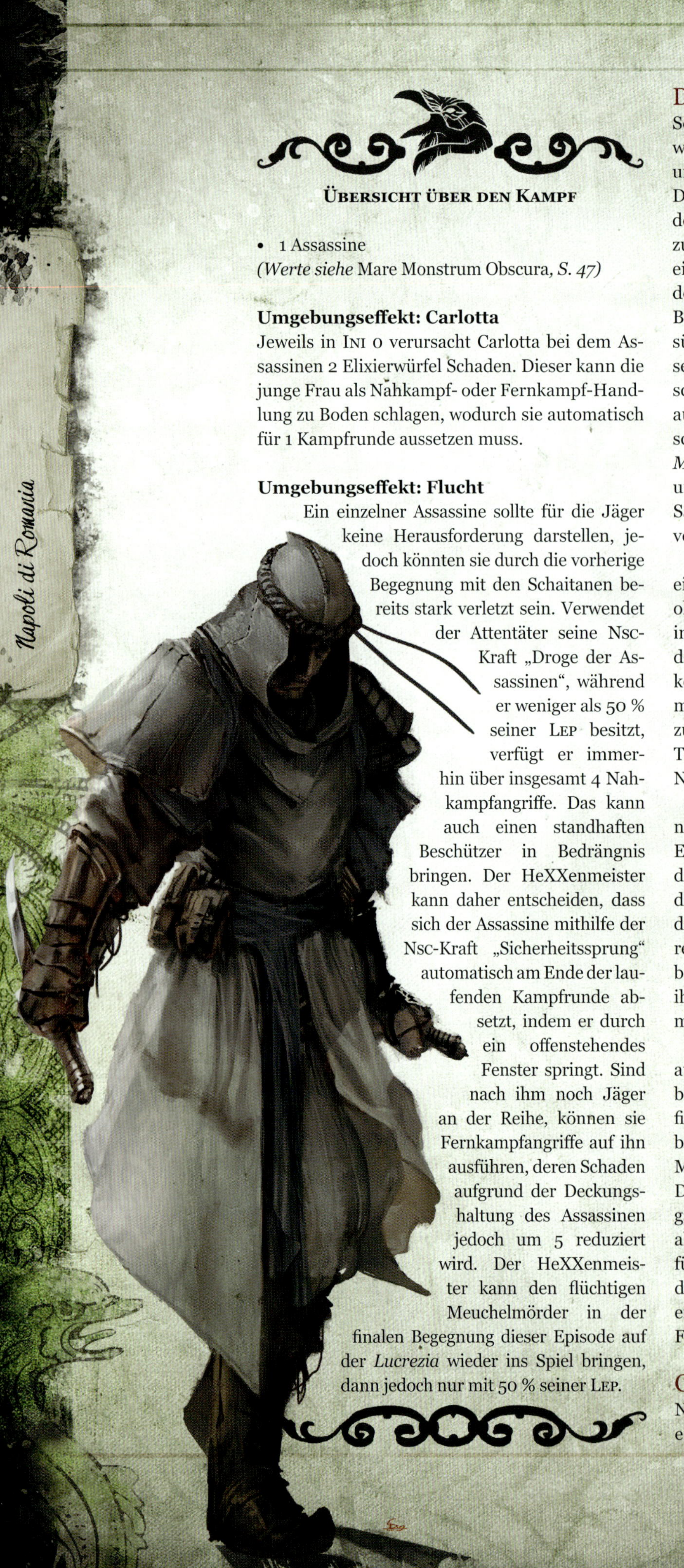

Das Zimmer durchsuchen

Sobald der Assassine getötet oder vertrieben wurde, können sich die Jäger genauer im Zimmer umschauen oder Carlotta befragen (siehe unten). Das wüste Durcheinander im Raum scheint von dem Kampf des Attentäters mit seinem Opfer herzurühren. Überall sind Blutspritzer zu erkennen, einige Möbel sind ramponiert. Bei dem Toten, der in einer sich ausbreitenden Blutlache auf dem Boden liegt, handelt es sich um einen Mann von südländischem, aber nicht orientalischem Aussehen; womöglich ist er italienischer oder griechischer Abstammung. Er trägt ein feines und überaus kostbares, locker sitzendes Gewand aus einem schillernden Stoff (amorgische Seide, siehe: *Mare Monstrum*, S. 38). Eine schwere Ledertasche, die unter einem Bett verstaut ist, enthält mehrere Samtbeutel mit Silbermünzen (Piaster) im Wert von insgesamt 1210 Gulden.

Außerdem finden die Jäger bei ihrer Suche auf einem niedrigen Ebenholztisch eine Sammlung okkulter Utensilien , darunter eine Messingschale, in der Reste von Weihrauch glimmen (der Duft, den die Gruppe beim Eintreffen wahrnehmen konnte), aber auch weitere seltsame Gerätschaften mit feinsten Gravuren. Neben ihnen liegen eine zusammengebundene Schriftrolle mit arabischem Text sowie eine Ledermappe in der Größe eines Notizbuchs.

Jäger, die des Arabischen mächtig sind, können die Formel auf der Schriftrolle übersetzen. Es handelt sich um eine Anrufung des Asasel, die den Dämonenfürsten dazu bewegen soll, sein diabolisches Volk zu entsenden. Kann kein Jäger die Schriftrolle lesen, wird Carlotta ihre umfangreichen Sprachkenntnisse demonstrieren. Zwar beherrscht sie Arabisch nur bruchstückhaft, aber ihre Fähigkeiten genügen, um den Sinn der Formel zu erschließen.

Die Ledermappe enthält zwei Schreiben: einen auf Altgriechisch verfassten Brief und einen eng beschriebenen Notizzettel auf Italienisch. Beide finden sich am Ende des Buches als *Handout #1* bzw. *Handout #2*. Carlotta kann die in ihrer Muttersprache geschriebenen Notizen vorlesen. Den Brief hingegen kann sie ihren eigenen Angaben nach zwar übersetzen, dafür benötigt sie allerdings mehr Zeit. Falls sie nicht vorher entführt wird, kümmert sie sich erst auf der *Lucrezia* darum. Natürlich kann diese Aufgabe aber auch ein anderer Gelehrter übernehmen, etwa Michel Fourmont (Athen-Episode).

Gespräch mit Carlotta

Natürlich brennen den Jägern nach dem Angriff einige Fragen auf der Zunge, vor allem über die

Identität des Toten und den Grund des Attentats. Carlotta wird ihnen soweit vertrauen, dass sie ihnen Folgendes mitteilt: „Der Tote ist Marino di Alessia. Er ist ein Anhänger des Orakelbundes, von dem ihr sicher schon gehört habt. Ich sollte ihm einen bestimmten Gegenstand besorgen, bin dabei aber gescheitert. Als ich ihm dies bei unserem Treffen vorhin mitteilte, wurde er ungehalten. Da ich in dieser Stadt leider nicht willkommen bin, wollte ich mich rasch wieder davonmachen. Doch dann griffen mich diese Scheusale an."

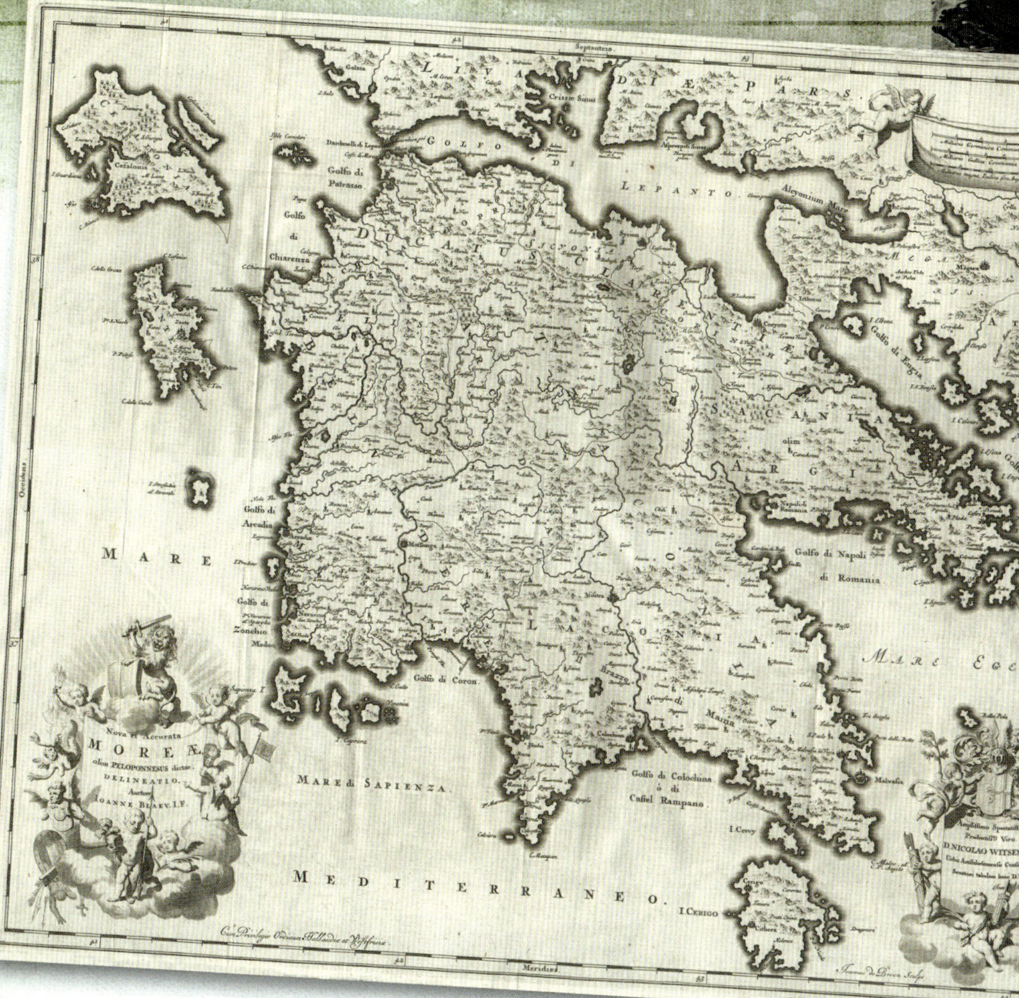

Die Jäger können eine Reihe weiterer Themen anreißen, auf die Carlotta bereitwillig eingeht. Der HeXXenmeister muss entscheiden, wie viele Fragen die junge Frau zu beantworten bereit ist. Sie will nicht viel Zeit an diesem Ort verbringen, daher wird sie wahrscheinlich nur einige kurze Antworten geben und den Jägern dann ihr Angebot machen (siehe unten).

Wer seid Ihr überhaupt? „Ich bin Carlotta d'Ambrosio. Berühmte Schatzjägerin. Leider mit unschöner Vorgeschichte. Doch die steht hier nicht zur Debatte."

Was ist der Orakelbund? „Ihr habt noch nichts von den Geschwistern des Orakels von Chora gehört? Der Bund besitzt ein Netzwerk, das sich über ganz Europa und den Orient spannt. Ihre Orakeljünger treten als Berater der Reichen und Mächtigen auf, sammeln Wissen und schicken es nach Amorgos, ihrem kleinen Inselreich. Dort steht auch die neu errichtete Orakelstätte, zu der viele hohe Herren aus aller Welt pilgern, um sich die Zukunft vorhersagen zu lassen – natürlich nur für eine ganze Stange Geld."

Warum ist auf Eure Ergreifung eine Belohnung ausgesetzt? „Weil ich nicht weiter für die Untaten meines Vaters verantwortlich sein wollte. Kurz gesagt: Ich besitze ein Talent dafür, verborgene Schätze zu finden, und das nutzte mein alter Herr aus. Als ich herausfand, dass er mit Menschen handelt, war das endgültig genug. Ich bin abgehauen. Seitdem sucht er mich."

Wie verdient Ihr Euren Lebensunterhalt? *(mit einem Grinsen)* „Ich befördere antike Reichtümer an die Oberfläche. Bin Mitglied im Schatzjägerring."

Was ist der Schatzjägerring? *(augenrollend)* „Den kennt doch jeder. Ein Bund von Entdeckern, Forschern, Dieben, Grabräubern und dem ein oder anderen Seeräuber."

Sieht so aus, als ob Marino die Kreaturen beschwor. „Ja, sieht so aus." *(Beißt sich auf die Lippe.)*

Was wollte der Attentäter? „Keine Ahnung. Es hat wohl noch jemand anderes seine Finger im Spiel. Ich hoffe nur, dass er nicht hinter mir her war, sonst – " *(Sie bricht plötzlich ab.)*

Während des Gesprächs sollte Carlotta (oder den Jägern) klar werden, dass die Assassinen womöglich auch hinter der jungen Frau her sind – oder dem, was sie weiß. Sobald diese Erkenntnis in Carlotta reift, wird sie sofort aufbrechen wollen, da sie ihre Crew in Gefahr glaubt.

Ein Angebot

Carlotta wird nicht entgangen sein, dass die Jäger eine schlagkräftige Gruppe bilden. Solche Leute kann sie brauchen. Sie macht den Jägern ein Angebot: „Ich zahle jedem von euch, der mich zu meinem Schiff begleitet, zehn Gulden. Bei Ankunft noch einmal fünfzehn. Nur für den Fall, dass weitere Assassinen oder Dämonen hinter mir her sind."

Selbstverständlich können die Jäger dieses Angebot auch ablehnen. Aber dann verpassen sie eines der aufregendsten Abenteuer, das ihnen im Mare Monstrum geboten wird. Carlotta wird nicht als Bittstellerin auftreten. Lehnen die Jäger ab, wird sie ihnen Lebewohl sagen und sich absetzen – in diesem Fall nimmt die Kampagne ein schnelles Ende. Sollte die Gruppe hadern, kann der HeXXenmeister sie auch mit Carlottas Verbindungen zum Schatzjägerring locken, in dessen Kreise bei Weitem nicht jeder Einlass findet.

Jagd auf Carlotta

Natürlich ist es denkbar, dass (besonders profitorientierte) Jäger lieber die auf Carlotta ausgesetzte Belohnung einstreichen wollen, statt sich ihr anzuschließen. In diesem Fall könnte die Abenteurerin der Gruppe bereits jetzt das Angebot machen, sich ihrer Crew anzuschließen, und sie mit vollmundigen Versprechungen großen Reichtums locken. Sollten die Jäger Carlotta trotz allem ausliefern wollen, könnte sich die Kampagne auch auf ganz andere Weise entwickeln: Die Gruppe würde dann mit Eduardo Calergi im Auftrag seines Onkels segeln und die *Lucrezia* die Jäger an seiner statt verfolgen. Die Rahmenbedingungen der Kampagne auf diese Weise abzuändern, erfordert allerdings einiges an Vorbereitung für den HeXXenmeister und sollte gründlich überdacht werden.

Zur „Lucrezia“

Auf dem Weg zur *Lucrezia* ist Carlotta sehr schweigsam und behält aufmerksam ihre Umgebung im Blick. Da es Nacht ist, wird Carlotta auf Pferd oder Kutsche verzichten.

Szene – Durch die Nacht

Ihr folgt Carlotta über Felsenpfade, durch Olivenhaine, an kleinen Bauernkaten und einmal auch an einem gedrungenen Kloster vorbei, das sich inmitten der kargen Umgebung erhebt. Der Mond steht hoch am Himmel und spendet ausreichend Licht. Die junge Frau bewegt sich schnell und sicher wie eine Katze, und manchmal muss sie warten, bis ihr aufschließt. Einmal hält sie an einem Berghang an und schaut zurück. Dort, wo ihr Napoli di Romania vermutet, seht ihr Signallichter aufblitzen, vermutlich aus einer der Festungen. Nach etwa zwei Stunden Marsch erreicht ihr wieder die Küste. Vor euch breitet sich eine stille Bucht aus. Einige Hundert Meter vom Ufer entfernt erkennt ihr die Umrisse eines mittelgroßen Schiffes mit gerefften Segeln. „Bald sind wir da“, sagt eure Führerin.

Bis zum Ufer sind es nur noch wenige Minuten. Carlotta bleibt schweigsam und wird bei Nachfragen lediglich mitteilen, dass es sich um ihr Schiff handelt, die *Lucrezia*, eine Schebecke. Sie verschweigt, dass sie es erst vor Kurzem in Konstantinopel ihrem Cousin Eduardo abluchste.

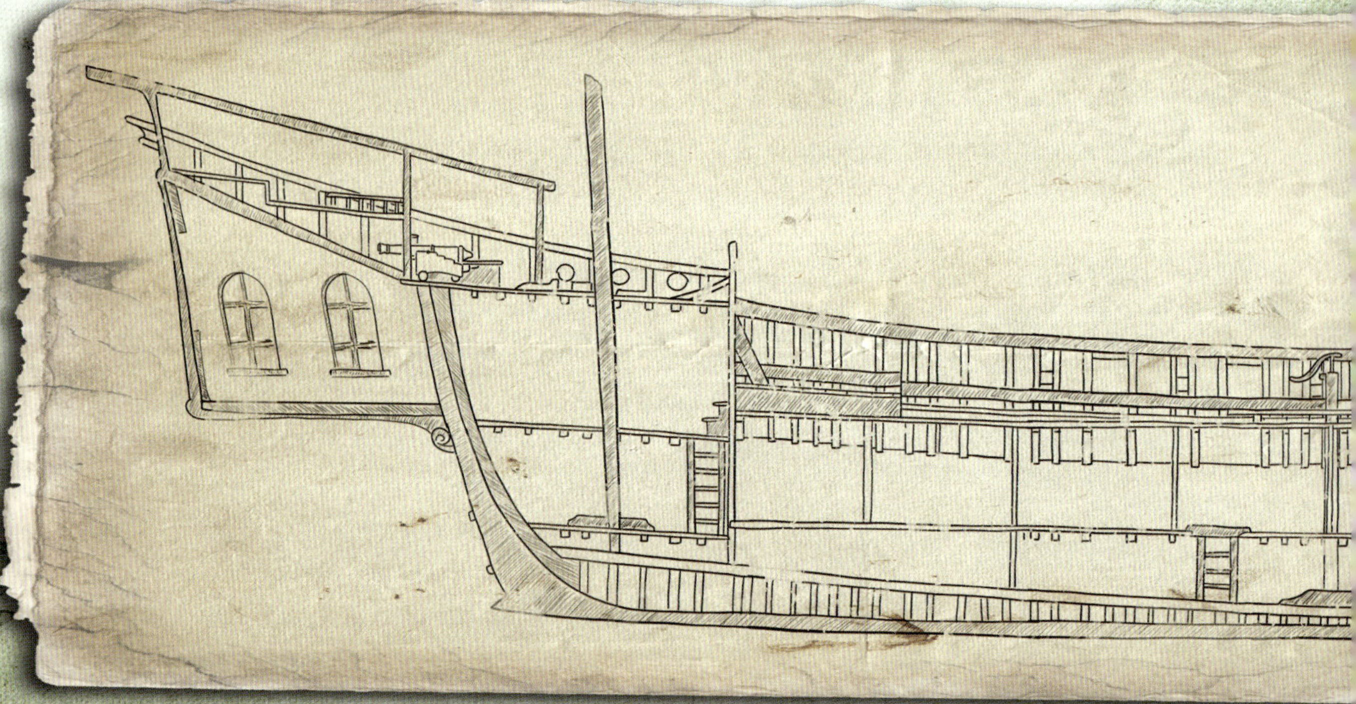

Szene – Am Strand

Als ihr das Ufer zur Bucht erreicht, findet ihr ein Ruderboot vor, das ein Stück weit den kiesigen Strand hinaufgezogen wurde, unerreichbar für die Flut. Carlotta hält inne. „Das ist seltsam“, sagt sie mit nachdenklicher Miene. „Eigentlich sollten Osman und Metehan Wache halten.“

Ihre Vermutung, dass etwas vorgefallen ist, ist richtig: Die beiden Wachen wurden von dem Assassinen Remzi getötet und im Meer entsorgt. Ihre Leichen trieben entlang des Ufers und verkeilten sich etwa 300 Meter weiter an Felsen, die aus dem seichten Wasser ragen. Wollen die Jäger einen derart großen Bereich untersuchen, müssen sie Carlotta erst mit einer erfolgreichen Redekunst-Probe (–2) überzeugen, zu warten. Anschließend können sie die Leichen durch eine gelungene Aufmerksamkeit-Probe (–3) entdecken. Die Probe auf Redekunst kann nur von einem Jäger ausgeführt werden, die auf Aufmerksamkeit von jedem, der sucht.

Die Betrachtung der Leichen ergibt nur, dass sie offenbar schnell und heimtückisch getötet wurden: einer mittels eines präzisen Stichs in den Rücken, dem anderen wurde die Kehle durchgetrennt. Tatsächlich tötete Remzi die Seeleute lediglich, weil er kein Risiko eingehen wollte. Er nutzte sein eigenes kleines Boot, um zur *Lucrezia* zu gelangen.

Ob die Leichen nun gefunden wurden oder nicht: Carlotta wird darauf drängen, zur *Lucrezia* zu rudern. Vorsichtig, aber auch nicht zögerlich.

Das Schiff in der Bucht

Mittels des Ruderbootes oder auf eine andere Weise (z. B. schwimmend) erreichen die Jäger und Carlotta schließlich das vor Anker liegende Schiff.

***Szene – Ankunft bei der* Lucrezia**

Als ihr euch dem Schiff nähert, erkennt ihr fahles Licht auf dem Oberdeck, vermutlich durch abgedeckte Laternen. Der Dreimaster ist rund 40 Meter lang, von der Wasseroberfläche bis zur Reling sind es mittschiffs etwa 3,50 Meter. Ihr nähert euch von backbord aus und entdeckt eine Strickleiter, die vom Geländer des Schiffes ins Wasser baumelt. Carlotta stößt eine Abfolge von Pfiffen aus, die wenig später von Deck erwidert wird. Grimmig sagt sie: „Jemand erwartet uns. Aber es ist kein Freund.“

Umrunden die Jäger das Schiff einmal, finden sie steuerbords ein weiteres Ruderboot, das mit Haken an der *Lucrezia* befestigt ist. Kein Tau und keine Strickleiter führen hier nach oben (der Assassine hatte keine Schwierigkeiten, die Bordwand hinaufzuklettern). Am Heck ist mit Tauen ein größeres, einmastiges Ruderboot befestigt, das maximal ein Dutzend Menschen transportieren kann.

Klettern die Jäger über die Strickleiter ans Oberdeck (keine Probe erforderlich), sehen sie sich mit folgender Situation konfrontiert:

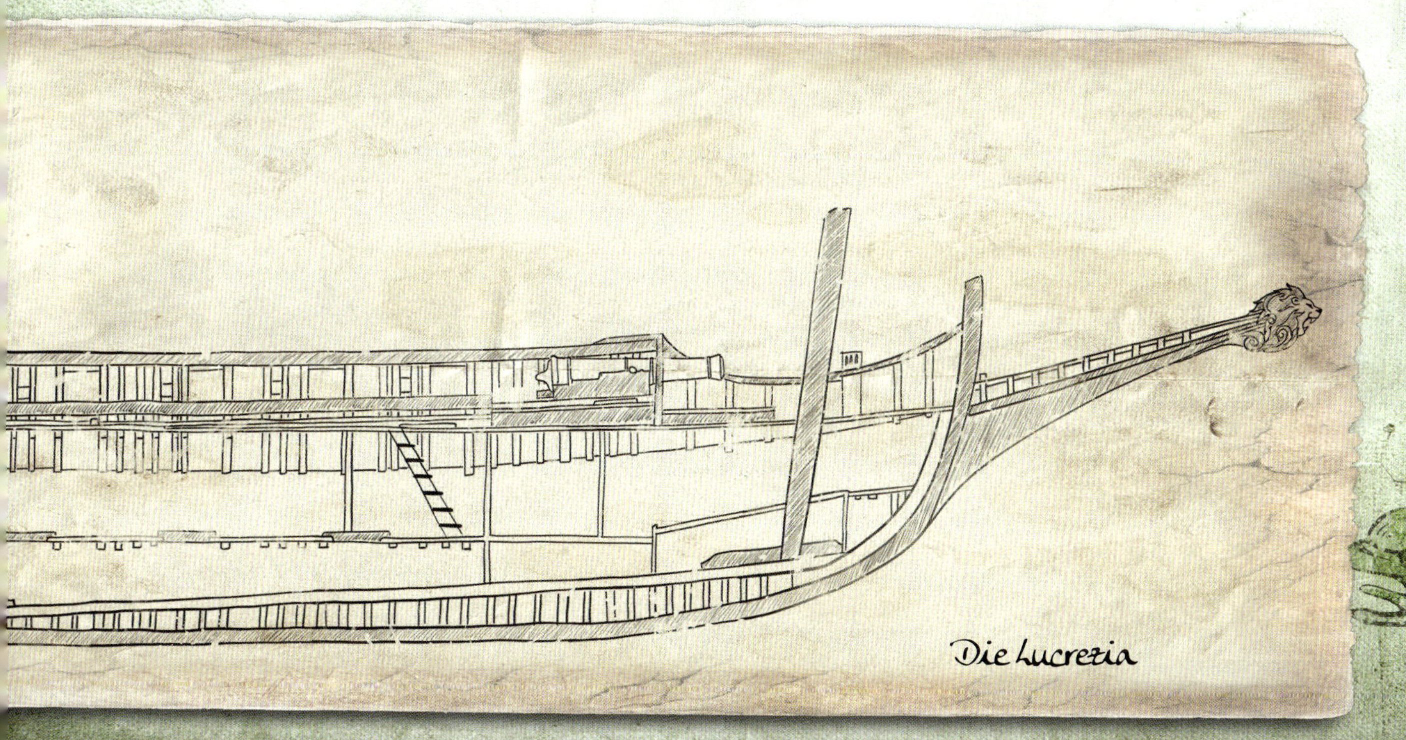

Szene – Der Meuchelmörder

Das Deck ist nur schwach beleuchtet, aber ihr könnt ein Dutzend Seeleute erkennen, die sich in den Schatten aufhalten – alle in sicherer Entfernung zum Eingang des Achterschiffs. Keiner spricht ein Wort. Vor dem Durchlass seht ihr einen klein gewachsenen Mann mit Hakennase. Schweiß perlt auf seiner Stirn, denn an seiner Kehle befindet sich ein langes, gebogenes Messer, gehalten von einer Gestalt in weißer Robe. „Gebt mir die Frau“, schnarrt der vermummte Attentäter mit arabischem Akzent. „Dann wird eurem Kapitän nichts geschehen! Andernfalls …“ Er drückt die Klinge etwas tiefer in die Haut seines Opfers. Ein dünnes Rinnsal Blut sucht sich seinen Weg den Hals hinab.

Eine Entscheidung

Greifen die Jäger nicht ein, wird Carlotta keinen Moment zögern und sich selbst im Austausch für Alexios Kabernakis, den Kapitän, anbieten. Der Assassine wird seinen Teil der Vereinbarung einhalten. Er lässt Alexios laufen, seilt sich mit Carlotta in sein Ruderboot ab und verschwindet. Dabei hält er sich immer so nahe an der Frau, dass jeder Schuss aus Pistole oder Muskete das falsche Ziel treffen könnte.

Doch wahrscheinlich werden die Jäger ein Wörtchen mitreden wollen. Greifen sie ein, lässt Carlotta sie gewähren. Suchen sie das Gespräch, können sie dem Assassinen einige wenige Informationen entlocken.

Wer seid Ihr? „Nennt mich Remzi.“

Wenn wir Euch Carlotta aushändigen, werdet Ihr Wort halten? „Bei Dā'ī Jaffar und allem, was uns heilig ist, das werde ich!“

Wo bringt Ihr sie hin? „Zu einem Mann namens Feysal Bey.“

Wer ist dieser Mann? „Der Wolf der Meere, der schrecklichste aller Korsaren. Er hat einige Fragen an diese junge Frau. Er wird sie nicht töten – solange sie kooperiert.“

Viel mehr wird Remzi nicht preisgeben, dessen Geduld zudem nicht ewig währt. Halten die Jäger Carlotta von ihrem Vorhaben ab und treffen selbst keine Entscheidung, wird er beginnen, von Zehn abwärts zu zählen. Bei Null angekommen, tötet er Alexios ohne Wimperzucken (auch Magische Heilung kann seine durchschnittene Kehle nicht heilen) und versucht, sich abzusetzen.

Angriff

Natürlich kann die Gruppe Remzi auch angreifen. Doch mit welchen Mitteln sie auch versucht, Alexios aus der Gewalt des Meuchelmörders zu befreien (durch einen gezielten Pistolenschuss oder indem sich ein Jäger von hinten anschleicht), sobald es zum Kampf kommt, tötet der erfahrene Assassine den Kapitän der *Lucrezia*, rettet sich mit einem Sprung ins kühle Nass und schwimmt anschließend zurück an Land. Bevor die Jäger ihm folgen können, kommt es zur Begegnung mit der Fregatte von Eduardo Calergi (siehe unten).

Verderbnis

Der HeXXenmeister muss abwägen, ob der Tod des Kapitäns durch fahrlässiges Handeln der Jäger zustande kam, sie diesen vielleicht sogar mutwillig in Kauf nahmen. Ist dies der Fall, werden sie nach der Flucht des Assassinen von Zweifel und Selbstvorwürfen geplagt: Mit einer 50-prozentigen Chance (Janussymbol auf dem Januswürfel) erhält jeder Betreffende 1 Verderbnis.

Segel am Horizont

Gleichgültig, ob der Assassine mit oder ohne Carlotta entkommt, es nähert sich eine weitere Bedrohung. Vermutlich haben weder die Jäger noch die Seeleute der *Lucrezia* das Meer im Auge behalten, so konnte sich das Schiff von Eduardo Calergi, die *Carlotta*, unbemerkt bis auf einige Hundert Meter annähern.

Beobachtet ein Jäger explizit das Meer, wird er das Schiff schon vorher bemerken. Das sollte geschehen, solange die Bedrohung durch den Assassinen noch im Gange ist – in jedem Fall muss erst eine Entscheidung bezüglich des Meuchelmörders getroffen werden, bevor man sich um das näherkommende Schiff kümmern kann.

Die „Carlotta“

Sobald sich die Fregatte nähert oder die *Lucrezia* versucht, an dieser vorbeizumanövriern, kommt es zu folgender Szene:

Szene – Ein pompöser Auftritt

Bislang lag das fremde Schiff noch in den Schatten. Wie ein dunkler Schemen vor dem nachtblauen Himmel näherte es sich still in der leichten Brise. Doch als euch nur noch wenige Hundert Meter trennen, entflammt sein Deck plötzlich in einem unheimlichen grünen Licht. Dutzende Seelenlichtlampen erhellen das Oberdeck und die Segel. Deutlich erkennbar wird nun, dass es sich um ein venezianisches Schiff handelt: eine Fregatte, etwa ebenso groß wie die Lucrezia, *doch mit Rahtakelung. Ein kampfstarker und schneller Aufklärer. Und noch etwas anderes fällt euch auf, am Bug könnt ihr in großen Lettern den Name des Schiffes lesen: „Carlotta“.*

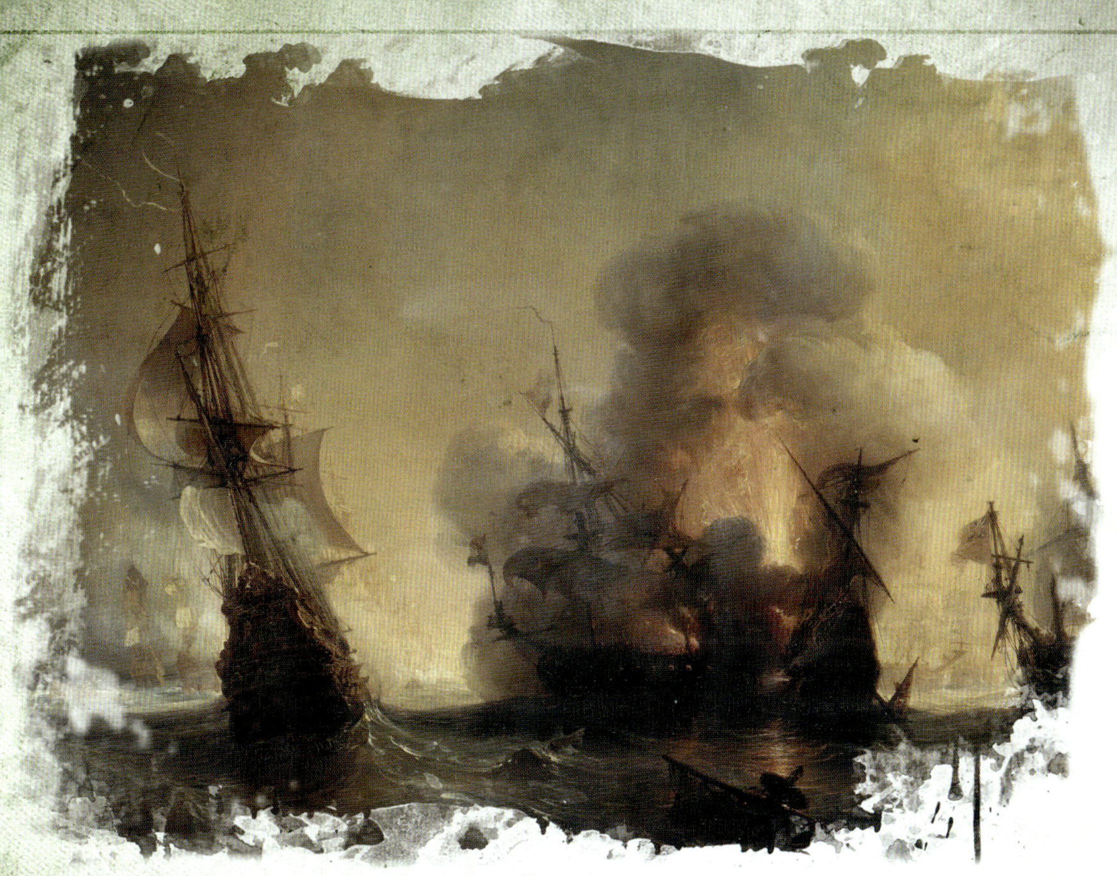

Ist Carlotta noch an Bord der *Lucrezia*, wird sie wie einen Fluch einen Namen hervorpressen: „Eduardo!" Hat sie sich für Alexios eingetauscht, fällt diese Aufgabe dem Kapitän zu. Schnell werden die Jäger aufgeklärt, dass es sich bei Eduardo Calergi um einen Spürhund in Diensten des Generalgouverneurs handelt: Carlottas Vater Cosimo Calergi. Offenbar hat er die Fährte seiner entflohenen Cousine aufgenommen – und ihr nicht verziehen, dass sie sein Lieblingsschiff gestohlen hat. Für mehr Erklärungen bleibt jedoch keine Zeit, denn die *Carlotta* setzt zum Entern an.

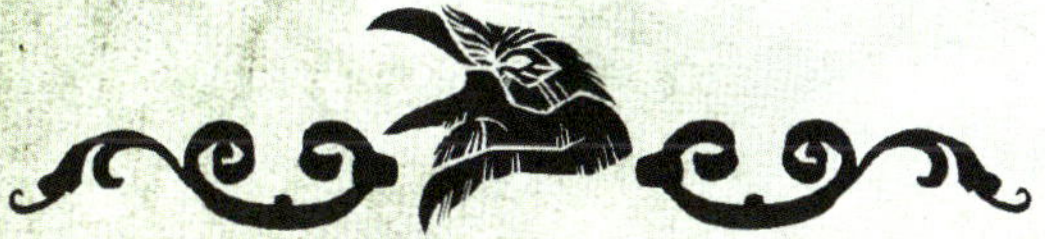

Spielwerte der Carlotta

Schiffsnavigation des Kapitäns: 8
Größe: 8
Wendigkeitsmodifikator: 0
Schnelligkeitsmodifikator: +2
Crew: Seesoldaten (Bande-2-Gegner)

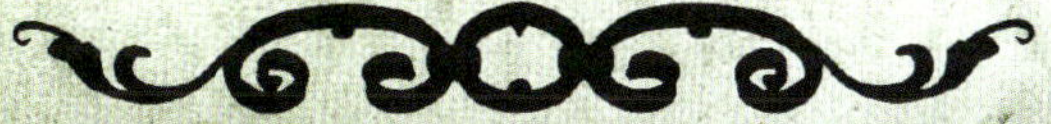

Seegefecht

Die Begegnung mit Eduardo Calergi ist eine gute Möglichkeit, einen ersten Schiffskampf auszufechten, wobei die Jäger noch nicht die wesentlichen Entscheidungen treffen, sondern zunächst nur beratend aktiv werden.

Ist Carlotta an Bord, wird sie vor Wut schäumen (auch aufgrund von Alexios' Tod, der ihr Freund war). Sie gibt den Befehl, sich auf ein Entermanöver einzustellen (siehe unten) und ruft die Mannschaft zu den Waffen. Ein Jäger kann versuchen, sie umzustimmen, was eine erfolgreiche Probe auf Redekunst (–3) erfordert, wobei der Malus gesenkt werden kann, wenn der Jäger wirklich gute Gründe anführt. In diesem Fall wird sie ihren Befehl widerrufen und die Flucht anordnen. Hat Carlotta ihre Meinung geändert oder besitzt Alexios das Kommando, wird die *Lucrezia* unter Ausnutzung der Küstenlinie zu fliehen versuchen.

Alternativ kann ein Jäger versuchen, Alexios zu einem Bordgefecht zu überreden, sollte die Gruppe der Meinung sein, es mit der Mannschaft der *Carlotta* aufnehmen zu können. Auch in diesem Fall ist eine gelungene Redekunst-Probe (–3) nötig, damit der Befehl widerrufen wird. Der Malus kann geringer ausfallen, wenn die Jäger kaum verletzt sind oder einen grimmigen und kampftauglichen Eindruck machen.

Schiffsmanöver und Flucht

Versucht die *Lucrezia*, der *Carlotta* zu entfliehen, indem sie die Küstenlinie, Strömungen, Untiefen etc. ausnutzt (die sinnvollere Methode, denn die Fregatte ist auf offener See deutlich schneller als die Schebecke), muss sie eine gewisse Entfernung zwischen sich und den Verfolger bringen. Dies wird nach den Regeln für Schiffskämpfe abgehandelt (siehe: *Mare Monstrum Obscura*, ab S. 113).

Da sich die Schiffe bereits in Küstennähe befinden, entscheiden sie sich im Grunde abwechselnd für das Manöver „Schlingerkurs" oder „Waghalsiger Schlingerkurs". Die dazu notwendigen Proben auf Schiffsnavigation legt für die *Lucrezia* entweder Carlotta oder Alexios ab (jeweils Fw 8), für die *Carlotta* deren Navigator (ebenfalls Fw 8) – jeweils modifiziert durch die Wendigkeit des Schiffes (beide 0) sowie Umgebungsfaktoren, wenn der HeXXenmeister dies wünscht. Die anfängliche Distanz zwischen den Schiffen beträgt 1 bzw. 2, falls ein aufmerksamer Jäger das ankommende Schiff vorher entdeckte. Die *Lucrezia* entkommt, wenn sie eine Distanz von 4 aufgebaut hat. Dies kann bei einem glücklichen Wurf schon nach kurzer Zeit geschehen, kann sich aber auch hinziehen oder sogar missglücken.

Eduardo wird seine Bordgeschütze nicht einsetzen, da er nicht wagt, seine Cousine in Gefahr zu bringen. Sollte die *Lucrezia* jedoch die Kanonen abfeuern, wird Eduardo ebenfalls mit einer Breitseite antworten.

Auch wenn die *Lucrezia* eigentlich von Carlotta oder Alexios navigiert wird, sollten die entsprechenden Proben ruhig von einem Spieler gewürfelt werden, wobei ein Fokussieren grundsätzlich nicht möglich ist, da Nsc keine Coups und Ideen besitzen. Ergreift einer der Jäger das Ruder (z. B. weil Carlotta und Alexios fehlen oder der Betreffende schlicht sehr überzeugend war), würfelt er auf seinen eigenen Wert in Schiffsnavigation und darf die Probe dann auch wie üblich fokussieren.

Bordgefecht

Zu einem Bordgefecht kommt es, wenn sich die *Carlotta* der *Lucrezia* bis auf Distanz 0 nähert und ein Entermanöver ausführt oder das Schiff der Jäger gar nicht erst die Flucht antritt. Möchte der HeXXenmeister, dass auf jeden Fall ein Enterkampf ausgetragen wird, kann er natürlich auch ein weiteres Schiff der venezianischen Flotte erscheinen lassen, das die Flucht der Jäger automatisch vereitelt oder zumindest erheblich erschwert. Bevor es jedoch zum tatsächlichen Bordgefecht kommt, erleben die Jäger folgende Szene:

Szene – Ruhe vor dem Sturm

Erwartungsvoll seht ihr, wie die Carlotta *mit einem beeindruckenden Manöver längsseits geht. Rechts und links blickt ihr in die grimmigen Gesichter der Seeleute, die sich bis an die Zähne bewaffnet haben: Entermesser und Dolche blitzen, die Pistolen sind schussbereit. Als das Oberdeck der Fregatte in Sicht kommt, erblickt ihr eine breite Front von Seesoldaten, gekleidet in die blau-rote Uniform Venedigs, ausgestattet mit Säbeln und Musketen. Im Angesicht der disziplinierten Soldaten beginnen einige Matrosen neben euch ein Stoßgebet zu murmeln. Auf der anderen Seite ist nun auch ein junger Mann mit auffallend pompöser Kleidung zu erkennen. „Nicht schießen", befiehlt er seinen Leuten. „Ich will Carlotta lebend!" Und dann ruft er in eure Richtung: „Heute muss kein Blut fließen, wenn ihr meine Cousine freiwillig herausrückt."*

Wieder muss eine Entscheidung getroffen werden, die den Jägern allerdings schnell abgenommen wird, falls Carlotta nicht mehr an Bord ist. Bemerkt Eduardo dies, zögert er nicht lange, sondern gibt den Befehl zum Entern.

Ist Carlotta anwesend, wird sie eher abgeneigt sein, auf Eduardos Forderung einzugehen. Diesmal bedarf es einer Redekunst-Probe (–3), um sie dazu zu bringen, sich freiwillig auszuliefern. Die Seesoldaten jagen ihr jedenfalls keine Angst ein. „Wenn du mich willst, dann komm auf mein Schiff und hol mich!", schmettert sie ihrem Cousin herausfordernd entgegen. Darauf erwidert dieser: „Dein Schiff? Die *Lucrezia* gehört meinem Onkel. Dein Vater wird mich mit Schätzen überhäufen, wenn ich sie ihm mitsamt dir selbst zurückbringe." Das wiederum leitet gleichzeitig den Angriff ein.

Tatsächlich ist Eduardo weniger ehrenwert als der Assassine Remzi, der sein Wort gehalten hätte. Selbst wenn Carlotta dazu gebracht wird, sich auszuliefern, befiehlt ihr Cousin, die *Lucrezia* zu stürmen. Am Ende läuft es unweigerlich auf ein Bordgefecht hinaus.

Szene – Angriff!

Die venezianischen Seesoldaten legen ihre Musketen an und richten die Drehbassen aus, gleichzeitig wirft sich die gesamte Mannschaft der Lucrezia *in Deckung. Es folgt ein ohrenbetäubender Donner und die Takelage um euch herum explodiert in einem Regen aus Holzsplittern und Funken. Doch das war nur der Anfang. Knirschend landen ein Dutzend Enterhaken auf der* Lucrezia, *in atemberaubendem Tempo werdet ihr an das feindliche Schiff gezogen. Mit lautem Krachen stoßen die Bordwände aneinander, und unter lautem Brüllen stürmen die Venezianer über die Reling.*

Fokuskampf
Um die Jäger entbrennt der Fokuskampf dieses Bordgefechts, wobei es aus regeltechnischer Sicht unerheblich ist, auf welchem Schiff sich die Gruppe aufhält. Die Umgebung versinkt in einem Chaos aus blitzenden Säbeln, Schreien und Pulverdampf. Blut spritzt, Menschen gehen über Bord oder schwingen sich an Tauen durch die Luft – alles getaucht in das unheimliche grünliche Wabern der Seelenlichtlaternen an Bord der *Carlotta*.

Carlottas Schicksal

Die erste Episode kann viele Ausgänge haben, aber für die weitere Handlung ist im Grunde nur wichtig, ob Carlotta an Bord ist oder entführt wurde.

Carlotta wurde entführt
Die Mannschaft (vor allem Alexios) wird feierlich schwören, Carlotta aus den Fängen von Feysal Bey bzw. Cosimo Calergi zu befreien. Die Seeleute können sich zusammenreimen, dass beide Widersacher vom Schatz der Templer wissen (oder durch Carlotta davon erfahren) und auf die Suche nach ihm gehen werden. Indem sie selbst der Spur folgen, hoffen sie, früher oder später auf einen der beiden Feinde zu treffen.

Carlotta ist an Bord
Dass der Orakelbund hinter ihr her ist und auch der berühmte Korsar Feysal Bey halten die ungestüme junge Frau nicht davon ab, das zu tun, was ihr in die Wiege gelegt wurde: den Schatz der Tempelritter aufspüren. Sie wittert ein großes Abenteuer und kein Dämon, kein Korsar und keine Klinge in der Nacht können sie davon abhalten.

Die Jäger auf der „Lucrezia"

Die Mannschaft der *Lucrezia* wird die Jäger dazu einladen, sie weiter zu begleiten. Inzwischen sollte die Gruppe ihren Wert bewiesen haben – auf die eine oder andere Weise. Wahrscheinlich werden die Jäger die Arbeit einfacher Matrosen verrichten, vielleicht bekleiden sie aber auch bestimmte Posten. Es ist sehr unwahrscheinlich, dass sie sofort als Kapitän eingesetzt werden, aber falls sie Carlotta oder Alexios mit ihren nautischen Künsten beeindruckt haben, können sie als Navigator fungieren.

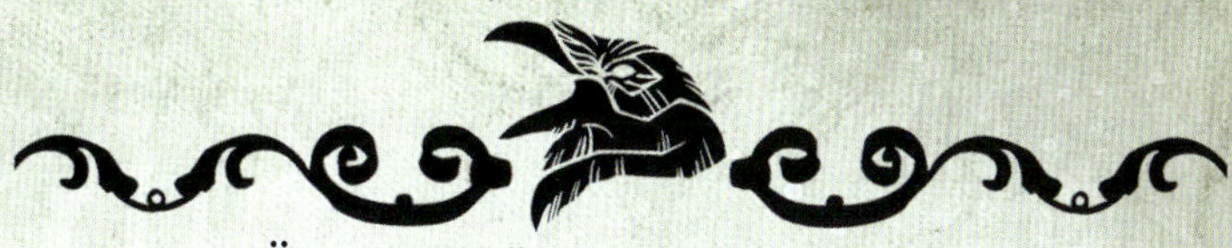

Übersicht über den Fokuskampf

- Eduardo Calergi *(Werte siehe S. 16)*
- 12 Seesoldaten, aufgeteilt in zwei 5er-Gruppen und eine 2er-Gruppe. *(Werte siehe* Mare Monstrum Obscura*, S. 119)*

Auf Seiten der Jäger:
- 18 Einfache Matrosen (Bande-1-Freunde), aufgeteilt in drei 5er-Gruppen und eine 3er-Gruppe

Umgebungseffekt: Carlotta
Sollte Carlotta anwesend sein, kann sie den Jägern diesmal nicht helfen, da sie sich selbst der anstürmenden Seesoldaten erwehren muss. Nur falls die Gruppe in arge Bedrängnis gerät, könnte sie in Erscheinung treten und in Ini 0 jeweils 1 Bandengegner besiegen. Sollte der Kampf dennoch sehr zu Ungunsten der Jäger verlaufen, wird Carlotta dem Gemetzel Einhalt gebieten. Sie bietet ihrem Cousin an, sich in seine Obhut zu begeben, solange dieser die Mannschaft der *Lucrezia* verschont. Eduardo, der inzwischen einige Verluste an Menschenleben zu beklagen hat, wird zustimmen – dieses Mal mit ehrlicher Absicht. Er nimmt Carlotta an Bord und segelt mit ihr davon.

Umgebungseffekt: Parley!
Eduardo wird nicht bis zum Tod kämpfen, dafür ist er zu gerissen und zu feige. Sollte es schlecht um ihn bestellt sein, wird er seine Waffen fortwerfen, die Hände heben und sich ergeben. Die Kampfhandlungen kommen nur Augenblicke später zum Erliegen (sollte der hilflose Eduardo von einem Jäger getötet werden, erhält dieser für die ruchlose Tat 1 Verderbnis). Der Befehlshaber der *Carlotta* wird um sein Leben flehen und seiner Cousine, Alexios oder den Jägern (wer auch immer das Kommando hat) 2500 Gulden anbieten, um sich und seine Mannschaft freizukaufen. Die Summe kann durch Feilschen (siehe: *Buch der Regeln*, Kapitel 4) in die Höhe getrieben werden. Eduardo lässt das Geld ohne Umschweife in einer silbernen Truhe aus seiner Kajüte bringen.

DIE CREW DER „LUCREZIA“

Im Folgenden sind beispielhaft einige Besatzungsmitglieder und deren Funktionen beschrieben, um der Mannschaft der *Lucrezia* Leben einzuhauchen.

- **Carlotta d'Ambrosio (bzw. Calergi):** Carlotta ist zwar die eigentliche Anführerin der Mannschaft und bestimmt, welchen Kurs diese einschlägt, doch an Bord teilt sie sich den Posten des Befehlshabers mit Kapitän Alexios Kabernakis, der die *Lucrezia* in Ermangelung eines Navigators auch steuert. An Land jedoch ist Carlotta die uneingeschränkte Kommandantin (Alexios bleibt meist an Bord). Zitat: *„Ein Abenteuer? Ich bin dabei!“*
- **Alexios Kabernakis** (mittleres Alter, kleingewachsen, quirlig, Hakennase): Kapitän und Navigator der *Lucrezia*. Er besitzt einen wachen Geist, kann Menschen gut einschätzen und flucht häufig und leidenschaftlich. Zitat: *„Eine Schatzjagd ist ja schön und gut! Aber dieses Schiff muss fahren, du Sohn einer räudigen Hündin!“*
- **Sara „die Dächsin“** (Anfang 30, muskulös, kurze struppige Haare): Es lässt sich nur schwer einschätzen, aus welchem Kulturkreis diese Schatzjägerin stammt, die stets von einer gewissen Aura des Mysteriösen umgeben ist. Einen Nachnamen jedenfalls scheint sie nicht zu besitzen. Die gute Kämpferin ist eine enge Freundin von Carlotta und wird sich als deren Nachfolgerin aufspielen, sollte diese entführt worden sein. Auch wird sie nicht davor zurückscheuen, offen das Kommando des Kapitäns in Frage zu stellen. Sara hat bisher alle Expeditionen in unterirdische Kammern angeführt, was ihr den Beinamen „Dächsin“ einbrachte. Zitat: *„Ich folge nur Carlotta. Alle anderen folgen mir.“*
- **Murad el-Omar** (junger Mann, sorgsam gepflegter Vollbart, ausgeprägte Lachfalten): Der Quartiermeister der *Lucrezia* ist ein sehr religiöser Muslim. Er trinkt keinen Alkohol, betet fünfmal am Tag in Richtung Mekka und hat in jeder Situation eine Weisheit des Korans auf den Lippen – aber ebenso häufig einen lustigen Spruch. Er ist ein umgänglicher, hilfsbereiter und spitzbübisch Kerl. Zitat: *„Ihr braucht Unterstützung? Murad kann euch helfen!“*
- **Giuseppe Carlo** (Ende 40, wettergegerbte Haut, Ansatz einer Halbglatze): Der ewig griesgrämige Schiffszimmermann sieht stehts alles negativ und ist allzu bereit, sich einer Meuterei anzuschließen. Er ist ein guter Freund von Sara. Zitat: *„Das kann doch nur schiefgehen. Ich würde das ganz anders machen ...“*
- **Domenico Spinola Basadone** (Mitte 20, feiner Schnauzbart, halblange schwarze Haare): Grundsätzlich ist der genuesische Seefahrer nett und hilfsbereit, es sei denn, es handelt sich um Venezianer, die er aus Prinzip und Tradition leidenschaftlich hasst. Nach dem Tod des ehemaligen Schiffsarztes in der Gasse der Wunder hat Domenico dessen Posten übernommen, obwohl er rein gar nichts von Medizin versteht. Zitat: *„Was ich hier tue? Ich weiß es nicht. Wisst ihr es?“*
- **Oma Fatima** (unbestimmbares Alter, Haut wie Leder, schelmischer Zug um die Mundwinkel): Die gealterte Segelflickerin, Geschichtenerzählerin und Weissagerin scheint unzählige Sagen und Legenden untergegangener Kulturen zu kennen, die sie mit ihrem unverwechselbaren arabischen Akzent wiedergibt. Zitat: *„Ihr wollt etwas über das alte Atlantis hören? Al-Hamdu li-Llāh! Setzt euch, ich erzähle euch eine Geschichte.“*
- **Francois Lambert** (Anfang 30, dichter Backenbart, Haare zum Zopf gebunden): Der Smutje ist der einzige Franzose an Bord und spricht fast ausschließlich Französisch, obwohl er mittlerweile das eine oder andere Wort fremder Sprachen aufgeschnappt hat. Er ist die meiste Zeit über betrunken, was die Verständigung zusätzlich erschwert. Alexios würde ihn am liebsten im nächsten Hafen abladen, aber Carlotta hält große Stücke auf ihn. Zitat: *„Oui, oui, ich weiß. C'est fini. Fertig! Nur noch ein Schluck ...“*

Alexios

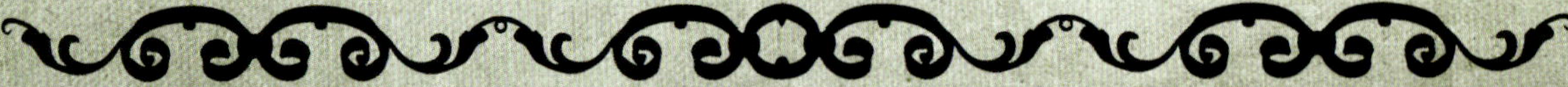

Wohin jetzt?

Die Jäger besitzen womöglich eine Reihe von Anhaltspunkten, welchen Ort sie als Nächstes ansteuern können. Grundsätzlich sollte der HeXXenmeister den Jägern immer mehr als ein mögliches Ziel anbieten, um ihnen das Gefühl zu geben, dass sie aus eigenem Antrieb alle wesentlichen Entscheidungen treffen und nicht auf Schienen durch die Kampagne fahren. Sollte ein einflussreicher Nsc wie Carlotta oder Alexios ein anderes Ziel anvisieren, lässt sich dieser ohne Probe umstimmen, wenn die Jäger gute Argumente aufführen.

- **Kreta, Zypern oder Rhodos:** Diese Standorte der Templergräber kommen nur in Betracht, wenn die Jäger eines der Rätsel aus Marinos Notizen aus eigenem Antrieb gelöst haben. Womöglich werden sie dazu jedoch Hilfe brauchen. Grundsätzlich wird Carlotta, sofern sie noch an Bord ist, den altgriechischen Text für die Gruppe übersetzen. Doch auch nach ihrer Entführung sollte der HeXXenmeister den Spielern das Rätsel nun zugänglich machen. Vielleicht besitzt eines der Crewmitglieder die erforderlichen Kenntnisse, vielleicht ist die Übersetzung des Textes aber auch ein kleines Abenteuer für sich.
- **Athen:** Diesen Vorschlag wird Carlotta machen. Sie weiß, dass Michel Fourmont, einer der bedeutendsten Forscher im Gefolge ihres Vaters, in Athen eine Grabung durchführt. Sicher kann er dabei helfen, das Rätsel der Inseln zu lösen.
- **Amorgos:** Die Insel ist der Stützpunkt des Orakelbundes, von dem die Jäger mittlerweile erfahren konnten. Vielleicht kann man den Orakeljüngern auf den Zahn fühlen? Oder um eine Audienz mit der sogenannten Stimme ersuchen?
- **Konstantinopel:** Die Gasse der Wunder, Hauptumschlagsort des Schatzjägerringes und Schauplatz von Carlottas letzter riskanten Unternehmung, ist eine weitere mögliche Anlaufstelle. Doch sowohl die junge Frau als auch der Kapitän der *Lucrezia* werden abwinken: Die Spuren dort sind bereits kalt, auch ist das Risiko einer Konfrontation zu hoch. Nur wenn die Jäger im Rahmen der Nebenhandlung „Die Suche nach Desminas Geliebter“ (siehe: Anhang, S. 114) darauf drängen, nach Konstantinopel zu reisen, wird der jeweilige Kommandant der *Lucrezia* nachgeben und die Stadt des Sultans ansteuern.
- **Hilfe des Schatzjägerringes:** Falls Carlotta durch Feysal Bey entführt wurde, wird Alexios dazu drängen, eine Nebenstelle der Organisation aufzusuchen, um durch das Netzwerk aus Informanten in Erfahrung zu bringen, wo sich Beys Schiff, die *Seewolf*, befindet. Der Schatzjägerring kann in jeder beliebigen Hafenstadt kontaktiert werden, aber es ist sinnvoll, wenn es sich um einen Ort handelt, der auch in einer der vier Episoden vorkommt. Ein Aufenthalt an einem der vier Standorte (Athen, Kreta, Zypern oder Amorgos) muss nicht zwingend dazu führen, dass das dortige Abenteuer beginnt, es ermöglicht den Jägern aber, bereits erste Kontakte zu knüpfen und den Schauplatz sowie die Akteure kennenzulernen – was einen späteren Besuch umso interessanter macht.
- **Jäger-Organisationen:** Womöglich besitzen die Jäger bestimmte Hintergründe, die sie nun ausspielen können. Gehört der Gruppe beispielsweise ein Assassine an, könnte er Kontakt haben zu Emir Issetzade Ibrahim Ateşli in der Stadt Sitia auf Kreta. Ein Johanneus-Bruder hingegen könnte Hilfe von seinen Ordensbrüdern auf Rhodos erwarten, ein Seeräuber mit dem Neuen Attischen Seebund verbündet sein, ein Schatzjäger vielleicht den Gelehrten der Prager Burg nahestehen. Dadurch ergibt sich eine Vielzahl möglicher Begegnungen und Orte, die im Rahmen dieser Kampagne nicht beschrieben werden, zu denen sich aber eine große Auswahl von Anregungen in den Bänden *Mare Monstrum* und *Mare Monstrum Obscura* finden.

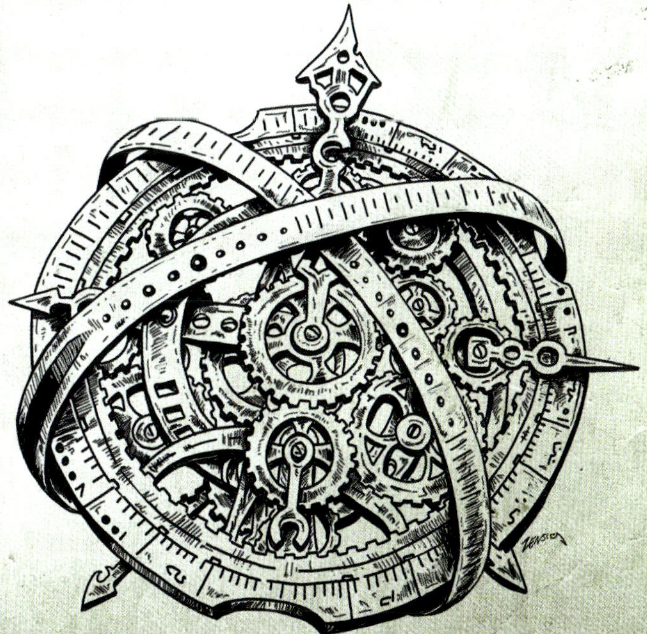

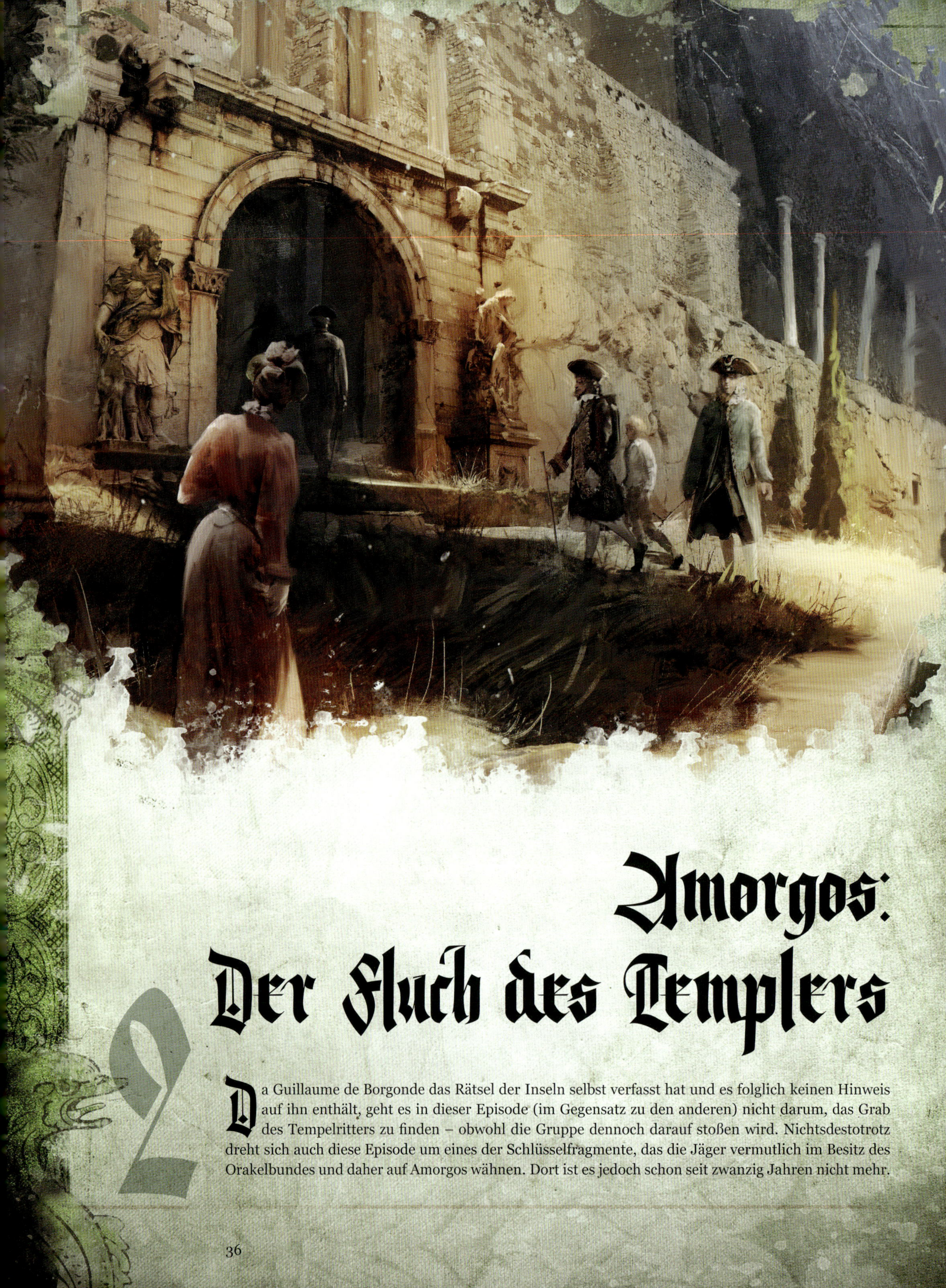

2 Amorgos: Der Fluch des Templers

Da Guillaume de Borgonde das Rätsel der Inseln selbst verfasst hat und es folglich keinen Hinweis auf ihn enthält, geht es in dieser Episode (im Gegensatz zu den anderen) nicht darum, das Grab des Tempelritters zu finden – obwohl die Gruppe dennoch darauf stoßen wird. Nichtsdestotrotz dreht sich auch diese Episode um eines der Schlüsselfragmente, das die Jäger vermutlich im Besitz des Orakelbundes und daher auf Amorgos wähnen. Dort ist es jedoch schon seit zwanzig Jahren nicht mehr.

Hintergrund

1723 gab es innerhalb der Archivare des Bundes, den sogenannten Dienern der Pflicht, einen Aufstand: Als einige von ihnen, die sich später als „die Skeptiker“ bezeichneten, herausfanden, dass der Bund von dämonenartigen Wesen, den Tantaliden, geführt wird, begehrten sie gegen ihre widernatürlichen Meister auf. Um zu verhindern, dass die Tantaliden an den Schatz gelangen und so noch mehr Macht anhäufen konnten, schmuggelten die Skeptiker sowohl das Schlüsselfragment als auch den Schädel de Borgondes aus dem Kloster und wollten beides an einen sicheren Ort bringen.

Allerdings rief die Entfernung des Schädels einen Fluch auf die Verschwörer herab. Das Schiff der Skeptiker wurde vom Unglück verfolgt und vor der Küste der Nachbarinsel Naxos von Seeräubern geentert. Der niederländische Pirat, der für den Angriff verantwortlich war, ein gewisser Willem van Teehlen, brachte vor dem Versenken des Schiffes den Schlüssel und den Schädel in seinen Besitz – wodurch der Fluch auf ihn überging. Wenig später ging Teehlens Schiff während eines schweren Sturms mit Mann und Maus unter, doch anstatt zum Himmel (oder zur Hölle) zu fahren, kehrte der Geist des Kapitäns zurück, für alle Ewigkeit dazu verdammt, für das Gute zu streiten. Mit seiner ebenfalls zu untotem Leben verdammten Crew sucht er seitdem die Kykladen heim, attackiert aber ausschließlich jene Schiffe, deren Mannschaften Böses im Schilde führen. Dazu zählen vor allem Seeräuber, aber auch der Orakelbund.

Als die Tantaliden von dem Raub erfuhren, töteten sie sämtliche im Kloster verbliebenen Skeptiker, Schädel und Schlüssel jedoch blieben an Bord des Geisterschiffes für sie unerreichbar. In der überraschenden Ankunft der Jäger erkennen die Tantaliden eine Möglichkeit, diese langjährige Scharte auszuwetzen: Spontan beschließen sie, eine ihrer menschlichen Dienerinnen in die Gruppe einzuschleusen, um dem Geisterpiraten mit deren Hilfe das Schlüsselfragment und bestenfalls auch den Schädel wieder abzunehmen.

Die Agentin, eine Dienerin des Klosters namens Desmina, soll sich als vermeintliche Überläuferin und überlebende Skeptikerin ausgeben, die Jäger auf Willem van Teehlens Spur führen, sie bei der Rückgewinnung des Schlüssels unterstützen und diesen anschließend nach Amorgos zurückbringen. Die Tantaliden können dadurch nur gewinnen: Ohne ein weiteres ihrer Schiffe zu riskieren, können sie die Jäger die Eisen aus dem Feuer holen lassen.

Über die Episode

Das Abenteuer findet an zwei Schauplätzen statt: zuerst auf der Insel Amorgos, danach auf der Nachbarinsel Naxos. Auf Amorgos werden die Jäger voraussichtlich den Orakelbund ausspähen, ins Felsenkloster eindringen und dort auf die vermeintliche Überläuferin Desmina treffen. Diese berichtet ihnen wahrheitsgetreu, auf welcher Insel sich einer der Schlüssel befindet, wenngleich der Orakelbund den exakten Ort nicht kennt. Jedes einzelne der in den letzten Jahren entsandten Schiffe wurde vom „Siegenden Holländer“ versenkt, wie van Teehlen auch genannt wird.

Tantaliden
Mehr Informationen zu den dämonischen Herren des Orakelbundes finden sich vor allem in *Mare Monstrum Obsura*, S. 29.

Der zweite Teil spielt sich auf Naxos ab, hier vor allem in einem gespenstischen Schiffsfriedhof, der gleichzeitig van Teehlens Versteck darstellt. Dort begegnen die Jäger allerdings einem erstaunlich friedlichen Geisterkapitän, der ihnen das Schlüsselfragment im Austausch für einen Gefallen zu überlassen bereit ist.

Es besteht eine hohe Wahrscheinlichkeit, dass die Jäger Amorgos schon zu einem frühen Zeitpunkt der Kampagne ansteuern, schließlich haben sie durch die Notizen des Orakeljüngers Marino di Alessia einen konkreten Hinweis auf den Sitz des Bundes. Obwohl dies den Vorteil bietet, Desmina im weiteren Verlauf stärker einbinden zu können, ist es nicht erforderlich, die Episode früh umzusetzen. Vor allem wenn Carlotta nicht entführt wurde, wird sie vermutlich eher darauf drängen, zunächst Athen anzusteuern, um Michel Fourmont zu befragen.

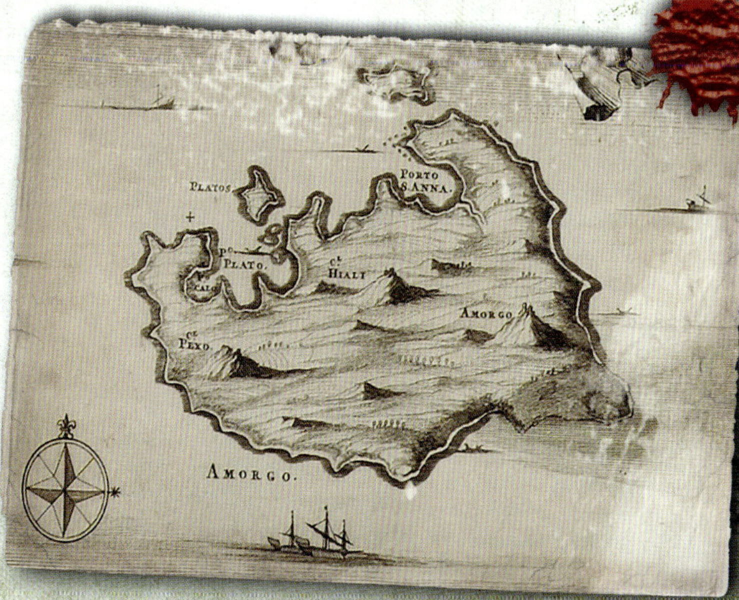

Fahrt nach Amorgos

Nähern sich die Jäger Amorgos, kommt es zu folgender Szene:

Szene – Kurs Amorgos

Der Wind pfeift euch um die Nasen, Möwen flattern um die Masten, und die Segel knattern in der steifen Brise. Ihr lasst den Blick über die Crewmitglieder schweifen, die mit unterschiedlichen Tätigkeiten beschäftigt sind. Murad zwinkert euch verschmitzt zu: „Endlich Land in Sicht. Allah sei gepriesen!" Der Scherz scheint an den Kykladen nicht alt zu werden, denn eigentlich gerät man fast nie außer Sichtweite irgendeines Eilandes.

Die kleine Insel Amorgos verfügt im Wesentlichen über zwei Hafenorte. Der Besatzung bekannt ist lediglich das Städtchen Katapola an der Westküste. Carlotta oder wahlweise Alexios werden darauf drängen, die *Lucrezia* dort zu vertäuen. Ortskundige oder übervorsichtige Jäger können auf die Idee kommen, vor der Insel zu ankern und mit dem Beiboot am Strand anzulanden.

Katapola

Steuern die Jäger Amorgos von Westen an, bieten sich ihnen folgender Anblick:

Szene – Der Hafen von Katapola

Aus dem Dunst schält sich eine schroffe Küstenlinie, aus der glänzend weiße Gebäude hervorstechen: die Häuser von Katapola. Bei dem Hafen handelt es sich um eine tief ins Inland reichende enge Bucht – in der sich ein wahrer Wald von Masten erstreckt. Wohin das Auge blickt, sieht man kleine und große Schiffe, die im ruhigen Wasser auf engstem Raum vor Anker liegen. Neben osmanischen und venezianischen Flaggen erkennt ihr das Wappen Spaniens und Frankreichs, ja sogar den preußischen Adler und vieles mehr.

All die vielen Schiffe brachten Pilger nach Amorgos und harren nun darauf, dass diese wieder abreisen, nachdem sie vom Orakel empfangen wurden. Diese Information ist leicht durch Gespräche mit den Seeleuten in Erfahrung zu bringen. Vermutlich war den Jägern (sowie der Crew der *Lucrezia*) aber nicht bekannt, wie weit der Ruf des Orakelbundes in die Welt hallt.

Tatsächlich bedeutet die Überlastung des Hafens, dass die *Lucrezia* nicht an der Kaimauer festmachen kann; dieses Privileg ist nur den größten Schiffen vorbehalten. Die kleine Schebecke muss mitten in der Bucht vor Anker gehen. Anschließend müssen sich die Jäger mit einem Ruderboot durch das Labyrinth aus Schiffsrümpfen schlängeln, bevor sie wieder festen Boden betreten können.In Katapola bietet sich ein ähnlicher Anblick:

Szene - In Katapola

War Napoli di Romania bereits eng und überfüllt, so übertrifft die Hafenstadt auf Amorgos den Sitz des Generalgouverneurs diesbezüglich noch um ein Vielfaches. Nicht nur die Straßen, auch alle Kaschemmen und Wirtshäuser sind zum Bersten voll mit Menschen. Weiter oben am Hang, außerhalb der Bebauung, haben viele Einheimische Zelte oder Hütten mit provisorischen Garküchen oder Weinschenken eingerichtet. Auch Freudenhäuser, Opiumzelte und Wettkampfstätten (vor allem für den beliebten Hahnenkampf) findet man überall.

Vorgehen der Jäger

Nachdem die Jäger einige grundlegende Dinge über den Orakelbund in Erfahrung gebracht haben, bieten sich zwei Ziele an: Chora mit dem Tempel im Zentrum der Insel oder das Felsenkloster an der Ostküste. Beide Ziele liegen nur wenige Kilometer voneinander entfernt und auch nur unweit des Hafens. In jedem Fall lohnt sich ein vorheriges Ausspähen des jeweiligen Ziels.

Ausspähen: Tempel von Chora

Die Stadt Chora befindet sich dort, wo die vom Felsenkloster ausgehenden Serpentinen über die Kante der Klippe führen. Die Orakelstätte wurde am nördlichen Stadtrand errichtet. Zwar lässt sich vom Tempel aus das Meer sehen, vom Meer aus hingegen kann man diesen erst ab einer gewissen Distanz und zudem auch nur mit einem Fernrohr erkennen.

Szene – Chora und der Tempel

Auch die Stadt Chora besteht vollständig aus den für die Region typischen schneeweißen Häusern mit flachem Dach. Die Gebäude scheinen wild neben- und manchmal sogar übereinander gebaut worden zu sein, viele stehen Mauer an Mauer, manche überlappen sich sogar in dem hügeligen Terrain. Das bei Weitem auffälligste Bauwerk ist die von einer dicken Bruchsteinmauer umgebene Tempelanlage am nördlichen Stadtrand. Der gut 3 Kilometer lange Wall weist alle 200 Meter einen runden Wachturm auf und wirkt unüberwindlich. Im Zentrum der Orakelstätte erkennt man die Dächer einiger Häuser, die untypischerweise mit roten Ziegeln gedeckt sind. Alles jedoch wird überragt von einem imposanten Säulentempel, der an das Parthenon in Athen erinnert und ebenfalls von einem roten Ziegeldach gekrönt ist.

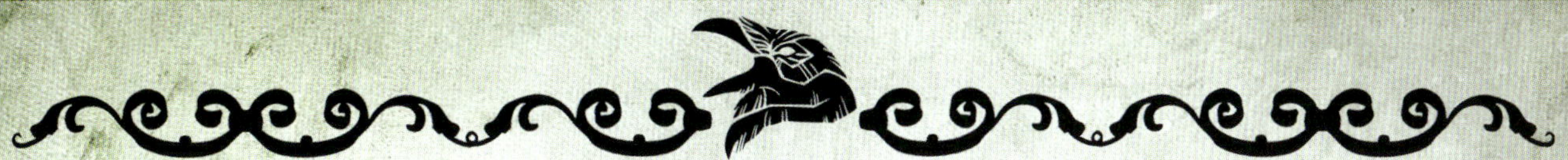

Informationen beschaffen

Die folgenden Informationen können durch Erfolge bei einer Land-und-Leute-Probe (Massenbefragung, je 1 FZA) in Erfahrung gebracht werden.

- **Allgemeines über den Orakelbund (1 Erfolg):** Der Orakelbund ist die eigentliche Macht auf Amorgos. Früher entsandte der Bund seine Jünger in alle Herren Länder, um Fürsten und Patrizier zu beraten. Seit etwa acht Jahren jedoch brechen diese nur noch auf, um für eine Pilgerfahrt nach Amorgos zu werben, wo das sogenannte Orakel von Chora den Reichen und Mächtigen für klingende Münze Ratschläge gibt.
- **Der Orakelbund auf Amorgos (1 Erfolg):** Die wichtigsten Orte sind der Tempel von Chora im Zentrum der Insel sowie das alte, in den Fels geschlagene Kloster Panagia Chozoviotissa. Letzteres ist der Empfangsort für Pilger, die dort in Gästequartieren nächtigen (sofern eines unbesetzt ist), bis sie nach einer Prüfung zum Orakel vorgelassen werden. Ebenso empfängt der Bund hier auch Abgesandte von allen Höfen der Welt.
- **Der Tempel von Chora (1 Erfolg, erfordert Wissen „Der Orakelbund auf Amorgos“):** Am Stadtrand von Chora befindet sich die weitläufige Orakelstätte des Bundes, die von einer hohen Mauer umgeben ist. Zwar ähnelt die Anlage einem griechischen Tempel, doch ist sie kein antikes Bauwerk, sondern wurde erst in den vergangenen Jahrzehnten errichtet. Bis zu ihrer Prüfung im Felsenkloster kommen viele Pilger in den unzähligen Gasthäusern in Chora und anderen Orten der Insel unter, doch nur die wichtigsten und wohlhabendsten Personen können darauf hoffen, den imposanten Tempel von Chora von innen zu sehen, zu dem nur Orakeljünger und ausgewählte Pilger Zutritt haben. Chora liegt ungefähr auf halbem Weg zwischen dem Felsenkloster und Katapola.
- **Das Felsenkloster (1 Erfolg, erfordert Wissen „Der Orakelbund auf Amorgos“):** Das schneeweiße Kloster Panagia Chozoviotissa befindet sich inmitten einer steilen Klippe, 300 Meter über dem Meeresspiegel an der Ostküste der Insel. Es wurde im 9. Jahrhundert gegründet. Zwar liegt es auf der anderen Seite der Insel, ist von Katapola aber bloß 6 Kilometer entfernt; eine Strecke, die aufgrund des Geländes und der engen, steinigen Wege nur zu Fuß zurückgelegt werden kann.
- **Die Orakeljünger (1 Erfolg):** Es gibt viele verschiedene Orakeljünger mit unterschiedlichen Aufgaben. Die meisten kleiden sich in antike Gewänder, gefertigt aus der berühmten amorgischen Seide, einige jedoch auch in altertümliche Rüstungen. An der Spitze der Organisation steht Schwester Adrastea, „die Stimme“, die diese Position bereits seit einigen Jahren innehat.
- **Hexerei (1 Erfolg, erfundenes Gerücht):** In den Kaschemmen von Katapola hört man immer wieder, dass hinter dem Orakelbund ein Zirkel deutscher Hexen steckt. Wie sonst ließe sich erklären, dass Schwester Adrastea selbst die mächtigsten Personen – seien es nun Männer oder Frauen – um den Finger wickeln kann?
- **Die Flotte des Bundes (1 Erfolg):** Der Orakelbund unterhält eine kleine Flotte aus rund einem Dutzend Schiffen, größtenteils Schebecken sowie einer größeren Galeere und zwei Fleuten. Alle Schiffe sind gut bewaffnet und patrouillieren meist vor der Insel.
- **Marino di Alessia (2 Erfolge):** Tatsächlich trieb sich ein Mann dieses Namens häufig im Hafen herum. Er galt als Trinker, Charmeur, war versessen auf Wetten und randalierte häufig. Aanhand seiner Kleidung konnte man erkennen, dass er zum Orakelbund gehörte. Zudem mangelte es ihm nie an Geld. Nach eigenem Bekunden war er Archivar im Felsenkloster. Schon seit einiger Zeit wurde er nicht mehr gesehen.

Waren die Jäger bereits in Athen, drängt sich die Ähnlichkeit mit dem gewaltigsten Bauwerk der dortigen Akropolis förmlich auf, wobei der Tempel von Chora nur etwa halb so groß ist wie das der Athene geweihte Parthenon. Folgende Erkenntnisse können durch Ausspähen gewonnen werden:

- Der Weg ins Innere der Anlage führt durch breite Tore in der Mauer, die allerdings von grimmigen Kriegern in altertümlichen Panzern bewacht werden (Diener der Wut, siehe: *Mare Monstrum Obscura*, S. 34). Die nach Art antiker Hopliten gerüsteten Wachen scheinen zudem kaum einen der Pilger einzulassen. Vermutlich handelt es sich bei den wenigen Auserwählten um jene, die bei der Prüfung im Felsenkloster als würdig erachtet wurden, einen Rat des Orakels zu erhalten.
- Die dicke Mauer und die Wachttürme scheinen eher der Abschreckung zu dienen als der Verteidigung. Der Wall weist zahlreiche tote Winkel auf und die Türme scheinen nicht durchgängig besetzt zu sein.

Ausspähen: Felsenkloster

Die Jäger können das Felsenkloster am besten vom Meer aus beobachten, indem sie mit dem Schiff die Insel umrunden.

Szene – Das Felsenkloster

Aufgrund seiner schneeweißen Außenmauern fällt das Kloster schon von Weitem ins Auge. Es befindet sich in der Mitte eines Felsenhangs, 300 Meter über dem Meer und in gleicher Entfernung von der Kante der Klippe. Dort, wo das Kloster wie ein Schwalbennest am Felsen klebt, geht der flachere untere Teil des schroffen Hangs in eine teils überhängende, scharfkantige Steilwand über. Das Kloster besitzt nur wenige kleine Fenster. Das Dach jedoch besteht aus unterschiedlich hohen Terrassen, von denen vermutlich Durchgänge ins Innere führen. Um das Kloster zu erreichen, muss man sich entlang des Hangs über einen in den Stein geschlagenen Weg mit vielen Treppenstufen mühen. Der Weg beginnt etwa 1,5 Kilometer weiter südlich an einem felsigen Strand mit einem kleinen Wachhaus.

Vom Inland her ist das Kloster nur schwer einsehbar. Von unten führt ein einziger Pfad entlang der Felsenklippe zum Kloster, der von Dienern der Wut bewacht wird. Folgende Erkenntnisse können gewonnen werden:

- Von der Seeseite können größere Schiffe aufgrund der geographischen Gegebenheiten nicht in Klosternähe anlanden. Zudem liegen zwischen der Brandung und den Klostermauern einige Hundert Meter offenes, schroffes Gelände. Einem Beiboot mit geübtem Navigator könnte dieses Vorhaben allerdings gelingen. Der Aufstieg zum Kloster ist zwar schweißtreibend, aber auch ohne Kletterausrüstung möglich. Am Fuß des Klosters befindet sich ein einzelnes Portal, das bewacht wird. Die Klostermauern sind 20 Meter hoch, fast vertikal und sehr glatt.
- Das Kloster liegt 300 Meter über dem Meeresspiegel und damit so hoch, dass die Schiffsartillerie es nicht unter Feuer nehmen kann.
- Der Weg zum Kloster ist bewacht. Es lässt sich jedoch beobachten, dass Pilger eingelassen werden. Bei vielen, die das Kloster betreten dürfen, scheint es sich um hochrangige Personen zu handeln, aus Europa, Russland oder dem Orient.

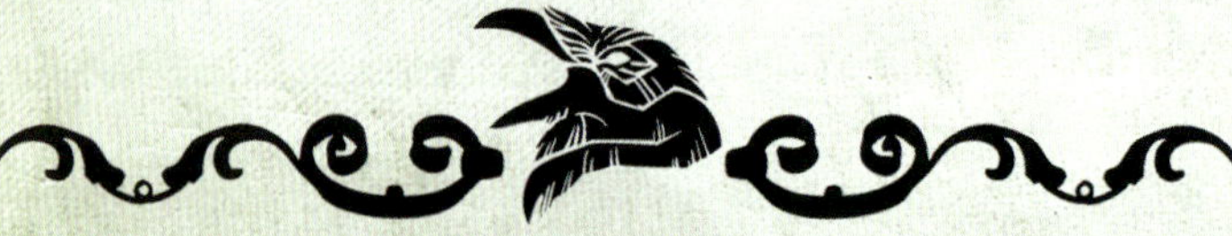

Prunkvolle Fassade

Tatsächlich dient die gesamte Tempelanlage mehr oder weniger der Schau und soll die Pilger von der Macht des Bundes überzeugen. Allein der zentrale Tempel – in dem die für würdig erachteten Gäste einen Ratschlag erhalten, der den langfristigen Zielen des Bundes zum Vorteil gereicht – ist wirklich ausgebaut. Die meisten der übrigen Gebäude sind unbenutzt. Mehr zur wahren Bedeutung der Orakelstätte findet sich in *Mare Monstrum Obscura*, ab S. 29).

Falls es der Gruppe gelingt, sich Zutritt zu verschaffen (mit oder ohne Erlaubnis der Jünger), kann der HeXXenmeister die Anlage beliebig ausschmücken.

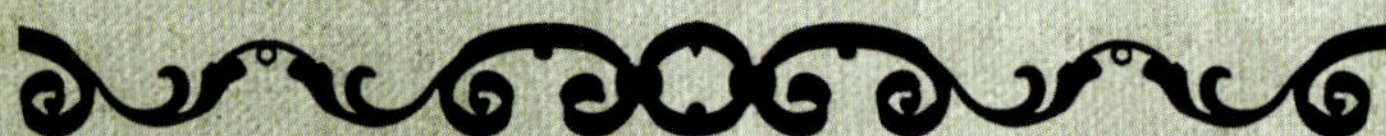

Ziel: Das Felsenkloster

Ob die Jäger zunächst die Orakelstätte untersuchen und dort nichts finden oder sofort das Felsenkloster als Ziel auswählen (etwa weil sie erfahren haben, dass Marino di Alessia hier als Archivar tätig war), letztlich kommen sie nur im alten Sitz der Tempelwächter weiter.

Bei ihren Überlegungen, wie sie dort hineingelangen, kann den Jägern womöglich die Befragung eines Orakeljüngers helfen. Obwohl die Gruppe am ehesten einer Wache habhaft werden könnte, wird es sich als fruchtlos erweisen, einen Diener der Wut zu verhören. Nicht nur handelt es sich um raue Gesellen, oft frühere Korsaren oder Söldner, die Krieger des Orakelbundes haben auch zu einer neuen Spiritualität gefunden, in deren Zentrum Schwester Adrastea steht – ihre Ergebenheit für diese grenzt fast an Fanatismus. Aussichtsreicher ist es, einen der wenigen Diener der Pflicht zu ergreifen, die außerhalb des Klosters oder Tempels einer Aufgabe nachgehen. Zwar verlassen die Archivare die heiligen Stätten des Bundes nur selten, dafür lässt sich ihr Widerstand leichter brechen: Unter Androhung von Gewalt (Muskelspiel gegen Wil 6) knicken sie ein. Die folgenden Informationen über den Aufbau des Felsenklosters könnten die Jäger durch eine Befragung erhalten:

- Man unterscheidet das Außenkloster und das Innenkloster. Ersteres ist der weiße Bau, der sich an die Felswand schmiegt. Von hier aus führt eine Treppe ins innere Kloster, das aus Tunneln und Hallen besteht, die sich tief in das Gestein hinein erstrecken. Den meisten Orakeljüngern ist der Zugang ins Innenkloster verboten.
- Das Außenkloster ist nicht sehr groß. Neben den 14 ehemaligen Zellen der Mönche, die nun als Gästequartiere dienen, gibt es einen schmalen Hof mit Brunnen, einen größeren Speisesaal mit angrenzender Klosterküche, die große Bibliothek, eine Kapelle sowie einen Durchlass, der ins Innenkloster führt. Die Diener der Wut

sind nicht im Felsenkloster untergebracht, sondern in der nahegelegenen Orakelstätte.

- Nachts wird das Tor am Eingang nur von einem einzigen Diener der Wut bewacht, der alle vier Stunden abgelöst wird. Im Innern des Klosters patrouilliert ein unbewaffneter Nachtwächter. Die zwei Wachen vor dem Durchlass ins Innenkloster verlassen ebenfalls nur bei einer Ablösung ihren Posten.
- Im Innern des Berges soll es ein labyrinthartiges Netzwerk aus Tunneln und Kammern geben, doch nahezu allen Bewohnern des Klosters ist der Zutritt zu diesem verboten. Dort trifft sich der innerste Zirkel des Bundes, über den kaum etwas nach außen dringt.
- Marino di Alessia war ein Archivar. Er arbeitete in der großen Bibliothek, die sich im Außenkloster befindet. Dort werden unzählige Schriften gelagert, die bereits von den alten Mönchen des Klosters gesammelt wurden. *(Die Sammlung gibt es wirklich, aber sie wurde nicht von Mönchen angelegt, sondern vom Geheimbund der Tempelwächter unter de Borgonde.)*

In das Kloster

Obwohl der Eingang des Außenklosters bewacht wird, sollten sich die Jäger mit einem guten Plan Zutritt zu der heiligen Stätte verschaffen können. Dabei sind verschiedene Vorgehensweisen möglich (siehe unten). Der HeXXenmeister sollte im Hinterkopf behalten, dass die Anwesenheit der Gruppe den Tantaliden bereits bekannt ist, sofern diese über Katapola anreiste – schließlich geschieht auf Amorgos nichts, ohne dass die dämonischen Herren der Insel davon erfahren. Und sie wollen, dass die Jäger ins Kloster eindringen, Desmina „retten" und wieder entkommen. Daher wird jeder Versuch der Gruppe, erscheint er auch noch so abwegig, von Erfolg gekrönt sein.

Zu beachten ist jedoch, dass jedes gewaltsame Vorgehen zu einer Verschlechterung der Beziehung zum Orakelbund führt. Je nach Verhalten der Jäger werden sie sich so mitunter ernsthafte Rivalen oder sogar wahre Todfeinde schaffen, die der Gruppe bei etwaigen Begegnungen im späteren Verlauf der Kampagne oder auch darüber hinaus das Leben schwer machen.

Falsche Gäste oder Pilger

Die Jäger könnten sich als geladene Gäste ausgeben (etwa als Abgesandte eines Hofes oder einer bestimmten Organisation), die Einlass ins Kloster erbeten. Allerdings ist dieses Unterfangen schwierig, da sie auf keiner Gästeliste stehen und die dämonischen Tantaliden niemals Fehler machen. Lassen die Jäger jedoch ihre Geldbeutel spielen, können sie die Wache zumindest dazu überreden, sie in den Innenhof zu begleiten (Bestechungssumme 50 Gulden, Redekunst-Probe (–5); pro 25 Gulden mehr: Bonus +1). Von hier aus könnte sich einer der Jäger absetzen (Heimlichkeit-Probe (–3)) und in die Klosterbibliothek eindringen.

Eine weitere Möglichkeit ist es, sich als Pilger auszugeben. In diesem Fall muss eine Heimlichkeit-Probe (–2) gelingen, damit die Wache die Täuschung nicht durchschaut. Pilger werden freundlich begrüßt und bewirtet sowie später eingehend daraufhin geprüft, ob sie würdig (und einflussreich genug) sind, um vom Orakel im Tempel empfangen zu werden.

Ablenkung

Die Jäger inszenieren einen Täuschungsangriff, beispielsweise auf das Wachhaus am Strand. Das würde die Aufmerksamkeit der Klosterbewohner derart ablenken, dass ein heimliches Eindringen deutlich leichter würde. Die Crew der *Lucrezia* könnte einen solchen Täuschungsangriff ausführen, jedoch besteht eine gewisse Chance, dass ein Patrouillenschiff des Bundes erscheint und die Begleiter der Jäger in ein Seegefecht verwickelt (Werte wie typische Schebecke: Größe 6, Wendigkeit 0, Schnelligkeit 0). Ist keiner der Jäger an Bord, gelingt der *Lucrezia* die Flucht, muss aber 2 Treffer hinnehmen. Andernfalls kann der HeXXenmeister das Gefecht ausspielen.

Überfall

Die Jäger dringen mit gezückten Waffen ins Kloster ein. Dieses Vorgehen wird vermutlich zu einem unnötigen Blutvergießen führen. Zwar stellen die wenigen Diener der Wut wahrscheinlich keine ernstzunehmende Gefahr für die Jäger dar (entsprechende Kämpfe sollten nur erzählerisch abgehandelt werden), haben aber weder böse Absichten noch sind sie widernatürlich oder aggressiv, wodurch die Jäger Verderbnisse riskieren. Bei den übrigen Bewohnern des Tempels handelt es sich um Diener der Pflicht, die trotz zwielichtigen Hintergründen meist wehrlose Verwalter sind.

Einbruch

Die Jäger können sich entweder von der Felsenkante abseilen oder den Steilhang und die Mauern von unten erklimmen. Dies erfordert eine Reihe von Proben nach Wahl des HeXXenmeisters, etwa auf Akrobatik (zum Klettern), Muskelspiel (zum Eintreten von Türen), Fingerfertigkeit (zum Knacken von Schlössern), Unempfindlichkeit (zum Vermeiden von Schaden aufgrund der scharfkantigen Felsen) sowie Heimlichkeit (vor allem wenn der Einbruch nachts vollzogen wird).

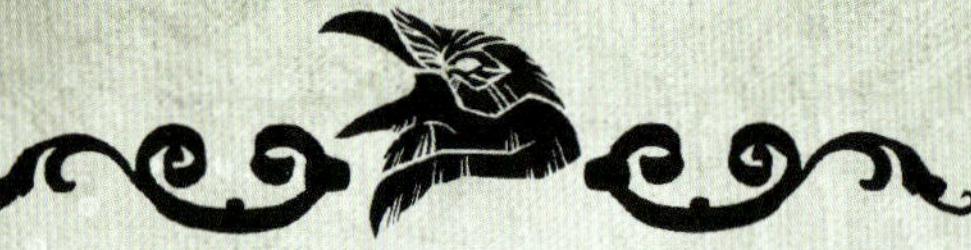

Die Bedrohung steigt

Für das Ausspähen des Klosters sowie den Aufenthalt dort kann der HeXXenmeister Bedrohungsstufen verwenden. Die Bedrohung steigt jeweils um 1, wenn sich die Jäger beim Ausspähen auffällig verhalten, beispielsweise durch das Ausschalten von Wachleuten. Je nach gewählter Methode, um ins Kloster zu gelangen, kann die Bedrohung weiter steigen, z. B. wenn Heimlichkeit-Proben misslingen oder Lärm verursacht wird. Bei einem gewaltsamen Eindringen steigt die Bedrohung automatisch um 1 bei jeder feindlichen Auseinandersetzung. Erreicht die Bedrohungsstufe einen Wert von 5, fühlen sich die Tantaliden vom Vorgehen der Gruppe bedroht und verschließen den Zugang zum inneren Kloster. In diesem Fall können die Jäger nur noch über den Geheimgang in der Klosterbibliothek ins Innere vordringen. Desmina wird dann im Außenkloster in Erscheinung treten, am Plan der Tantaliden ändert sich jedoch wenig – auch wenn sich ihre Einstellung zu den Jägern verschlechtert. Letztendlich ist ohnehin alles geplant.

Die Klosterbibliothek

Die folgende Beschreibung geht davon aus, dass einer oder mehrere Jäger die Bibliothek im Außenkloster erreichen konnten.

Szene – Die Klosterbibliothek

Ihr befindet euch in einem prächtig ausgestatteten Lesesaal, der über und über mit Schreibpulten und Regalen gefüllt ist, in denen unzählige Schriftrollen und Bücher lagern. Aufgrund seiner Größe wird klar, dass er zu einem großen Teil tief in den Berg geschlagen sein muss. An den Seiten laden Bänke zum Verweilen ein. In einem offenen Schrank lagern Lampen und Kerzen.

Die gewaltige Sammlung, die von den ehemaligen Tempelwächtern begonnen und den Tantaliden fortgeführt wurde, umfasst nahezu 8000 Schriftstücke und Bücher. Für den Spielleiter bietet sich hier eine einmalige Möglichkeit, die Jägercharaktere mit dem geballten Wissen der HeXXenwelt zu füttern, zukünftige Abenteuer anzudeuten, aber auch falsche Fährten zu legen. Die Auswahl der Literatur erstreckt sich von Märchen und unterhaltenden Erzählungen über wissenschaftliche Abhandlungen und geschichtliche Chroniken bis hin zu übernatürlichen, okkulten und ketzerischen Schriften in unzähligen Sprachen.

Di Alessias Notizen

Eventuell wissen die Jäger, dass Marino di Alessia in der Bibliothek arbeitete. Halten sie nach einer Art Bücherkatalog oder organisatorischen Listen Ausschau, führt sie das in eine kleine, durch Holzwände abgegrenzte Kammer, deren Einrichtung aus nicht mehr als einem Tisch und einem einfachen Stuhl besteht. Auf der Tischplatte befinden sich Kerzenhalter, eine Teekanne nebst Tassen sowie mehrere Wälzer mit Auflistungen und Notizen der Archivare. Jäger, die durch die Bücher blättern, können eine Probe auf Wissensgebiete ablegen und folgende Informationen erlangen:

- **0 Erfolge:** Offensichtlich beschäftigte die Archivare ein altes Rätsel, das von einem Mann namens Guillaume de Borgonde stammt, der dem Templerorden nahezustehen schien. Angeblich lebte er bis 1640 im Kloster und wurde nach seinem Tod von den damaligen Mönchen in einer Felsenkammer bestattet.
- **1 Erfolg:** Die früheren byzantinischen Mönche lebten nicht allein im Kloster, es beherbergte auch eine Gruppe, die sich als Tempelwächter bezeichnete. Guillaume de Borgonde scheint ihr Anführer gewesen zu sein. Die Tempelwächter waren in der ganzen Welt unterwegs und sammelten Wissen in Form von Schriften und Büchern, die sie nach Amorgos schickten.
- **2 Erfolge:** Offenbar führte der Tod von Guillaume de Borgonde dazu, dass sich im Kloster eine neue Organisation bildete. Die Notizen diesbezüglich sind schwammig und erwähnen nur „die neuen Herren“, ohne jedoch ins Detail zu gehen. Erst ab 1650 sprechen die Archivare vermehrt von den „Geschwistern des Orakels von Chora“. Etwa zur gleichen Zeit begannen die Bauarbeiten an der Orakelstätte von Chora.
- **3 Erfolge:** Angeblich war Guillaume de Borgonde uralt. Es gibt Gerüchte, denen zufolge er bereits im 13. Jahrhundert lebte.
- **4 Erfolge:** Die „neuen Herren“ fanden im Grab de Borgondes ein seltsames metallisches Stück, das an einen Schlüssel erinnerte. Es gibt keine Hinweise, was mit dem Artefakt geschah.
- **5 Erfolge:** Von der Klosterbibliothek gibt es einen geheimen Zugang ins innere Kloster. Die Archivare waren alle in dieses Geheimnis eingeweiht. Sie nutzten den Zugang, um in regelmäßigen Abständen den „neuen Herren“ des inneren Zirkels Bericht zu erstatten.

Die Geheimtür

Sucht ein Jäger gezielt nach einer Geheimtür oder Ähnlichem, darf er eine Probe auf Erkennen (–5) ablegen. Der Malus der Probe verringert sich auf –1, wenn die Gruppe aufgrund der Notizen der Archivare von der Tür weiß. Sucht niemand aktiv, kann der HeXXenmeister auch einen zufällig ermittelten Jäger bestimmen, der eine Probe auf Aufmerksamkeit (–3) ausführt. Ist diese erfolgreich, spürt der Betreffende einen kalten Lufthauch, der aus einer Wand zu kommen scheint. Die Geheimtür lässt sich durch Verschieben eines Bücherregals öffnen. Dahinter führt eine schmale Treppe in den Fels nach unten.

Das innere Kloster

Die Jäger können das Innenkloster über zwei Wege erreichen: Über den im Hof beginnenden Durchgang oder die Geheimtür in der Bibliothek.

Das Portal im Hof wird jederzeit von zwei Dienern der Wut bewacht. Sie können zwar leicht überwältigt werden, doch ein solches Vorgehen bleibt nicht lange unentdeckt. Sobald Alarm geschlagen wird, steigt die Bedrohungsstufe auf 5 und der Zugang wird von innen mithilfe eines massiven Eisengatters verschlossen. Heimlich oder schnell agierende Jäger können vorher noch eindringen, allerdings ist ihnen dann der Rückweg versperrt. Die Geheimtür wird nicht bewacht, muss aber erst gefunden werden.

Gleichgültig, welchen Eingang die Gruppe wählt, sie erreicht einen unheimlichen und kalten Ort, der in völlige Finsternis gehüllt ist: eine Gewölbekammer am Ende eines langen Ganges, der an zahlreichen Grablegen vorbei zu einer schweren Holztür führt, in die ein Templerkreuz geschnitzt ist.

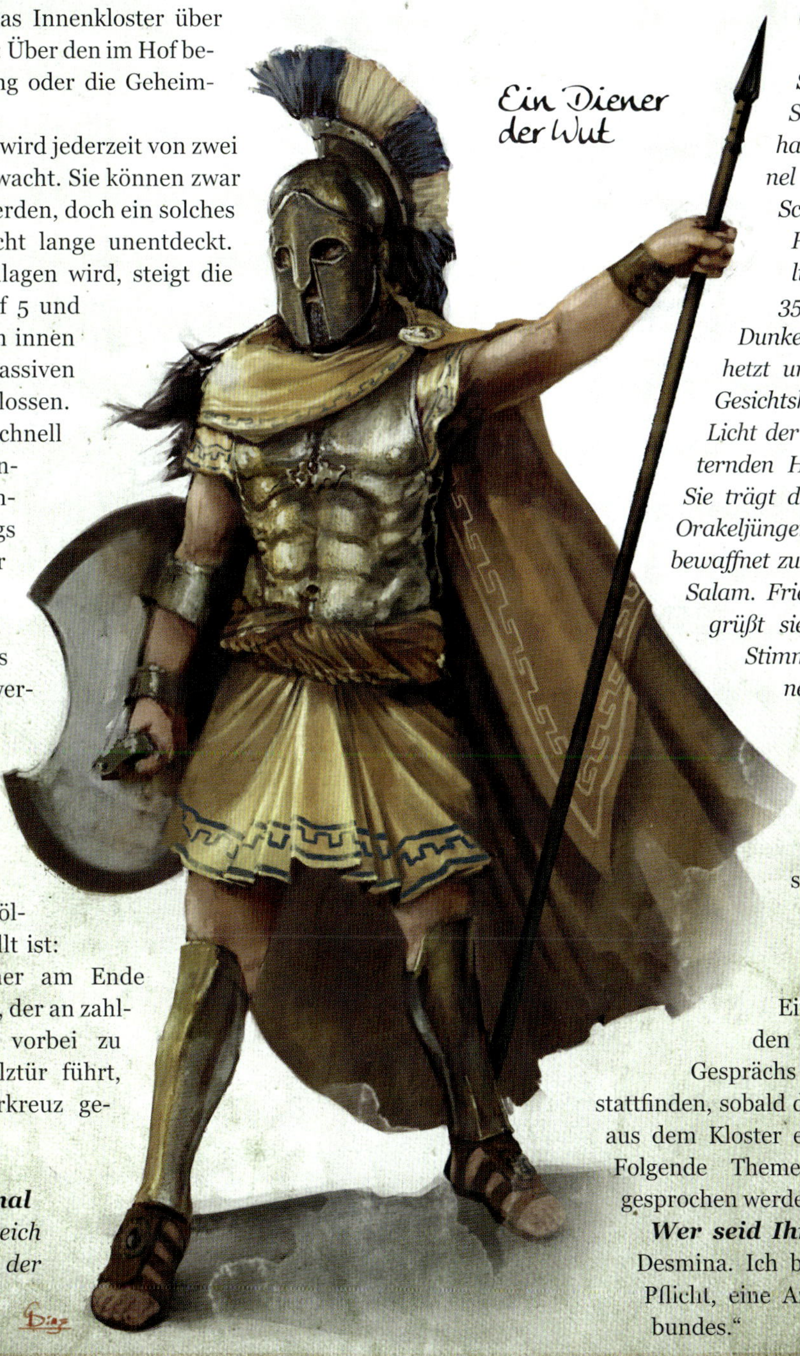

Szene – Im Grabmal

Ihr betretet ein Reich der Schatten und der Kälte, wobei beides unnatürlichen Ursprungs zu sein scheint. Eure Lichtquellen scheinen hier weniger stark zu leuchten und die Kälte frisst sich in euren Geist statt in euren Körper. Ihr betretet eine Gewölbekammer, deren Wände mit verblassten Wandmalereien geschmückt sind. Im Zentrum steht ein Steinsarg, der das Relief eines Ritters in voller Rüstung trägt. Das Wappenschild zeigt das Tatzenkreuz der Tempelritter.

Öffnen die Jäger den Sarg, werden sie lediglich ein altes Skelett vorfinden, dem der Kopf fehlt. Sämtliche Ausrüstung, darunter vor allem das Schlüsselfragment, wurde vor langer Zeit von den Tantaliden entnommen. Nach einer kurzen Weile erhalten die Jäger Gesellschaft.

Ein Diener der Wut

Szene – Desmina

Seltsame Geräusche hallen durch den Tunnel hinter euch. Schnelle Schritte nähern sich. Plötzlich tritt eine zierliche Frau von etwa 35 Jahren aus der Dunkelheit und blickt sich gehetzt um. Ihre dunkelbraune Gesichtshaut glänzt warm im Licht der Kerze, die sie mit zitternden Händen vor sich hält. Sie trägt die seidene Robe einer Orakeljüngerin und scheint unbewaffnet zu sein. „Ereini, Shalom, Salam. Friede sei mit euch", begrüßt sie euch mit zaghafter Stimme und deutet eine Verneigung an. „Endlich treffe ich euch."

Das Gespräch sollte in einer gehetzten Atmosphäre stattfinden. Desmina wird sich häufig umschauen, da sie vorgibt, mit einem Eintreffen der Tantaliden zu rechnen. Teile des Gesprächs können auch später stattfinden, sobald die Jäger mit Desmina aus dem Kloster entkommen sind.

Folgende Themen können angesprochen werden:

Wer seid Ihr? „Meine Name ist Desmina. Ich bin eine Dienerin der Pflicht, eine Archivarin des Orakelbundes."

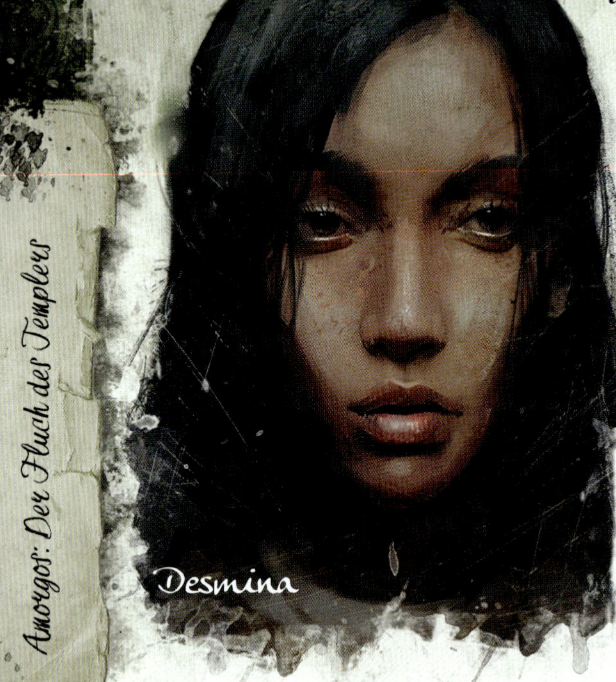

Wieso überrascht Euch unsere Anwesenheit nicht? „Ich beobachte euch schon länger. Glaubt nicht, dass ihr nicht aufgefallen wärt. In Wahrheit konntet ihr nur aus einem Grund bis hierher vordringen: weil ich dafür gesorgt habe."

Was wollt Ihr von uns? „Ich benötige eure Hilfe! Der Orakelbund ist nicht das, was er zu sein scheint. Finstere Mächte sind hier am Werk. Ich gehöre zu einer kleinen Gruppe Aufsässiger, die sich ‚die Skeptiker' nennt. Als wir bemerkten, dass etwas Unheilvolles geschieht, setzen wir uns zum Ziel, die geheimen Absichten der neuen Herren zu ergründen. Doch einer nach dem anderen wurden wir enttarnt und ... *(Sie schluckt schwer.)* Nun, ich bin die letzte Skeptikerin. Allein durch die Tatsache, dass ich mich mit euch treffe, ist mein Leben verwirkt – solltet ihr mich nicht mitnehmen. Wir müssen die neuen Herren aufhalten, indem wir das verlorene Schlüsselfragment des Guillaume de Borgonde in unseren Besitz bringen!"

Was wisst ihr über Guillaume de Borgonde? „Er lebte bis ins Jahr 1640 hier im Kloster und starb, bevor die neuen Herren in Erscheinung traten. Er war eine rätselhafte Person, umgeben von Mysterien. Eines davon betraf einen legendären Schatz der Templer, der von fünf Personen gehütet wurde. Jeder der Wächter besaß ein Fragment eines Schlüssels, der zum Versteck führen soll; Borgonde selbst auch. Einer meiner Gefährten, ein Skeptiker namens Aurion, wollte verhindern, dass die neuen Herren den Schatz in ihren Besitz brachten, da er angeblich ein mächtiges Artefakt enthält. Also stahl er das Schlüsselfragment sowie den Schädel de Borgondes und setzte sich von der Insel ab. Unglücklicherweise wurde Aurions Schiff vor Naxos von Korsaren geentert und versenkt."

Die neuen Herren? „Der Bund wird von einer verschworenen Gruppe seltsamer, blasser Wesen angeführt, über die nur wenig bekannt ist – selbst uns Mitgliedern des Ordens. Zwar mögen sie auf den ersten Blick menschenähnlich erscheinen, aber ich bin mir sicher, dass es keine Menschen sind. Ich konnte ein kurzes Gespräch zwischen zwei von ihnen belauschen. Sie unterhielten sich auf Altgriechisch, das glücklicherweise auch ich beherrsche. Scheinbar bezeichnen sie sich selbst als Tantaliden."

Tantaliden? „Eigentlich handelt es sich um ein altes Geschlecht der griechischen Mythologie, das auf einen Sohn des Zeus zurückgeht: Tantalos. Als sein Vater ihn einlud, an der Tafel der Götter zu speisen, beging Tantalos einen unverzeihlichen Frevel und lud so den Fluch des Olymps auf sich und seine ganze Sippe. Ich weiß nicht, weshalb sich die neuen Herren so nennen."

Was wisst ihr über Marino di Alessia? „Marino war ein Archivar und aufgrund seiner Studien bewandert in manch dunklen Künsten. Vor einigen Wochen tauchte ein Schlüsselfragment in der Gasse der Wunder in Konstantinopel auf. Als die neuen Herren davon erfuhren, schickten sie Marino aus, um mithilfe einer Schatzjägerin an das Fragment zu gelangen – damit kein Verdacht auf den Orakelbund fallen würde, sollte etwas schiefgehen. Ich weiß nicht, was geschah, aber Marino kehrte bis heute nicht zurück."

Überstürzte Flucht

Sobald die Bedrohungsstufe auf 5 steigt, spätestens aber nach dem Besuch des Templergrabs, werden die Tantaliden veranlassen, die Jäger zu verfolgen, damit Desminas Geschichte glaubwürdig erscheint.

Szene – Alarm!
Plötzlich ertönen Glocken aus der Ferne. Eilige Fußschritte sind zu hören, verursacht von zahlreichen schweren Stiefeln! Schon stürmen archaisch anmutende Kämpfer in den Gang, die aussehen, als wären sie den Sagen Homers entsprungen: Sie tragen Helme mit imposanten Kammbusch, große Rundschilde mit mythologischen Motiven, Beinschienen und sichelförmige Hiebschwerter.
(Übersicht über den Kampf, siehe rechte Seite.)

Von der Insel gejagt

Nach der Flucht aus dem Kloster folgt die Flucht von der Insel. Die Tantaliden werden eine ihrer Schebecken ausschicken, um den Schein zu wahren, die Jäger ernsthaft zu verfolgen. Allerdings ist der Kapitän nicht in das Doppelspiel Desminas eingeweiht und wird daher gnadenlos gegen die *Lucrezia* vorgehen.

Die Auseinandersetzung mit der Schebecke kann nach den normalen Regeln für Schiffskämpfe ausgetragen werden, wobei die Jäger die Wahl haben, ob sie vor dem Angreifer fliehen, ihn mit Kanonendonner attackieren oder sogar entern (wer immer das Kommando über die *Lucrezia* hat, wird den Ratschlägen der Jäger folgen). Der gegnerische Kapitän beherrscht die Fähigkeit „Schiffsnavigation" mit Fw 8. Die Werte des Schiffes entsprechen denen einer typischen Schebecke (Größe 6, Wendigkeit 0, Schnelligkeit 0).

Auf nach Naxos

Der erste Teil dieser Episode besteht im Wesentlichen darin, dass die Jäger die angebliche Skeptikerin Desmina treffen und durch sie vom Schlüsselfragment de Borgondes erfahren. Dabei sollten sie einen kurzen Blick hinter die Kulissen des Orakelbundes werfen können und auch etwas zur Vorgeschichte der Templer erfahren. Wurde Desmina gerettet, kann sie nachträglich alle Informationen weitergeben, die die Jäger durch Massenbefragungen auf Amorgos oder Recherchen in der Klosterbibliothek hätten erhalten können.

Laut Desmina wurde das Schlüsselfragment des Guillaume de Borgonde aus dem Felsenkloster geschmuggelt. Das Schiff, auf dem es transportiert wurde, soll jedoch wenig später bei einem Angriff von Korsaren vor Naxos versenkt worden sein. Nach ihrer Rettung wird Desmina noch ein weiteres, pikantes Detail preisgeben: Der Schlüssel und der Schädel de Borgondes sind keineswegs auf dem Meeresgrund verschollen. Sie befinden sich im Besitz des Geisterkapitäns Willem van Teehlen. Dieser widernatürliche Schrecken treibe seit Jahren sein Unwesen auf den Kykladen. Desmina weiß nicht, wo sich van Teehlen aufhält, kann sich aber vorstellen, dass die Seeleute auf Naxos etwas wissen.

Szene – Gen Naxos

Bereits seit einigen Stunden sind keine Segel mehr auf dem Meer zu sehen. Der Orakelbund hat ohne jeden Zweifel zur Verfolgung angesetzt, doch vermutlich konntet ihr sie abhängen – vorerst.

Sollten die Jäger Desmina mitgenommen haben, wird die Anwesenheit der Orakeljüngerin ganz unterschiedlich aufgenommen. Wäh-

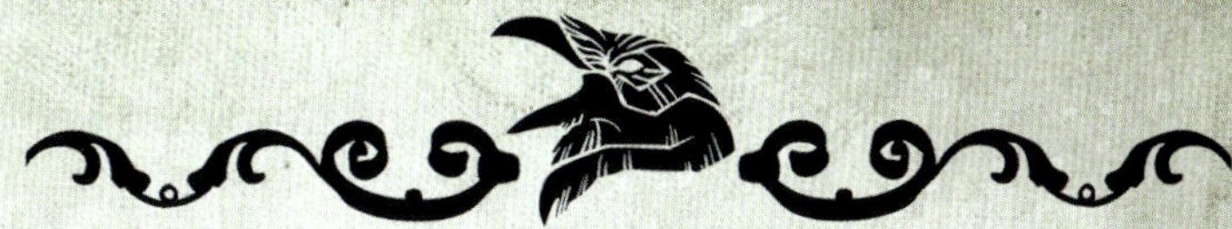

Übersicht über den Kampf

- Jz x 3 Diener der Wut *(Werte siehe* Mare Monstrum Obscura, *S. 34)*
- ab Runde 2: 1 Typischer Tantalide
(Werte siehe Mare Monstrum Obscura, *S. 34)*
- ab Runde 3: 1 weiterer Typischer Tantalide
- Umgebungseffekt: Gestaffelter Kampf
- Umgebungseffekt: Flucht

Im Laufe der Flucht kommt es zu mehreren Kämpfen gegen Diener der Wut, die allerdings erzählerisch abgehandelt werden können, da die Verfolger keine große Gefahr für die Jäger darstellen. Lediglich ein Kampf, bei dem erstmals auch die Tantaliden selbst in Erscheinung treten, sollte ausgespielt werden.

Umgebungseffekt: Gestaffelter Kampf

Zunächst steht die Gruppe Jz x 3 Dienern der Wut gegenüber, aber anhand der Geräusche ist klar, dass weitere Wachen im Anmarsch sind. Zu Beginn von Runde 2 erscheint im Hintergrund ein Tantalide. Die Jäger werden zunächst nicht viel von ihm erkennen, da sich die menschenähnlichen Dämonen in Roben kleiden und ihren Kopf mit den verräterischen Ohren und der blassen Hautfarbe unter einer Kapuze verbergen. Der Tantalide wird sofort mithilfe seiner NSC-Kraft „Beschwörung" weitere Diener der Wut herbeirufen. Zu Beginn von Runde 3 erscheint ein weiterer Tantalide, der die Jäger mit „Feuerreigen", „Fluch des Unglücks" oder „Geistschlag" attackiert, während der erste Tantalide entweder abwartet oder weitere Diener beschwört.

Umgebungseffekt: Flucht

Wird ein Tantalide an einen Jäger gebunden, erkennt dieser sofort das widernatürliche Aussehen der Kreatur. Die Tantaliden werden nicht ihr Leben aufs Spiel setzen, schließlich wollen sie die Gruppe überhaupt nicht besiegen. Sollte einer von ihnen nur noch 33 % seiner LEP besitzen, wird er sich mittels „Versetzung" oder „Unsichtbarkeit" zurückziehen. Wurden beide Tantaliden auf diese Weise vertrieben, treten auch alle verbliebenen Diener der Wut den Rückzug an. Für die Jäger ergibt sich dann eine günstige Möglichkeit, die Flucht zu ergreifen. Ist Desmina bei ihnen, wird sie die Jäger in die richtige Richtung führen. Wahrscheinlich wählt sie den Weg über die Geheimtür in die Klosterbibliothek, da der Hauptzugang mittlerweile durch ein Eisengatter verschlossen ist.

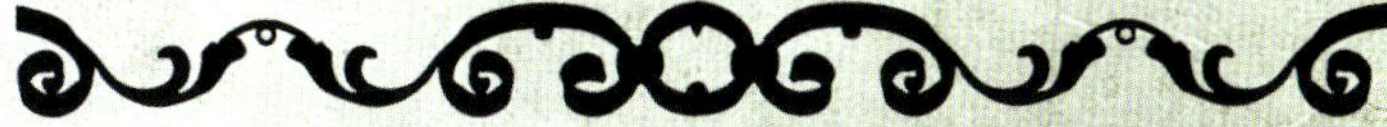

Ohne Desmina

Sollten die Jäger das Rätsel de Borgondes noch nicht übersetzt haben, ist Desmina vermutlich die Erste, durch die sie vom Schatz der Templer erfahren – weshalb sie ihre Hilfe wahrscheinlich nicht ablehnen werden. Natürlich kann sich die Gruppe aber auch entscheiden, ohne Desmina aus dem Felsenkloster zu entkommen und allein nach Naxos zu reisen (allerdings ohne vom Geisterkapitän van Teehlen zu wissen). Falls der HeXXenmeister ungern auf die Spionin des Orakelbundes und die mit ihr verbundene Nebenhandlung verzichten möchte, kann er sie andeuten lassen, mehr über den genaueren Verbleib des Schlüsselfragments zu wissen (siehe: Auf nach Naxos, links).

rend Alexios ganz verzückt ist von der hübschen Frau (die auf dessen Avancen aufgrund ihrer Partnerwahl jedoch in keiner Weise eingeht), sind Carlotta und damit auch Sara äußerst misstrauisch. Erzählen die Jäger einer der beiden im Detail, wie sie mit Desmina Kontakt aufgenommen haben, wächst deren Misstrauen. „Ich frage mich, was sie im inneren Kloster zu suchen hatte", wird Carlotta oder Sara zu bedenken geben. Darauf angesprochen, erwidert die Orakeljüngerin nur: „Ich bin euch gefolgt, um euch um Hilfe zu bitten." Für den Verlauf der Kampagne ist es reizvoll, wenn die Saat des Misstrauens bereits früh gesät wird, allerdings in Maßen, sodass die Jäger nicht sofort vollkommen an Desmina zweifeln. Ob diese die Besatzung der *Lucrezia* letztlich verrät oder sogar zu ihr überläuft, ist vor allem davon abhängig, wie die Jäger sie behandeln und ob sie vertrauen zu ihnen fasst.

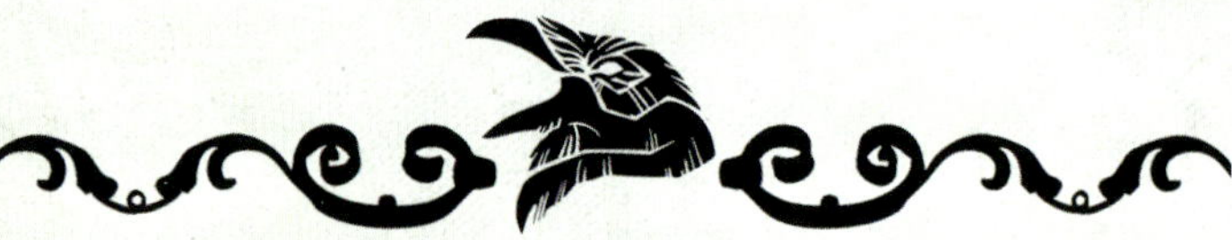

Informationen beschaffen

Die Jäger können durch eine Probe auf Land und Leute (Massenbefragung, 1 Fza) auf Naxos folgende Informationen in Erfahrung bringen:

- **Das Geisterschiff (1 Erfolg):** Irgendwo, rund um die Insel, soll tatsächlich ein Geisterschiff sein Unwesen treiben. Es ist vom Fliegenden Holländer die Rede, doch ein grimmiger Seebär korrigiert den Sprecher und sagt, dass der Geist der *Siegende* Holländer genannt wird, da er kein Gefecht verliert. Einst soll er ein berüchtigter Seeräuber gewesen sein.
- **Bestrafung der Sünden (1 Erfolg):** Dass ein Geisterpirat gerade ein Piratennest wie Naxos unsicher machen soll, halten jene, die überhaupt an dessen Existenz glauben, für eine göttliche Bestrafung ihrer Sünden. Was könnte sonst der Grund dafür sein, dass redliche Kauffahrer unbehelligt bleiben?
- **Geisterhaft (1 Erfolg):** Jene, die an die Existenz des Schiffes glauben, widersprechen sich in dessen Beschreibung. Abwechselnd ist in den Ausführungen mal das Gefährt geisterhaft, mal die Besatzung. Einig ist man sich nur, dass es sich um einen niederländischen Kapitän handelt und der Spuk bereits seit einem ganzen Jahrzehnt währt.
- **Schiffsfriedhof (2 Erfolge):** Einige Seeleute glauben, dass ein abgelegener Schiffsfriedhof das Versteck des Siegenden Holländers sei, rund zwei Meilen vor der Bucht von Kalantos im Süden der Insel. Durch die dortigen Untiefen seien bereits etliche Boote aufgelaufen oder zerschellt, was auch zu dem Aberglauben geführt hat, dass es dort spuken soll. Aus beiden Gründen wird das Gebiet weiträumig umfahren.

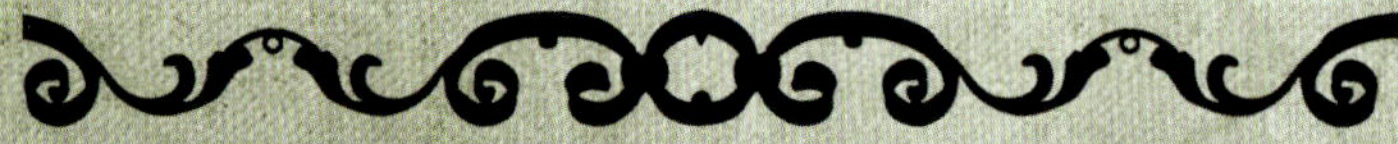

Zwischenspiel: Naxos

Schließlich erreicht die *Lucrezia* Naxos, Hauptstadt der gleichnamigen Insel.

Szene – Hafen von Naxos

Der Hafen von Naxos ist größer als jener auf Amorgos und lange nicht so überlaufen mit Schiffen. Die Stadt wird von einem rund 30 Meter hohen Burgberg überragt, dessen Mauern und Türme denen in Napoli di Romania ähneln und wahrscheinlich von Venezianern errichtet wurden. Seltsamerweise scheinen sie in schlechtem Zustand zu sein, ebenso wie die einst mit weißem Marmor verzierten Gebäude der Stadt. Als ihr einen genaueren Blick auf die Schiffe und Menschen werft, erkennt ihr ohne Zweifel, dass der Ort heute von gänzlich anderen Herren beherrscht wird: Während lautes Gejohle aus den Hafenspelunken an eure Ohren dringt, in das sich mehr als einmal der Schuss einer Pistole mischt, werdet ihr gewahr, dass Naxos ein einziges Piratennest ist.

Die Insel Naxos wird von einer Vielzahl von Piratengruppierungen beherrscht, die sich bislang erfolgreich gegen alle einfallenden Mächte zur Wehr setzen konnten. Dies liegt zu großen Teilen daran, dass sie von einem gemeinsamen Kapitänsrat angeführt werden, der die verschiedenen Banden gegen Invasoren von außen vereint, wenngleich sie sich untereinander bisweilen bis aufs Blut bekriegen.

Obwohl sich im zwielichtigen Umfeld von Naxos viele Begegnung ergeben können, sind die Jäger hier in erster Linie auf der Suche nach Informationen über den Geisterkapitän Willem van Teehlen. Falls sie Desmina auf Amorgos nicht mitnahmen bzw. absetzten, bevor sie ihnen von dem Geisterpiraten erzählen konnte, muss die Gruppe bei den unbekannten Seeräubern ansetzen, die vor zehn Jahren das flüchtende Schiff der Skeptiker aufbrachten (bei denen es sich ebenfalls um van Teehlen und seine Mannschaft handelt). Letztlich sollten sie also auch auf diesem Weg auf van Teelhens Fährte kommen und die Informationen im Rabenkasten erfragen können. Wichtig ist dabei, dass die Jäger den Hinweis auf den Schiffsfriedhof von Kalantos erhalten, auch wenn es etwas länger dauert, bis sie diesen erhalten.

Die Bucht von Kalantos

Wo sich der Schiffsfriedhof genau befinden soll, ist unklar. Suchen die Jäger nach ihm, muss ihnen jedoch klar sein, dass sie in trügerische Gewässer aufbrechen. Carlotta oder Alexios werden extrem vorsichtig sein und mit halben Segeln kreuzen. Übernimmt ein Jäger das Steuer, muss ihm eine

Probe auf Schiffsnavigation (–4) gelingen, andernfalls erleidet die *Lucrezia* 1 Treffer.

Szene – Die Bucht von Kalantos

Dem Hinweis folgend, segelt ihr in die Bucht von Kalantos, wo ihr das Versteck des Geisterpiraten vermutet. Selbst die raubeinigen Seeräuber von Naxos machen einen weiten Bogen um dieses von Untiefen geprägte Gebiet, doch vielleicht mag dies auch daran liegen, dass Piraten ein abergläubischer Haufen sind. Emsig haltet ihr Ausschau nach etwas, das einem Schiffsfriedhof ähneln könnte.

Bis die Jäger den Schiffsfriedhof entdecken, sollte es Abend werden. Als sich die Sonne dem Horizont zuneigt und immer mehr Nebelschwaden über die See treiben, meldet sich der Ausguck.

Szene – Der Schiffsfriedhof

Eine gespenstische Stille liegt in der Luft, und Nebelschwaden treiben über die Wasseroberfläche. Plötzlich hört ihr den Ausguck rufen: „Schiff voraus!". Vor euch schält sich ein abgebrochener Mast aus dem Dunst. Bald schon zeichnen sich dahinter mehr und mehr Umrisse zerstörter Schiffe ab. Geborstene Rümpfe reihen sich aneinander, überall gluckst und schäumt es zwischen den morschen Kielen. Keine Menschenseele ist weit und breit zu sehen, aber auch kein Geist. Nur die leckgeschlagenen Schiffe dümpeln im fahlen Licht um einen einzelnen schroffen Felsen, den selbst die Möwen zu meiden scheinen.

Vom Krähennest aus lässt sich erkennen, dass der Schiffsfriedhof nicht ganz so wahllos angelegt ist, wie es den Anschein hat. Die rund 60 Wracks bilden mehrere konzentrische, an unterschiedlichen Stellen unterbrochene Kreise, die sich um den zentralen Felsen erstrecken. Viele der Schiffe sind mit morschen Planken oder Seilen verbunden, damit sie nicht wegtreiben. Kommen die Jäger auf die Idee, die Wracks zu betreten und von außen nach innen zu durchqueren, werden sie allerdings keine Wertgegenstände finden –allenfalls einzelne menschliche Knochen, die im dunklen Wasser der vollgelaufenen Schiffsbäuche treiben. Je nachdem, wo sich die Gruppe befindet, erlebt sie den nun folgenden Angriff der sich aus dem Wasser erhebenden Leichen anders. Denn diese bemannen nicht nur ihre alten Schiffe, sondern klettern auch zu Dutzenden, nein Hunderten, am Rumpf der *Lucrezia* empor.

Szene – Ewige Pflicht

Kaum sind die letzten Sonnenstrahlen hinter dem Horizont versunken, als ein schauerliches Heulen die Stille zerreißt. Finstere Gestalten erheben sich triefend aus dem Wasser und erklimmen die umhertreibenden Wracks. Die Erkenntnis trifft euch wie ein Schlag: Bei den mit Algen behangenen, vermodernden Leichnamen muss es sich um die umgekommenen Crewmitglieder der zerstörten Schiffe handeln, die auch im Untod ihre alten Posten bemannen. Mit Schrecken stellt ihr fest, dass sie auf euch aufmerksam geworden sind …

Naxos
Mehr Informationen über das von Piraten verseuchte Naxos finden sich in *Mare Monstrum*, S. 34, und *Mare Monstrum Obsura*, S. 27.

Das Geisterschiff erscheint

Sobald die Situation für die Jäger und die *Lucrezia* ernsthaft bedrohlich wird, erhält sie Hilfe von unerwarteter Seite.

Szene – Kanonendonner und Geisterlicht

Plötzlich erhellt ein fahles Licht die Nacht, und ihr vernehmt seltsam dumpf klingende Kanonenschläge. Doch die einschlagenden Geschosse treffen nicht die Lucrezia, *sondern zerschmettern die Untoten im Wasser, die wie eine gewaltige Flut von Leibern auf euch eindringen. Immer wieder wird die Luft vom Donnern der Geschütze zerrissen. Gischtfontänen schießen in die Höhe und lassen abgetrennte Gliedmaßen und Innereien auf euch niederregnen. Auf einmal erkennt ihr, woher die rettenden Schüsse kommen: Ein unheimlich leuchtendes Schiff schiebt sich scheinbar mühelos durch die zerstörten Rümpfe der Wracks.*

Die Jäger sollten keine Probleme haben, die schwächer werdenden Wellen von Untoten zu besiegen. Nehmen sie das geisterhafte Schiff aufs Korn, hat dies wenig Effekt. Zwar durchschlagen die Kugeln durchaus den Rumpf und reißen Löcher in die Segel, aber die *Seedirne* schwimmt davon unbeeindruckt weiter. Betrachten die Jäger das Schiff, wird ihnen schnell klar, dass es bereits völlig durchlöchert ist und eigentlich lange auf dem Grund des Meeres ruhen müsste. Die *Seedirne* schwimmt nur aufgrund des Willens ihres Kapitäns; solange Willem van Teehlen sein unheiliges Dasein fristet, wird auch sein Schiff weiter bestehen.

Szene – Willem van Teehlen

Als das Schiff näherkommt, erkennt ihr, dass es in einem unglaublich schlechten Zustand ist: Das Holz ist an vielen Stellen durchlöchert, und nicht nur der Rumpf, auch das Oberdeck und sogar die Masten sind mit Muscheln überkrustet. Eigentlich müsste es jeden Moment sinken. Auf den ersten

Blick scheint die Mannschaft aus regulären Matrosen zu bestehen, doch als der Mond hinter einer Wolke hervorkommt, offenbart er die wahre Natur der Crew, die sich wenig von den wandelnden Leichen unterscheidet, gegen die ihr gerade gekämpft habt. Wenig später geht das geisterhafte Schiff längsseits und eine Wolke aus kühler, fauliger Luft schlägt zu euch herüber. Befremdlicherweise winkt euch vom Achterdeck eine äußerst beleibte Gestalt fröhlich zu, deren Gesicht sich in mehreren unterschiedlichen Phasen der Verwesung zu befinden scheint. Auf dem Kopf trägt der dicke Kapitän einen übertrieben großen Admiralshut. „Ahoi, ihr Süßwasserkadetten!", ruft er, während ihm ein kleiner Krebs aus der Wange krabbelt.

Über die Reling beider Schiffe hinweg können sich die Jäger mit dem Geisterkapitän unterhalten. Willem van Teehlen erscheint als äußerst zuvorkommender, lustiger und manchmal derber Verfluchter, was einen beizeiten vergessen lässt, dass er ein lebender Toter ist. Sollten die Jäger sich nicht auf ein Gespräch mit einer widernatürlichen Kreatur wie ihm einlassen wollen und ihn angreifen, wird er über konventionelle Mittel nur lachen. Doch selbst mit Jägerkräften, die ihm schaden könnten, lässt sich der Geisterkapitän allenfalls vertreiben – wobei das gesamte Schiff einfach in den Fluten versinkt und zu einem beliebigen späteren Zeitpunkt direkt vor dem Bug der *Lucrezia* wieder auftaucht. Im Gespräch lassen sich folgende Themen ansprechen:

Was ist der Ursprung Ihres geisterhaften Zustands? „Vor zehn Jahren brachte ich mal ein Schiff des Orakelbundes auf und plünderte es, nachdem ich die Mannschaft über Bord geworfen hatte. *(lacht schallend)* Dabei fiel mir ein alter Schädel in die Hände. Wie konnte ich wissen, dass es sich um den Kopf eines heiligen Mannes handelte? Hat mir diesen Fluch eingebracht. Ewige Verdammnis und so weiter. Tja, was will man machen?"

Wie kann man den Fluch brechen? „Schätze, der Fluch kann nicht von Menschenhand gebrochen werden. Würde man den Schä-

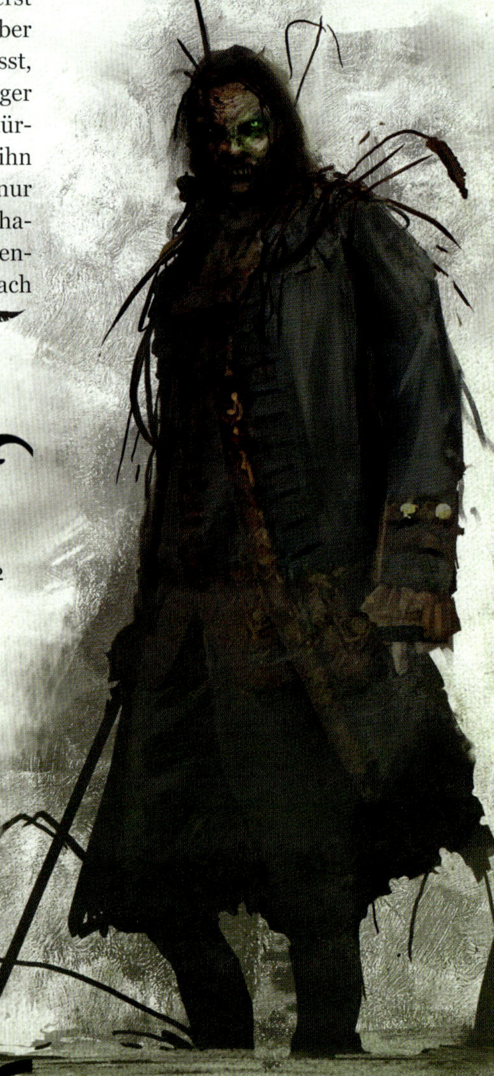

Übersicht über den Kampf

- Jz x Runde Wasserleichen (in Runde 1: Jz x 1; Runde 2: Jz x 2 etc. / *Werte wie Wandelnde Leiche, siehe:* Buch der Regeln)
- Umgebungseffekt: Gestaffelter Kampf

Umgebungseffekt: Gestaffelter Kampf

In diesem Kampf haben es die Jäger in jeder Runde mit einer wachsenden Zahl von Gegnern zu tun. In der ersten Runde sind es Jz Wasserleichen, in der zweiten bereits Jz x 2 Wasserleichen, dann Jz x 3, Jz x 4 und so weiter. Erst wenn die Flut an Untoten die Jäger zu überwältigen droht, erscheint die *Seedirne* und mit ihr Willem van Teehlen als Rettung (siehe unten). Ab diesem Moment nehmen die Gegnerwellen jede Runde wieder um Jz x 1 Wasserleichen ab, bis diese keine Gefahr mehr darstellen.

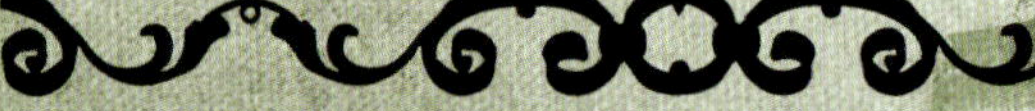

del zertrümmern, würde ich dieses Schicksal vermutlich nie loswerden können. Doch so hege ich die Hoffnung, dass mich der heilige Mann aus dem Jenseits heraus irgendwann erlöst, wenn ich ausreichend für meine Verfehlungen gesühnt habe. Früher einmal war ich der Schrecken aller Kauffahrer, heute bin ich eher der Schrecken der Piraten. Hah! Wer hätte sich das früher vorstellen können? Als Buße für meine Sünden bestrafe ich die Unredlichen und Bösen. Die Schiffswracks, die ihr hier seht, stammen alle von Seeräubern – und dem Orakelbund."

Ist der Orakelbund eine böse Macht? „Irgendetwas sagt mir, dass etwas ganz und gar nicht stimmt mit dem Orakelbund. Geben sich friedlich, aber in Wahrheit haftet ihnen der Makel der Hölle an. Woher das kommt, weiß ich nicht, aber vertraut ihnen niemals!"

Was ist mit den Wasserleichen? „Das sind die Mannschaften der Piratenschiffe, die ich mit der *Seedirne* aufgebracht habe. Ruhelose Tote, voller Zorn über ihr Dahinscheiden. Pah! Sollten froh sein, dass ich sie von ihrem sündhaften Leben erlöst habe. Ich kann sie mit meinen Kanonen so oft in Stücke schießen, wie ich will – sie kommen immer wieder. Ist wohl ein Nebeneffekt meines Fluchs. Wer weiß das schon?"

Wo ist das Schlüsselfragment? „Das ist sicher verwahrt in meinem Besitz. Der Orakelbund schickt immer mal wieder Schiffe, um es mir abzunehmen. Aber diese elenden Landratten könnte ich mit einer Nussschale und einer kaputten Drehbasse versenken! Habe sie alle auf den Grund des Meeres geschickt. Bin gespannt, wann sie einen neuen Plan aushecken, um es zu bekommen."

Wir brauchen das Schlüsselfragment: Van Teehlen wirkt aufgrund dieser Ankündigung ernsthaft überrascht. Er fragt nach, ob die Jäger das Fragment wirklich für sich benötigen oder es dem Orakelbund aushändigen wollen – und er ist äußerst begierig zu erfahren, für welchen Zweck es gebraucht wird. Können die Jäger ihn überzeugen, dass sie das Fragment nicht dem Orakelbund geben werden (im Zweifelsfall kann der HeXXenmeister eine Vertrauensprobe (Redekunst) mit einem Malus von –3 verlangen), erklärt er sich bereit, es gegen einen Gefallen abzugeben (siehe unten).

Desmina: Sollte van Teehlen Desmina an Bord des Schiffes erblicken, so wird er vor ihr damit prahlen, alle entsandten Schiffe des Orakelbundes versenkt zu haben. Den Jägern wird er zuraunen: „Vertraut ihr nicht. Wer sich dem Orakelbund anschließt, verkauft seine Seele an den Teufel." (Das ist zwar übertrieben, beschreibt aber relativ zutreffend den Typ Mensch, der mit dem Orakelbund gemeinsame Sache macht.)

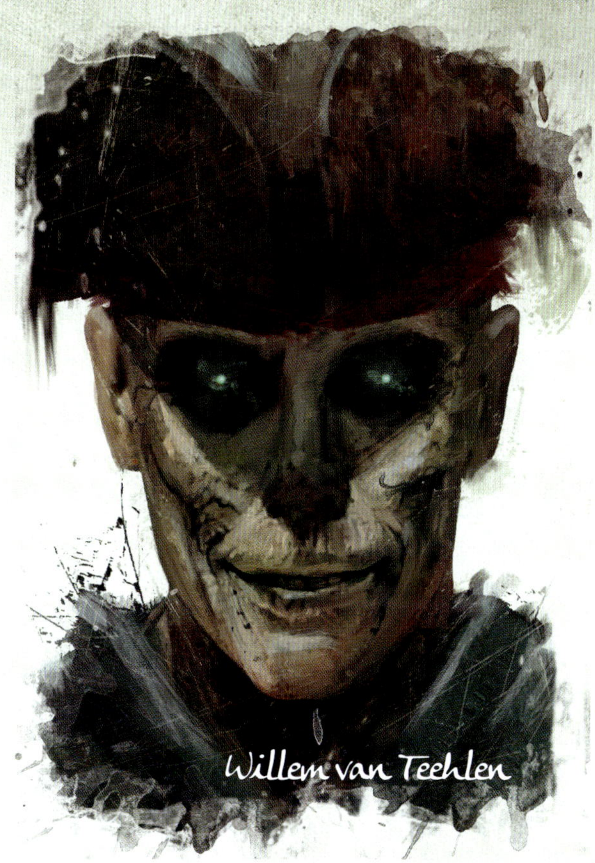

Ein Gefallen

Einigen sich die Jäger mit van Teehlen darauf, ihm einen Gefallen zu erweisen, wird der Geisterkapitän ein wenig wehmütig. „Ich bin im Besitz eines alten Rezepts, mit dessen Hilfe man Ätherschnaps herstellen kann. Ein wundersames alkoholisches Getränk, das selbst verfluchte körperlose Wesen wie uns in einen Rausch zu versetzen vermag. Vor Jahren fingen wir ein venezianisches Schiff ab, das einige Fässer und das Rezept gelagert hatte. Hah, die Fässer waren schnell leer, denn der Tod macht durstig! Die Zutaten zusammenzutragen, ist uns noch nicht gelungen, auch wenn wir jedes gekaperte Schiff bis in den letzten Winkel danach absuchen. Bringt mir die Zutaten und ich gebe euch im Gegenzug den Schlüssel!" Sichern die Jäger ihre Hilfe zu, startet dies die Nebenhandlung „Ätherschnaps für den Geisterkapitän" (siehe Anhang, S. 110), die die Jäger kreuz und quer durch die Ägäis schickt.

Auf eigene Faust

Die Jäger könnten auch richtig erraten, dass Schädel und Schlüsselfragment auf dem Felsen im Zentrum des Schiffsfriedhofs verwahrt werden (oder zumindest vermuten, dass dort ein Schatz zu finden ist). Van Teehlen hingegen wird niemals verraten, wo er seinen wertvollsten Besitz versteckt.

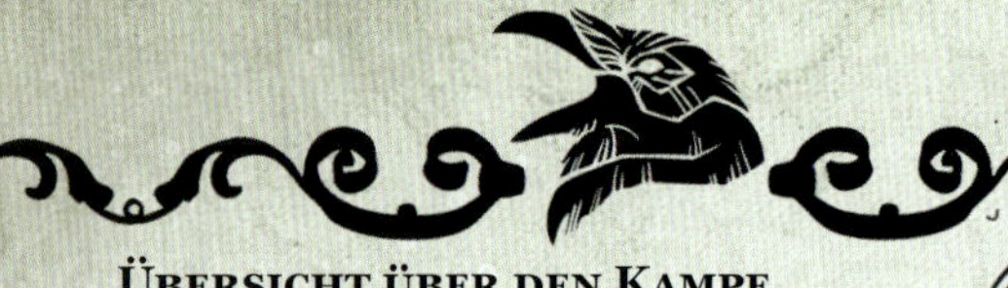

Übersicht über den Kampf

- 3 Hippokampen (bei mehr als 5 Jägern: 4 Hippokampen)
  (Werte siehe Mare Monstrum Obscura, *S. 78)*
- Umgebungseffekt: Im Boot

Umgebungseffekt: Im Boot

Die Hippokampen werden die im Boot sitzenden Jäger mit ihren Bissen attackieren. Jedes Mal, wenn ein Jäger einen Treffer erleidet, muss ihm eine Akrobatik-Probe mit einem Malus in Höhe der Treffererfolge gelingen, um nicht ins Wasser zu stürzen. In diesem Fall gilt der Jäger als schwimmend und kann auch von den Hufen und Flossen der Meereswesen attackiert werden. Ansonsten gelten alle Regeln für Kämpfe über Bord (siehe: *Mare Monstrum Obscura*, S. 120).

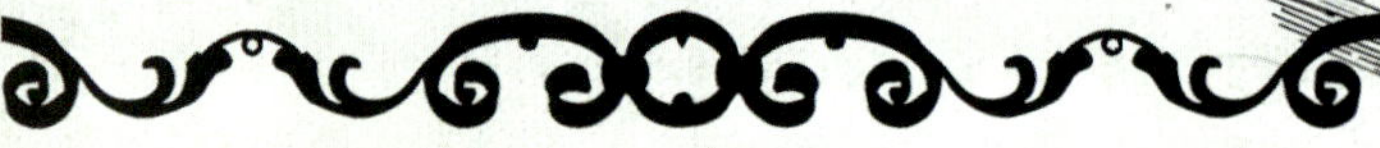

Um den Felsen zu erreichen, müssen die Jäger tagsüber dorthin aufbrechen, wenn sie vor Wasserleichen und Geisterpiraten sicher sind. Die immer enger werdenden Ringe von Schiffswracks machen ein Eindringen mit der *Lucrezia* völlig unmöglich. Um das Zentrum zu erreichen, müssen die Jäger mit einem Beiboot in den unheimlichen Schiffsfriedhof eindringen.

Szene – Schiffsfriedhof

Das Wasser zwischen den gespenstischen Schiffswracks scheint dunkler und ruhiger zu sein, als man es erwarten dürfte. Wenn ihr hineinschaut, erblickt ihr euer Spiegelbild, doch eure Gesichter erscheinen halb zerfressen, aufgedunsen oder verfault. Ob es sich um einen bösen Zauber oder nur die ruhenden Toten unter Wasser handelt, vermögt ihr nicht zu sagen. Nach einer Weile habt ihr den letzten Rumpf passiert und den innersten Ring erreicht, aus dessen Zentrum ein lebloser, schwarzer Felsen ragt. Seine Oberfläche sieht aus, als wäre sie aus erhärteter Eisenschlacke geformt.

Tagsüber sind die Gewässer rund um den Felsen das Jagdgebiet wilder Hippokampen. Nähern sich die Jäger dem Zentrum, wird ihr Boot von den Wasserpferden attackiert (Kampfübersicht, siehe oben).

Der schwarze Felsen

Nach dem Kampf gegen die Hippokampen können die Jäger ihr Boot am Felsen festmachen.

Szene – Der schwarze Felsen

Der merkwürdig glatte Felsen ragt 30 Meter aus dem Wasser und wirkt wie eine riesige, leicht schräg stehende Speerspitze, die rot glühend ins Wasser geschleudert wurde und dort zu ihrer skurrilen Form aushärtete. Die einzig erkennbar menschliche Bearbeitung ist eine schmale, steile Treppe, die sich eng an den Stein schmiegt und von der Wasserkante am Felsenrücken hinaufführt.

Die Treppe ist extrem glitschig und schwer zu erklimmen. Jäger, die sie beschreiten, müssen eine Probe auf Akrobatik ablegen. Misslingt diese, rutscht der Betreffende die Treppe hinab, zieht sich schmerzhafte Prellungen zu (2 Blutwürfel Schmerzschaden) und landet im Wasser, wo er sich inmitten der umhertreibenden Leichname der getöteten Piraten wiederfindet. An der Spitze des Felsens mündet die Treppe in eine kleine Höhlenkammer.

Szene – Die Höhlenkammer

Die Wände dieser Kammer sind von Rissen durchzogen, die einen Blick nach draußen ermöglichen und durch die der kalte Wind pfeift. Im Zentrum ragt ein altarartiger Stein aus dem Boden, auf dem ein einzelner menschlicher Schädel ruht, umgeben von einem Ring Dutzender einfacher Kruzifixe, sowie eine unauffällige Schatulle. Entlang der Wände der Kammer türmen sich unglaubliche Schätze: Münzen aus aller Herren Länder, edelsteinbesetzter Schmuck, hochwertige Waffen, reich verzierte Teller aus Silber, bemaltes Porzellan aus dem fernen China, geschliffene Spiegel aus Venedig und vieles mehr.

Insgesamt ist der Schatz 7000 Gulden wert. Bei dem Schädel handelt es sich um den von Guillaume de Borgonde. Ihn zu zerstören oder mitzunehmen, ändert nichts am Fluch oder den Umständen, denn er wirkt auf den Geisterkapitän so lange, wie er auf irgendeine (auch widernatürliche) Weise am Leben ist – was die Jäger selbstverständlich nicht wissen. Riskieren sie es trotzdem, den verfluchten Schädel an sich zu nehmen, könnten sie damit drohen, ihn zu vernichten, um sich van Teehlens Dienste zu versichern (siehe unten). In der kleinen Schatulle liegt de Borgondes Schlüsselfragment.

Der Geisterkapitän als Verbündeter

Bringen die Jäger van Teehlen alle Zutaten des Ätherschnapses, wird er sein Wort halten und ihnen das Schlüsselfragment aushändigen. Zudem wird er der Gruppe das Versprechen geben, ihr in großer Not beizustehen. Das werde er jedoch nur ein einziges Mal tun. Damit die Jäger ihn zu Hilfe rufen können, übergibt er ihnen ein merkwürdig geformtes Muschelhorn. Bläst man hinein, ertönt kein Geräusch, aber van Teehlen beteuert, dass er das Horn an jedem Ort im Mare Monstrum zu hören vermag. Mithilfe des Artefakts können die Jäger einmal während der Kampagne (oder später) die *Seedirne* herbeirufen. Das Geisterschiff und seine gespenstische Besatzung könnten der *Lucrezia* beispielsweise die Flucht ermöglichen, falls diese einmal unerwartet auf Feysal Bey oder Cosimo Calergi treffen sollte. Jedoch hat auch die Macht des Geisterkapitäns Grenzen. Gegen die dunkle Magie des Feysal Bey ist die *Seedirne* ebenso wenig gefeit wie gegen die Seelenlichtkanonen der großen venezianischen Linienschiffe. So kann Willem van Teehlen zwar die Flucht der *Lucrezia* decken, aber auf keinen Fall die Schiffe der beiden großen Widersacher versenken.

Stehlen die Jäger de Borgondes Schädel, sieht die Sache anders aus. Van Teehlen wird die Abwesenheit des Schädels spüren und diesen in der nächsten Nacht zornig zurückfordern. Auch wird er nicht vor einem Angriff auf die Jäger zurückschrecken. Durch den Raub haben sie sich in seinen Augen als böse erwiesen, wodurch er glaubt, dass der Fluch des Tempelritters sie nicht länger schützt. Die einzige Methode, sich das Geisterschiff vom Leib zu halten, ist, mit der Zerstörung des Schädels zu drohen. In diesem Fall wird van Teehlen zwar vor Wut schäumen, sich aber letztlich fügen. Im Tausch für den Schädel bietet er ihnen das gleiche Versprechen an, das er ihnen ansonsten freiwillig gegeben hätte. Ein einziges Mal wird er den Jägern helfen, sollten sie dem Geisterkapitän jedoch anschließend erneut begegnen, werden sie seinen ganzen Zorn zu spüren bekommen.

Desmina an Bord

Mit dem Erlangen des Schlüsselfragments des Guillaume de Borgonde endet diese Episode. Nun überlegt die Gruppe vermutlich, wie sie weiter mit Desmina verfahren soll. Grundsätzlich wird diese von zwei Motiven angetrieben. Letztlich muss der HeXXenmeister entscheiden, welches von beiden überwiegt und wie ihr innerer Konflikt ausgeht – was zu großen Teilen davon abhängt, wie sich die Gruppe ihr gegenüber verhält:

- Einerseits hat sie als treue Orakeljüngerin die Aufgabe erhalten, für den Bund so viele Schlüsselfragmente wie möglich zu stehlen, was sie als ihre Pflicht ansieht. Das geht nur, wenn sie längere Zeit auf der *Lucrezia* bleibt.
- Andererseits will sie endlich ihre Geliebte Maria wiederfinden. Sollten ihr die Jäger dabei helfen, ist sie ihnen ehrlich dankbar und wird ihnen die Wahrheit über ihren Auftrag verraten. Sie weiß, dass sie sich damit zum Ziel des Orakelbundes macht und wird diesem den Rücken kehren.

Sollte Desmina für längere Zeit an Bord der *Lucrezia* bleiben, sind Konflikte vorprogrammiert. Mit Carlotta wird sie immer wieder aneinandergeraten, da diese den Mordversuch des Orakeljüngers di Alessia nicht vergessen kann. Die Vorurteile der Schatzjägerin werden sich erst nach einiger Zeit legen. Anschließend entspannt sich die Beziehung der beiden langsam – bis Desmina schließlich versuchen könnte, den Schlüssel zu stehlen, und Carlottas Befürchtungen wahr werden.

Darüber hinaus kann Desmina den Jägern von Wert sein, indem sie die Kontakte ihres Bundes spielen lässt, um Hürden aus dem Weg zu räumen oder geheime Informationen in Erfahrung zu bringen. Obwohl sie sich lieber aus Kämpfen heraushält, kann sie der Gruppe als Bandenfreundin der Stufe 2 zur Seite stehen.

Desmina, die Überläuferin

Sollten die Jäger in den Besitz des Schlüsselfragments kommen und Desmina freundlich behandelt haben, wird diese sich über kurz oder lang einem der Gruppenmitglieder anvertrauen. Das wird nicht unmittelbar nach der Begegnung mit dem Geisterkapitän geschehen, sondern zu einem späteren, ruhigen Moment. Es erfordert zudem, dass Desmina eine Weile mit den Jägern gereist ist und Vertrauen zu ihnen gefasst hat. Alternativ kann es auch dazu kommen, wenn die Jäger Desmina absetzen wollen (womöglich weil sie an ihr zweifeln).

In jedem Fall wird sie den Jägern ihr Herz ausschütten und von ihrer Geliebten Maria erzählen, die vor etwa zehn Jahren von Amorgos fliehen musste. Es handele sich um die Liebe ihres Lebens und sie wäre den Jägern unendlich dankbar, wenn sie ihr helfen könn-

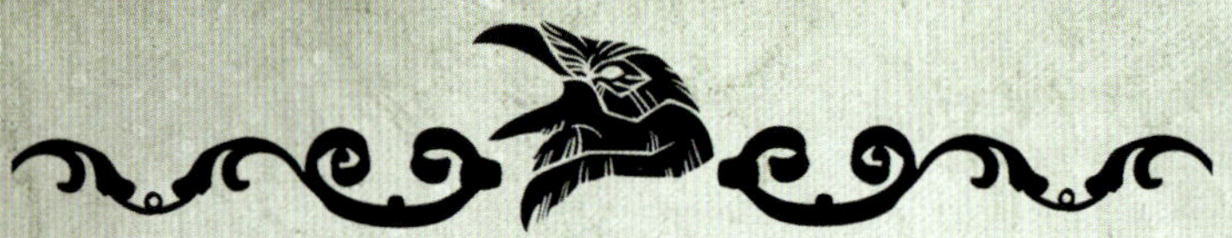

Spielwerte für die „Seedirne“

Schiffsnavigation von Willem van Teehlen: 9
Größe: 5
Wendigkeitsmodifikator: +3
Schnelligkeitsmodifikator: –1
Crew: Wandelnde Leichen (Bande-1-Gegner)
Geisterkanonen: Die Kanonen der *Seedirne* sehen zwar ätherisch aus und sind von einem geisterhaften, blauen Leuchten umgeben, funktionieren regeltechnisch aber wie gewöhnliche Bordgeschütze.

ten, Maria zu finden. Im Gegenzug bietet sie geheime Informationen über den Orakelbund und ihren wahren Auftrag an (allerdings erst nachdem Maria gefunden wurde). Gehen die Jäger auf das Anliegen ein, startet dies die Nebenhandlung „Die Suche nach Desminas Geliebter“ (siehe: Anhang, S. 114). Am Ende von dieser entscheidet sich Desmina für die Liebe, die jede Loyalität zum Orakelbund überwiegt, und wird sich mit Maria entweder den Jägern anschließen oder ein neues Leben beginnen.

Desmina, die Spionin

Treten die Jäger Desmina vorwiegend ablehnend und zweifelnd gegenüber oder weigern sie sich, ihr bei der Suche nach Maria zu helfen, wird ihr Pflichtgefühl den Wunsch überwiegen, ihre verlorene Liebe wiederzufinden. In diesem Fall bleibt Desmina eine treue Dienerin des Bundes und wird versuchen, eines oder besser mehrere Fragmente zu stehlen und sich damit abzusetzen.

Die Umstände, der Ort und das genaue Vorgehen der Orakeljüngerin lassen sich dabei kaum vorhersagen. Sollten die Jäger nachlässig sein und die Schlüssel auf der *Lucrezia* aufbewahren, wird Desmina zuschlagen, wenn sich die Gruppe an Land befindet. Schwieriger ist es, wenn die Jäger die Fragmente mit sich führen. Dann benötigt Desmina einen ausgefeilten Plan und womöglich einheimische Verbündete. Denkbar wäre etwa, dass sie die Gruppe zu trennen versucht, sie mithilfe einer Schlafdroge außer Gefecht setzt oder in eine Falle lockt. Der HeXXenmeister sollte sich nicht scheuen, Desminas teuflischen Plan mitten in einer laufenden Episode in die Tat umzusetzen. Prinzipiell hat die Orakeljüngerin Zeit. Je länger sie wartet, umso mehr Schlüsselfragmente kann sie eventuell stehlen. Sollte sie am Ende gar mit allen Fragmenten nach Amorgos zurückkehren, wird sie mit Reichtümern und Ruhm überhäuft werden (glaubt sie).

Es liegt im Ermessen des HeXXenmeisters, ob Desmina mit ihrem Plan durchkommt. Selbst wenn sie alle Fragmente stiehlt, könnte etwa im gleichen Moment Feysal Bey erscheinen und sie ihr wieder abnehmen – oder Cosimo Calergi oder Piraten des Neuen Attischen Seebundes oder Wahre Templer. Die Möglichkeiten sind vielfältig.

Runter von Bord!

Vertrauen die Jäger Desmina so wenig, dass sie die Orakeljüngerin an irgendeinem Ort absetzen wollen, wird diese alles daransetzen, an Bord bleiben zu dürfen. Um ihre Nützlichkeit zu beweisen, kann sie Geheiminformationen preisgeben, über die nur der Orakelbund verfügt, wie z. B.: „Ihr wollt also nach Zypern? Wisst ihr denn, dass die Insel vom Dionysoskult und somit von Hexen beherrscht wird? Nun, der Orakelbund besitzt noch ganz anderes Wissen.“ Natürlich kann der HeXXenmeister das gesunde Misstrauen der Gruppe aber auch belohnen und Desmina aus dem Spiel nehmen.

Konfrontation mit dem Orakelbund

Sollte Desmina bei ihrem Versuch scheitern, das Schlüsselfragment (oder mehrere) zu stehlen bzw. mittlerweile auf Seiten der Jäger stehen, kann der HeXXenmeister eine Konfrontation mit den Orakeljüngern inszenieren. In diesem Fall wird die *Lucrezia* von drei Schebecken des Bundes abgefangen und ein Tantalide fordert die Herausgabe der Schlüsselfragmente. Andernfalls werde er es sich mit Gewalt holen. Ein Kampf gegen drei Schiffe von etwa gleicher Größe ist für die *Lucrezia* praktisch Selbstmord – es sei denn, die Jäger haben das Versprechen des Geisterkapitäns noch nicht eingelöst oder es greifen zufälligerweise andere Schiffe ein wie Feysal Beys *Seewolf* oder Eduardo Calergis *Carlotta*. Auf jeden Fall ergibt sich so die Gelegenheit zu einem taktikreichen Seegefecht zwischen mehreren Parteien.

Der Orakelbund gewinnt

Was aber geschieht, wenn der Orakelbund trotz aller Mühen die Schlüsselfragmente an sich reißen kann? In diesem Fall bleibt ein finaler Angriff auf Amorgos nicht aus. Die Fragmente werden tief im Felsenkloster aufbewahrt und dort von allerhand Kreaturen im Dienst der Tantaliden beschützt: beschworene Dämonen, Geschöpfe aus Sagen und Legenden, verbündete Hexen und Vampire. Zudem könnte im Wasser um Amorgos ein riesiges Meeresungeheuer lauern, etwa eine Seeschlange, die die Insel beschützt.

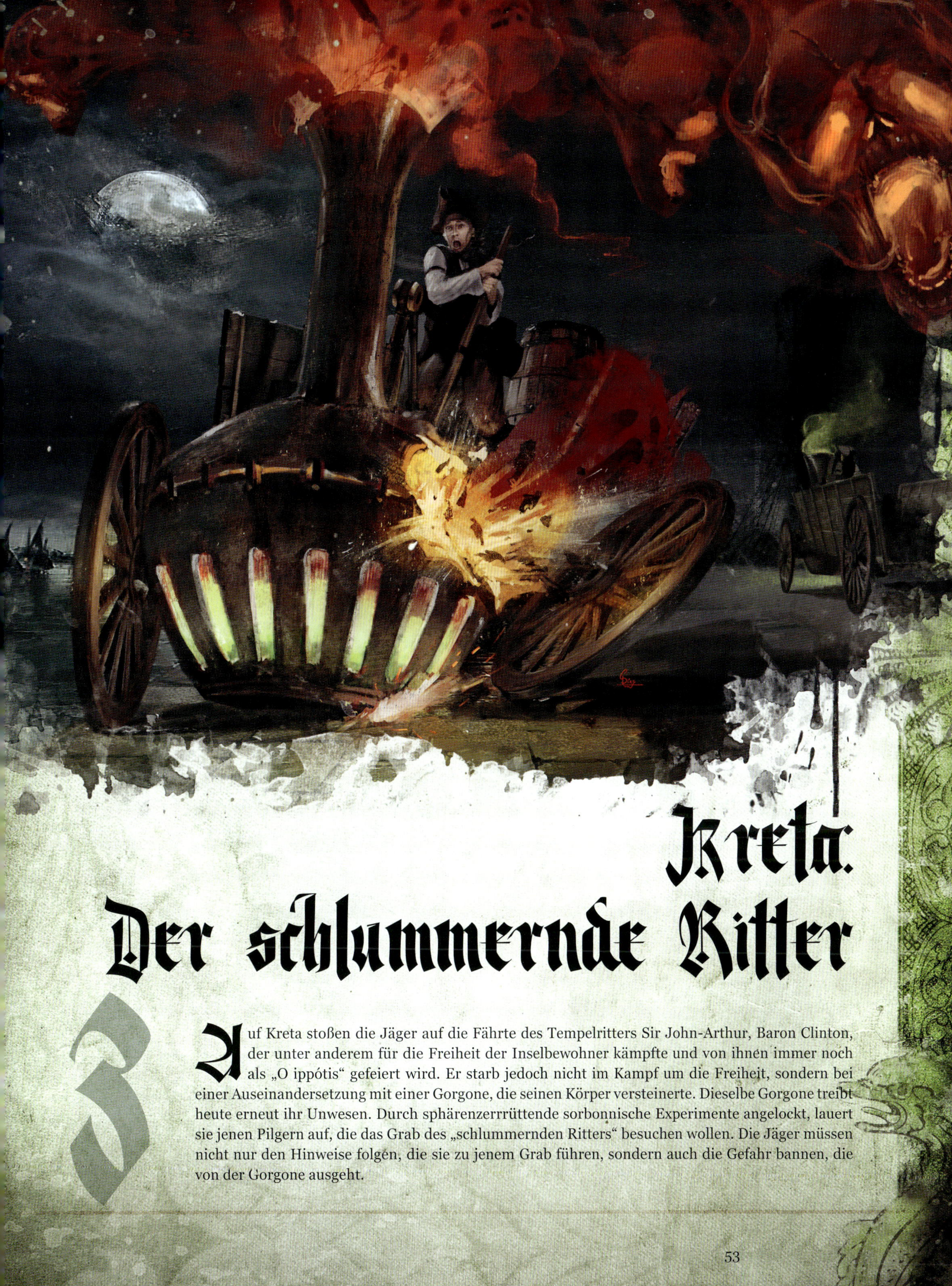

3 Kreta: Der schlummernde Ritter

Auf Kreta stoßen die Jäger auf die Fährte des Tempelritters Sir John-Arthur, Baron Clinton, der unter anderem für die Freiheit der Inselbewohner kämpfte und von ihnen immer noch als „O ippótis“ gefeiert wird. Er starb jedoch nicht im Kampf um die Freiheit, sondern bei einer Auseinandersetzung mit einer Gorgone, die seinen Körper versteinerte. Dieselbe Gorgone treibt heute erneut ihr Unwesen. Durch sphärenzerrüttende sorbonnische Experimente angelockt, lauert sie jenen Pilgern auf, die das Grab des „schlummernden Ritters“ besuchen wollen. Die Jäger müssen nicht nur den Hinweise folgen, die sie zu jenem Grab führen, sondern auch die Gefahr bannen, die von der Gorgone ausgeht.

Hintergrund

Der Tempelritter Sir John-Arthur, Baron Clinton setzte sich für die Widerstandsbewegung der griechisch-orthodoxen Kreter gegen die Serenissima ein. Bis zur Niederschlagung dieses Aufstands war er einer der Anführer der revoltierenden Aufsässigen. Anschließend unterstützte er deren Sache bis zu seinem Tod 1530 aus dem Hintergrund weiter. Der Ehrenname „O ippótis" (griech. „der Ritter"), den er von seinen Mitstreitern erhielt, gilt heute als Synonym für den Freiheitskampf. Als Philippos Stavros, wie er sich offiziell nannte, hatte er in Candia eine Schule gegründet und dort seine aufrührerischen Gedanken verbreitet, bis er 1366 vor der Strafexpedition der Venezianer in das von ihm gegründete Marienkloster Kera Kardiotissa fliehen musste. Hier in den Bergen kam er der Magie des Landes auf die Spur, die noch immer im einstigen Zentrum des Atlantischen Reiches schlummerte. Er entdeckte Pfade in die Anderswelt und lernte, sie für seine Zwecke zu nutzen. So war es dem Templer möglich, innerhalb kürzester Zeit fast jeden Ort der Insel zu erreichen. Auf diese Weise setzte er sich weiter für die Unabhängigkeit der Kreter ein, wobei er seinen Häschern stets auf geheimnisvolle Weise entkam. Seine Eindrücke beim Bereisen der Anderswelt hielt er in seinem Tagebuch fest. Doch durch seine zunehmende Vergreisung (1530 war er weit über 200 Jahre alt) wurde er fahrlässig und erregte schließlich die Aufmerksamkeit einer Gorgone. Die Kreatur heftete sich bei einer Sphärenreisen an die Fersen des alten Ritters und verfolgte ihn bis in seinen Unterschlupf, wo sie ihm das Leben aussaugte und in Stein verwandelte. Da sie keine weiteren Opfer finden konnte, zog sich das Monster wieder in die Anderswelt zurück.

Das geteilte Kreta
Mehr Informationen zur Insel Kreta sowie seinen osmanischen und venezianischen Städten finden sich in *Mare Monstrum*, S. 56, und *Mare Monstrum Obscura*, S. 55.

Durch den mysteriösen Tod des Templers und sein Wirken zu Lebzeiten wurde er im Laufe der Jahre als Heiliger verehrt. Bis heute werden die Lehren des Ritters im Kloster an die nächste Generation Widerstandskämpfer weitergegeben. Das Schlüsselfragment wurde zusammen mit den wertvollsten Gegenständen seines Besitzes in einem Hohlraum unter dem Aufgebahrten verborgen und kann nur erlangt werden, wenn man das Rätsel auf seiner Grabinschrift löst.

Über die Episode

Diese Episode besteht aus drei Handlungsfäden, die sich überschneiden oder einzeln oder als verbundene Reihe von Abenteuern gespielt werden können. Allen gemein ist, dass sie die Jäger zum Kloster Kera Kardiotissa führen, wo das Finale stattfindet.

Handlungsfaden #1: Kallistos Kreationen

Der erste Handlungsfaden handelt von Theodora, Äbtissin des Klosters Kera Kardiotissa, und ihrem geheimen Liebhaber, dem Wrukolakas Griorgis Zabakis. Letzterer verführte die Nonne zum Spaß, merkte aber bald, dass er mit ihrer Hilfe zu Reichtum gelangen konnte. Im Verlauf der Affäre brachte er sie dazu, immer mehr Pilger zum steinernen Grab des Tempelritters vorzulassen und Spenden zu kassieren. Das ging so lange gut, bis ein Sorbonniker namens Pedro Paulo Topo (siehe Handlungsfaden #2) in der Nähe der Höhle seine neu erfundene Seelenlichtgranate testete und damit die Gorgone zurück in unsere Welt lockte. Das Untier fand in den Pilgern reichlich Nahrung, und schnell füllte sich die Umgebung der Höhle mit Versteinerten. Entsetzt stoppte die Äbtissin den Pilgerstrom und brach den Kontakt zu Zabakis ab. Der Wrukolakas fand ein neues Auskommen als „Künstler" und verkauft die Versteinerten seitdem als lebensechte Skulpturen unter dem Pseudonym „Kallisto" nach Candia.

Der Handlungsfaden im Überblick

- Die Jäger werden durch die Begegnung „Eine Höllenmaschine" im Hafen von Candia auf die verkauften Statuen aufmerksam.
- Sie finden den Händler, der die Skulpturen vertreibt und bringen in Erfahrung, dass in Kürze neue Kunstwerke angeliefert werden sollen.
- Durch den Händler erfahren sie auch von Andromache, einer Frau, die beim Anblick der Statuen einen Zusammenbruch erlitt (Verbindung zu Handlungsfaden #2 und #3).
- Indem sie den Zulieferern folgen, finden sie das „Atelier" des angeblichen Künstlers Kallisto, einen alten Steinbruch.
- Sie können den Wrukolakas stellen und besiegen. Über seine Aufzeichnungen erfahren sie von seiner Verbindung zur Äbtissin Theodora. Die Spur führt ins Kloster Kera Kardiotissa.

Handlungsfaden #2: Der Assassine und der Magister

Der zweite Handlungsfaden handelt von Magister Pedro Paulo Topo, einem Mitglied der Gilde der Schöpfer (siehe vor allem: *Mare Monstrum Obscura*, S. 57), sowie der Familie seines Gesellen Cosmo Kostakis, besonders dessen Schwerster Andromache. Der verblendete Magister entwickelte eine

Seelenlichtgranate, die neben ihrer verheerenden Durchschlagskraft auch einen Riss zwischen den Sphären erzeugt und auf diese Weise Kreaturen der Anderswelt in unsere Realität zerrt. Sein Geselle fürchtete den Einsatz der Waffe, da er glaubte, dass sie von den venezianischen Herren auch gegen die kretische Bevölkerung eingesetzt werden könne. Er sah keine andere Möglichkeit, als seinen Meister auszuschalten, der sich zudem immer obskureren Forschungen hingab. Dazu vereinbarte er ein Treffen mit dem Assassinen Yussuff Oglu Suleiman. In der Abgeschiedenheit des Gebirges wäre es für diesen ein Leichtes gewesen, einen Unfall des Magisters vorzutäuschen. Allerdings zog Cosmo die Aufmerksamkeit der Gorgone auf sich, noch bevor er den Treffpunkt erreichen konnte, und fiel dieser zum Opfer. Als sein Kontakt nicht erschien, ergriff Yussuff die Initiative: Er spürte Topo in Candia auf und wartet nun auf eine Gelegenheit, seinen Auftrag auszuführen. Durch das Verschwinden seines Gesellen höchst misstrauisch geworden, heuerte der Magister Leibwächter an, was Yussuff zu der Entscheidung veranlasste, nicht ohne Helfer gegen sein Ziel vorzugehen.

Der Handlungsfaden im Überblick

- Die Jäger kommen einer armen Familie zu Hilfe, die von einem Upir angegriffen wird. Durch die Aussagen der Witwe erhalten die Jäger einen Hinweis auf Andromache.
- Kurz darauf tritt Yussuff an die Gruppe heran und teilt ihr mit, dass er Andromache in das Haus des Magisters Topo gehen sah, den er ebenfalls für ein Monster hält.
- Dringen die Jäger ins Haus ein, finden sie im Keller die gefangene Andromache vor (Verbindung zu Handlungsfaden #3).
- Mit ihrem Wissen über Magister Topos Machenschaften konfrontieren sie diesen. Der verblendete Sorbonniker entpuppt sich als Schwarzmagier und greift die Jäger an.
- Andromache verabschiedet sich von den Jägern und lädt sie ein, sie im Kloster Kera Kardiotissa zu besuchen.

Handlungsfaden #3: Willkommen im Widerstand

Andromache, Cosmos Schwester und Schülerin des Klosters Kera Kardiotissa, fand den versteinerten Körper ihres Bruders kurz nach dem Angriff der Gorgone. Sie hielt Magister Topo und seine verderbte Seelenlichttechnik für die Ursache und machte sich voller Wut nach Candia auf, um den Sorbonniker zur Rede zu stellen. Dort angekommen, erblickte sie jedoch per Zufall das Geschäft, in dem Kallistos „Skulpturen" angeboten wurden. Unter den Statuten erkannte sie weitere bekannte Gesichter und erlitt einen Nervenzusammenbruch. Kurz darauf begab sie sich, wütender als je zuvor, zu Magister Topo. Als sie ihn mit den Anschuldigungen konfrontierte, sperrte dieser sie im Keller ein. Der korrumpierte Gelehrte plant, sie bei seiner nächsten Dämonenbeschwörung als Opfer zu verwenden.

Der Handlungsfaden im Überblick

- Bei einem Aufenthalt in Candia erleben die Jäger einen Anschlag des Widerstands, bei dem der Begriff „O ippótis" fällt.
- Weitere Recherchen bringen ans Tageslicht, dass es sich bei dem sogenannten Ritter um einen Widerstandskämpfer handelte, der mit echtem Namen Philippos Stavros hieß.
- Sie kommen mit einem Mitglied des Widerstands in Kontakt, der Zauberin Agnes Balsamon, die in Candia nach Andromache sucht und die Jäger bittet, die junge Frau unbeschadet ins Kloster Kera Kardiotissa zurückzubringen.
- Die Nachforschungen der Gruppe führen zum ehemaligen Haus des O ippótis, das heute von Magister Topo bewohnt wird (Verbindung zu Handlungsfaden #2).
- Indem sie in das Haus eindringen, können sie nicht nur Andromache retten, sondern finden mit ihrem Wissen über Philippos Stavros auch ein Tagebuch, das sie ebenfalls zum Kloster Kera Kardiotissa führt.

Candia

Im Folgenden gehen wir davon aus, dass die Jäger auf der *Lucrezia* tagsüber den Hafen von Candia erreichen. Sollten sie an einem anderen Ort anlegen und die Stadt über den Landweg erreichen, muss der HeXXenmeister die Beschreibung anpassen.

Szene – Ankunft im Hafen

Ein fast 300 Meter langer Damm umschließt den Hafen von Candia und schützt die Schiffe im Inneren vor Seeräubern und starken Winden. Die trutzige Mauer auf dem Damm starrt nur so vor Schießscharten und Geschützluken. Über der etwa 60 Meter breiten Hafeneinfahrt erhebt sich eine wuchtige Festung. Vor euch passieren noch einige andere Schiffe den Zugang. Gehorsam folgen sie den Fahnensignalen der Festungsbesatzung.

Davon ausgehend, dass auch die Jäger den Signalen folgen, können sie wenig später an einer Kaimauer im Hafen anlegen. Dort erwartet sie folgender Anblick:

Szene – Im Hafen

So trutzig der Hafen von außen gewirkt haben mag, so bunt und quirlig ist er innen. Marktschreier, Garküchenbetreiber und Schausteller mischen sich in den routinierten Betrieb des Warenumschlags, des Handels an den Markthallen und der Wartung der Schiffe. Über allem liegt das Pfeifen und Stampfen von Seelenlichtapparaten. Der Hafen von Candia scheint weit fortschrittlicher zu sein als andere an den Küsten des Mare Monstrum, überall steigt beißender Rauch in die Luft. Um in die Stadt zu kommen, muss man ein Tor passieren, über das nicht nur venezianische Soldaten, sondern auch das Relief des Markuslöwen wacht.

In die Stadt gelangen

Um durch das Mole-Tor zu kommen, benötigen die Jäger einen Passierschein von der Hafenmeisterei, die das neu eingelaufene Schiffe dafür zunächst überprüfen muss. Da beginnen die Probleme. Die Inspektoren sind sehr genau über die *Lucrezia* und Carlotta informiert und werden nicht zögern, die gesamte Mannschaft gefangen nehmen zu lassen, bis Generalgouverneur Calergi informiert wurde und einer seiner Neffen (evtl. Eduardo) eintrifft, um die verlorene Tochter abzuholen und die übrige Crew in die Sklaverei zu verkaufen. Falls Carlotta zu Beginn der Kampagne entführt wurde, reicht Cosimo Calergi auch die Aussicht, sein einstiges Lieblingsschiff wiederzubekommen.

Die Mannschaft der *Lucrezia* ist sich dieses Umstands bewusst. Sollten die Jäger nicht von selbst auf diese Idee kommen, schlägt Carlotta bzw. Alexios noch vor dem Einlaufen in Candia vor, das Schiff äußerlich zu verändern, um nicht aufzufallen. Diese Arbeiten sind allerdings nur in einem Hafen möglich, der nicht zur Republik Venedig gehört. Die Crew verspricht zudem, sich bedeckt zu halten und die *Lucrezia* während des Aufenthalts in Candia nicht zu verlassen.

Dennoch besteht eine Chance, dass die List durchschaut wird. In diesem Fall müssen die Inspektoren bestochen werden, was neben einer erfolgreichen Redekunst-Probe (–5) auch eine finanzielle Zuwendung von mindestens 100 Gulden erfordert. Für je 100 zusätzliche Gulden verringert sich der Malus um 1. Zudem ist Eile geboten, denn der Hafen wimmelt von Bürokraten im Dienst des Gouverneurs. Sollte die Tarnung auffliegen, besteht täglich eine Chance von 16 % (Espritstern auf dem HeXXenwürfel), dass entweder ein Scherge Cosimos oder Feysal Beys auftaucht, denn auch der Korsarenfürst hat seine Augen und Ohren in der Stadt. Eine einfachere Möglichkeit, in die Stadt zu gelangen, stellt Victore Bragadin dar, den die Jäger zu Beginn von Handlungsfaden #1 kennenlernen können.

Handlungsfaden #1: Kallistos Kreationen

Die Höllenmaschine

Die folgende Szene stellt den Beginn von Handlungsfaden #1 dar. Sie kann sich jederzeit ereignen, während sich die Jäger im Hafen aufhalten.

Szene – Pferdelose Karren

Während ihr den Hafen erkundet, fallen euch immer wieder Lastkarren auf, die mithilfe von rasselnden Seelenlichtmotoren bewegt werden. Sie sind nicht besonders schnell, scheinen aber auch keine Pferde zu benötigen. Allerdings scheinen die grünlichen Dämpfe, die sie absondern, vielen Leuten Unbehagen zu bereiten. Gerade wollt ihr einer dieser Schwaden ausweichen, als der Karrenführer laut zu fluchen beginnt. Dann, mit einem scheppernden Knall, explodiert der Seelenlichtmotor des Gefährts. Eine Wolke, die aus sich windenden roten Schädeln zu bestehen scheint, bildet sich mitten in der Luft. Die geisterhaften Fratzen raunen: „Gebt uns einen Körper“, und schnappen mit Zähnen und schlangenartigen Nebelfetzen nach den Passanten, die übereinander stolpernd panisch zu fliehen versuchen.

Bei dem gespenstischen Schemen handelt es sich um ein sogenanntes Hydraphantom, entstanden durch den Missbrauch von Seelenlicht. *(Übersicht über den Kampf, siehe folgende Seite.)*

Szene – Nach dem Chaos

Mit der Vernichtung des Phantoms lichtet sich der letzte Rest der roten Wolke, und das Ausmaß der Verwüstung wird deutlich. Waren und Trümmerteile liegen verstreut auf der Straße oder treiben im Hafenbecken. Auch der Karren wurde beschädigt. Er liegt auf der Seite, mehrere Kisten sind von der Ladefläche gefallen, von denen eine zersplittert ist und einen schauerlichen Inhalt offenbart: Ein menschlicher Arm ragt aus ihr hervor.

Der Karren transportierte eine Steinstatue Kallistos (also ein Gorgonenopfer). Der Patrizier Victore Bragadin erwarb sie bei Silvio, einem Zwischenhändler in der Stadt, und war gerade dabei, sie auf sein Schiff bringen zu lassen. Untersuchen die erstaunten Jäger den zur Skulptur gehörenden Arm, erleben sie Folgendes:

Szene – Die lebensechte Statue

Erschreckt nehmt ihr den Inhalt der Kiste in Augenschein und seid im ersten Moment verblüfft: Welcher Unmensch sperrt eine nackte Frau in eine Kiste ein? Die Augen weit aufgerissen und in einer Haltung, als wolle sie sich umwenden und fortrennen. Doch ihr merkt schnell, dass der Blick starr und der ganze Körper ohne Regung ist. „Erstaunlich, nicht wahr?", erklingt hinter euch eine Stimme mit venezianischem Akzent. „Ich selbst konnte kaum glauben, dass ein Künstler etwas so Lebensechtes aus unbelebtem Stein geschaffen hat." Die Stimme gehört einem Mann in aristokratischer Kleidung. „Victore Bragadin mein Name, es freut mich zu sehen, dass mein Besitz Euer Interesse weckt."

Victore Bragadin (Mitte 50, sehr gepflegtes Äußeres, drahtig) ist ein venezianischer Patrizier, der Kunstwerke für den neuen Palazzo seines Onkels einkauft (Senator Matteo Giovanni Bragadin). Victore ist etwas einfältig und plaudert mit übermäßigem Vergnügen. Können die Jäger sein Vertrauen gewinnen (Redekunst-Probe (–1)) oder ihn mit ihrem Kunstverständnis beeindrucken (Probe mit Malus –3 auf Wissensgebiete oder Handwerken), lädt er sie zu einem Umtrunk in die Loggia am Alten Markt ein. Besitzen die Jäger noch keinen Passierschein für das Tor, wird Victore dafür sorgen, dass sie eingelassen werden.

Der Skulpturenhändler

Ob sich die Jäger auf den Umtrunk einlassen oder sich unter einem Vorwand aus dem Staub machen, sobald sie einmal in der Stadt sind – durch die Begegnung mit Bragadin werden sie auf den Händler aufmerksam, der die seltsam lebensechten Statuen in Candia verkauft. Der Patrizier erzählt ihnen freigiebig, wo sich das Geschäft Silvios befindet. Begibt sich die Gruppe dorthin, bietet sich ihr folgender Anblick:

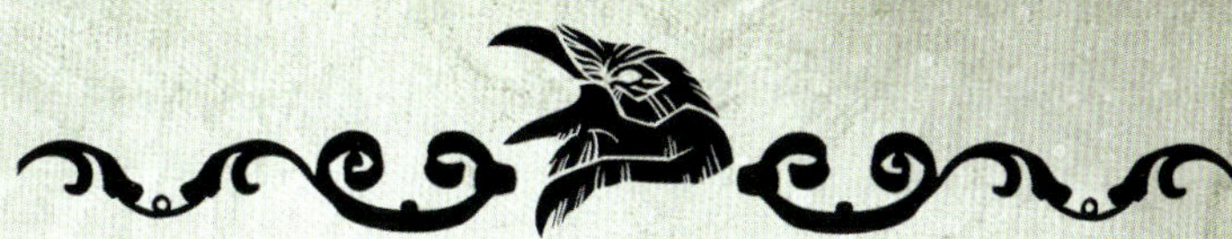

Übersicht über den Kampf

- 1 Hydraphantom
- Jz Nebelphantome (weitere durch Beschwörung)

Hydraphantom

(Anführer 2, Widernatürlich)

Kkr 2, Ath 10, Ges 2, Wil 10, Wis 5, Sin 5
LeP: Jz x 15 | **Pw: 0** (ätherischer Körper)
Ini: 7 | **Strategie:** Allrounder

Nebelfetzenhieb* (Wil) Angriff 2, Schaden 0 Ge

- **Ätherischer Körper** (SR –5/alle materiellen Angriffe, Schweber, immun gegen anhaltende Einflüsse)
- **Amorpher Körper** (kein Angriff von hinten möglich)
- **Beschwörung** (: Nebelphantom (Bande 3, 1 für 1 Hex))
- **Giftwolke** (: Gift-Effekt (Umgebung) 1 pro Hex, 1–5 Hex)
- **Halluzinationen** (: 12 gegen Geistesstärke, 1 Lähmungsstufe (Verzauberung, 5: MFD) pro Differenzerfolg, 1 Hex pro Ziel (1–3 Ziele))
- **Hex-Macht** (Jz + 2 Hex bei Start)
- **Hex-Wachstum** (Jz – 1 Hex in Ini 0)

**Man kann dem Nebelfetzenhieb ausweichen, ihn aber nicht blocken oder parieren.*

Nebelphantom

(Bande 3, Widernatürlich)

LeP: 15 | **Ini: 12** | **Beute:** keine
Todeshauch* Erfolge 2, Schaden 3 Ge
- **Ätherischer Körper** (SR –4/alle materiellen Angriffe, –4 Erfolge bei Bandenkräften mit materiellem Schaden, Schweber, immun gegen anhaltende Einflüsse)

**Man kann dem Todeshauch ausweichen, ihn aber nicht blocken oder parieren.*

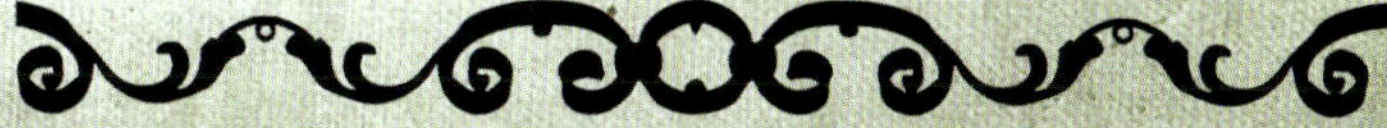

Szene – Traurige Skulpturen

In einem Geschäft am Markt fallen euch weitere der exzellenten und zugleich verstörenden Skulpturen auf, teils lebensgroß, teils nur Büsten. Wie jene, die ihr schon im Hafen bestaunen konntet, tragen jedoch alle von ihnen schmerzerfüllte oder zumindest traurige Züge.

Erkundigen sich die Jäger bei Verkäufer Silvio (Ende 40, beleibt, trägt einen Fez) nach der Herkunft der außergewöhnlichen Skulpturen, erfahren sie, dass ihr Schöpfer ein Künstler ist, der sich Kallisto (griech. „der Schönste") nennt, aber nie persönlich in Erscheinung tritt. Einmal pro Woche würde ihn eine Gruppe von Vermittlern aufsuchen, was zufällig heute wieder der Fall sei.

Schauen sich die Jäger die Werke genauer an oder gelingt ihnen eine Aufmerksamkeit-Probe (–2), fällt ihnen auf, dass seltsamerweise alle nackt sind (da die Gorgone nur lebende Organismen versteinern kann). Spätestens hier sollte bei der Gruppe der Verdacht aufkommen.

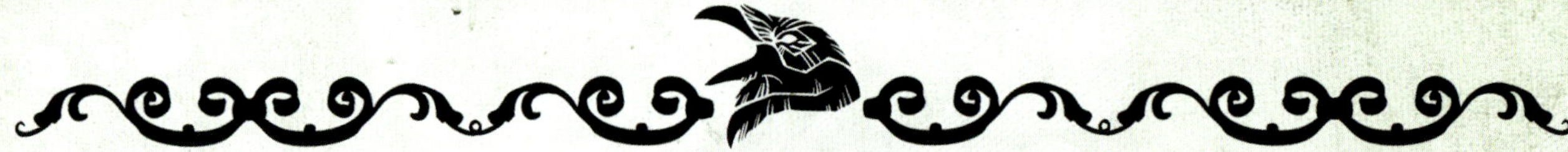

Informationen beschaffen

Wie üblich können sich die Jäger in der Stadt nach Wissenswertem umhören. Das erfordert eine Probe auf Land und Leute im Rahmen einer FZA. Folgende Details können in Erfahrung gebracht werden (alternativ natürlich auch durch freies Rollenspiel):

Sir John-Arthur, Baron Clinton (1 Erfolg): Der wahre Name des Tempelritters ist auf Kreta heute unbekannt. Alles, was die Jäger als Antwort auf ihre Frage erhalten, sind ratlose Gesichter.

O ippótis (2 Erfolge): Damit die Jäger in dieser Richtung recherchieren können, müssen sie zunächst einmal von O ippótis gehört haben, was beispielsweise durch die Szene „Für den Ritter!" (siehe: Handlungsfaden #3) geschehen kann. Hören sich die Jäger nach O ippótis um, merken sie rasch, dass die meisten Leute verlegen wegschauen. Jemand raunt ihnen zu, dass man diesen Namen besser nicht laut ausspricht. Es handele sich um einen Freiheitskämpfer, der im 14. Jahrhundert einen Aufstand gegen die Venezianer anführte. Noch heute wird die Nennung seines Namens mit Geldbußen (50 Gulden) und einem Tag am Pranger bestraft.

O ippótis' Rückkehr (1 Erfolg, erfordert Wissen „O ippótis", erfundenes Gerücht): Einige, vor allem griechisch-orthodoxe Einwohner glauben, dass der Heilige O ippótis nicht tot sei und zurückkehren werde, um die Venezianer zu vertreiben und Kreta zu befreien.

Philippos Stavros (1 Erfolg, erfordert Wissen „O ippótis"): Haben die Jäger von O ippótis erfahren und recherchieren weiter, finden sie heraus, dass es sich um einen Mann namens Philippos Stavros handelte. Dass dies ein Pseudonym Sir John-Arthurs ist, weiß niemand. Stavros war im 14. Jahrhundert sehr bekannt, da er in Candia eine Schule am Alten Markt gründete. Er war das einzige Regierungsmitglied der von den Aufständischen ausgerufenen „Republik des Heiligen Titus", das der späteren venezianischen Strafexpedition entkam und noch lange (als O ippótis) aus dem Untergrund Widerstand leistete.

Gilde der Schöpfer (1 Erfolg): Dass in Candia so viele Seelenlichtapparaturen zu sehen sind, ist kein Zufall. Die Stadt ist Sitz der „Gilda dei creatori" (ital. „Gilde der Schöpfer"), einem Zirkel von Tüftlern und Sorbonnikern.

Magister Topo (1 Erfolg, erfordert Wissen „Gilde der Schöpfer"): Bei Nachfragen zur Gilde der Schöpfer erfahren die Jäger auch von Magister Pedro Paulo Topo, der ein angesehenes Mitglied der Gilde sei und Einfluss auf deren höchste Kreise besitze. Investieren sie 1 weiteren Erfolg, gelangen sie an dessen Adresse am Alten Markt (siehe: Handlungsfaden #2).

Lebensechte Figuren (1 Erfolg): Seit einigen Wochen begeistern unglaublich detaillierte Skulpturen die Sammler und Kunstliebhaber der Stadt. Für 1 weiteren Erfolg finden die Jäger eine Person, die ihnen den Weg zum Kunsthändler Silvio beschreibt, der die Statuen vertreibt (siehe: Handlungsfaden #1).

Verborgene Schätze (1 Erfolg): Während der über zwei Jahrzehnte andauernden Belagerung durch die Osmanen versteckten viele Bürger ihre Schätze in Kellern und Katakomben. Da nicht wenige der Besitzer im Anschluss starben, harren so manche Reichtümer noch immer auf ihre Entdeckung.

Die Tunnel unter Candia (1 Erfolg): Unter der Stadt befindet sich ein wahres Labyrinth aus Stollen und Minen. Es wurde während der Belagerung Candias durch die Osmanen (1648–1669) angelegt und war Schauplatz vieler erbitterter Kampfhandlungen. Heute sind die Tunnel ein verbotener Ort, sämtliche Zugänge sind versiegelt. Die abergläubische Bevölkerung munkelt, dass sich dort allerhand Monster und Scheusale herumtreiben (was der Wahrheit entspricht). Manch einer ist sogar der Meinung, man hätte einen Zugang zum legendären Labyrinth des Königs Minos freigelegt und so den menschenfressenden Minotauros freigelassen.

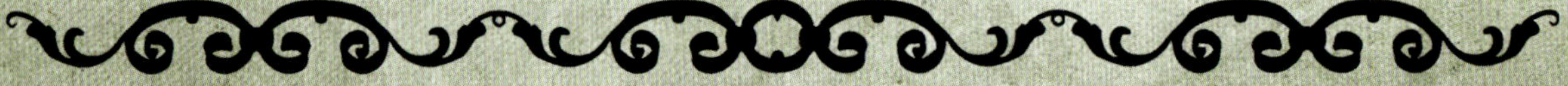

dass es sich nicht nur um gewöhnliche Skulpturen handelt. Einem aufmerksamen Jäger könnte bei der Untersuchung (Probe mit Malus –3 auf Wissensgebiete bzw. Handwerk) merkwürdig erscheinen, dass die Motive für die bildende Kunst äußerst untypisch sind: Es handelt sich weder um die Darstellung bedeutender Personen oder mythologischer Figuren noch bestimmter Handlungen. Im Vordergrund steht einzig die abgebildete Angst oder der Schrecken. Kommen die Jäger mit dem Verkäufer ins Gespräch und erringen durch eine erfolgreiche Redekunst-Probe sein Vertrauen, verrät er Folgendes: „Obwohl mich diese Skulpturen immer wieder in Verzückung versetzen, scheint es nicht allen so zu gehen. Vor einigen Tagen stürzte eine Frau in mein Geschäft und brach beim Anblick der Figuren in Tränen aus. In Tränen der Trauer wohlbemerkt! Kann man sich das vorstellen? Sie erwähnte einen gewissen Topo und fragte mich nach ihm aus, aber ich konnte ihr nicht helfen. Ich kenne keinen Topo." Über eine Massenbefragung (siehe oben) können die Jäger einen Zusammenhang zwischen dem Namen „Topo" und Magister Pedro Paulo Topo herstellen und auch seine Adresse erfahren (Verbindung zu Handlungsfaden #2 und #3).

Bande der Wrukolakas

Anhand von Silvios Informationen können die Jäger versuchen, den ominösen Kallisto ausfindig zu machen. Am erfolgversprechendsten scheint es dazu, die Kontaktleute des Künstlers abzufangen oder zu beschatten. Bei der Bande, die im Laufe des Tages am Geschäft des Skulpturenhändlers eintrifft, handelt es sich um lebende Wrukolakas (siehe: *Mare Monstrum*, S. 78, und *Mare Monstrum Obscura*, S. 87). Auf einem Karren liefern sie zwei weitere vollständige Statuen an, laden sie ab und brechen im Anschluss wieder auf, ohne lange bei Silvio zu verweilen.

Obwohl die Vampire für die Gruppe keine allzu große Gefahr darstellen, halten sie eng zusammen und geben selbst unter Folter keine Informationen preis, falls die Jäger sie stellen sollten. Die einzige Methode, über sie zu ihrem Anführer zu gelangen, besteht darin, sie zu verfolgen – entweder von Beginn an oder indem man einen Gefangenen nach einem Kampf freilässt und ihm dann folgt. Bei einer Auseinandersetzung könnte den Jägern der wolfsähnliche Schwanz auffallen, der den Kreaturen aus dem Steiß wächst.

Die Reise der Bande führt in die Lasithi-Hochebene. Diese ist zwar nur etwa 40 Kilometer entfernt, aufgrund der schlechten Beschaffenheit der Landstraße kann sie aber erst nach gut vier Tagen erreicht werden. Pro Tag muss ein Jäger der Gruppe eine vergleichende Probe Heimlichkeit gegen Sin 5 der Vampire ablegen, um diese weiter zu verfolgen. Sollte die Probe misslingen, werden die Wrukolakas auf die Gruppe aufmerksam und verwischen ihre Spuren. In diesem Fall kann nur eine erfolgreiche Befragung der Einheimischen weiterhelfen (Probe auf Land und Leute).

Durch die Reise ins Gebirge kommen die Jäger unter Umständen mit dem griechisch-orthodoxen Widerstand in Kontakt. Auch kann der HeXXenmeister weitere

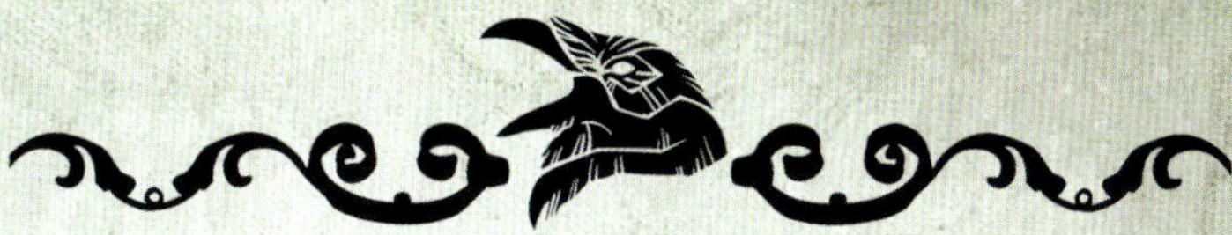

Die Bedrohung steigt

Auch auf Kreta sollte der HeXXenmeister Bedrohungsstufen verwenden, um die von der venezianischen Obrigkeit ausgehende Gefahr zu simulieren (dazu gehört auch die Gilde der Schöpfer, die über weitreichende Kontakte in die Regierung verfügt). So steigt die Bedrohungsstufe unter anderem, wenn ...

- sich die Jäger nach O ippótis erkundigen,
- sich mit dem Widerstand treffen,
- gegen Mitglieder der Gilde der Schöpfer vorgehen.

Die Bedrohungsstufe kann als Malus auf Redekunst-Proben sowie bei Massenbefragungen innerhalb Candias eingerechnet werden. Ab einer Bedrohungsstufe von 5 fliegen die Jäger auf und entweder Cosimos oder Feysal Beys Schergen treten in Erscheinung. Womöglich wird die *Lucrezia* flüchten müssen, während sich die Jäger im Inland aufhalten.

Begegnungen einstreuen, wenn er möchte (das Kreta-Kapitel in *Mare Monstrum Obscura* kann vielfältige Anregungen geben).

Das Lager der Diebe

Kallistos Bande hat in einem Steinbruch Quartier bezogen, nahe eines ausgetrockneten Flussbetts.

Szene – Das Lager

Ihr nähert euch einem Teil dieses kargen Landes, der fast permanent von einer Staubwolke bedeckt ist. Nur vereinzelt wachsen Bäume aus dem sandigen Boden, und der Horizont wird von schroffen Bergen begrenzt. Als ihr euch der Staubwolke nähert, erkennt ihr ein Lager aus etwa einem Dutzend Zelten und errichtet in einer vom Wind geschützten Mulde, offenbar ein alter Steinbruch. Ihr erkennt Menschen, Esel und Karren, aber auch Nutzvieh wie Hühner, Ziegen und Schafe – allerdings weder ein Atelier noch eine Werkstatt.

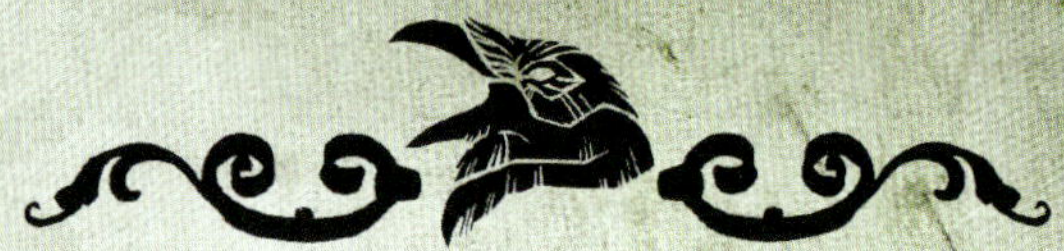

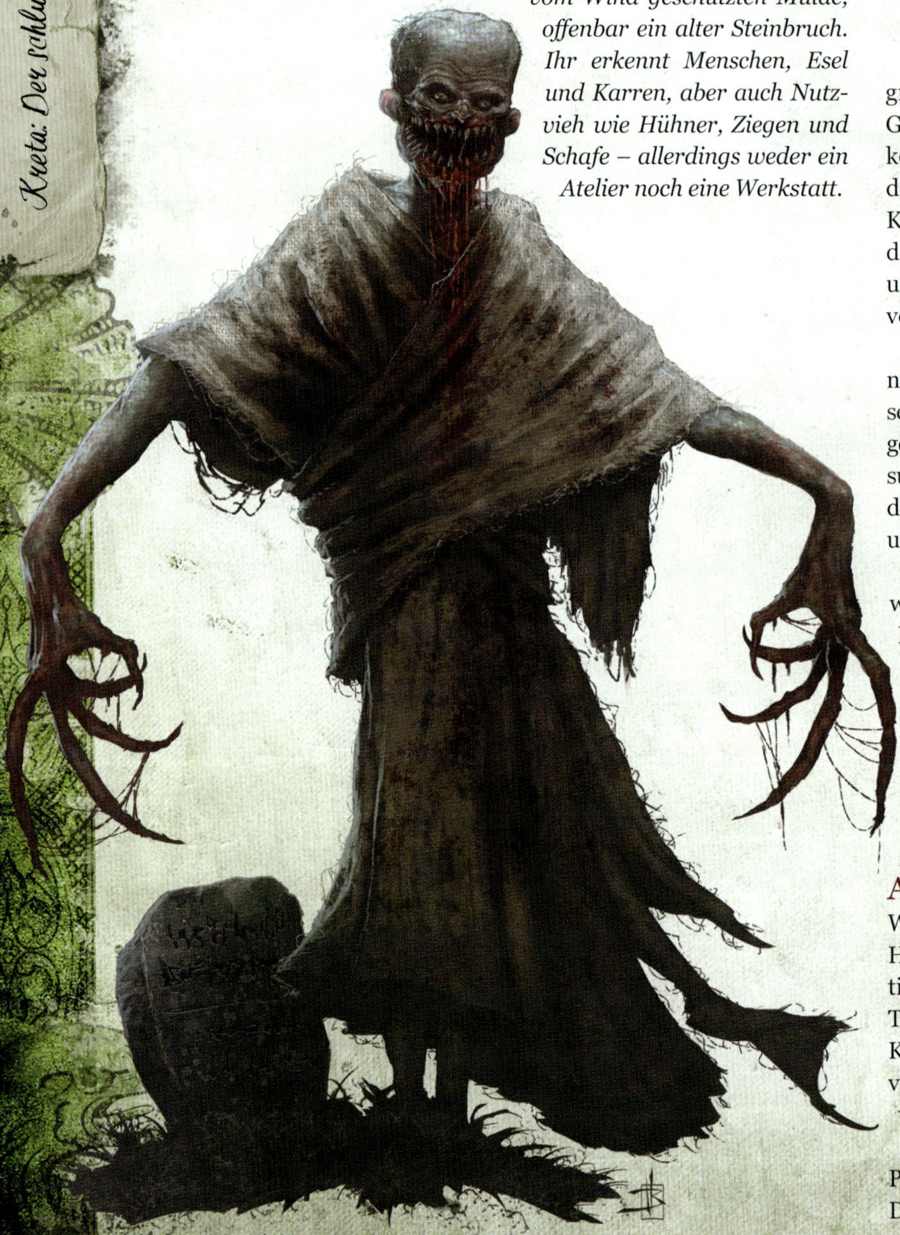

Übersicht über den Kampf

- Jz x 2 Lebende Wrukolakas
- 1 Untoter Wrukolakas
- Kallisto (Kallisto ist ein Untoter Wrukolakas, der Jz x 15 LeP besitzt und dessen Attribute alle um 2 erhöht sind.)

(Werte siehe Mare Monstrum Obscura, *S. 88)*

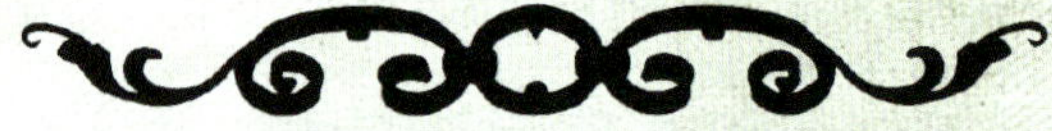

Jegliche Interaktion mit den verwahrlosten, groben Bewohnern des Lagers führt dazu, dass Griorgis Zabakis alias Kallisto auf die Jäger zukommt. Anders als seine Stammesmitglieder geht der etwa 30-Jährige aufrecht und stolz. Seine Kleidung besteht aus einem lockeren Gewand, um den Hals trägt er das Kreuz der orthodoxen Kirche und trotz des raubeinigen Umfelds zeigt er formvollendete Manieren.

Natürlich gibt er das Geheimnis seiner Statuen nicht preis, aber wenn die Jäger ihn unter Druck setzen, verrät er, dass er sie in einer nahen Höhle gefunden habe. Das ist jedoch nur eine Finte, denn sucht die Gruppe die Höhle auf, lässt Kallisto sie aus dem Hinterhalt angreifen. Mitnichten handelt es sich um die Grabkammer des schlummernden Ritters.

Kommt es zum Kampf mit den Wrukolakas und werden diese besiegt, zerstreuen sich die übrigen Bewohner des Lagers in alle Winde. Da untote Wrukolakas allerdings nach einigen Stunden wiederauferstehen, sofern man sie nicht köpft, pfählt oder ihren gesamten Körper vernichtet, können sich die Jäger hier unter Umständen einen erbitterten Feind machen, der auch über die Kampagne hinaus auf Vergeltung aus ist.

Abschluss

Wird Kallisto besiegt, können die Jäger seine Habe untersuchen. In seinem Zelt (dem prächtigsten im Lager) finden sie Liebesbriefe von einer Theodora. In den Briefen wird immer wieder das Kloster Kera Kardiotissa erwähnt. In einer reich verzierten Truhe bewahrt Calisto Münzen im Wert von 2500 Gulden auf sowie weitere Schätze, etwa Schmuck und Juwelen (insgesamt 10 Beutegut-Pakete). Im Lager finden die Jäger noch ein halbes Dutzend weiterer Statuen, aber keinen Hinweis auf die Quelle.

Handlungsfaden #2: Der Assassine und der Magister

Schrecken in der Nacht

Die folgende Begegnung sollte sich vorzugsweise in der Stadt abspielen, am besten nachts oder bei Einbruch der Dunkelheit.

Szene – Häusliche Gewalt

Als ihr euch durch die Gassen bewegt, durchbricht ein Frauenschrei die Stille. Nur wenige Meter von euch entfernt scheint Tumult in einem Haus auszubrechen. Durch ein offenes, aber vergittertes Fenster vernehmt ihr das Zerbrechen von Geschirr.

Sollten sich die Jäger der Sache annehmen und einen Blick ins Haus werfen, werden sie mit folgender Szene konfrontiert:

Szene – Das Scheusal

Als ihr durch das Fenster blickt, erkennt ihr eine Frau die sich schützend vor zwei wimmernde Kinder gestellt hat. Zwischen ihr und der Haustür steht ein nackter Mann, dessen Körper von rot pulsierenden Adern überzogen ist. Er schwankt auf seltsame Weise hin und her, als sei er betrunken. Sein Gesicht könnt ihr nicht erkennen. Mit schreckgeweiteten Augen ruft die Frau: „Luca, du Scheusal, reicht es noch immer nicht? Erst der Hund, dann die Ziege und sogar die junge Frau aus den Bergen – sollen jetzt auch ich und die Kinder deinem Blutdurst zum Opfer fallen?“ Alles, was die grausige Gestalt entgegnet, ist ein genüssliches Schmatzen.

Vor 14 Tagen kam Luca Straziato, ein cholerischer Tyrann, bei einem Unfall ums Leben, leider jedoch kehrte er kurz darauf als Upir zurück (siehe: *Mare Monstrum*, S. 79, und *Mare Monstrum Obscura*, S. 89). Sowohl die Haustür wie das Fenster können mit einer gelungenen Probe auf Muskelspiel (–3) aufgebrochen werden (der Malus reduziert sich auf –1 bei Verwendung einer Werkzeugkiste). Aus den Schatten heraus beobachtet der Assassine Yussuff Oglu Suleiman den Kampf. Sind die Jäger siegreich, kann jeder von ihnen sofort im Anschluss eine Probe auf Aufmerksamkeit (–3) ablegen. Bei einem Erfolg sieht der Betreffende aus den Augenwinkeln, wie sich eine dunkle Gestalt abwendet und in den Schatten verschwindet.

Von Signora Straziato können die Jäger erfahren, was vorgefallen ist. Sie berichtet, dass das „Ding“ ihre Tiere tötete und vermutlich sogar einige Menschen. Grund zu dieser Befürchtung gibt ihr der Umstand, dass eine junge Frau, die sie vor Kurzem bei sich aufnahm, spurlos verschwunden ist. Obwohl sie sich wenig Hoffnung macht, dass diese noch am Leben ist, bittet die Witwe die Gruppe nach der jungen Frau Ausschau zu halten. Ihr Name sei Andromache (Verbindung zu Handlungsfaden #3).

Ein Hilfegesuch

Kurz nach dem Kampf gegen den Upir, eventuell am nächsten Morgen, wird Yussuff an die Gruppe herantreten. Sollten die Jäger ihn nicht anhören wollen, wird er ihnen folgen. Obwohl er ein Meister des Beschattens ist, zeigt er sich immer wieder unauffällig. Schließlich möchte er, dass die Jäger ihn bemerken (ihn abzuhängen, ist nahezu unmöglich). In diesem Fall muss die folgende Beschreibung eventuell angepasst werden.

Szene – Der mysteriöse Mann

Ihr schlendert durch die Straßen, als ihr aus einer Gasse heraus angesprochen werdet: „Salam aleikum, Herrschaften. Bitte, kann ich Euch sprechen?“ Ihr seht einen fast zwei Meter großen Mann mit bronzefarbenem Teint. Er trägt weite Kleidung und winkt euch zu sich. Sein Blick ist grimmig und ernst, doch er scheint nicht bewaffnet zu sein. „Verzeiht diesem Sohn der Dreistigkeit, doch es geht um eine Sache, die keinen Aufschub duldet. Es gilt, einen bösen Mann aufzuhalten und seine finsteren Machenschaften zu beenden. Allah beschenkte Euch mit einem mitfühlenden Herzen und die Belange anderer scheinen Euch nicht gleichgültig zu sein, deshalb bitte ich um Eure Hilfe.“

Hören die Jäger Yussuff zu, wird er fragen, ob sie bereits von der Gilde der Schöpfer gehört haben, einem Zirkel von Sorbonnikern, der über immensen Einfluss in der Stadt verfügt. Weiterhin führt er aus, dass viele Mitglieder der Gilde in den vergangenen Jahren der Dunkelheit anheimfielen und sich der Dämonenbeschwörung widmeten – vor allem um sich der Schaitane zu bedienen, die im Tunnellabyrinth unter Candia leben. Der böse Mann, den der Assassine aufzuhalten gedenke, sei ein solcher Schwarzmagier: Pedro Paulo Topo. Für seine finsteren Experimente benötige er das Blut Unschuldiger, und gerade wieder habe er eine junge Frau in seine Gewalt gebracht, die noch gerettet werden könne. Yussuff ist bereit, den Jägern das Haus des Magisters zu zeigen, er selbst will sie aber nicht begleiten. Er sei weder ein Kämpfer noch ein Held. Allerdings könne er die Jäger auch nicht entlohnen.

Yussuf

Yussuff gibt sich so undurchsichtig, wie es einem Assassinen nur möglich ist. Allerdings kann ein Jäger mit einer gelungenen Aufmerksamkeit-Probe (–3) den schwachen Geruch von Haschisch wahrnehmen, der den mysteriösen Mann umgibt. Ist einer der Jäger selbst ein Assassine, wird er sein Gegenüber natürlich sofort als Mitglied des Ordens erkennen. Allein in diesem Fall gibt Yussuff bereitwillig mehr Informationen preis (ebenfalls nach Maßgabe des HeXXenmeisters). Sollten die Jäger ihn attackieren, wehrt er sich (Werte wie Assassine, siehe: *Mare Monstrum Obscura*, S. 47). Er kämpft jedoch nicht bis zum Tod, sondern wird sich mit der Kraft „Sicherheitssprung“ von der Gruppe lösen und fliehen. An der Tatsache, dass Magister Topo Schaitane beschwören will und Andromache gefangen hält, ändert das nichts.

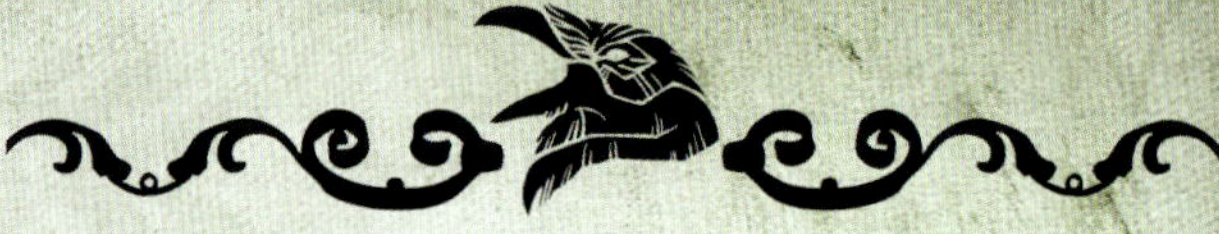

Übersicht über den Kampf

- 1 Vollständiger Upir

(Werte siehe Mare Monstrum Obscura*, S. 89)*

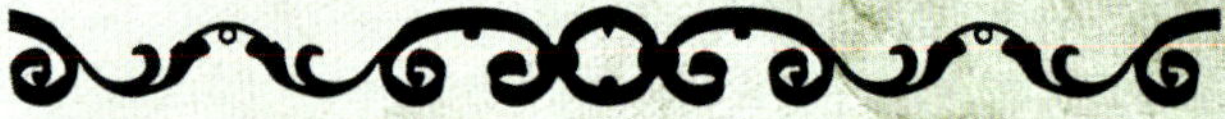

Haus des Magisters

Wenn sich die Jäger entschließen, dem mysteriösen Mann zu helfen (oder dessen Anschuldigungen zumindest nachzugehen), und seiner Wegbeschreibung folgen, erreichen sie den Alten Markt.

Szene – Alter Markt

Ihr erreicht einen Platz, auf dem nicht nur das Warenangebot und die Geschäfte, sondern auch die Pracht der anliegenden Gebäude außergewöhnlich ist. Ein besonderes Prunkstück ist ein marmorner Löwenbrunnen. Unweit davon erhebt sich ein trutziges Gebäude aus groben Ziegeln. Über dem Eingang hängt ein Schild auf dem in Italienisch geschrieben steht: „Magister Creatore / Pedro Paulo Topo / Gewehre, Pistolen und Munition aller Art / Mitglied der Gilde der Schöpfer seit 1713.“ Ein an die Tür geschlagener Zettel besagt: „Wegen Forschungsarbeiten geschlossen.“

Topo kehrte erst vor wenigen Tagen von den Feldexperimenten mit seiner Seelenlichtgranate zurück und hat seine Abwesenheitsnotiz seitdem nicht abgenommen. Unterbrochen wurde er nur von Andromache, die so lange an der Tür hämmerte, bis sie von Topos Dienern, den Gebrüdern Macellio (frühere Freibeuter im Dienste Venedigs), eingelassen wurde. Als sie dem Magister vorwarf, für den Tod ihres Bruders verantwortlich zu sein, ließ Topo sie im Keller einsperren.

Hören sich die Jäger in der Nähe des Hauses um und fragen gezielt nach einer jungen Frau, erfahren sie mit einer erfolgreichen Probe auf Land und Leute (–3), dass Andromache wild an die Tür schlug und schließlich eingelassen wurde, dann aber nicht mehr herauskam. Die Jäger können eine ähnliche Vorgehensweise wählen: Klopfen oder rufen sie laut, werden sie von den grobschlächtigen Gebrüdern Macellio eingelassen und ins Studierzimmer von Pedro Paulo Topo geführt. Der schlaksige Mann Anfang 30 wird der Gruppe gegenüber freundlich auftreten und

Süßigkeiten anbieten. Freimütig berichtet er über seine Forschungen an einer neuen Art von Waffe, ohne dabei ins Detail zu gehen. Er wird nicht abstreiten, dass eine junge Frau vor einigen Tagen an seine Tür klopfte. „Sie warf mir vor, etwas mit dem Tod ihres Bruders Cosmo Kostakis zu tun zu haben, meinem Gesellen. Ein vielversprechender junger Mann. Es ist ein großes Unglück, dass er während meiner Feldforschungen in der Lasithi-Hochebene verschwand. Vermutlich fiel er Räubern zum Opfer. Als ich davon hörte, brach ich meine Experimente ab und kehrte nach Candia zurück. Das ist die ganze Geschichte."

Natürlich verschweigt Topo dabei, dass Cosmo versteinerte. Obwohl auch er den genauen Grund dafür nicht kennt, hegt er den Verdacht, dass seine Experimente damit zu haben. Auch vermutet er (richtigerweise), dass Cosmo vielleicht einer Kreatur zum Opfer fiel, die durch einen Riss zwischen den Sphären in unsere Welt gelangte. In Wahrheit ist die Angst vor einem solchen Monstrum der Grund für Topos übereilte Abreise. Konfrontiert man ihn mit dem Vorwurf, Dämonen zu beschwören, streitet er dies vehement ab (eine Probe auf Aufmerksamkeit (–4) offenbart aber, dass er etwas verschweigt).

Der Magister unter der Lupe

Bei einem Gespräch mit Topo weist wenig darauf hin, dass dieser etwas mit Schaitanen oder dem Verschwinden Andromaches zu tun hat. Allerdings werden die Jäger auch nicht in alle Bereiche des Hauses eingelassen. So bleibt ihnen der Keller verwehrt, in dem sich Topos Labor und Werkstatt befindet. Nähert sich ein Jäger der verschlossenen Kellertür, vernimmt er bei einer erfolgreichen Probe auf Aufmerksamkeit (–3) in gewissen Abständen ein entferntes Rumpeln: Andromaches verzweifelte Versuche, ihre Zellentür einzutreten.

Ein heimliches Eindringen ins Haus des Magisters ist schwierig. Alle Fenster sind vergittert, die Türen mit hochwertigen Schlössern versehen (Probe auf Fingerfertigkeit (–5) zum Knacken der Schlösser). Darüber hinaus verlässt Topo sein Haus nur noch selten, höchstens wenn eine Sitzung der Gilde ansteht. In diesem Fall wird er auch von seinen Leibwächtern begleitet. Gelingt es den Jägern, mithilfe eines Tricks ins Gebäude zu gelangen und den Keller zu betreten, finden sie hier vor allem ein alchemistisches und sorbonnisches Labor, das seinesgleichen sucht.

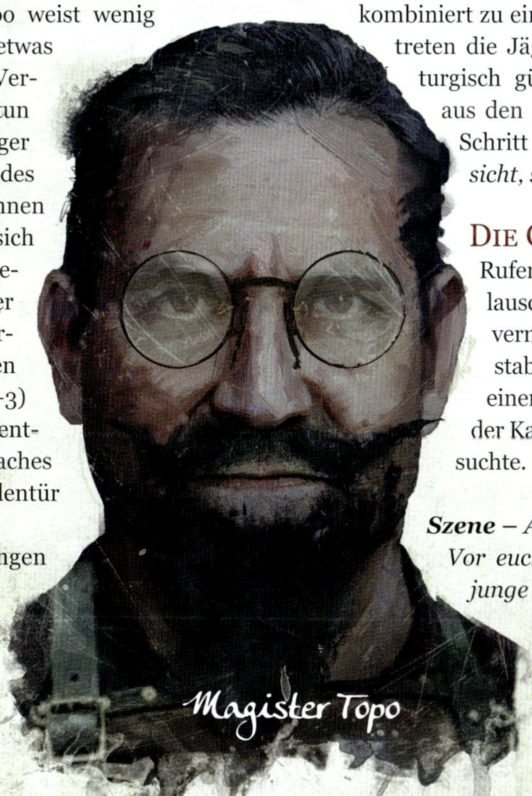

Magister Topo

Szene – Das Kellerlabor

Die unterirdischen Räume sind mit vier Metern Deckenhöhe außergewöhnlich hoch. Abgesehen von der Dunkelheit, würde man auch bei Licht nur wenig von den Wänden erkennen, denn nahezu alle sind verborgen hinter abstrusen Apparaten, Regalen, schematischen Zeichnungen, Schiefertafeln, Diagrammen, Zettelsammlungen und vielem mehr. An mehreren Stellen zucken grün leuchtende Blitze von einer Gerätschaft zur anderen und tauchen das finstere Labor in ein flackerndes, unheimliches Licht. Mit Schrecken stellt ihr fest, dass eine dieser „Gerätschaften" ein gewaltiger menschlicher Körper zu sein scheint, dessen einzelne Teile kaum zueinander passen und nur durch eiserne Bolzen zusammengehalten werden.

Unheimlicher Wächter

Die Annahme Yussuffs, Magister Topo würde die Schaitane als Diener verwenden, ist falsch. In Wahrheit vermag dieser die Dämonen zwar herbeizurufen, ist aber nicht in der Lage, sie über längere Zeit zu kontrollieren. Dennoch wird sein Labor bewacht. „Dante" ist der Prototyp einer vergangenen und größtenteils fehlgeschlagenen Versuchsreihe, bei der Leichenteile mit sorbonnischen Apparaten kombiniert zu einer Waffe gemacht werden sollten. Betreten die Jäger das Labor, wird in einem dramaturgisch günstigen Moment eine große Gestalt aus den Schatten treten und mit donnerndem Schritt auf die Jäger zukommen. *(Kampfübersicht, siehe nächste Seite.)*

Die Gefangene

Rufen die Jäger nach Andromache oder lauschen nach verräterischen Geräuschen, vernehmen sie ein Pochen, das sie zu einer stabilen Holztür führt, die von außen mit einem schweren Riegel verschlossen ist. In der Kammer dahinter finden die Jäger die Gesuchte.

Szene – Andromache

Vor euch steht eine feingliedrige, bildschöne junge Frau in der Tracht einheimischer Bauern. Ihr blondes, lockiges Haar trägt sie nach griechischer Art zu einem kunstvollen Knoten zusammengebunden. Erst auf den zweiten Blick bemerkt ihr die vielen Schrammen und Blessuren an ihrem Körper.

Erklären die Jäger, dass sie keine Diener Topos sind, fasst die befreite Frau vorübergehend Vertrauen zu ihnen (was bleibt ihr auch anderes übrig?). Sie berichtet vom Fund ihres versteinerten Bruders und ihrer Annahme, dass der Magister verantwortlich sei. Beweise hat sie keine, aber als man sie in den Keller schleifte, konnte sie einen Blick auf eine verborgene Kammer erhaschen, die ihr ein Ort finsterer Praktiken zu sein schien. Auf Nachfrage zeigt sie der Gruppe den Raum.

Szene – Ritualkammer
Gut verborgen hinter einigen Vorhängen findet ihr den Durchgang in eine ovale Kammer. Neben gut gefüllten Regalen, einem Tisch mit Ledermanschetten und großen Kandelabern fällt euch eine merkwürdige Tür auf, die mit drei Riegeln gesichert und umgeben von okkulten Symbolen ist. An der Wand gegenüber befindet sich ein Relief.

Die Jäger befinden sich in Magister Topos Beschwörungsraum, in dem nicht nur Ingredienzien und okkulte Gegenstände lagern, sondern auch allerlei nützliche Dinge, darunter Heil-Elixiere, Waffengifte und einige Säckchen mit Mächtigem Schießpulver oder andere Verbrauchsgüter nach Maßgabe des HeXXenmeisters (Menge jeweils 1 Elixierwürfel). Darüber hinaus findet sich Beutegut im Wert von 550 Gulden.

Die geheime Stube

Wenden sich die Jäger dem Relief zu, sehen sie Folgendes:

Szene – Das Relief
Das Relief an der Wand besteht aus zwei nebeneinanderliegenden Kreisen, die umrandet sind von zwei Spruchbändern, gekrönt von je einem Tatzenkreuz. Auf dem linken Band steht „Militum Sigilum", auf dem rechten „Christi de Templo". Die inneren Kreise zeigen je ein Bild: das linke ein Pferd mit zwei Rittern auf dem Rücken, das rechte eine säulengestützte Kuppel, die jedoch auf dem Kopf zu stehen scheint, da die Pfeiler nach oben ragen. Unter dem Relief ist eine eingeritzte Inschrift, die wohl später hinzugefügt wurde: „Domine, da gloriam nomini nostro!"

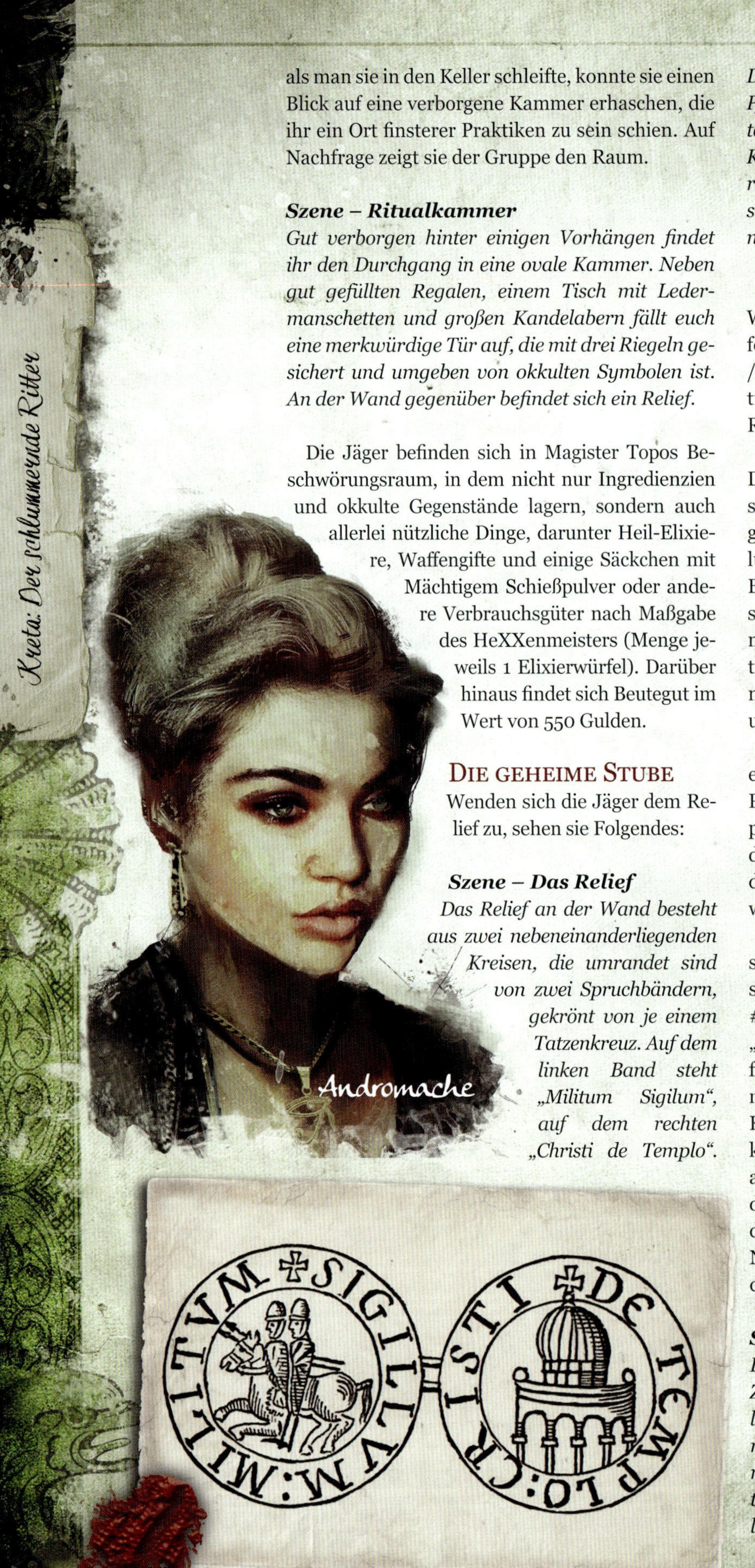

Jäger, die des Lateinischen mächtig sind (Fw Wissensgebiete mindestens 1), können die Sätze folgendermaßen übersetzen: „Siegel der Soldaten / Christi vom Tempel" („Militium Sigilum / Christi de Templo") und „Herr, unserem Namen gib Ruhm" („Domine, da gloriam nomini nostro").

Tatsächlich handelt es sich bei der bildhaften Darstellung um das Siegel der Tempelritter, was sich durch eine erfolgreiche Probe auf Wissensgebiete (–5) herausfinden lässt. Durch die gelungene Probe weiß der Betreffende auch, dass das Bild des Tempels eigentlich nicht auf dem Kopf steht sowie ferner dass das Motto der Tempelritter nicht „Domine, da gloriam nomini nostro" lautete, sondern „Non nobis Domine, non nobis, sed nomini tuo da gloriam" („Nicht uns, o Herr, nicht uns, sondern Deinem Namen gib Ruhm").

Untersucht ein Jäger das Tempelsymbol genauer, bemerkt er mit einer erfolgreichen Erkennen-Probe, dass das Zeichen auf einer runden Druckplatte eingraviert ist, die sich drehen lässt. Auch das Bild mit Pferd und Reiter lässt sich klickend drehen. Spätestens jetzt sollte der Gruppe klar werden, dass sie ein Rätsel vor sich hat.

Einen Hinweis auf dessen Lösung hat der gesuchte Tempelritter in seinem Pseudonym versteckt (vom dem die Jäger durch Handlungsfaden #3 oder eine Massenbefragung erfahren können): „Philippos" bedeutet auf Altgriechisch „Pferdefreund", „Stavros" hingegen „Kreuz". Folglich muss die linke Platte so gedreht werden, dass der Kopf des Pferds nach oben in Richtung des Tatzenkreuzes zeigt – ebenso wie die Spitze des Tempels auf der rechten Platte. Das kann die Gruppe allerdings auch ohne das Wissen um die Bedeutung des Namens „Philippos Stavros" herausfinden, zur Not durch einiges Ausprobieren. Haben die Jäger das Rätsel gelöst, öffnet sich eine Geheimtür.

Szene – Schreibstube
Der Raum hinter der Geheimtür scheint seit langer Zeit nicht mehr betreten worden zu sein, auf allem liegt eine dicke Staubschicht. Regale mit Schriftrollen und Büchern, Lesepulte, Lampen, ein Tisch mit Tintenfass und Federkielen sowie ein prächtiger Scherensessel mit Adlerköpfen an den Armlehnen machen das Mobiliar aus.

Die meisten Aufzeichnungen handeln vom Alltagsleben in der Schule, die Sir John-Arthur in diesem Gebäude einst leitete, und sind uninteressant. Anders ein einzelnes, gebundenes Buch auf dem Lesepult, auf dessen Umschlag ein Tatzenkreuz prangt. Es handelt sich um das Tagebuch des Baron Clinton, das durch die Jahrzehnte im feuchten Kellerraum in Mitleidenschaft gezogen ist. Viele Seiten sind verschimmelt oder die Schrift auf ihnen ist verblasst. Die wenigen lesbaren Passagen sind in *Handout #3* und *#4* zusammengefasst. Beide Teile sind auf Latein und in derselben Handschrift verfasst.

Die heilige Kerze
Die heilige Kerze, von der O ippótis in seinem Tagebuch spricht, befindet sich in der Schreibstube. Sie steckt in einer unscheinbaren Lampe und ist zur Hälfte abgebrannt. In der Seite der Bienenwachskerze ist noch das Tatzenkreuz der Templer zu erkennen, von dem jedoch ebenfalls inzwischen der obere Teil fehlt.

Der Weg in die Minen

Wenden sich die Jäger der schweren Metalltür zu, sehen sie Folgendes:

Szene – Die Tür zur Hölle
Die auffällige Tür ist mit drei schweren Riegeln gesichert und wurde mit Platten aus einem mattgolden schimmernden Metall verstärkt. In die Wand um den Türrahmen sind obskure Symbole eingeritzt. Scheinbar hat jemand versucht, sie zu übermalen, allerdings ohne Erfolg. Erst als ihr näher tretet, macht euch der Geruch klar, dass die braune Verkrustung um die Zeichen getrocknetes Blut ist. Nun bemerkt ihr auch zwei Zimmermannsnägel, die in die Tür getrieben und über gewundene Drähte mit dem Tisch in der Raummitte verbunden wurden. Über dem Türsturz ist ein Zitat angebracht: „Lasst, die Ihr eintretet, alle Hoffnung fahren!“

Eine Probe auf Wissensgebiete weist das Zitat dem berühmten Dichter Dante Alighieri zu. Magister Topo hat die Tür seit Jahren nicht mehr geöffnet. Mit Blutopfern lockte er dämonische Wesenheiten auf die andere Seite und entzog ihnen dann mittels einer komplizierten Apparatur die Essenz, die er für seine Forschungen nutzte. Als Nächstes plant er, Andromache zu opfern, um neue Seelenlichtgranaten herstellen zu können.

An dieser Stelle haben die Jäger die Möglichkeit, die Tür zu öffnen und in das verworrene Tunnelsystem unter Candia vorzudringen, das

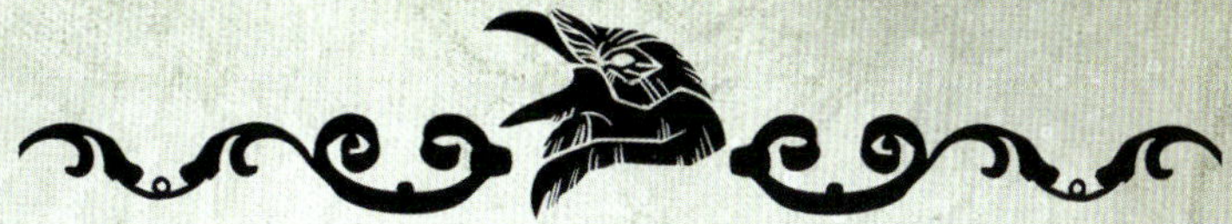

Dante

(Anführer 2, Widernatürlich)

Zusammengesetzt aus mehreren Leichen ist das Wesen über 2 Meter groß mit Gliedern so dick wie Baumstämme. Die Augen leuchten in unheimlichem Seelenlichtgrün und Blitze zucken von Bolzen zu Bolzen, die das Konstrukt scheinbar zusammenhalten. „Dante“ ist hochgradig gefährlich und lässt nur seinen Herren und dessen Diener ins Labor.

Kkr 10, Ath 4, Ges 1, Wil 10, Wis 2, Sin 4
Lep: Jz x 25 | **Pw: 4** (Metall, lebloser Körper)
Ini: 5 | **Strategie:** Mächtiger Offensiver (⚔⚔⚔|⚡)

⚔ **Schmetterhieb** (Kkr) Angriff 12, Schaden 6 +*Lähmung (je 1, Taumeln)*
⚔|⚡ **Seelenlichtblitz** (Sin) Angriff 6, Schaden 6 Bl +*Wartezeit (1)*

- **Explosiv** (3 Blutwürfel)
- **Giftwolke** (⚔|⚡: Gift-Effekt (Umgebung) 1 pro Hex, 1–5 Hex*)
- **Immunität** (äußerer Schaden, innerer Schaden, Malusschaden)

**Dante nutzt Lep statt Hex, 5 Lep entsprechen hierbei 1 Hex.*

durch Nexus-Punkte sogar mit dem legendären Labyrinth von König Minos verbunden ist (siehe: *Mare Monstrum Obscura*, S. 55). Mithilfe der heiligen Kerze haben sie sogar eine Chance, den Weg von Philippos Stavros nachzuvollziehen. Doch anders als zu Zeiten des Tempelritters sind die Minen inzwischen eine Brutstätte von Monstern, Geistern und Dämonen. Der HeXXenmeister kann der Gruppe alle nur denkbaren Schrecken in den Weg stellen. Lässt der Spielleiter diesen Weg zu und besitzen die Jäger die heilige Kerze, können sie die unterirdischen Gänge an einem beliebigen Punkt in der Lasithi-Hochebene verlassen, in der Nähe des Klosters.

Magister Topo

Eines steht vermutlich noch aus: die Konfrontation mit Magister Topo. Wird dieser auf sein unterirdisches Labor, die gefangene Andromache oder „Dante“ angesprochen, verliert er die Fassung. Der in ihm schlummernde Wahnsinn ergreift von seinem Verstand Besitz und er stürzt sich voller Hass auf die Jäger. *(Kampfübersicht, nächste Seite.)*

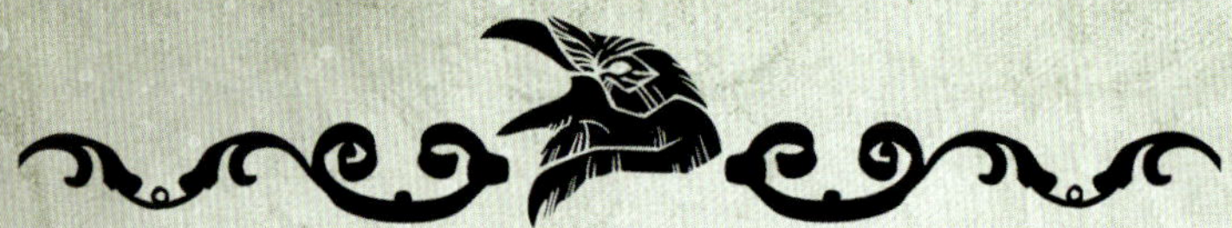

Kampf gegen Magister Topo

Pedro Paulo Topo besitzt die Spielwerte des Nekromanten aus dem *Buch der Regeln* mit folgenden Anpassungen:

- Statt Gruftwächter und Wandelnde Leichen beschwört er Plapperschrecken (Bande 1) oder Sündensucher (Bande 3).
- Statt der Nsc-Kraft „Nekromantie" verfügt er über die Kraft „Dämonologie" (siehe unten): Für je 1 Hex kann er entweder 4 Plapperschrecken oder 2 Sündensucher herbeirufen.

Hatte Topo etwas Vorbereitungszeit, wird er bereits zu Kampfbeginn von Jz Sündensuchern begleitet. Für die Gebrüder Macellio können die Werte des Erfahrenen Seeräubers verwendet werden (siehe: *Mare Monstrum Obscura*, S. 119).

Neue Nsc-Kraft: Dämonologie (Eigenschaft)
Die Eigenschaft ist identisch mit Nekromantie (siehe: *Buch der Regeln*), bezieht sich aber auf Dämonen statt auf Untote. Ein Schwarzmagier mit Dämonologie beschwört für 1 Hex entweder 4 dämonische Bandengegner der Stufe 1, 3 dämonische Bandengegner der Stufe 2 oder 2 dämonische Bandengegner der Stufe 3. Darüber hinaus gelten die üblichen Beschwörungsrichtlinien. **Syntax: Dämonologie** (höhere Beschwörung dämonischer Bandengegner)

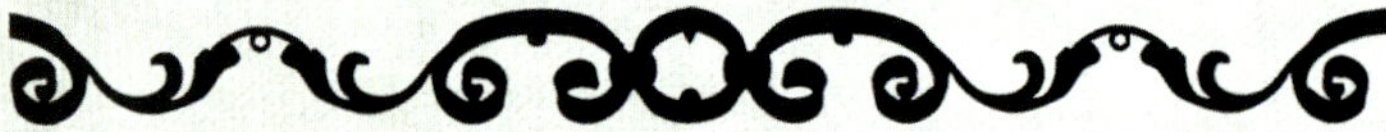

Yussuffs Auftrag

Nachdem Magister Topo und seine Spießgesellen besiegt wurden, tritt ein weiteres Mal der Assassine Yussuff in Erscheinung. Zwar ist der finstere Sorbonniker ausgeschaltet, doch Yussufs Auftrag umfasst auch die Zerstörung von dessen Forschungsergebnissen. Er wird die Jäger auffordern, auch die Unterlagen Topos zu vernichten. Sollten sich Gruppe trotz guten Zuredens nicht davon überzeugen lassen, wird der Assassine das Haus mit zwei Brandsätzen anzünden. Es folgt ein Kampf gegen Yussuff in brennender Umgebung (siehe: *Buch der Regeln*).

Haben sich die Jäger bereits zuvor ablehnend verhalten oder Yussuff sogar angegriffen, wird er nicht das Gespräch suchen, sondern das Haus heimlich in Brand stecken. In diesem Fall müssen die Jäger aus dem brennenden Gebäude entkommen. Dies kann in Form eines Konflikts in Runden ausgetragen werden. Die Zahl der Runden reicht von 1 (Eingangsraum) bis 5 (tief im Keller) oder kann mit einem Elixierwürfel zufällig bestimmt werden. Pro Runde muss jeder Jäger eine Probe auf Unempfindlichkeit mit einem Malus in Höhe der Rundenzahl ablegen, um nicht Schmerzschaden in Höhe eines Blutwürfels zu erleiden.

Ein Hausbrand erhöht in jedem Fall die Bedrohungsstufe um 1. Sollte ein Jäger Unterlagen von Topo einstecken, wird sich Yussuff an seine Fersen heften, bis sämtliche Dokumente (auch angefertigte Kopien) vernichtet sind oder der Assassine bei dem Versuch umgekommen ist.

Abschluss

Andromache wird ins Kloster zurückkehren wollen. Sie lädt die Jäger ein, sie dort zu besuchen. Falls die Gruppe Yussuff bei der Erfüllung seines Auftrags geholfen hat, bedankt sich dieser und – sollte der HeXXenmeister die Ereignisse auf Kreta weiterspinnen wollen – stellt Kontakt zum legendären Assassinen auf Kreta her: Emir Issetzade Ibrahim Ateşli, genannt „der Feuertänzer" (siehe: *Mare Monstrum Obscura*, S. 57).

Handlungsfaden #3: Willkommen im Widerstand

Der Überfall

Die folgende Begegnung kann sich außerhalb Candias ereignen.

Szene – Für den Ritter!
Schon von Weitem erkennt ihr eine Staubwolke, die sich beim Näherkommen als Karawane aus vier Fuhrwerken herausstellt, jedes von vier Pferden gezogen. Die Karren haben Bretter geladen und scheinen in Richtung Candia unterwegs zu sein. Plötzlich erschallt wildes Geschrei, begleitet von dem Ruf „Gia ton ippótis!". Aus Verstecken beiderseits der Straße stürmen Jugendliche hervor, die Pistolen und Musketen in die Luft abfeuern. Die Zugpferde geraten in Panik. Zwei Wagen kippen um, und die Ladung poltert zu Boden. So schnell, wie der Angriff begann, endet er wieder; die Jugendlichen zerstreuen sich in alle Winde.

Jäger, die des Griechischen mächtig sind, werden wissen, dass der Schlachtruf so viel bedeutet wie „Für den Ritter!". Helfen sie den fluchenden

Fuhrleuten, erfahren sie, dass dies ein Anschlag des kretischen Widerstands war. Zwar wissen die Männer nicht, was mit dem Schlachtruf gemeint ist, aber sie warnen die Jäger eindringlich: „Benutzt den Begriff ‚O ippótis' niemals in der Stadt. Andernfalls müsst ihr Bußgeld zahlen oder werdet an den Pranger gestellt."

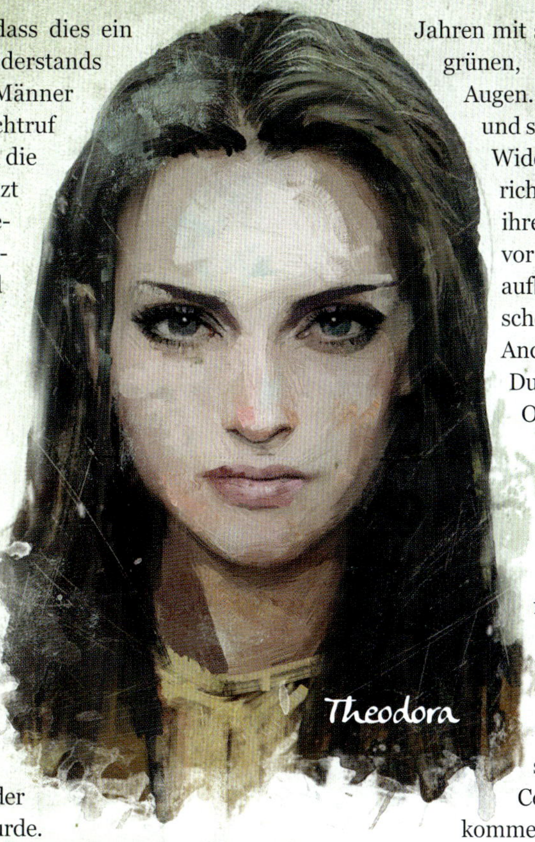

Nachforschungen

Nachdem die Jäger den Anschlag auf den Holztransport miterlebt haben, könnten sie mehr über den Widerstand in Erfahrung bringen wollen.

Neben Informationen zu den aufsässigen griechisch-orthodoxen Kretern und der Geschichte der Insel ist ein Anhaltspunkt der Begriff „ippótis", der beim Anschlag verwendet wurde. Informationen über „den Ritter" erhalten die Jäger am einfachsten mithilfe einer Massenbefragung (siehe oben). Hört sich die Gruppe auf diese Weise um, erregt sie die Aufmerksamkeit des Widerstands (gleichzeitig steigt die Bedrohungsstufe).

Agnes Balsamon

Falls die Jäger Nachforschungen zum Widerstand anstellen, wird ihnen zu einem Zeitpunkt, der dem HeXXenmeister passend erscheint, von einem Straßenjungen eine Nachricht überbracht. Sie enthält folgende Botschaft auf Griechisch: „O ippótis lebt! Trefft mich in Silamos in zwei Tagen." Silamos ist ein Dorf südlich von Candia, mit Pferden in etwa zwei Stunden erreichbar, zu Fuß in sechs. Eine gut ausgebaute Straße führt dorthin; die Jäger können also auch eine Kutsche verwenden. In Silamos wird eine verschleierte Gestalt an die Gruppe herantreten.

Szene – Die Frau in Schleiern

Eine Frau unbestimmten Alters tritt auf euch zu. Sie trägt die traditionelle Tracht kretischer Landbewohner, hat ihr Gesicht aber verschleiert. „Kommt!", ruft sie euch zu und begibt sich dann in eines der ärmlichen Bauernhäuser, die dieses Dorf ausmachen.

Erst im Haus nimmt Agnes den Schleier ab. Zum Vorschein kommt eine Frau in ihren besten Jahren mit strengem Blick und tiefgrünen, fast schon stechenden Augen. Sie begrüßt die Jäger und stellt sich als Mitglied des Widerstands vor. Dann berichtet sie davon, dass eine ihrer Schutzbefohlenen vor Tagen nach Candia aufbrach und seitdem verschollen ist: „Ich befürchte, Andromache hat eine große Dummheit begangen. Offenkundig suchte sie nach einem gewissen Magister Topo, einem einflussreichen Mitglied der Gilde der Schöpfer, der bis vor Kurzem noch Experimente mit neuartigen Waffen in der Lasithi-Hochebene ausführte. Dabei scheint sein Geselle Cosmo ums Leben gekommen zu sein, Andromaches Bruder. Vermutlich denkt sie, dass der Magister die Schuld am Tod ihres Bruders trägt. Ich bitte euch, könnt ihr in Candia nach ihr suchen? Für meine Freunde und mich ist es in der Stadt nicht sicher."

Theodora

Agnes ist bereit, den Jägern insgesamt 200 Gulden zu zahlen, falls sie Andromache unbeschadet zurück ins Kloster Kera Kardiotissa bringen. Die Belohnung wird sie jedoch nur dann anbieten, wenn die Jäger ausdrücklich danach fragen. Dass es sich bei Agnes um ein Mitglied der sogenannten Schwesternschaft des Zeus und somit eine Zauberin handelt, verschweigt sie natürlich.

Die Suche nach Andromache

Die weitere Entwicklung dieses Handlungsfadens entspricht im Wesentlichen dem von Handlungsfaden #2 mit dem Unterschied, dass der Assassine nun keine Rolle spielt (oder nur am Rande vorkommt).

Der Kontakt, den die Jäger auf diese Weise zum griechisch-orthodoxen Widerstand herstellen, eignet sich jedoch bestens, um weitere Abenteuer auf Kreta einzuleiten – vor allem solche, die mit der politischen Situation der geteilten Insel zu tun haben und sich um den Konflikt zwischen Osmanen, Venezianern und Aufständischen drehen. Vielleicht kommen die Jäger so auch einem wohlbehüteten Geheimnis des Widerstands auf die Spur: dass in den Venen ihrer Zauberinnen auch das widernatürliche Blut von Wrukolakas pulsiert.

Das Finale

Das Kloster

Letztendlich führen alle Handlungsfäden zum Kloster Kera Kardiotissa, das am Nordhang des Dikti-Gebirges liegt, etwa 30 Kilometer Luftlinie von Candia entfernt. Südlich des Klosters beginnt die Lasithi-Hochebene.

Szene – Das Kloster

Ihr folgt einem befestigten Pfad, der nach Südosten, geradewegs in Richtung Gebirge führt. Mit dem Gelände steigt auch der zunehmend beschwerlichere Weg an. Schließlich erblickt ihr etwas unterhalb des inzwischen steilen Pfades eine Bergterrasse, auf der – eingebettet in das Grün von Zypressen und Walnussbäumen – ein Gebäudekomplex liegt, den ihr deutlich als Kloster erkennt. Das Hauptgebäude erinnert mit seiner trutzigen Bauweise und den kleinen Fenstern eher an eine Festung. Vor den Klostermauern gibt es einige weitere Häuser, die aber verlassen wirken.

Das griechisch-orthodoxe Kloster ist der Mutter Gottes geweiht und wird von Nonnen bewohnt. An dieses angeschlossen ist eine Schule für Jugendliche, die auch von Andromache besucht wird. Darüber hinaus dient die Anlage einem weiteren Zweck: Sie ist einer der Treffpunkte des kretischen Widerstands. Bis vor Kurzem gingen zahlreiche Pilger im Kloster ein und aus, die dem „steinernen Ritter“ huldigten. Dessen Ruhestätte befindet sich nur einige Kilometer von Kera Kardiotissa entfernt. Nachdem immer mehr Pilger Opfer der Gorgone geworden waren, unterband die Äbtissin Theodora die Wallfahrten. Die Gästehäuser rund um das Kloster stehen seitdem leer und eine unheimliche Stille umgibt den abgelegenen Ort.

Das Geheimnis des Klosters

Einige versteinerte Pilger wurden von den Schwestern aus der Umgebung eingesammelt und in den Keller der Nonnenquartiere gebracht. Jäger könnten sie bei einem nächtlichen Einbruch entdecken oder durch intensive Befragungen der Bewohner auf sie stoßen. Beobachtet die Gruppe das Kloster aus der Ferne, wird sie unter Umständen Zeuge, wie einige Schwestern eine weitere Statue mit einem Karren herbeischaffen und abladen.

Die Äbtissin

Schwester Theodora ist die Äbtissin des Klosters, die jedoch aufgrund der jüngsten Entwicklungen derzeit nicht zu sprechen ist. Es heißt, sie sei krank. Das stimmt auch in gewisser Weise, auch wenn es eher ein Leiden des Herzens ist: Obwohl sie ihrem Liebhaber Griorgis Zabakis den Rücken kehrte, sehnt sie sich innig nach ihm. Gleichzeitig verspürt sie Schuldgefühle wegen der toten Pilger. Alles in allem ist sie eine gebrochene Frau, die über keinerlei Eigeninitiative mehr verfügt und das Kloster auf diese Weise völlig lähmt.

Der einfachste Weg, zu der Äbtissin vorgelassen zu werden und ihr Vertrauen zu erlangen, führt über Andromache. Können die Jäger die Schülerin aus Magister Topos Kerker befreien, finden sie nicht nur etwas über die Vorgeschichte dieser Episode heraus, Theodora zeigt ihnen auch den Weg zum gesuchten Grab Sir John-Arthurs. Falls die Gruppe also sehr früh im Verlauf eines Handlungsfadens das Kloster erreicht, sollte der HeXXenmeister den Spielern deutlich machen, dass sie hier noch nicht weiterkommen, damit das Abenteuer auf Kreta nicht allzu schnell vorbei ist.

Szene – Schwester Theodora

Theodora trägt das typische schwarz-weiße Habit einer orthodoxen Nonne. Ihr Alter ist schwer zu erraten, es dürfte irgendwo zwischen 35 und 55 Jahren liegen. Durch ihre straffe, ungewöhnlich blasse Gesichtshaut mit den hohen Wangenknochen wirkt die Äbtissin gesund und vital, der dunkle Schleier um ihrer Augen hingegen lässt sie wie eine alte Frau wirken.

Theodora wird den Jägern alles berichten, was sie weiß, und dabei nicht lügen. Sie gibt ihre Liebschaft mit Griorgis Zabakis ebenso zu wie die Tatsache, dass seit einigen Wochen versteinerte Pilger aufgefunden wurden. Die Äbtissin vermutet hinter diesem Phänomen einen Teufel oder Dämon, von Sagengestalten wie den Gorgonen weiß sie nichts; sie ist nicht bewandert in den Mythen der Antike. Zwar beschreibt sie den Jägern den Weg zum Grab des steinernen Ritters, aber sie wird unter keinen Umständen eine ihrer Schutzbefohlenen mit ihnen schicken, aus Angst vor „der Bestie".

Das steinerne Grab

Mithilfe der Äbtissin des Klosters Kardiotissa können die Jäger schließlich die Höhle finden, in der die versteinerten Überreste von Sir John-Arthur, Baron Clinton, ruhen. Der Weg dorthin führt über einen schmalen Bergpfad und ist etwa 5 Kilometer lang. Während ihrer Wanderung können die Jäger mithilfe einer erfolgreichen Aufmerksamkeit-Probe (–3) ein weiteres versteinertes Opfer der Gorgone ausfindig machen: Es ist einer von Kallistos Männern.

Szene – Der Eingang zur Höhle

Der Weg führt euch in eine schlichte Höhle, die bewohnt scheint. Ihr seht einen Tisch, einige umgeworfene Stühle und eine gemauerte Feuerstelle mit einem Rauchabzug im Felsen, außerdem zwei Schlafstellen aus groben Decken und Stroh. Im hinteren Teil der Höhle stoßt ihr auf eine Nische, die von einem weißen Vorhang mit aufgestickten roten Tatzenkreuzen verhangen ist. Auf dem Boden liegen Gebinde vertrockneter Blumen sowie hölzerne Kreuze und zerbrochene Messer. In einer Ecke befindet sich ein schmiedeeiserner Halter für Opfer- und Gebetskerzen. Davor kniet eine Gestalt im Habit einer Nonne.

Um neue Beute anzulocken, hat die Gorgone eine zu Stein erstarrte Schwester vor dem Grab platziert. Da von der Versteinerung nur der Körper des Opfers, nicht aber dessen Kleidung betroffen ist, lässt sich der wahre Zustand der Schwester von hinten nicht erkennen.

Da das Ungeheuer die sich nähernden Jäger bereits gewittert hat, hat es sich in die Schatten der Höhlendecke zurückgezogen und wartet auf den Moment der Überraschung, in dem der Gruppe das Schicksal der Nonne bewusst wird, um dann aus dem Hinterhalt anzugreifen (Ini +10 in der ersten Kampfrunde). Die Jäger können dieses Vorhaben vereiteln, wenn sie explizit die Decke der Höhle absuchen. In diesem Fall ist die Gruppe beim nachfolgenden Kampf nicht überrascht.

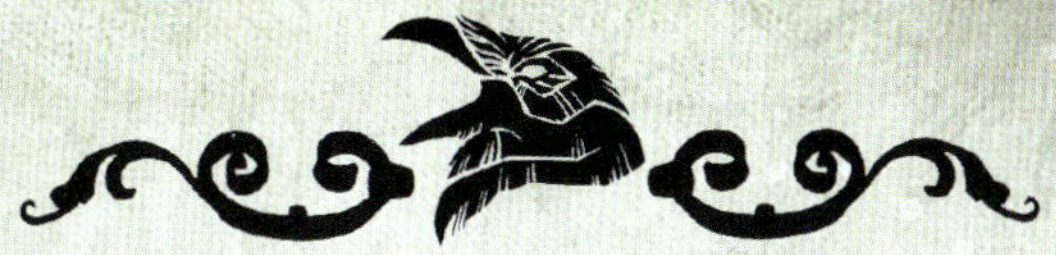

Übersicht über den Kampf

- 1 Gorgone

(Werte siehe Mare Monstrum Obscura, *S. 107)*

Der steinerne Ritter

Haben die Jäger die Kreatur überwunden, können sie einen Blick hinter den Vorhang werfen.

Szene – Der Ritter aus Stein

Hinter dem Vorhang entdeckt ihr einen in den Felsen getriebenen Alkoven, in dem ein greiser Mann aufgebahrt ist. Gekleidet in den Waffenrock der Templer mit gefalteten Händen, geschlossenen Augen und ergebenem Gesichtsausdruck, könnte man ihn für schlafend halten. Doch auch sein Körper besteht vollkommen aus Stein. Unter der Bahre ist ein Epitaph angebracht, auf dem in griechischen Buchstaben zu lesen ist: „Hier ruht Sir John-Arthur, Baron Clinton, Soldat Christi, Ritter. Herr, wache über das Seine / bis er erneut gegen Deine Feinde reitet / denn im Schlaf und im Tod sind wir Dir nahe." Auf der linken Seite der Steinplatte ist ein kleiner Pferdekopf eingelassen, in der Mitte ein Totenschädel, auf der rechten ein Kreuz.

Ein letztes Rätsel trennt die Jäger vom Schlüsselfragment dieser Episode. Schnell finden sie bei einer Untersuchung der Steinplatte heraus, dass sich alle drei Symbole wie Knöpfe drücken lassen. Die richtige Kombination verbirgt sich im Segensspruch: „Herr, wache über das Seine" entspricht dem Kreuz, „bis er erneut gegen Deine Feinde reitet" meint das Pferd, „denn im Schlaf und im Tod sind wir Dir nahe" lässt auf den Schädel schließen. Werden die Symbole in dieser Reihenfolge gedrückt, klappt das Epitaph nach vorn und offenbart einen Hohlraum, in dem die Nonnen vor fast 150 Jahren die persönliche Habe des Ritters verstauten.

Auch nach dieser Episode ist den Jägern ein weiteres Schlüsselfragment sicher. Mithilfe der Kontakte, die sie auf der Insel geschlossen haben, kann der HeXXenmeister den Aufenthalt auf Kreta weiter ausbauen – oder er lässt die Gruppe zu neuen Ufern aufbrechen.

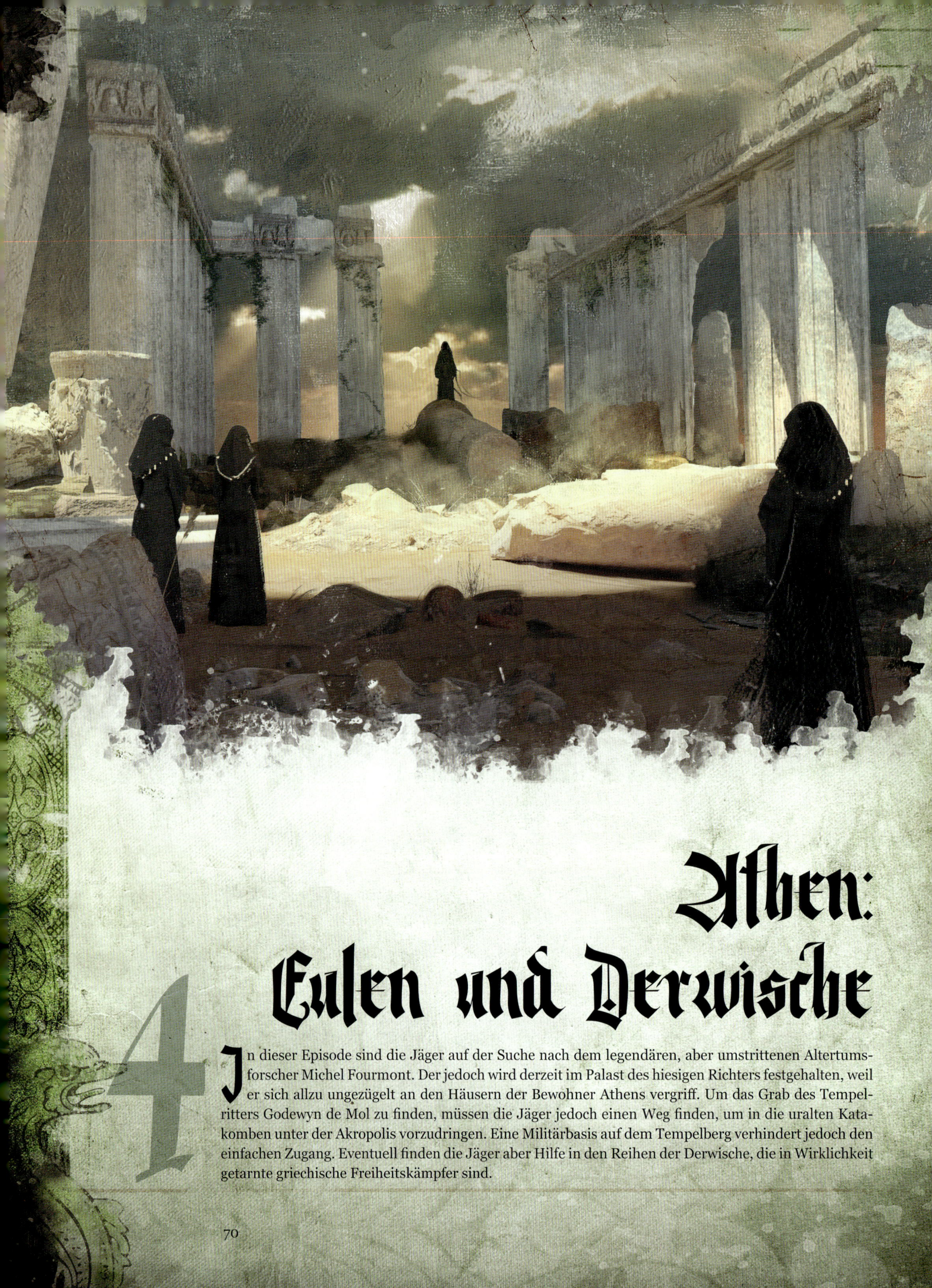

Athen: Eulen und Derwische

4

In dieser Episode sind die Jäger auf der Suche nach dem legendären, aber umstrittenen Altertumsforscher Michel Fourmont. Der jedoch wird derzeit im Palast des hiesigen Richters festgehalten, weil er sich allzu ungezügelt an den Häusern der Bewohner Athens vergriff. Um das Grab des Tempelritters Godewyn de Mol zu finden, müssen die Jäger jedoch einen Weg finden, um in die uralten Katakomben unter der Akropolis vorzudringen. Eine Militärbasis auf dem Tempelberg verhindert jedoch den einfachen Zugang. Eventuell finden die Jäger aber Hilfe in den Reihen der Derwische, die in Wirklichkeit getarnte griechische Freiheitskämpfer sind.

Hintergrund

Auch wenn heute kaum jemand noch seinen Namen kennt, der Tempelritter Godewyn de Mol war ein Held Athens. Im Jahre 1456 ließ er sein Leben bei der Verteidigung der Stadt gegen die anstürmenden Osmanen. Die Athener konnten sich auf die Akropolis zurückziehen, wo die Waffengefährten des Ritters ihn – zusammen mit seinem Schlüsselfragment – in verborgenen Kammern unter dem Parthenon begruben. Als sie sich übereilt aus den Kammern zurückziehen mussten, wurde de Mols Leichnam zurückgelassen. Die Osmanen jedoch wussten nicht um die Katakomben, weshalb das Templergrab bis heute, mehr als zwei Jahrhunderte lang, unberührt unter dem Tempel der Pallas Athene liegt. Der Weg dorthin führt über einen geheimen Tunnel, der im sogenannten Turm der Winde beginnt (auch bekannt als „Horologion des Andronikos"). Diesen Zugang versiegelten die christlichen Verteidiger im 15. Jahrhundert mit einem Rätselschloss, das Elemente des Christentums und der griechischen Mythologie aufgreift. Der Uhrenturm steht unterhalb der Akropolis auf der früheren Römischen Agora. Im 18. Jahrhundert ist von dem einstigen Marktplatz jedoch wenig zu sehen, er wurde vollständig überbaut und ist Teil der Athener Innenstadt.

Jüngere Entwicklung

1730 fand der Schatzjägerring in einem Kellergewölbe im konstantinopeler Stadtteil Beşiktaş die hervorragend erhaltenen Memoiren des Eirenaios von Samothraki, in denen von einer wundersamen mechanischen Eule berichtet wird. Auch der französische Altertumsforscher Michel Fourmont, von Cosimo Calergi in seinen Dienst gepresst, war Teil dieser Expedition. Seitdem ist er besessen von dem Gedanken, die Eule zu finden.

Fourmont glaubt, dass die Eule in verborgenen Kammern unter dem Parthenon versteckt wurde. Um seinen ruchlosen Mentor dazu zu bringen, ihn in Athen suchen zu lassen, erfand er das Märchen, dass unter dem Tempel der Athene Artefakte aus trojanischer Zeit zu finden seien. Zwar weiß der Altertumsforscher auch von dem legendären Widerstandskämpfer Godewyn de Mol, doch schenkte er ihm keine besondere Beachtung. Da die Osmanen auf der Akropolis eine Garnison errichtet haben, ist das Betreten der Tempel und Ruinen in der antiken Oberstadt nur auserwählten Gästen gestattet.

Fourmont gehört nicht dazu, obwohl er einiges an Schmiergeld fließen ließ. Vor Kurzem fand er jedoch heraus, dass es einen anderen Weg in die Gewölbe unter dem Parthenon geben könnte, einen geheimen Tunnel, der im Keller des Turms der Winde beginnt.

Bei seinen Nachforschungen geriet Fourmont allerdings mit den jetzigen Bewohnern des Uhrenturms aneinander, denn der Turm der Winde ist heute ein „Tekke", ein Zentrum eines Derwisch-Ordens (und in Wahrheit ein Unterschlupf der griechischen Freiheitsbewegung). „Der Verrückte Franke" machte seinem Beinamen alle Ehre und kletterte persönlich am Turm hinauf und zerschlug eines der antiken Windgötter-Reliefs, weil er dahinter ein Geheimfach vermutete. Natürlich bemerkten die sufitischen Ordensleute den Vandalismus. Es kam zu einer Rauferei, an deren Ende osmanische Soldaten Fourmont dem örtlichen Qādī Papadakis übergaben. Dieser sprach im Namen des Kalifen Recht und ließ den Gelehrten in ein luxuriöses, aber verschlossenes Zimmer in seinem Anwesen bringen. Die Helfer des Franzosen wurden hingegen im Gefängnis der Militärgarnison auf der Akropolis eingekerkert. Kurz darauf schrieb Papadakis eine Protestnote an die französische „Académie des inscriptions et belles-lettres", die Fourmont offiziell entsandt hatte. Gouverneur Calergi konnte den Boten allerdings abfangen und schickte ein Schiff, das den unbeliebten Forscher abholen soll.

Die Stadt der Athene

Mehr zum Geburtsort der attischen Demokratie findet sich in *Mare Monstrum*, S. 17, und *Mare Monstrum Obscura*, S. 10 , zu Michel Fourmont zudem auch in *Mare Monstrum Obscura*, S. 12.

Über die Episode

Auch diese Episode besteht aus drei Handlungsfäden, die sich gegenseitig beeinflussen können und einzeln oder als verbundenes Abenteuer gespielt werden können. Alle enden in der geheimen Kammer unter dem Parthenon, wo die Jäger schließlich das Schlüsselfragment de Mols finden.

Handlungsfaden #1: Der Verrückte Franke

Die Jäger erfahren entweder erst in Athen von Michel Fourmont oder reisen sogar gezielt an, um ihn aufzusuchen. Sie finden heraus, dass er aufgrund Verstöße gegen die öffentliche Ordnung in Gewahrsam genommen wurde. Um ihn zu befreien, müssen sie in das bewachte des Qādī Papadakis eindringen.

Der Handlungsfaden im Überblick

- Aus Zufall begegnen die Jäger Sofia Stefanakis, die sie auf Fourmonts unfreiwilligen Aufenthaltsort aufmerksam macht. Außerdem besitzt sie auch Kontakte zu den Freiheitskämpfern (Verbindung zu Handlungsfaden #2)
- Die Jäger finden heraus, dass sich Michel Fourmont im Haus des Qādī als „Gast" in Gewahrsam befindet. Eventuell erfahren sie auch, dass die Grabungshelfer des Franzosen im Gefängnis der Militärgarnison inhaftiert sind.
- Auf verschiedenen Wegen können die Jäger „den Verrückten Franken" schließlich aus dem

Anwesen befreien. Dabei begegnen sie möglicherweise der Striga Berenike, die von Calergi entsandt wurde, um Fourmont nach Napoli di Romania zurückzubringen.
- Fourmont weist die Gruppe auf den Gang in die Geheimkammern unter dem Parthenon hin.

Handlungsfaden #2: Die Derwische

Dieser Handlungsfaden dreht sich um die im Turm der Winde lebenden Derwische, die den Freiheitskampf der Griechen unterstützen. Er kann ausgelöst werden, wenn die Bedrohungsstufe mindestens einmal gestiegen ist oder die Widerstandskämpfer auf die Jäger aufmerksam wurden.

Der Handlungsfaden im Überblick

- Auf verschiedene Weise kommen die Jäger in Kontakt mit den griechischen Freiheitskämpfern, etwa durch Sofia Stefanakis (Verbindung zu Handlungsfaden #1)
- Ein Bettlerjunge übergibt den Jägern eine Nachricht, der zufolge sie sich um Mitternacht beim Tempel des Schmiedegottes einfinden sollen.
- Am Heiligtum des Hephaistos treffen die Jäger auf Scheich Burhaneddin. Dieser weist sie auf das Grab de Mols hin und macht ihnen das Angebot, sie in den Turm seines Ordens zu lassen, wenn sie im Gegenzug in die Militärgarnison eindringen, gefangene Klephten retten und so viele Waffen wie möglich stehlen.
- Führt die Gruppe den Auftrag aus, lässt Burhaneddin sie in den Turm der Winde, wo sie den Eingang in die unterirdischen Kammern finden.

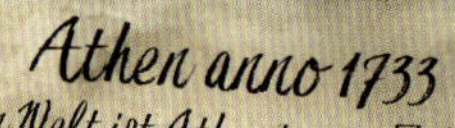

Athen anno 1733

In der realen Welt ist Athen im 18. Jahrhundert wieder im Aufblühen begriffen, nachdem die Venezianer es zuletzt 1687 eroberten, die Stadt aber nur wenige Monate halten konnten. In HeXXen 1733 sieht das anders aus. Die wesentliche geschichtliche Änderung tritt 1715 ein: In diesem Jahr greifen die Osmanen die Peleponnes an, können die Venezianer jedoch – anders als in der realen Historie – nicht von der griechischen Halbinsel vertreiben. Die Venezianer rächen sich, indem sie noch im selben Jahr eine Strafexpedition ins nahegelegene Athen senden und die Stadt erneut angreifen und plündern (was in Wahrheit nie stattfand). Nach all den Kampfhandlungen sind die Streitkräfte Moreas jedoch zu erschöpft, um Athen halten zu können und ziehen ab. Die Stadt bleibt osmanisch, kann sich jedoch bis 1733 nicht von den Auswirkungen des letzten Angriffs erholen. Sie verkümmert mehr und mehr zu einem Dorf inmitten der Überreste des einstigen antiken Glanzes.

Handlungsfaden #3: Calergis Häscher

Calergie hat die Striga Berenike entsandt, um Fourmont abzuholen. Nachdem ihr Schiff im Hafen angelegt hat, bricht Berenike auf, um mit Papadakis die Übergabe Fourmonts auszuhandeln.

Der Handlungsfaden im Überblick

- Sobald Berenike auf die Jäger aufmerksam wird, beobachtet sie diese in Gestalt eines Eulenschwarms.
- Kommen ihr die Jäger nicht zuvor, wird Berenike den Transport Fourmonts organisieren. Greift die Gruppe die Kutsche an, wird die Striga kämpfen.
- Hat die Gruppe das Schlüsselfragment beschafft, kann Berenike in Erscheinung treten und die geschwächten Jäger attackieren, damit sie Calergi das Schlüsselfragment übergeben kann.

Athen

1733 ist vom früheren Glanz Athens wenig übrig. Von der letzten Plünderung durch die Venezianer hat sich die Stadt noch nicht erholen können, sodass Athen nicht mehr ist als ein etwas größeres Dorf. Vermutlich werden die Jäger zunächst den vorgelagerten Hafen Athens ansteuern. Vom Hafen bis nach Athen sind es rund 8 Kilometer, die die Jäger zu Fuß, beritten oder in einer Kutsche zurücklegen können. Erreichen sie die Stadt, eröffnet sich ihnen folgender Anblick:

Szene – Stadt im Wiederaufbau

Ihr erreicht eine Stadt aus kleinen Häusern, die sich in wildem Durcheinander um einen steilen Tempelberg ausbreiten. Auf diesem erkennt ihr die Überreste uralter Mauern und Säulen. Aber auch am Fuße des Berges ragen überall Ruinen auf. Allerdings sind sie nicht nur antiken Ursprungs, viele mögen bis vor wenigen Jahrzehnten noch Häuser, Moscheen oder Befestigungsanlagen gewesen sein, die im Krieg zerstört wurden.

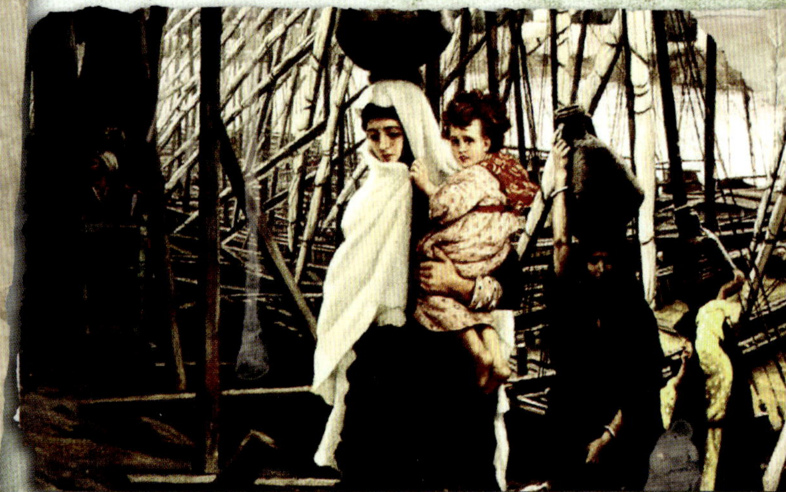

Handlungsfaden #1: Der Verrückte Franke

Wer ist Furmoon?

Die folgende Szene kann verwendet werden, um die Jäger auf die Spur von Michel Fourmont zu bringen. Sie kann sich in den Gassen Athens oder auch im Hafen ereignen.

Szene – Gejagte Gräber

Plötzlich herrscht Tumult. Laute Rufe auf Türkisch vermischen sich mit polternden Geräuschen und griechischen Flüchen. Mitten im Gedränge seht ihr eine kleine, agile Person in einer abgewetzten Kutte, deren Gesicht unter einer Kapuze verborgen ist. Entschlossen bahnt sie sich einen Weg durch die Menge und wirft dabei alles um, was ihr in den Weg kommt. Gejagt wird sie von zwei osmanischen Soldaten.

Jäger, die des Türkischen mächtig sind, können den Rufen der Soldaten entnehmen, dass der Gesuchte scheinbar ein Räuber ist. Allerdings handelt es sich weder um einen Verbrecher noch um einen Mann: Sofia Stefanakis (31 Jahre, athletisch) war noch vor Kurzem als Grabungshelferin Fourmonts damit beschäftigt, Ruinen in der Nähe der Akropolis freizuräumen. Als ihr Arbeitgeber mitsamt seiner Helfer inhaftiert wurde, gelang es Sofia vorher zu entkommen. Sie verfügt über Kontakte zur Freiheitsbewegung (Handlungsfaden #2).

Wollen sich die Jäger einmischen, können sie die Flüchtige entweder retten, z. B. indem sie sie auf irgendeine Art verbergen (vergleichende Probe Heimlichkeit gegen Sin 5 der Soldaten) oder sie festnehmen (vergleichende Probe Muskelspiel gegen Ath 6 Sofias).

Helfen sie der jungen Frau, wird diese verraten, dass sie als Tagelöhnerin im Dienst eines französischen Gelehrten namens „Furmoon“ stand. Eigentlich wollte „Furmoon“ auf der Akropolis forschen, aber der Garnisonskommandeur stellte ihm keine Erlaubnis aus. Vor einigen Tagen sei er mit zwei Helfern nachts unerlaubt in den Turm der Winde eingedrungen und dabei erwischt worden. Wenig später kamen Soldaten und nahmen alle Grabungshelfer fest. Was aus ihrem Arbeitgeber wurde, weiß Sofia nicht, aber die anderen Tagelöhner mitsamt ihrer zwei Brüder seien nun in der Garnison gefangen. Vielleicht wurde „Furmoon“ ebenfalls dorthin gebracht. Wird Sofia auf Tempelritter angesprochen, weiß sie zu berichten, dass der Altertumsforscher einmal etwas über ein solches Grab sagte, an mehr erinnert sie sich allerdings nicht.

Sollten die Jäger nicht mit Sofia ins Gespräch kommen, können sie von einem der umstehenden Passanten mehr über die junge Frau erfahren: „Sie ist sei eine der dreckigen Landarbeiter aus einem abgelegenen Dorf, die zusammen mit dem Verrückten Franken überall in der Stadt die Leute belästigt und sogar an deren Gebäuden herumgemeißelt haben.“

Um mehr über „den Verrückten Franken“ zu erfahren, können sich die Jäger unters Volk mischen. Mit ausreichend vielen Erfolgen bei einer Massenbefragung (siehe: Informationen beschaffen, unten) bringen sie in Erfahrung, dass Fourmont sich im Anwesen des Qādī befindet.

Das Anwesen der Familie Papadakis

Folgen die Jäger dem Handlungsfaden werden sie sich bald vor dem Anwesen des Qādī wiederfinden, einer für Athen nicht unüblichen, zweistöckigen Stadtvilla nahe der Fethije-Moschee (gemeinhin auch als „Weizenmarktmoschee“ bekannt).

Im eleganten, aber leicht heruntergekommen aussehenden Gebäude residiert der Qādī Dimetrios Papadakis (Mitte 60, dürr, pedantisch) mit seiner Familie und zehn Bediensteten. Fourmont ist in einem gemütlichen Raum im westlichen Flügel untergebracht und wird gut behandelt, ist aber (vor allem wegen seiner Angst vor Cosimo Calergi) sehr durcheinander. Er fürchtet, dass dieser ihn wegen seiner Unfähigkeit bestrafen wird, eventuell sogar mit dem Tod. Bewacht wird der Gelehrte von fünf Soldaten. Diese befolgen jeden Befehl des Qādī, sind aber hinter dessen Rücken wenig erbaut über den knauserigen Richter. Habib und Umar sind potenziell bestechlich.

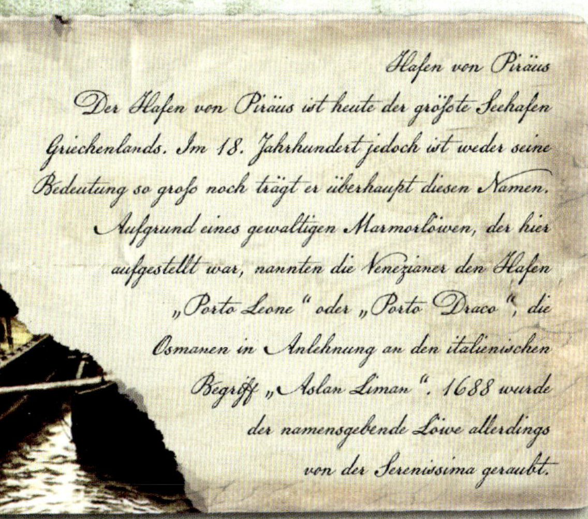

Hafen von Piräus

Der Hafen von Piräus ist heute der größte Seehafen Griechenlands. Im 18. Jahrhundert jedoch ist weder seine Bedeutung so groß noch trägt er überhaupt diesen Namen. Aufgrund eines gewaltigen Marmorlöwen, der hier aufgestellt war, nannten die Venezianer den Hafen „Porto Leone“ oder „Porto Draco“, die Osmanen in Anlehnung an den italienischen Begriff „Aslan Liman“. 1688 wurde der namensgebende Löwe allerdings von der Serenissima geraubt.

Fourmont sprechen

Die Jäger können versuchen, eine Besuchserlaubnis für Fourmont zu bekommen. Das ist allerdings nur über den Qādī selbst möglich, den zu treffen bereits eine Herausforderung ist. Die Jäger müssten sich als Diplomaten ausgeben, als hochrangige osmanische Beamten oder als Unterhändler des Pariser Hofs. Letzteres ist jedoch zum Scheitern verurteilt, da die von Calergi entsandte Agentin Berenike (Handlungsfaden #3) bereits mit Papadakis in Kontakt steht und sich mit einem gefälschten Brief der „Académie des inscriptions et belles-lettres" als Unterhändlerin ausweisen kann. Der HeXXenmeister kann verschiedene Proben verlangen, z. B. auf Fingerfertigkeit zur Erstellung unechter Papiere, auf Heimlichkeit für das Anfertigen einer Verkleidung oder auf Redekunst, um die richtigen Leute zu überreden oder zu bestechen.

Gelingt der Plan der Jäger, lässt man sie zu Papadakis vor, der im Innenhof seinen Tee zu sich nimmt. Die Striga Berenike wird bei dieser Gelegenheit anwesend sein und dem Gespräch folgen. Halb verborgen hinter den Palmen, mustert die zierliche Frau in edlen Kleidern die Gruppe mit stechendem Blick. Nachdem die Gruppe dem Qādī ihr Anliegen vorgetragen hat, wird sich dieser sich mit Berenike kurz zurückziehen und um ihre Einschätzung der Besucher bitten. Da die Agentin wittert, dass die Jäger ihre Mission womöglich gefährden könnten, rät sie Papadakis, den Besuch zu verweigern, was dieser letztlich auch tun wird. Vielleicht gelingt es einem Jäger aber, sich vorher abzusetzen und das Gespräch zu belauschen (vergleichende Probe Heimlichkeit gegen Sin 5 der Wachen). In diesem Fall erfährt die Gruppe, wann und wo die Auslieferung Fourmonts stattfinden soll (siehe: Fourmonts Übergabe, S. 79).

Die Rettung des Gelehrten

Im Grunde gibt es zwei Möglichkeiten, Fourmont zu retten: Entweder bringen die Jäger in Erfahrung, wann und wo der Gelehrte an die vermeintliche Gesandte des Pariser Hofs übergeben werden soll, und befreien ihn während des Transports (Handlungsfaden #3) oder sie dringen ins Haus des Richters ein. Letzteres sollte nur mit einem guten Plan gelingen; die Jäger werden einige Heimlichkeit-Proben ausführen und evtl. vorsichtig einige Schlüssel per Fingerfertigkeit öffnen müssen. Die Wachen sollten keine große Gefahr darstellen.

Wenn der HeXXenmeister möchte, könnte aber Feysal Bey von Fourmont erfahren haben und zwei seiner ägyptischen Assassinen entsandt haben, um den französischen Gelehrten unauffällig zu befreien. Dringen die Jäger in das Anwesen des Qādī ein, könnten sie auf die Handlanger des Korsarenfürsten stoßen.

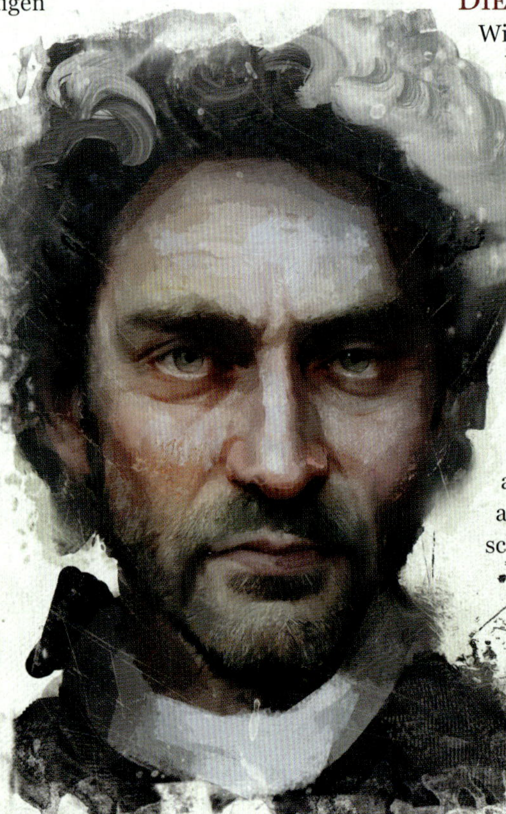

Michel Fourmont

Die Spur des Ritters

Wie Fourmont auf seine Retter reagiert, hängt davon ab, ob sie ihm glaubhaft machen können, dass sie keine Schergen Calergis sind. Entweder aus Dankbarkeit, durch gutes Zureden oder unter Zwang wird der Mann mit der gepuderten Perücke und dem markanten Kinn den Jägern schließlich vom Geheimgang unter dem Turm der Winde erzählen. Er weiß zudem, dass der Zugang durch ein Rätsel geschützt ist, welches etwas mit den acht Windgöttern zu tun hat. Dies ist auch der Grund, weshalb er das Relief an der Außenwand des Turms abzuschlagen versuchte. Sprechen die Jäger Fourmont auf den Freiheitskämpfer Godewyn de Mol an, wird er alles berichten, was er weiß. Aufgrund einiger alter Aufzeichnungen vermutet er (richtigerweise), dass de Mol in geheimen Kammern unter dem Parthenon begraben wurde.

Wie die Jäger weiter mit dem Gelehrten verfahren, bleibt ihnen überlassen. Fasst Fourmont Vertrauen zu der Gruppe, wird er sie händeringend darum bitten, mit ihnen reisen zu dürfen. Zwar wird er noch nicht alle Verflechtungen offenbaren, in die er verstrickt ist, zumindest aber berichtet er von seiner Verbindung zu Cosimo Calergi – und vor allem seiner Angst vor ihm. Der Altertumsforscher ist überzeugt, dass die Spione des Generalgouverneurs ihn überall ausfindig machen und für sein jüngstes Versagen bestrafen werden, wo auch immer er sich aufhält. Nur an Bord der *Lucrezia* sei er sicher.

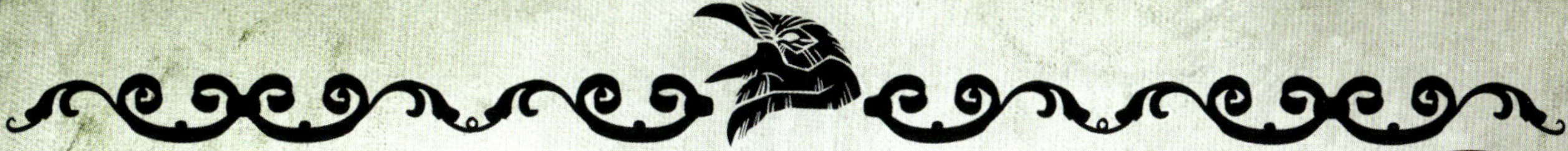

Die Bedrohung steigt

Innerhalb Athens wird die Bedrohungsstufe vor allem durch die Taten und Hintergründe der Jäger steigen, wobei der HeXXenmeister Bedrohungsmarker wie üblich verwenden kann, um beispielsweise Kämpfe zu erschweren oder den Jägern Steine in den Weg zu legen. Die Bedrohungsstufe lässt sich aber auch als Malus auf Redekunst-Proben sowie bei Massenbefragungen einrechnen. Steigt sie auf 5, haben sich die Jäger eine Gruppierung zum Feind gemacht (je nach Umständen die osmanische Obrigkeit, die Freiheitskämpfer bzw. den Derwisch-Orden oder Calergis Handlanger), sodass sie an jeder Ecke mit Widerstand, aber auch offenen Kampfhandlungen rechnen müssen.

In diesem Fall sollte der HeXXenmeister den Aufenthalt in Athen so stark erschweren, dass den Jäger kein anderer Ausweg bleibt, als die Stadt zu verlassen oder mit dem Schiff abzufahren. Eventuell können sie zu einem späteren Zeitpunkt zurückkehren, wenn sich die Lage etwas beruhigt hat. Alternativ können sie die Bedrohungsstufe aktiv um jeweils 1 senken, indem sie Leute bestechen (Elixierwürfel x 100 Gulden und erfolgreiche Redekunst-Probe mit Bedrohungsstufe als Malus), sich namhafte Freunde machen oder sich verkleiden (Heimlichkeit-Proben). Andererseits besteht bei derartigen Versuchen immer auch die Chance, dass der Plan nach hinten losgeht: Bei Misserfolgen sollte der HeXXenmeister nicht zögern, die Bedrohungsstufe zu erhöhen statt zu senken.

Informationen beschaffen

Wie üblich können sich die Jäger in Athen umhören, um etwas Wissenswertes zu erfahren. Das erfordert eine Probe auf Land und Leute im Rahmen einer FZA, kann aber auch durch freies Rollenspiel geschehen. Begleitet Carlotta d'Ambrosio die Jäger, wird sie sich aufmachen, um auf eigene Faust Nachforschungen anzustellen. Auf diese Weise kann der HeXXenmeister der Gruppe später weitere Informationen zukommen lassen.

Allgemeine Situation (1 Erfolg): Offensichtlich ist Athen eine von Krieg verwüstete Stadt und Zankapfel zwischen dem Osmanischen Reich und der Republik Venedig. 1715 wurde das damals venezianische Städtchen von Truppen des Sultans angriffen, im selben Jahr noch von der Serenissima zurückerobert und anschließend wieder aufgegeben. Für Athen war der Preis hoch: Große Teile der Stadt wurden zerstört, viele Menschen vertrieben. Investieren die Jäger 1 weiteren Erfolg, bemerken sie, dass die meisten Athener zwar mit der Herrschaft der Osmanen zufrieden sind, sich aber wachsender Unmut regt. Immer mehr Menschen reden hinter vorgehaltener Hand davon, dass sie weder Untertanen der Osmanen noch der Venezianer, sondern ihre eigenen Herren sein wollen.

Michel Fourmont (1 Erfolg): „Der Verrückte Franke" ist schon seit einiger Zeit in der Stadt und untersucht die vielen alten Ruinen in der Stadt. Dabei wird er mehr und mehr zu einem öffentlichen Ärgernis. Das liegt weniger daran, dass der Franzose mit belästigender Penetranz nach antiken Inschriften sucht, sondern vielmehr an seiner Horde ungewaschener Tagelöhner (tatsächlich sind es nur 14, die Athener übertreiben maßlos), die er an allen möglichen Wänden herummeißeln lässt, ohne die Eigentümer und Bewohner der jeweiligen Gebäude zu fragen. Für 1 weiteren Erfolg erfahren die Jäger, dass Fourmont mit seinen Arbeiten jüngst zu weit ging und inhaftiert wurde. Noch 1 zusätzlicher Erfolg offenbart, dass er im Anwesen des Qādī Papadakis untergebracht ist.

Antike Ruinen (1 Erfolg): Die meisten Athener halten die Ruinen ihrer Urahnen für wertlos, Interesse an Geschichte scheint kaum jemand zu haben. Auf der antiken Akropolis befindet sich eine Militärgarnison der Osmanen. Für 1 weiteren Erfolg erfährt man, dass sich im Parthenon eine Moschee befindet. Da die meisten muslimischen Gotteshäuser in der Unterstadt 1715 zerstört wurden, lassen die Soldaten des Sultans gläubige Muslime nun auf der Akropolis beten.

Garnison der Osmanen (1 Erfolg, erfordert Wissen „Antike Ruinen"): Die Garnison wird stark bewacht und beherbergt ein Pulver- und Munitionslager. Im Grunde umfasst sie fast die gesamte Akropolis, weshalb der Garnisonskommandeur nur ausgesuchten Personen Zutritt zum Tempelberg gewährt, beispielweise gläubigen Muslimen, die in der Moschee im Parthenon beten wollen.

Die Derwische (3 Erfolge oder 1 Erfolg, wenn die Jäger konkret nach ihnen fragen): Die Derwische sind angesehene muslimische Mönche, Praktizierende des Sufismus, die zurückgezogen und in Armut leben. Aufgrund ihrer Religiosität und Friedfertigkeit schenkt die osmanische Obrigkeit ihnen kaum Beachtung. Der hiesige Derwisch-Orden hat eine Tekke, ein Glaubenszentrum, im Turm der Winde eingerichtet.

Godewyn de Mol (3 Erfolge): Die meisten Athener können mit dem Namen nichts anfangen. Hören sich die Jäger aber in gelehrten Kreisen oder bei den Freiheitskämpfern um (z. B. im Gespräch mit Scheich Burhaneddin), können sie erfahren, dass dies der Name eines legendären Rebellen war. Er starb im 15. Jahrhundert im Kampf gegen die damals anrückenden Osmanen. Über sein Grab ist nichts bekannt.

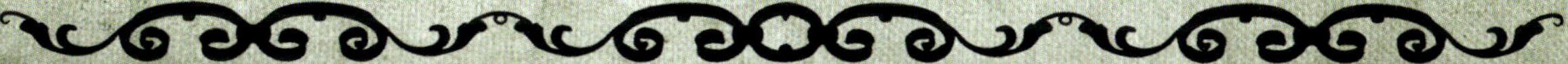

Handlungsfaden #2 – Die Derwische

Die Botschaft

Der folgende Handlungsfaden erfordert, dass die Jäger Kontakt zur griechischen Freiheitsbewegung bekommen. Das kann auf verschiedene Weise geschehen. Sollten sie beispielsweise Sofia Stefanakis vor den osmanischen Soldaten retten (Handlungsfaden #1), wird sie dies ihren Freunden im Widerstand mitteilen.

Auch wenn die Jäger innerhalb Athens mit der Obrigkeit aneinandergeraten, werden die Freiheitskämpfer auf sie aufmerksam.

Szene – Der Bettlerjunge
Ein Junge in zerrissenen Lumpen und mit dreckigem Gesicht wirft sich vor euren Füßen zu Boden, schluchzt zum Gotterbarmen und bittet penetrant um etwas zu Essen. Nur mit Mühe könnt ihr ihn davon abhalten, sich aufdringlich an eure Beine zu klammern.

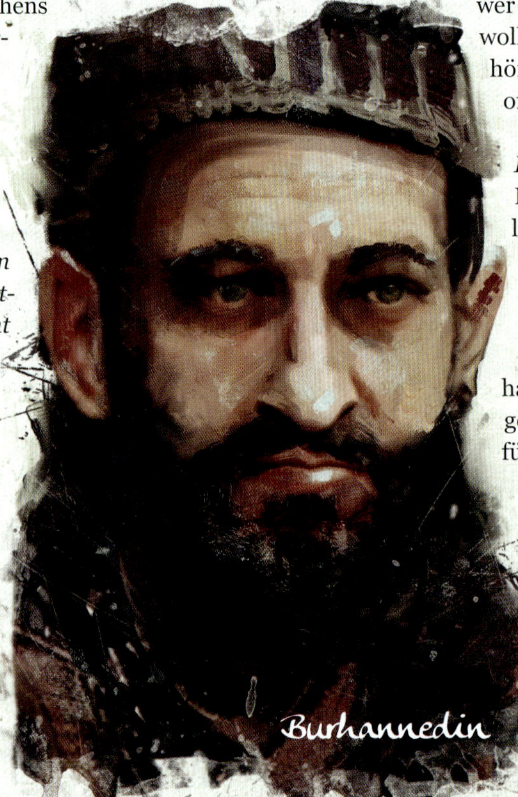

Ob die Jäger das Kind nun abwimmeln oder ihm mitfühlend helfen: Während sie sich mit ihm beschäftigen, steckt er einem von ihnen einen Zettel zu und läuft dann plötzlich davon. In ungelenken griechischen Buchstaben steht auf dem zerknüllten Paper: „Heute um Mitternacht beim Tempel des Schmiedegotts".

Mit einer einfachen Wissensgebiete-Probe oder durch kurzes Nachfragen wissen die Jäger schnell, dass damit der hervorragend erhaltene Tempel des Hephaistos gemeint ist, eines der bekanntesten antiken Gebäude Athens.

Tempel des Hephaistos

Das Heiligtum steht auf einem Gelände nördlich der Akropolis, zwar noch innerhalb des Stadtgebiets, aber durch einen umgebenden Wald vor neugierigen Blicken gut geschützt.

Szene – Tempel bei Nacht
Der Mond geht über einem großen antiken Bauwerk auf. Mächtige Säulen stützen ein schweres Dach. Die Lichter der Stadt sind nur vage hinter den umgebenden Bäumen zu erkennen. Ihr vernehmt ein metallisch klingendes Geräusch und macht eine Bewegung hinter einer der Säulen aus.

Das Geräusch stammt von einer kupfernen Bettelschale, in der eine zerlumpt aussehende Gestalt eine einzelne Münze dreht. Bei dem vermeintlichen Obdachlosen handelt es sich um Burhaneddin (Mitte 40, wild wachsenden Haare), Anführer sowohl der lokalen Freiheitskämpfer als auch der Derwische. Im folgenden Gespräch wird er mit allerlei Fragen herauszufinden versuchen, wer die Jäger sind und was sie in Athen wollen. Dabei werden aufmerksame Zuhörer schnell feststellen, dass der Sufi offenbar schon über sie informiert ist.

Welcher Gruppierung gehört Ihr an? „Ich bin ein Gläubiger des Propheten, ṣallā ʾllāhu ʿalayhi wa-sallam, Gott segne ihn und schenke ihm Heil! Ein Reisender in Armut und Demut. Ein Sufi, obgleich manche uns auch Derwische nennen."

Was wollt Ihr von uns? „Ihr habt Euch Ärger mit der Obrigkeit eingehandelt. Womöglich seid Ihr daher für uns von Interesse. Vielleicht kämpfen wir für dieselbe Sache."

Ihr seid gegen die Osmanen? „Wir sind Bewahrer des Friedens. Die korrupten Osmanen und die nicht weniger korrupten Venezianer haben zu lange Unschuldige in ihren Krieg hineingezogen. Die Griechen haben ein Recht darauf, ihr Schicksal selbst in die Hand zu nehmen. Noch ein Krieg mit Morea und ich befürchte, dass dieser geschichtsträchtige Ort endgültig dem Erdboden gleichgemacht wird."

Angenommen, wir wären auch gegen die Osmanen: „In diesem Fall würde ich Euch ein Angebot unterbreiten. Und euch im Gegenzug meine Hilfe andienen. Ihr müsst mir nur sagen, bei welcher Angelegenheit."

Hattet Ihr Kontakt zu Michel Fourmont? „Dieser Unwissende, pah! Stieg an der Außenmauer unseres Turms hinauf und schlug uralte Werke von unschätzbarem Wert ab. Murmelte etwas von einem geheimen Tunnel. Er machte so einen Radau, dass die Soldaten bereits im Anmarsch waren. Da blieb uns nichts anderes übrig, als ihn anzuzeigen."

Wisst Ihr etwas über geheime Tunnel? „Vielleicht. Aber ich will vorsichtig sein. Beweist mir eure Freundschaft – und wir können über alles reden."

Wir suchen das Grab von Godewyn de Mol, einem Tempelritter: „Wie mir berichtet wurde, setzte sich de Mol für die griechische Bevölkerung ein, und das schon vor Jahrhunderten. Helft mir bei meinem kleinen Problem und ich werde alles über ihn Erfahrung bringen, was mir mit meinen bescheidenen Mitteln möglich ist.“

Im Auftrag des Widerstands

Gehen die Jäger auf das Angebot des Scheichs ein, erklärt Burhaneddin den Auftrag. Er stellt voran, dass es sich bei vielen Freiheitskämpfern um Klephten (griech. „Räuber“) handele, die sich in den Hügeln Attikas versteckten. Woran es ihnen besonders mangele, seien Waffen. Zufälligerweise sei aber die Garnison der Osmanen auf der Akropolis ein wahrer Hort an Rüstzeug. Gleichzeitig würden dort Rebellen gefangen gehalten, die den Osmanen in den vergangenen Monaten in die Hände fielen. Die Jäger sollen in die Garnison eindringen, die Verbündeten befreien, sie zur Waffenkammer führen (wo sie sich mit so viel Ausrüstung eindecken würden, wie sie nur tragen könnten) und schließlich aus der Anlage verschwinden.

Burhaneddin gibt zu, dass er diese Bitte an die Jäger richtet, weil er keinen anderen Weg sieht, dieses Vorhaben durchzuführen. Obwohl seine Ordensbrüder wehrhaft sind, will er sie nicht entsenden, um ihre Täuschung nicht zu riskieren.

Die Garnison

Die Akropolis ist 1733 dicht bebaut. Die Garnison umfasst das ganze Plateau und besteht aus Stallungen, Schreibstuben, Lagerhäusern sowie Schlafräumen für die Soldaten. Die höheren Offiziere leben hier sogar mit ihren Familien. Derzeit sind 150 Soldaten hier einquartiert und ebenso viele Zivilisten.

Regulär betreten kann man die Akropolis nur über die Propyläen, das antike Eingangsportal. Die wurden zwar im Krieg beschädigt, beherbergen aber immer noch mächtige und gut gewartete Kanonenbatterien. Zu jeder Zeit wird das Eingangsportal zur Garnison von bis zu 10 Soldaten bewacht.

In die Garnison gelangen

Ein direktes Eindringen über die Propyläen ist relativ aussichtslos. Vielversprechender ist ein heimliches Vorgehen. Um das Plateau zu erreichen, müssen die Jäger zunächst den rund 150 Meter hohen Felsen mit seinen teils sehr steilen Wänden erklimmen. Ein Aufstieg erfordert in jedem Fall eine gute Kletterausrüstung und insgesamt drei erfolgreiche Proben auf Akrobatik, die erste mit einem Malus von –1, die zweite mit –3, die dritte mit –5. Jede misslungene Probe führt zu einem Verlust von Blutwürfel LeP (Schmerzschaden).

Oben angekommen, ist eine Gruppenvergleichsprobe Heimlichkeit gegen Sin 5 der Wachen erforderlich. Bemerkt einer der Soldaten die Eindringlinge, hat lediglich ein Jäger eine Chance, ihn mit einem leisen Fernkampfangriff auszuschalten, was eine erfolgreiche Probe auf die entsprechende Waffenfertigkeit (–3) erfordert.

Sollte Alarm ausgelöst werden, steigt die Bedrohungsstufe auf 5 und die Jäger gelten als gesuchte Verbrecher. Fliehen sie nicht sofort, werden sie mit Musketen unter Feuer genommen. Aufgrund der Dunkelheit und der Entfernung sollten sie jedoch keinen Schaden erleiden.

Harmlose Pilger

Die innerhalb des Parthenons errichtete Moschee steht muslimischen Pilgern offen, was die Jäger durch Beobachten und Nachfragen in Erfahrung bringen können. Es wäre möglich, sich als Gläubige auszugeben, um die Garnison zu infiltrieren (vergleichende Probe Heimlichkeit gegen Sin 5 der Wachen).

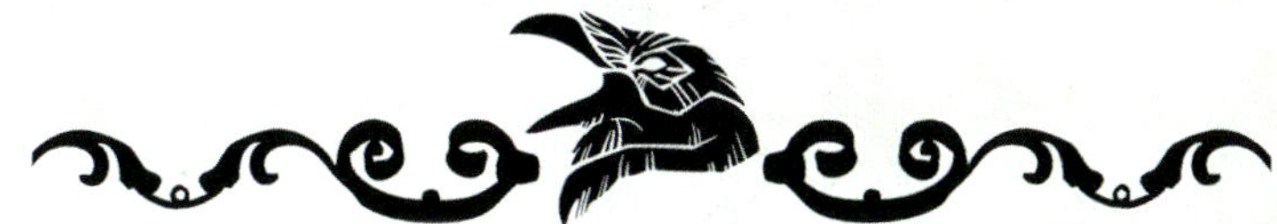

Burhaneddin und der Sultan

Dass sich muslimische Derwische gegen den Sultan stellen, ist kaum vorstellbar, doch die im Uhrenturm ansässigen Mönche haben gute Gründe. Sie gehören einem kleinen Orden an, der erst vor knapp 20 Jahren vom Mystiker Burhaneddin ins Leben gerufen wurde. Zwar tanzen sich auch der Scheich und seine Anhänger in Trance – allerdings verwenden sie dabei Elemente orientalischer Säbeltänze und schwingen dabei die Tabar Zin, eine hellebardenähnliche Kavalleriestreitaxt aus dem persischen Kulturraum, mit der sie auch im Kampf hervorragend umzugehen verstehen. Dass die Athener Derwische so wehrhaft sind, hat einen besonderen Grund: Sie sind eine Deckorganisation für den griechischen Widerstand. Zwar sind alle Mitglieder der Gruppe tatsächlich echte Derwische und somit Muslime, aber sie sind *griechische* Muslime! Die meisten von Burhaneddins Sufis haben ihren ganz eigenen Zwist mit der osmanischen Obrigkeit, die sie für durchweg korrupt halten. Daher unterstützen sie den Widerstand, beherbergen Klephten, überbringen geheime Botschaften und spionieren osmanische Würdenträger aus. Ihr Vorteil ist, dass sie der Obrigkeit absolut unverdächtig sind. Der Gedanke, dass ausgerechnet Derwische für griechische Widerstandskämpfer tätig sein könnten, erscheint derartig abwegig, dass die Bürokraten nicht einmal im Traum darauf kämen.

Der Titel „Scheich“ ist im Fall Burhaneddins übrigens kein Adels-, sondern ein Ordenstitel. Er ist ein wahrer Meister der islamischen Mystik und kennt weite Teile des Osmanischen Reiches von seinen Reisen.

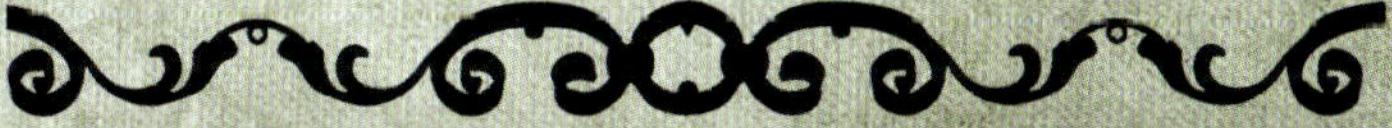

Das Gefängnis

Wollen die Jäger die gefangenen Widerstandskämpfer befreien, müssen sie sich Zugang zum Gefängnis verschaffen, eines der wenigen neuen Gebäude: zweistöckig und schmucklos, erkennbar an den vergitterten Fenstern. Das Gefängnis wird nur von zwei Soldaten bewacht, die keinen Schlüssel zu den Zellen besitzen und (vor allem nachts) leicht abgelenkt und überwältigt werden können. Der Schlüssel allerdings befindet sich in der Stube des Garnisonskommandeurs, in die man weitaus schwieriger ungesehen gelangt. Mit passendem Werkzeug kann ein Jäger versuchen, die Schlösser der Zellen zu knacken (Fingerfertigkeit, –3). Bei einem Erfolg werden Elixierwürfel Gefangene befreit. Im Gefängnis der Garnison schmachten derzeit 22 Freiheitskämpfer sowie die 13 Grabungshelfer im Dienste Michel Fourmonts. Alle geretteten Rebellen zählen als Bandenfreunde der Stufe 2, die Grabungshelfer als Bandenfreunde der Stufe 1.

Das Waffenlager

Das Magazin wird von acht Soldaten bewacht. Während vier zu jeder Zeit das Eingangsportal sichern, patrouillieren die übrigen vier die Gegend um den Tempel. Für die kampferfahrenen Jäger stellen die Wachen keine Gefahr dar; ein Konflikt kann erzählerisch abgehandelt werden. Allerdings sollte der HeXXenmeister den Jägern deutlich machen, dass sie auf keinen Fall beide Trupps gleichzeitig ausschalten können, ohne dass dabei eine der Wachen Alarm schlägt (in diesem Fall steigt die Bedrohungsstufe sofort auf 5).

Eine Methode, sich der Soldaten heimlich zu entledigen, besteht darin, auf einen Wachwechsel zu warten. In diesem Fall versammeln sich alle acht Mann an einem Ort und könnten mithilfe geeigneter Methoden zeitgleich außer Gefecht gesetzt werden. Wurden die Gefangenen bereits gerettet, könnten diese die Wachen auch ablenken, sodass die Jäger die beiden Trupps separat voneinander ausschalten können.

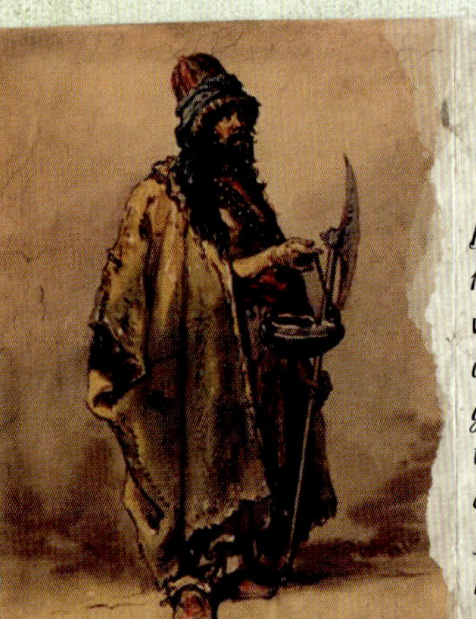

Von echten und falschen Derwischen

Dass der Turm der Winde im 18. Jahrhunderten einer Gruppe von Derwischen als Tekke diente, ist historisch belegt. Dass sie insgeheim für griechische Rebellen tätig gewesen wären, haben wir für dieses Abenteuer erfunden. Daher sind die Jünger Burhaneddins auch ein fiktiver Derwisch-Orden.

Die Waffen abtransportieren

Konnten die Jäger mit den Gefangen ungesehen in das Magazin eindringen, werden sie dort so viele Waffen erbeuten, wie sie tragen können. Diese könnten dann über die Felsen abgeseilt werden. Wenn die Jäger dies vorher mit Burhaneddin vereinbart haben, warten einige seiner Derwische verkleidet am Fuß des Tempelbergs und nehmen die Ausrüstung in Empfang.

Kampf auf der Akropolis

Das Eindringen in die Garnison kann zu einem großen Kampf führen, sollte Alarm ausgelöst werden. Mischt die Striga Berenike mit und kann sie nicht vorher ausgeschaltet bzw. vertrieben werden, ist eine solche Entwicklung sogar wahrscheinlich. Um ein drohendes Gefecht gegen Dutzende Soldaten zu verhindern, ist entweder eine schnelle Flucht oder eine gute Ablenkung nötig (eine ins Pulverlager geworfene Fackel hat diesen Effekt). Typische Wachleute in der Garnison haben die Werte von Seesoldaten (siehe: *Mare Monstrum Obscura*, S. 119). Ein direkter Kampf würde in erster Linie mit Bandengegnern ausgetragen werden, wobei in jeder Runde mehr und mehr von ihnen an der Schlacht teilnehmen, bis ihre Masse auch die effektivsten Jäger überwältigt. Dem Gouverneurskommandeur ist allerdings daran gelegen, die Eindringlinge lebend in Gewahrsam zu nehmen. Schließlich will mehr über ihre Beweggründe, Auftraggeber und Ziele wissen.

Wie die Gruppe aus der verzwickten Situation (und dem Gefängnis) entkommt, obliegt dem HeXXenmeister. Die Jäger könnten von diversen Freunden gerettet werden, darunter Sofia, die Derwische oder eine andere Partei, mit der sie bereits im Verlauf der Kampagne Freundschaft geschlossen haben. Denkbar ist auch, dass Hilfe aus unerwarteter Richtung naht, etwa in Gestalt Eduardo Calergis, der die Jäger freikauft, um sie seinem Onkel zu präsentieren. Dies könnte beispielsweise die Nebenhandlung „Troja sehen und entführt werden" auslösen (siehe: Anhang, S. 111). Eventuell ist der osmanische Kommandeur auch selbst interessiert an den antiken Schätzen, die er unter dem Parthenon vermutet und schickt die Jäger als entbehrliche Testsubjekte in die insgeheim freigelegten Tunnel unter dem Tempel der Pallas Athene.

Belohnung

Sind die Jäger auch nur ansatzweise erfolgreich (d. h. sie befreien mindestens einige Gefangene oder bergen einige Waffen), wird Scheich Burhaneddin ihnen die Möglichkeit gewähren, sich im Turm der Winde umzuschauen.

Handlungsfaden #3: Calergis Häscher

Die Striga in Athen

Dieser Handlungsfaden beginnt, sobald die Striga Berenike erstmals von der Anwesenheit der Jäger erfahren hat. Das kann auf zweierlei Weise geschehen:

- Die Jäger führen ein Gespräch mit Qādī Papadakis in dessen Anwesen. Hier wird die vermeintliche Gesandte des französischen Hofes zugegen sein, da sie gleichzeitig die Übergabe Fourmonts aushandelt.
- Sobald die Bedrohungsstufe auf 1 oder höher steigt, wird Berenike ebenfalls auf die Jäger aufmerksam. Gleiches gilt, wenn es in Athen oder der Garnison zu Kampfhandlungen kommt.

Unauffällige Eulen

Sobald Berenike von den Jägern Wind bekommt, wird sie sie in Gestalt eines Eulenschwarms ausspionieren. Die Gruppe kann die Tiere fast überall entdecken. Halten sie nicht gezielt nach Eulen Ausschau, kann der HeXXenmeister ihnen mit einer Probe auf Aufmerksamkeit (–3) einen Schubs in die richtige Richtung geben. Mit der Zeit sollten den Jägern jedoch zwei Unstimmigkeiten auffallen:

- Immer wenn die Gruppe eines der Tiere entdeckt, ist dieses nicht allein. Mindestens zwei weitere Eulen befinden sich stets in der näheren Umgebung. Ein ungewöhnliches Verhalten für die eigentlich solitär lebenden Vögel.
- Obwohl Eulen nachtaktive Tiere sind, treffen die Jäger sie in Athen häufig tagsüber an.

Laute Rufe oder Schüsse auf die Vögel vertreiben diese. Doch Berenike bleibt hartnäckig und kommt wieder. Falls die Jäger eine Paranoia gegenüber Eulen entwickeln sollten und diesen mit gesteigertem Misstrauen begegnen, wird sie stattdessen in ihrer menschlichen Gestalt in Erscheinung treten.

Blutdurst

Als Vampirin muss Berenike gelegentlich ihren Durst nach Blut stillen – und wie nahezu alle ihrer Art bevorzugt sie menschliches. Sind die Jäger nachts unterwegs, kann der HeXXenmeister folgende Szene einbringen.

Szene – Verräterische Schwingen

Plötzlich vernehmt ihr das raschelnde Geräusch Dutzender schlagender Flügel. Ein Vogelschwarm? Als ihr euch in der Nähe umschaut, entdeckt ihr plötzlich einen menschlichen Körper, der reglos auf dem Boden liegt.

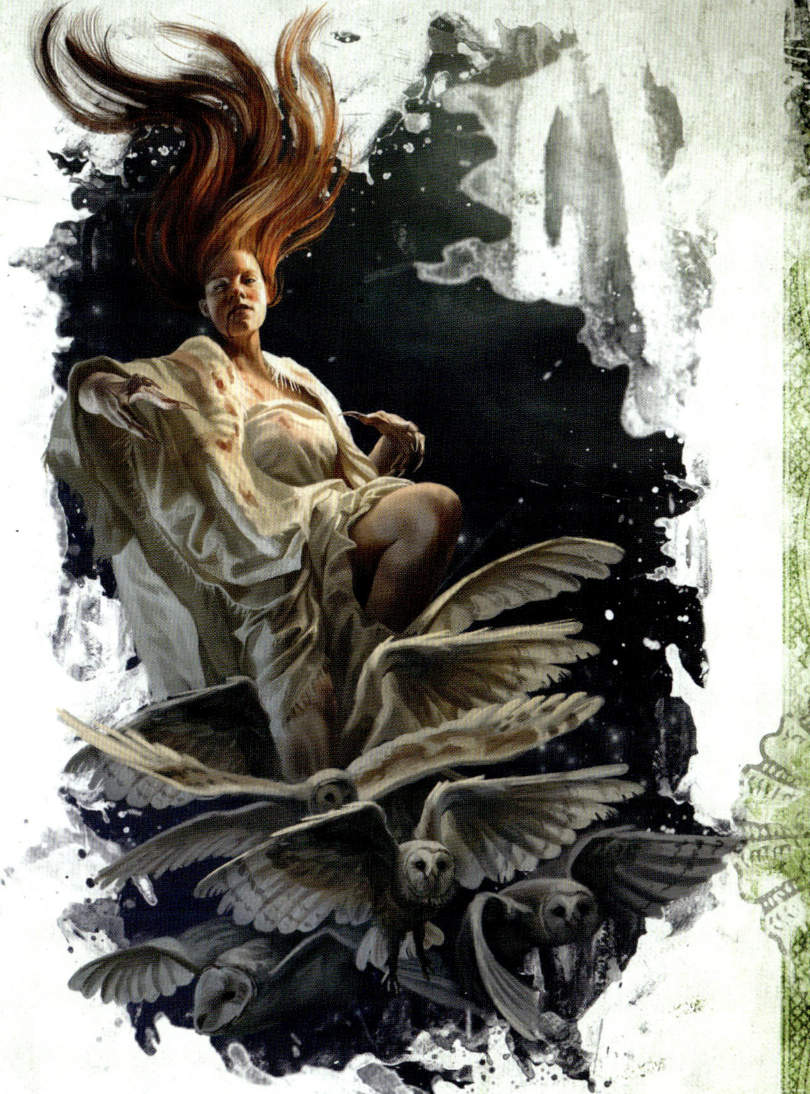

Bei dem Toten handelt es sich um einen Einwohner Athens (bzw. einen Soldaten, falls die Szene in der Garnison stattfindet). Bei einer genauen Untersuchung der Leiche fallen die beiden Bisswunden am Hals auf. Die Jäger haben Berenike dabei gestört, einen kleinen Happen zu sich zu nehmen. Als sie Schritte hörte, verwandelte sie sich in einen Eulenschwarm und flog davon.

Fourmonts Übergabe

Falls die Jäger Berenikes Pläne nicht durchkreuzen, wird die Striga mit dem Qādī folgendes Vorgehen für Fourmonts Übergabe aushandeln: Zu einem (vom HeXXenmeister) bestimmten Zeitpunkt wird der Gelehrte unauffällig mit einer Kutsche in den Vorort Piräus gebracht. In Piräus wird Fourmont in der Taverne *Eulennest* an Berenike übergeben, im Austausch für einige Höflichkeiten sowie einen Beutel mit 220 Gulden – als Aufwandsentschädigung für die Unterbringung und Verpflegung des Gelehrten.

Von dort wird die Striga Fourmont auf ihr Schiff bringen und den Kapitän unverzüglich ablegen lassen. Die Jäger können von diesem Plan nur erfahren, wenn sie das Gespräch zwischen Berenike und Papadakis belauschen (siehe: Fourmont sprechen, S. 74).

Sie sollten auf die Idee kommen, dass der Transport nach Piräus eine gute Möglichkeit darstellt, Fourmont aus den Klauen Calergis zu befreien. Sollte die Gruppe die Kutsche anhalten und die Herausgabe des Altertumsforschers verlangen, sieht sich Berenike natürlich gezwungen, einzugreifen. Sie attackiert die Jäger, wird aber nicht ihr Leben aufs Spiel setzen. Steht es schlecht um sie, verwandelt sie sich in einen Eulenschwarm und flieht.

Sabotage

Auch ohne dass die Gruppe mit ihr aneinandergerät, kann Berenike zu dem Schluss kommen, dass die Jäger behindert werden müssen – vor allem natürlich, sollten sie Fourmont aus dem Anwesen des Qādī befreit haben. Eine gute Möglichkeit dazu ergibt sich, wenn diese in die Militärgarnison eindringen. Die Striga wird unauffällig dafür sorgen, dass die Wachleute genau im richtigen Moment in die richtige Richtung schauen, damit Alarm geschlagen und die Gruppe gefangen genommen wird. Um Berenikes Aktivitäten in Szene zu setzen, sollte der HeXXenmeister ihre Anwesenheit bereits deutlich machen, bevor sie ihr Vorhaben in die Tat umsetzt, z. B. indem die Jäger auffallend viele Eule sehen oder die schwarzhaarige Frau inmitten des Soldatenlagers entdecken. Die einzige Möglichkeit, die Vampirin aufzuhalten, ist ein direkter Kampf gegen sie. .

Das Finale

Der Turm der Winde

Neben der berühmten Akropolis finden sich in Athen noch einige andere monumentale Bauwerke aus der Zeit der Antike, darunter einer der frühesten Uhrentürme Europas: der sogenannte Turm der Winde. In einigen Schriften wird er auch als „Horologion des Andronikos" bezeichnet, nach dem Astronomen Andronikos von Kyrrhos, der den Turm im ersten Jahrhundert vor Christus erbauen ließ. Das imposante Gebäude befindet sich am Rande der früheren Römischen Agora, von der jedoch nicht mehr viel zu sehen ist außer einigen uralten Mauern, Straßen und Säulen.

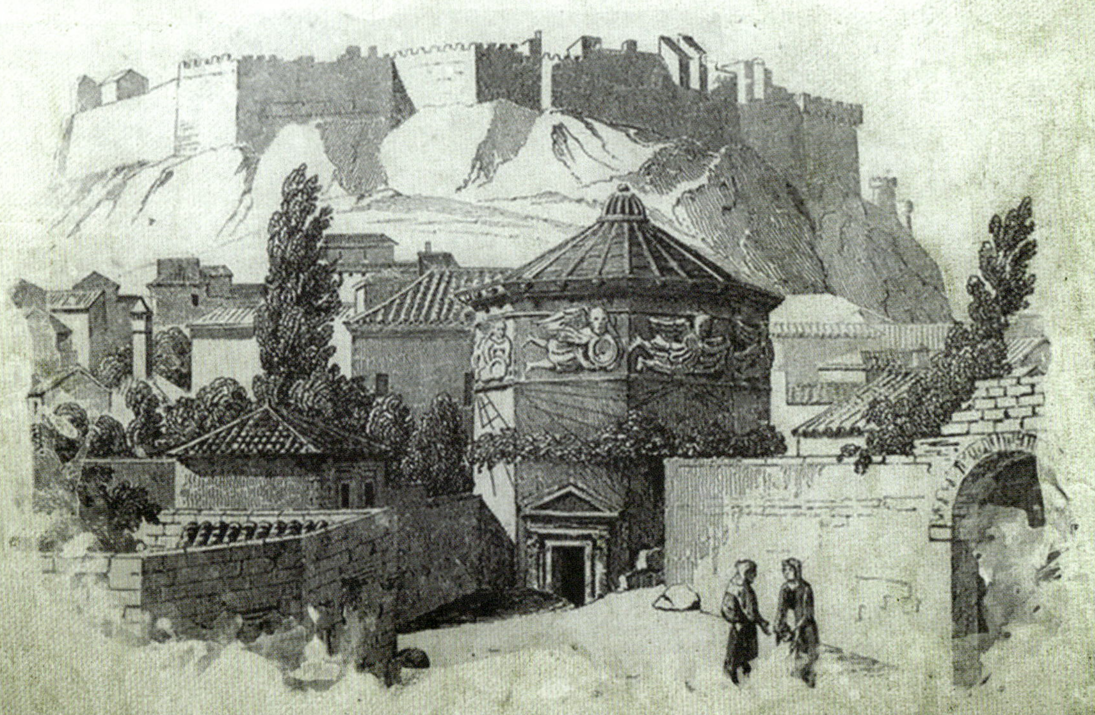

Szene – Der Turm der Winde

Der achteckige Turm aus weißem Marmor besitzt einen Durchmesser von 8 Metern und ist rund 13 Meter hoch, befindet sich jedoch zur Hälfte in der Erde. Will man das Gebäude durch den Haupteingang betreten, so muss man über eine Treppe nach unten gehen. Auf jeder der acht Seiten ist unterhalb des Dachfirstes ein Relief zu sehen, das jeweils eine fliegende Gottheit darstellt. Eines der antiken Kunstwerke wurde offenbar erst vor Kurzem so stark beschädigt, dass man die Figur nicht mehr erkennen kann. Unter jedem der Reliefs befindet sich eine Sonnenuhr.

Begleitet Fourmont die Gruppe, kann er erklären, dass es sich bei den Reliefs um die acht Windgötter der griechischen Mythologie handelt (siehe: Das Rätsel, S. 82). Andernfalls ist dazu eine erfolgreiche Probe auf Wissensgebiete (–4, erfordert mindestens Fw 2) nötig. Dass er für die jüngsten Schäden verantwortlich ist, wird er zunächst abstreiten, dann verharmlosen und schließlich mit wortgewaltig rechtfertigen.

Die Derwische Burhaneddins nutzen den Turm seit zwei Jahrzehnten für ihre Zwecke. Unter anderem haben sie ein Zwischenstockwerk in das ursprünglich hohle Bauwerk eingezogen. Im jetzigen Untergeschoss finden Treffen und Rituale statt, oben hat der Orden eine kleine Bibliothek angelegt, in der Scheich Burhaneddin auch nächtigt. Direkt neben dem Turm der Winde wurde ein Nebengebäude errichtet, das ebenfalls zur Tekke gehört. Wie viele Derwische sich in beiden Bauwerken aufhalten, obliegt dem HeXXenmeister. Falls eine Auseinandersetzung zwischen Sufis und Jägern droht, sollte der Spielleiter die Zahl vor allem von der Stärke der Gruppe abhängig machen. Bei einer niedrigen Jägerstufe empfehlen sich Jz x 2 Derwisch-Krieger und 1 Derwisch-Meister. Erfahrene Jäger sollten mit deutlich mehr Bandengegnern zurechtkommen. Der Turm ist zu jeder Tages- und Nachtzeit besetzt.

Den Turm betreten

Die Jäger können auf zweierlei Weise auf den Turm der Winde aufmerksam werden: zum einen durch Burhaneddin und seinen Auftrag (Handlungsfaden #2) oder durch Michel Fourmont (Handlungsfaden #1 und #3). In beiden Fällen sollten die Jäger zumindest die Vermutung haben, dass sich der Zugang zu den geheimen Tunneln möglicherweise im Uhrenturm befindet.

Hat die Gruppe nicht die Bekanntschaft mit dem Anführer der Derwische gemacht, können sie dies nachholen, indem sie am Turm anklopfen. Burhaneddin wird die Jäger aber nur dann freundlich empfangen, wenn sie bereits Ärger mit der Obrigkeit hatten. Ebenso wie bei dem Gespräch am Hephaistos-Tempel bietet er ihnen in diesem Fall die Möglichkeit an, im Austausch für ihre Dienste Zugang zum Turm zu erhalten. Andernfalls wird der Scheich sie höflich, aber mit Nachdruck fortschicken.

Ein gewaltsames Eindringen in den Turm führt unweigerlich zu einem Kampf mit den wehrhaften Derwischen (Anzahl der Gegner, siehe oben). Es obliegt dem HeXXenmeister, für diese Tat Ver-

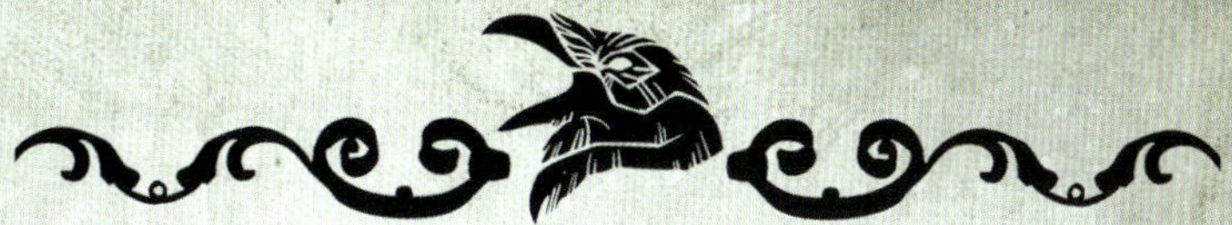

Derwisch-Meister

(Anführer 1)

Kkr 6, Ath 8, Ges 8, Wil 8, Wis 4, Sin 7
LeP: Jz x 15 | **Pw: 1** (leichte Kleidung)
Ini: 15 | **Strategie:** Offensiv (**NN**|**F**)

N Hellebardentanz (Ath) Angriff 9, Schaden 4
F Schleuder (Ges) Angriff 9, Schaden 2

- **Chaotisches Verhalten** (Ini 0: HeXXensymbol: neue Bindung)
- **Derwisch** (Blutwürfel LeP: +1 N-Handlung)
- **Meisterschaft** (+3 auf Angriffe mit Hellebardentanz)
- **Raserei** (LeP < 66 %: gebundene Jäger nehmen Elixierwürfel Schaden*, LeP < 33 %: gebundene Jäger nehmen Elixierwürfel x 2 Schaden*)
- **Resistenz** (Malusschaden)

Beute: 30 Gulden (Beutegut: Ausrüstung und Tand)

**Der Schaden dieser Nsc-Kraft kann nicht durch Ausweichen, Parade oder Schildblock reduziert werden.*

Derwisch-Krieger

(Bande 3)

LeP: 14 | **Ini: 13** | **Beute:** 10 Gulden (Beutegut: Tand und Ausrüstung)
N Hellebardentanz Erfolge 3, Schaden 4

- **Klingenwirbel** (keine defensiven Reaktionen gegen Angriff möglich; am Ende der eigenen Ini-Phase: maximal 1 Nsc mit dieser Kraft pro Jäger gebunden)

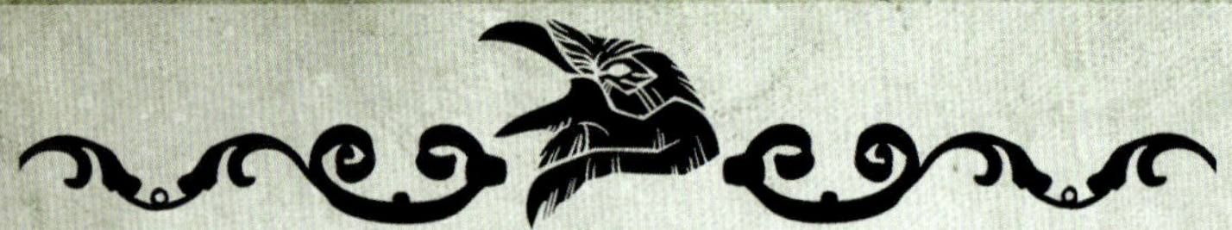

Die acht Windgötter

Name	Wind-richtung	Darstellung
Boreas	Norden	Mann mit Mantel, der in eine Muschel bläst
Kaikias	Nordosten	Mann, der Hagelkörner aus einem Schild schüttet
Apheliotes	Osten	Knabe, der ein mit Früchten und Getreide gefülltes Manteltuch trägt
Euros	Südosten	Mann, der in einen Mantel gehüllt ist
Notos	Süden	Knabe, der eine Kanne entleert
Lips	Südwesten	Knabe, der Schiffssteven in der Hand hält
Zephyros	Westen	Knabe, der ein mit Blumen gefülltes Manteltuch trägt
Skiron	Nordwesten	Mann, der einen mit Holzkohle und heißer Asche gefüllten Behälter trägt

derbnisse zu verteilen. Die Derwische werden nicht von sich aus einen Kampf beginnen und sind rechtschaffen.

Ganz anders begegnet man den Jägern, wenn diese Burhaneddins Auftrag ausgeführt oder dies zumindest mit bester Absicht versucht haben. In diesem Fall wird der Scheich seinen Teil des Handels einhalten und die Jäger widerspruchslos in den Keller lassen.

Das Rätsel

Nur wenigen ist bekannt, dass der Turm der Winde über ein gut verborgenes Kellergeschoss verfügt. Drückt man einen kleinen Schalter in der Nordwand des Erdgeschosses, senkt sich eine steinerne Treppe ab, die in den Keller führt. Unwillkommene Jäger finden diesen Schalter nur, wenn sie den Raum intensiv absuchen und mindestens einem Jäger eine Probe auf Aufmerksamkeit (–2) gelingt. Im Keller erwartet die Gruppe folgender Anblick:

Szene – Das Rätsel der Windgötter

Der Keller ist angefüllt mit Vorräten und Waffen, die acht Wände sind vollgestellt mit Schränken und Gerümpel. Im Zentrum befindet sich ein technisches Wunderwerk, eine vermutlich jahrhundertealte hydraulische Mechanik, die für die Bewegung der Steintreppe verantwortlich ist. Eine einzige Raumseite ist zwischen den Regalen erkennbar – und auf ihr ein großes, bizarres Wandbild: Über einem großen Kreis, der Füße und Hände besitzt, prangt das Antlitz Jesu Christi. Was ursprünglich in die Mitte gemalt war, lässt sich nicht mehr ausmachen; dicke moderige Stellen bedecken das Zentrum des Kunstwerks. Über dem seltsamen Gemälde seht ihr Buchstaben des griechischen Alphabets. Aus der Mitte des Kreises ragt ein etwa handtellergroßer Bronzezapfen hervor. Er ist achteckig und besitzt an sieben seiner Seitenflächen eine Einkerbung, in die vermutlich etwas eingesetzt werden kann. Die oberste Seite des Zapfens weist merkwürdigerweise keine solche Vertiefung auf.

Die hydraulische Anlage, die den Wasserdruck der riesigen Zisterne unter der Akropolis nutzt, wurde von den Verteidigern der Stadt im 15. Jahrhundert erbaut. Die Derwische wissen nicht, woher das zum Betrieb notwendige Wasser stammt, und wären auch nicht in der Lage, die Anlage zu reparieren, sollte sie einmal einen Defekt haben.

Die altgriechischen Worte über dem Jesusgesicht können mit einer erfolgreichen Probe auf Wissensgebiete übersetzt werden, wobei der betreffende Jäger mindestens Fw 2 in dieser Fertigkeit aufweisen muss, um die Probe ausführen zu können. Alternativ kann Michel Fourmont den Satz wiedergeben: „Weise den Göttern der Winde ihren rechtmäßigen Platz in der Welt zu." Burhaneddin und seine Ordensbrüder haben den Satz nie entschlüsselt und sich auch nur mäßig dafür interessiert. Von einem Geheimgang wissen sie nichts.

Bei dem Gemälde handelt es sich um eine mittelalterliche Darstellung der Erdscheibe mit einem hinter ihr stehenden Jesus. Entfernt man vorsichtig die moderigen Stellen von dem Kunstwerk, ist dies noch in Ansätzen erkennbar. In die Einkerbungen des herausragenden Zapfens lassen sich tatsächlich sieben, ebenfalls bronzene Stäbe einsetzen. Jeweils einer von ihnen befindet sich in einer kleinen, mit passendem Stein verschlossenen Nische an je einer der acht Wände. Allerdings sind diese hinter all dem Gerümpel verborgen, das Burhaneddin und seine Derwische hier lagern (sie selbst haben die Verstecke nie gefunden). Schieben die Jäger die Möbel von den Wänden und gelingt einem von ihnen eine Probe auf Aufmerksamkeit bzw. auf Erkennen bei aktiver Suche (jeweils –2), entdeckt er eine auffällige Rille und somit den leicht zu entfernenden

Deckstein der Vertiefung. Auf diese Weise kommen sieben Nischen zum Vorschein (in der Wand mit der Weltkarte ist keine). In diesen befindet sich jeweils ein etwa fingerlanger Bronzestab, auf dem einer der acht Windgötter abgebildet ist. Ihre Verteilung in den Verstecken ist dabei völlig unerheblich und bietet keinen Hinweis auf die Lösung des Rätsels.

Um die Zeichnungen auf den Stäben den passenden Göttern und somit den richtigen Einkerbungen zuzuordnen, lohnt sich ein Blick auf die Außenwand des Turms mit seinen mythologischen Reliefs (siehe Kasten). Zunächst müssen anhand der Darstellungen die jeweiligen Götter identifiziert werden, anschließend brauchen die Jäger sie nur noch in die Einkerbung der entsprechenden Himmelsrichtung einzusetzen. Bei Letzterem ist ein Kompass hilfreich, die Gruppe kann aber auch bis zur Mordendämmerung, Mittagszeit oder Abenddämmerung warten, um auf diese Weise Ost, Süd oder Nord festzustellen.

Die besondere Schwierigkeit des Rätsels besteht darin, dass die nach oben weisende Seite des Bronzezapfens (ohne Einkerbung) keineswegs Norden oder Süden ist, wie die Jäger es von Karten des 17. oder 18. Jahrhunderts kennen. Tatsächlich waren mittelalterliche Weltkarten in der Regel nach Osten ausgerichtet. Die nach oben zeigende Seite ist also die östliche, es folgen im Uhrzeigersinn Südosten, Süden, Südwesten, Westen, Nordwesten, Norden, Nordosten. Stecken die Jäger die Stäbe der richtigen Windgötter in die passenden Einkerbungen, lässt sich der Zapfen in die Wand drücken, und die Geheimtür öffnet sich rumpelnd.

Unter dem Parthenon

Hinter dem geheimen Zugang erstreckt sich ein mehrere Hundert Meter langer, weitgehend schnurgerader und horizontal verlaufender Gang, der vom Turm der Winde bis unter das Parthenon verläuft. Zunächst einmal führt er jedoch in eine riesige Zisterne.

Szene – Die Zisterne

Ihr betretet einen riesigen unterirdischen Raum, dessen Ausmaße aufgrund der schweren Stützsäulen, die die Sicht versperren, kaum zu bestimmen ist. Der gesamte Boden des Gewölbes ist mit Wasser angefüllt, dessen Tiefe nicht abschätzbar ist. Die Decke befindet sich gut 20 Meter über der Wasseroberfläche. Ihr steht am Eingang der Halle, etwa einen halben Meter über der spiegelglatten Fläche. Vor euch beginnt ein wenig vertrauenerweckender Holzsteg, der an den mächtigen Säulen befestigt ist und in Windungen auf die andere Seite des Gewölbes führt.

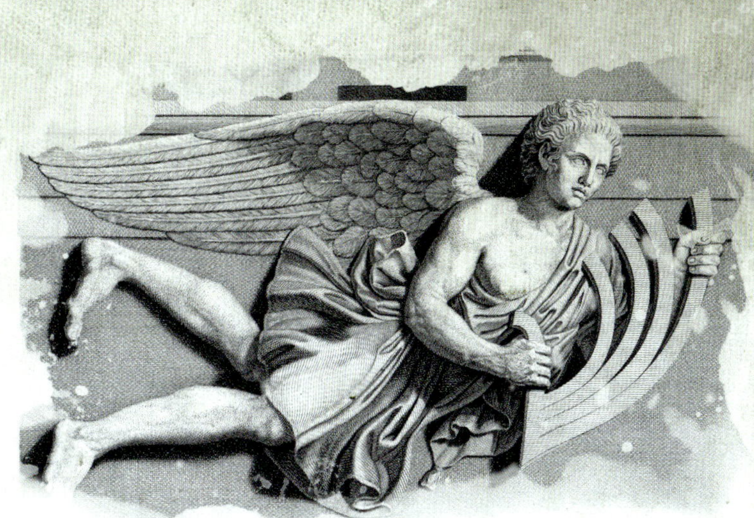

Die monumentale Halle ist 100 Meter breit und 200 Meter lang. Ihre Decke wird von 209 ionischen Säulen getragen. Würde man das Wasser ausloten, würde man feststellen, dass es etwa 20 Meter tief ist. Damit ist die Zisterne größer als selbst die sagenumwobene Cisterna Basilica in Konstantinopel. Betrachten die Jäger die Säulen genauer, fallen ihnen etwa an jeder zweiten kleine umgedrehte Medusengesichter auf. Zur Zeit des alten Byzanz glaubte man, dass diese böse Geister fernhalten würden.

Betreten die Jäger den uralten Steg, bricht dieser prompt ein. Die Gruppe ist gezwungen, die Zisterne schwimmend zu durchqueren. Das mag angesichts des nachtschwarzen Wassers tiefsitzende Urängste heraufbeschwören, ist aber ungefährlich. Am anderen Ende der Halle führt eine enge Wendeltreppe viele Dutzend Meter in die Höhe, bis man sich etwa 10 Meter unter dem Parthenon befindet.

Die unterirdische Festung

Schließlich erreichen die Jäger jene Festungsanlage unter dem Parthenon, in die sich die Verteidiger Athens beim Angriff der Osmanen im 15. Jahrhundert zurückzogen und die sie später übereilt aufgeben mussten. Die Festung ist nicht allzu groß. Im Grunde besteht sie lediglich aus zwei miteinander verbundenen Hallen, voll mit rostigen Schwertern, Spießen und den Überresten mittelalterlicher Rüstungen. Einige wenige – aus Sicht der Jäger primitive – Arkebusen mit Luntenschlössern finden sich ebenfalls. Neben diesen lagern mehrere Fässer mit Schwarzpulver, das jedoch sehr feucht ist.

Von den beiden Hallen zweigen mehrere kleine Kammern ab. Drei davon dienten als Unterkünfte. Sie sind bis auf die Gerippe alter hölzerner Stockbetten und unsäglich stinkender, vermoderter Laken leer. In einem anderen Raum wurden die Vorräte aufbewahrt. Diese sind nach knapp 300 Jahren Lagerung in einem bedauernswerten Zustand.

Ein Herzstück der Festung ist die Bibliothek. Bestimmt 150 alte Bücher und Schriften, die die Griechen vor den Osmanen retten wollten, stehen hier dicht an dicht. Leider sind sämtliche Werke aufgrund der hohen Luftfeuchtigkeit verrottet, ihr Wissen ist unwiederbringlich dem Vergessen anheimgefallen.

Anders verhält es sich mit dem Kirchenschatz, der im Nachbarraum lagert. Hier finden sich etliche Kerzenhalter, Kruzifixe, Schatullen, Weihrauchbehälter und sonstiges liturgisches Gerät. Die jahrhundertealten Kostbarkeiten haben einen Beutegut-Wert von etwa 3500 Gulden, müssten aber mithilfe von Karren, Trägern oder Ähnlichem vorbei an Soldaten, Derwischen, Athenern und goldgierigen Seefahrern aus der Festung gebracht werden – was ein kleines Abenteuer für sich darstellen kann.

Die Krypta

Der interessanteste Nebenraum dürfte die Krypta sein. Hier bietet sich den Jägern folgender Anblick:

Szene – Krypta

Die Wände dieses langgestreckten Raums sind mit verblassten Malereien bedeckt, die christlich-religiöse Motive darstellen, auffallend häufig handelt es sich um Jesus am Kreuz. Die Kammer mag einst als Kirche gedient haben, worauf die Existenz eines einfachen schweren Altars am jenseitigen Ende hinweist. Jetzt jedoch ist sie eine Gruft, angefüllt mit sieben steinernen Sarkophagen.

In allen sieben Grabstätten befinden sich die skelettierten Leichen von Rittern, die mit ihren Waffen und in voller Rüstung bestattet wurden. Alle sieben tragen die gleichen athenischen Panzer. Godewyns Überreste sind nur durch eine Umhangschließe von den anderen zu unterscheiden, auf der das Tatzenkreuz der Templer prangt. Das gesuchte Schlüsselfragment befindet sich unter Godewyns Kopfkissen.

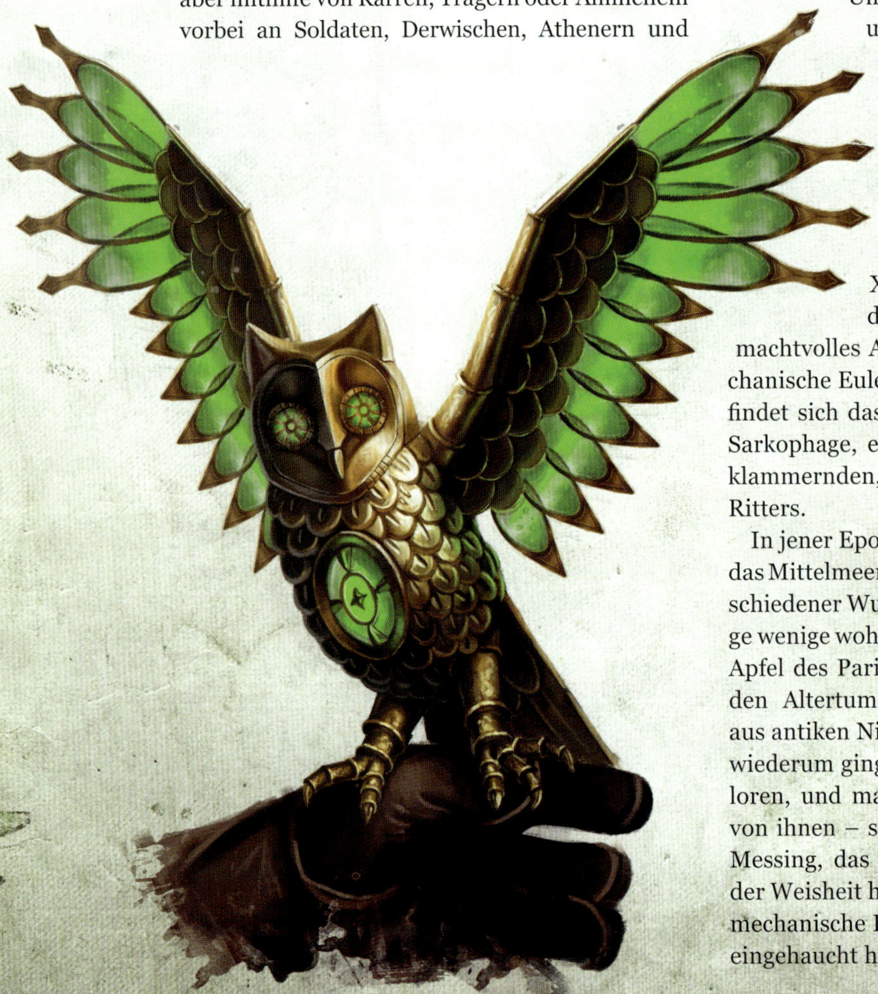

Die mechanische Eule der Pallas Athene

Es liegt im Ermessen des HeXXenmeisters, ob er den Jägern an dieser Stelle ein besonderes und machtvolles Artefakt an die Hand gibt: die mechanische Eule der Pallas Athene. In diesem Fall findet sich das Wunderwerk in einer der sieben Sarkophage, eingebettet in die es liebevoll umklammernden, aber skelettierten Hände eines Ritters.

In jener Epoche, in der die antiken Götter über das Mittelmeer herrschten, gab es eine Menge verschiedener Wunder, viele davon grauenhaft, einige wenige wohltätig. Viele davon, wie der goldene Apfel des Paris oder der Speer der Prokris sind den Altertumsforschern des 18. Jahrhunderts aus antiken Niederschriften gut bekannt. Andere wiederum gingen im Dunkel der Geschichte verloren, und man erfuhr erst vor Kurzem wieder von ihnen – so wie vom Orakel aus Bronze und Messing, das Legenden zufolge von der Göttin der Weisheit höchstselbst geschaffen wurde: eine mechanische Eule, der Athene wahrhaftes Leben eingehaucht haben soll.

Dass man wieder von der Eule weiß, liegt daran, dass Abenteurer des Schatzjägerrings vor drei Jahren in einem Kellergewölbe des konstantinopeler Stadtteils Beşiktaş die hervorragend erhaltenen Memoiren des Eirenaios von Samothraki fanden. Der Verfasser des Manuskripts war ein reichlich obskurer Philosoph, der eher abwegige Ansichten vertrat, er war allerdings auch ein scharfer Beobachter und beschrieb die mechanische Eule in allen Details. Seither suchen mehrere Gruppierungen nach dem Wunderwerk, bislang jedoch vergeblich.

Die Eule nach Eirenaios

Der Beschreibung des Eirenaios zufolge ist die mechanische Eule der Athene eine fast naturgetreue Nachbildung eines echten Tiers. Folglich ist die Apparatur, obwohl sie aus Bronze und Messing gefertigt ist, zu allem fähig, was eine lebende Eule auch kann – den Kopf bewegen, fliegen und kleine Gegenstände greifen zum Beispiel. Darüber hinaus vermag sie mit der Stimme eines Kindes zu sprechen und ist durch ihre göttliche Herrin ein wahrer Hort an Weisheit. So soll die Eule über die Geschichte Athens seit Gründung der Stadt Bescheid wissen, mehr Geheimnisse der Alchemie kennen als die größten ägyptischen Meister und jede noch so komplizierte mathematische Gleichung innerhalb eines Augenblickes lösen können.

Das eulengestaltige Orakel residierte nach Eirenaios seit den Tagen, da die mykenischen Achaier ihre ersten Paläste errichteten (also um 1450 v. Chr.), im Parthenon in Athen und verließ dieses lediglich zu bestimmten Anlässen – beispielsweise für eine alle hundert Jahre im Tempel des Hephaistos stattfindende Zeremonie, während der das mechanische Wesen aufgezogen wurde, damit es der Göttin ein weiteres Jahrhundert dienen könnte.

Es bleibt noch zu bemerken, dass Eirenaios zwar mit Bewunderung von den Fähigkeiten des mechanischen Orakels spricht, aber anscheinend nicht viel von ihrem Charakter hält. Diesen beschreibt Eirenaios als aufgeblasen und besserwisserisch.

Die Wahrheit über die Eule

Wie die Jäger eventuell feststellen werden, ist die Eule der Athene nicht bloß ein Mythos. Erschaffen in den letzten Tagen von Atlantis, schlummert sie nun in den verborgenen Tiefen unter dem Parthenon. Als eine junge atlantische Prinzessin im Sterben lag, konnte ihr Vater die Priesterinnen der Atlantiden dazu bewegen, alles in ihrer Macht Stehende zu unternehmen, um sein Kind zu retten. Mit der Magie ihres albischen Erbes bann- ten sie schließlich die Seele des Mädchens in ein Gefäß, das im Laufe der Jahrhunderte als Eule der Athene bekannt wurde. Doch die Prinzessin vergaß mit der Zeit immer mehr ihre eigene Identität und betrachtete sich im gleichen Maße zunehmend als wundersame Eule, wie die Menschen um sie herum es taten.

Das Wesen der Eule entspricht im Grunde noch immer dem eines gutherzigen, zwölfjährigen Kindes, allerdings mit dem Wissen der Jahrhunderte. Sie ist in der Regel fröhlich und nett, hin wieder mit Vorliebe äußerst frech, ziemlich von sich eingenommen, schäumt vor Neugierde und besitzt einen ausgeprägten Spieltrieb. Darüber hinaus plappert sie leidenschaftlich gern – auf Altgriechisch. Außerdem beherrscht sie Altägyptisch, antikes Persisch und republikanisches Latein (das sie für die Sprache von Emporkömmlingen und Bauern hält). Die Kenntnisse, die sie sich im Laufe ihres langen Daseins angeeignet hat, sind – anders als Erenaios vermutete – zwar nicht göttlicher Natur, wirken aber für das Jahr 1733 geradezu übernatürlich:

- Die Eule verrechnet sich niemals.
- Sie weiß mehr über Alchemie als Paracelsus und Hermes Trismegistos zusammen.
- Sie kann „weissagen“, wobei diese Fähigkeit nichts mit göttlicher Eingebung zu tun hat, sondern mit der Berechnung von Wahrscheinlichkeiten. Sofern sie beispielsweise

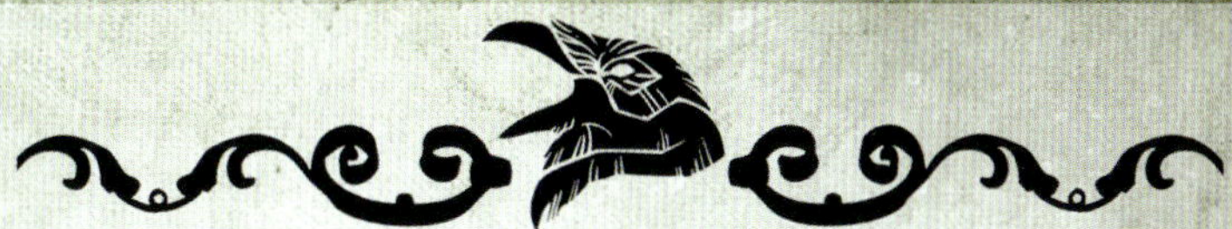

Die Eule im Spiel

Um die Eule benutzen zu können, muss man erst ihr Vertrauen erlangen, das geschieht in Form eines Gesprächs, das 1 Fza erfordert sowie eine erfolgreiche Probe auf Redekunst (–5). Immer nur ein Jäger gleichzeitig (insgesamt aber durchaus die ganze Gruppe) kann auf diese Weise versuchen, die Eule an sich zu binden, wobei sich der Malus mit jedem weiteren Versuch um 1 verringert.

Hat man das Vertrauen der Eule gewonnen, genießt der betreffende Jäger einen Bonus von +1 auf alle Wissensgebiete-Proben. Außerdem kann er Texte aus dem Altägyptischen, Persischen sowie Lateinischen fehlerfrei übersetzen und besitzt bestimmte historische Kenntnisse (nach Maßgabe des HeXXenmeisters). Im Kampf kann er die Eule zur Unterstützung bei Angriffsaktionen verwenden. Die Ap-Kosten für den Angriff steigen dadurch um 1, dafür erhält der Jäger den vollen Bonus von +5. Jede Runde kann die Eule aber nur von einem Jäger (der ihr Vertrauen erworben hat) einmal für diese Dienste herangezogen werden.

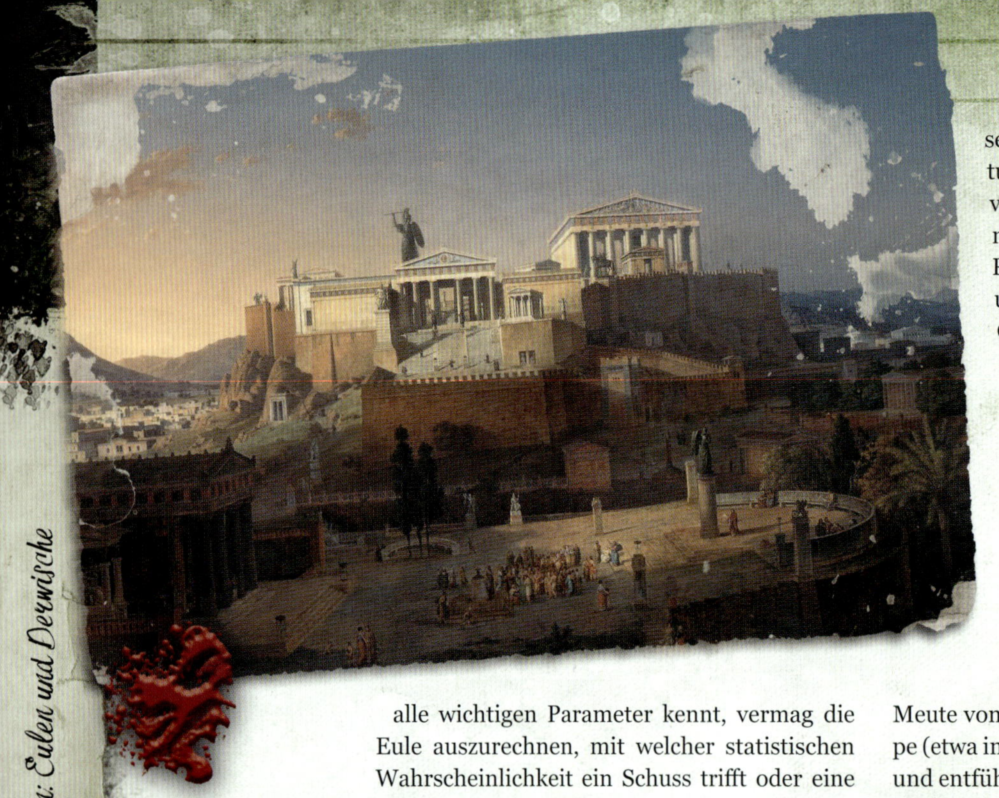

alle wichtigen Parameter kennt, vermag die Eule auszurechnen, mit welcher statistischen Wahrscheinlichkeit ein Schuss trifft oder eine Schlacht ausgeht.

Viele Personen, die der einstigen Prinzessin begegneten, hielten die Eule wegen ihres kindlichen Wesens für naiv – aber dies stimmt nicht ganz. Zwar ist sie felsenfest davon überzeugt, dass in jedem Menschen Gutes steckt, aber sie besitzt auch ein untrügliches Gespür dafür, wem sie ihr Wissen offenbaren kann und wem besser nicht.

Finden die Jäger die Eule unter dem Parthenon, müssen sie diese zunächst aufziehen. Ansonsten wirkt sie wie ein lebloses, allerdings auffällig komplexes mechanisches Spielzeug. Wurde sie vollständig aufgezogen, bleibt sie für hundert Jahre am Leben, bevor der Vorgang wiederholt werden muss. Die Eule wird den Jägern für ihre Wiederbelebung ewig dankbar sein und sich an die Fersen ihrer Retter heften. Bereitwillig gibt sie Ratschläge zu allen möglichen wissenschaftlichen Themen, wenn sie gefragt wird – und auch wenn nicht.

Es gibt nur ein einziges Thema, zu dem die Eule nichts erzählen wird: Atlantis. Fragt man sie nach der Epoche ihrer „Geburt", wird die frühere Prinzessin für eine gewisse Zeit schwermütig. Nur Menschen, denen sie wirklich und wahrhaftig vertraut (etwa wie Kinder ihren Eltern vertrauen), wird sie – vielleicht – die unendlich bittere Geschichte ihrer Schöpfung berichten und über das gewaltige Reich der Atlanter sprechen.

Das Ende der Episode

Mit dem Schlüsselfragment in ihrem Besitz verlassen die Jäger die geheimen Kammern unter dem Parthenon. Möglicherweise begleitet sie von nun an Michel Fourmont, der die Gruppe mit seinem immensen Fachwissen als Altertumsforscher tatkräftig zu unterstützen vermag. Nach Maßgabe des HeXXenmeisters könnte er etwa ein anderes Rätsel Guillaume de Borgondes lösen und somit den Weg zu einem weiteren Grab aufzeigen. Gleichzeitig werden die Handlanger Cosimo Calergis noch stärker hinter den Jägern her sein. Zudem ist es mit dem Gelehrten durchaus schwer, kein Aufsehen zu erregen, denn der exzentrische Franzose ist nicht gerade der unauffälligste Zeitgenosse. Die Jäger sollten darauf achten, dass er keineswegs allein loszieht, beispielsweise um Informationen einzuholen; zu schnell verplappert er sich und bringt so womöglich noch eine Meute von Kopfgeldjägern auf die Spur der Gruppe (etwa in Form der Nebenhandlung „Troja sehen und entführt werden", siehe: Anhang, S. 111).

Mit der Zeit, wenn der Gelehrte mehr und mehr Vertrauen zu den Jägern fasst, können sie von ihm erfahren, dass der Generalgouverneur Moreas ihn durch belastende Beweise in der Hand hat. Denn Fourmonts Ruhm ruht auf tönernen Füßen, da er ihn zu Beginn seiner Karriere durch gefälschte Fundstücke erlangte. Calergi war es auch, der auf die Idee kam, durch den Franzosen Einfluss auf den im Entstehen begriffenen Schatzjägerring auszuüben. Dies allein ist der Grund, weshalb der Altertumsforscher zu den Gründungsmitgliedern der Organisation gehört. Wollen die Jäger Fourmont wirklich helfen, könnten sie in einem eigenen Abenteuer die Beweisstücke entwenden, die Calergi in der Palamidi-Festung in Napoli di Romani aufbewahrt.

Ein weiterer Verbündeter, den die Jäger in dieser Episode gewinnen können, ist Scheich Burhaneddin. Haben sie seinen Auftrag erfüllt, können sie in Zukunft in Notfällen auf dessen geheimes Informantennetz aus umherreisenden Derwischen zurückgreifen. Vielleicht können sie in besonderen Fällen sogar auf die Hilfe der griechischen Freiheitskämpfer zählen, die mitunter in der Lage sind, Kontakt zum Neuen Attischen Seebund herzustellen. Sollten die rebellierenden Klephten an einem Kampf teilnehmen, zählen sie als Bandenfreunde der Stufe 2. Haben sich die Jäger hingegen mit Burhaneddin angelegt oder ihn gar hintergangen, so wird die Freiheitsbewegung von nun an zum erbitterten Feind der Gruppe und ihr ebenso nachstellen wie vielleicht die Osmanen den gesuchten Verbrechern, die auf heimtückische Weise in die Athener Garnison eindrangen und eventuell sogar den Pulverturm sprengten.

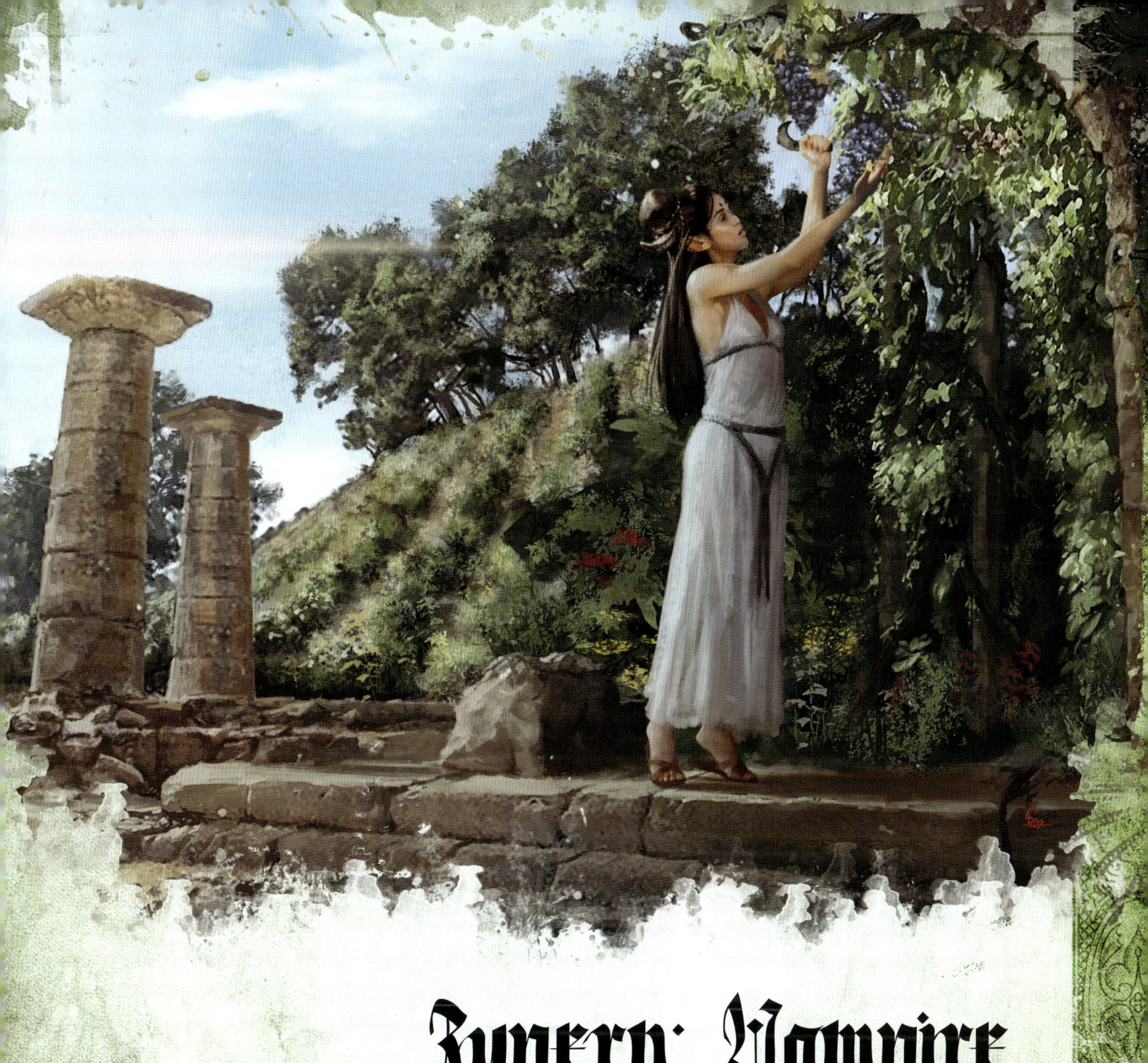

5 Zypern: Vampire, Hexen und Spione

Auf Zypern bekommen es die Jäger mit einem Kult von Hexen zu tun, der de facto über alles regiert und über alles Bescheid weiß. Die Jäger müssen sich durch eine Atmosphäre der unterschwelligen Angst und offener Gewalt bewegen. Sie finden Unterstützung ausgerechnet in einer anderen widernatürlichen Kreatur, dem Vampir András, der sich nichts sehnlicher wünscht, als die Mänaden von „seiner" Insel zu vertreiben. Indem sich die Jäger dem Widerstand anschließen, eröffnet sich ihnen jedoch eine Möglichkeit, in den Palast der Cevri einzudringen und dort bis in die Schatzkammer zu gelangen, wie sie ein weiteres Teilstück des Schlüssels finden.

Hintergrund

Der Tempelritter Armand de Sonnac war im Laufe seines überlangen Lebens an vielen Orten, um Gutes zu tun. Seinen Lebensabend jedoch verbrachte er auf Zypern, wo er nach seinem Tod 1630 in den Katakomben von Lefkoşa bestattet wurde. Als die Ritter vom Heiligen Grab die Insel nach dem Schwarzen Sturm eroberten, erkoren sie die unterirdische Krypta (und all ihre wertvollen Grabbeigaben) zum Standort ihrer neuen Ordensfestung aus, die sie auf den Gewölben in den folgenden Jahren errichten ließen. So gelangte das Schlüsselfragment schließlich in den Besitz der Ritter.

1700 wurde die Schreckensherrschaft des Ordens durch einen Aufstand der Zyprioten beendet. Die Mänade Cevri riss die Kontrolle über die Insel an sich und etablierte den Hexenkult des Dionysos als herrschende Instanz, der bis heute die offiziellen osmanischen Würdenträger fest in der Hand hat. Als Regierungssitz wählte sie die einstige Ordensfestung der Ritter und ließ diese zu einem Palast ausbauen. Dass in den Eingeweiden des Gebäudes eines der Schlüsselfragmente seiner Entdeckung harrt, blieb ihr bislang verborgen.

Über die Episode

Zu Beginn halten sich die Jäger vermutlich in der Hafenstadt Girne auf, wo sie einer Hinrichtung von „Undankbaren“ beiwohnen, Mitgliedern des hiesigen Widerstands. Auf diese Weise werden sie direkt mit den auf der Insel herrschenden Verhältnissen konfrontiert. Im Laufe ihres Aufenthalts kommt es nach und nach zu drei Begegnungen, die jeweils den Beginn eines Handlungsfadens darstellen. Welchem davon die Jäger folgen, liegt allein an ihnen. Alle drei führen sie am Ende jedoch in die Schatzkammer Cevris unter dem Palast von Lefkoşa, wo das Finale dieser Episode stattfindet.

Cevri und Zyperns Dionysos-Kult

Mehr Informationen zur Insel Zypern und die sie beherrschende Hexe finden sich in *Mare Monstrum*, S. 59, und *Mare Monstrum Obscura*, S. 59 , zum Kult des Dionysos und Mänaden im Allgemeinen in *Mare Monstrum Obscura* auf S. 60 .

Handlungsfaden #1: Der Aufstand der Undankbaren

Die Undankbaren stellen den Widerstand gegen die Herrschaft der Hexen dar, die von den Bewohnern der Insel als „weise Damen“ verehrt werden. Gelenkt wird die Gruppe insgeheim von dem halb-wahnsinnigen Vampirfürsten András (siehe: *Mare Monstrum Obscura*, S. 60), der viele aufständische Einheimische mittlerweile in Blutjünger verwandelt hat, die ihm nicht nur treu ergeben, sondern auch mit übermenschlichen Kräften gesegnet sind. Der Moroi hat den Plan gefasst, Cevris Macht durch eine Unruhe zu schwächen. Dazu benötigt er die Jäger, da sie dem Kult des Dionysos nicht bekannt sind und sich frei in Lefkoşa bewegen können. Sie sollen die gefangenen Anhänger des Widerstands aus dem Kerker der Stadt befreien, damit diese einen Aufstand anzetteln können. In dem entstehenden Chaos sollte es der Gruppe möglich sein, in den Palast einzudringen und dort den Schatz der Grabesritter aufzuspüren, in dem sich auch das gesuchte Schlüsselfragment befindet.

Der Handlungsfaden im Überblick

- In Girne nehmen die Jäger Kontakt mit einem Agenten der Undankbaren auf. Um zu beweisen, dass sie keine Spitzel sind, sollen sie eine weise Dame gefangen nehmen. Diese entpuppt sich als wahre Hexe und greift die Gruppe an.
- Die Jäger werden zu dem geheimnisvollen Anführer des Widerstands gebracht: András. Die Gruppe soll ihm helfen, einen Aufstand in Lefkoşa zu entfachen.
- Die Jäger reisen in die Stadt, die sich auf ein großes Fest vorbereitet: „die Auswahl“. Sie können in das Kerkerhaus eindringen und die gefangenen Undankbaren befreien.
- Am nächsten Tag kommt es während der Zeremonie der Auswahl zum Aufstand. Einige der Undankbaren verwandeln sich dabei in wilde Bestien. Im Chaos der Ausschreitung können die Jäger in den Palast eindringen.
- Optional: Am Ende der Episode können die Jäger noch einmal András treffen. Vermutlich ahnen sie bereits, dass es sich um einen Vampir handelt. In diesem Fall können sie ihn attackieren und entweder besiegen oder zumindest vertreiben.

Handlungsfaden #2: Köder für die Hexen

Mustafa Kamber ist ein geheimer Ermittler im Dienst des Sultans, der herausfinden soll, was sich wirklich auf Zypern zuträgt. Inzwischen ist sich der Spion sicher, dass der Kult des Dionysos alle Fäden in der Hand hält und dass Cevri eine Hexe ist. Er will den Kult treffen, indem er die Schatzkammer des Palastes durch eine Explosion verschüttet und Cevri so ihren Reichtum nimmt. Diesen Plan kann er jedoch nicht allein ausführen.

Übersicht über den Handlungsfaden

- Entweder in Girne oder in Lefkoşa bekommen die Jäger einen Brief zugestellt, der mit einer Einladung verbunden ist: Die Gruppe wird gebeten, den Gewürzhändler Mustafa Kamber in Lefkoşa aufzusuchen.
- Dort angekommen, nehmen die Jäger Kontakt zu Kamber auf. Er verrät ihnen eine Methode, um in die ehemalige Ordensfestung einzudringen,

verlangt aber von ihnen, dass sie in der Schatzkammer ein Schwarzpulverfass zünden, um es zum Einsturz zu bringen. Sein Vorschlag besteht darin, sich als Anwärter für die Auswahl auszugeben, von den weisen Damen erwählt zu werden und auf diesem Weg in ihr Heiligtum zu gelangen.

- Um den Plan auszuführen, sind diverse Vorbereitungen notwendig: Die Jäger müssen ein passendes Parfüm finden, um den Appetit der Hexen anzuregen, sich mit dem Motiv der Weintrauben schmücken und herausfinden, mit welchem Hoheitstitel Cevri angesprochen wird.
- Das Vorhaben ist erfolgreich und die Gruppe gelangt in die Burg. Es ist jedoch möglich, dass nicht alle Jäger erwählt werden. In diesem Fall bleibt den übrigen nur, auf einen anderen Plan zurückzugreifen, z. B. indem sie einen Aufstand anzetteln (Verbindung zu Handlungsfaden #1) oder Abdul Nasir in die Geheimtunnel folgen (Verbindung zu Handlungsfaden #3).

Handlungsfaden #3: Der Geist und die Jäger

Dieser Handlungsfaden setzt voraus, dass sich die Jäger während ihres Aufenthalts auf Zypern auffällig verhalten haben, sodass schließlich ein Agent im Dienst der Hexen auf sie aufmerksam wird: Abdul Nasir, genannt „der Geist". Er wird die Gruppe mit seinen Soldaten attackieren, doch die Jäger können mithilfe des Widerstands entkommen. Später können sie mit einer List versuchen, den Geist aus seinem Versteck zu locken, und ihm folgen. Sie finden einen Geheimgang, der in die Gewölbe von Cevris Palast führt.

Übersicht über den Handlungsfaden

- Die Jäger werden von Bürgern Lefkoşas beschuldigt, Aufrührer zu sein, wobei es sich jedoch nur um eine List Abdul Nasirs handelt. Der Geist ist mit seinen Söldnern bereits im Anmarsch und attackiert die Jäger.
- Die Jäger können den Angreifern entkommen. Dabei werden sie von Widerständlern unterstützt und in ein Versteck der Undankbaren geführt.
- Die Aufständischen berichten, dass der Geist scheinbar einen Geheimgang in den Palast kennt, weil er immer wieder überraschend auftaucht.
- Sie erklären sich bereit, Abdul Nasir durch ein Ablenkungsmanöver aus seinem Versteck zu locken. Das eröffnet den Jägern die Möglichkeit, ihm zu folgen.
- Die Täuschung funktioniert und die Jäger beschatten Nasir, bis er scheinbar spurlos in einer Kirche verschwindet. Bei der Untersuchung des Gotteshauses finden sie einen Geheimgang, der in Abdul Nasirs Quartier führt, von wo aus sie ins Gewölbe des Palastes vordringen können.

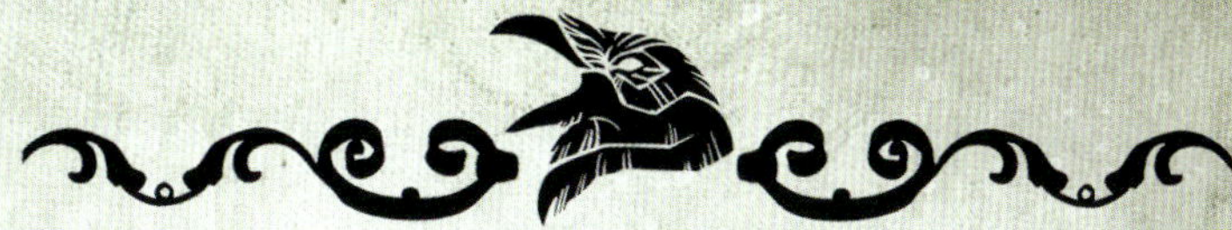

Die Bedrohung steigt

Während des Abenteuers ist es sehr wahrscheinlich, dass Cevri und ihr Kult auf die Jäger aufmerksam werden. Die Bedrohungsstufe steigt unter anderem, wenn …

- die Jäger offensichtlich Fragen stellen und zu auffällig agieren,
- sie einen Angriff auf den Kult oder ein Mitglieder ausführen,
- sie sich nach Tempelrittern erkundigen,
- sie sich mit den Undankbaren oder András treffen.

Die Bedrohungsstufe kann als Malus auf Redekunst-Proben sowie Massenbefragungen innerhalb Girnes und Lefkoşas eingerechnet werden, bei Mitgliedern des Widerstands jedoch als Bonus. Auf Bedrohungsstufe 5 oder nach Entscheidung des HeXXenmeisters auch früher wird Abdul Nasir auf die Jäger aufmerksam, was Handlungsfaden #3 auslöst.

Ankunft auf Zypern

Steuern die Jäger Zypern an, teilt ihnen die Mannschaft der *Lucrezia* mit, dass sie nur in Girne anlegen dürfen, da dies der einzige offene Hafen für Außenstehende sei. Carlotta oder Alexios wissen zudem, dass Patrouillenschiffe die gesamte Insel abriegeln. Es soll zwar Schmuggler geben, die geheime Anlegestellen kennen, doch kein Crewmitglied hat Kontakte zu diesen Kreisen.

Die folgende Beschreibung geht davon aus, dass die Jäger den Weg über Girne wählen. Sollten sie mithilfe von Schmugglern (oder durch besondere Beziehungen) an einer anderen Stelle an Land gehen, wird dies Aufmerksamkeit erregen, wodurch die Bedrohungsstufe um 1 steigt. Vermutlich werden die Jäger dann direkt Lefkoşa ansteuern. In diesem Fall findet die Hinrichtung (siehe unten) nicht in Girne, sondern in Lefkoşa statt. Tuchhändler Berhan befindet sich ebenfalls dort. Um mit András in Kontakt zu treten, müssen die Jäger allerdings einen Abstecher nach Girne machen.

Nähern sie sich der Hafeneinfahrt von Girne, bietet sich ihnen folgender Anblick:

Szene – Der Hafen von Girne

Möwen flattern über dem Hafen, während die Lucrezia *langsam durch die Wellen zum Anlegesteg gleitet. Girne ist eine laute und bunte Küstenstadt, über der eine kleine, aber wehrhafte Festung thront. Die meisten Häuser sind sandfarbene ein- und zweistöckige Gebäude. Bereits von hier aus erkennt ihr, dass auf der Straße etliche Händler ihre Auslagen feilbieten. Hinter der Hafenanlage steigt die Stadt stetig an. Kurz nachdem euer*

Schiff sanft am gemauerten Kai angelegt hat, ruft euch ein breit gebauter, schwarzbärtiger Osmane in der Livree des Sultanats von unten zu: „Willkommen auf Zypern, Reisende. Ich bin Achmed, der Hafenmeister. Was führt Euch in unsere Stadt und was habt Ihr geladen?“

Achmed ist ein einfacher und freundlicher Mann, der die Jäger selbstverständlich anlegen und Girne betreten lässt – und ebenso selbstverständlich die fällige Hafengebühr einfordert, die immens ist. Am einfachsten kann ihre Höhe verdeutlicht werden, indem der HeXXenmeister an dieser Stelle den Unterhalt der Jäger und des Schiffes einfordert.

Im Plauderton, aber dienstbeflissen fragt Achmed die Ankömmlinge nach dem Grund ihres Besuchs und geht dabei auch ins Detail. „Ach, Ihr seid Händler, Efendis? Welche Ware habt Ihr geladen? Doch nicht etwa feinste Seide aus Amorgos *(lacht)*. Sagt einem einfachen Mann wie mir, wo Ihr sie aufgenommen habt und wie Ihr sie verkaufen wollt?“ Oder: „Ihr seid nur Besucher? Wen wollt Ihr denn besuchen? Einen Freund, einen Verwandten? Vielleicht kann ich Euch den Weg weisen. Wenn Ihr Euch in Girne einquartieren wollt, kann ich Euch den *Glänzenden Baldachin* empfehlen. Oder gedenkt Ihr, auf dem Schiff zu bleiben?“ Den Jägern sollte klar werden, dass Achmeds Fragen weit über das typische Interesse eines Hafenmeisters hinausgehen. Darauf angesprochen, erwidert er nur, dass dies eben Vorschrift sei. Trotz seines jovialen Auftretens ist Achmed in Wahrheit äußerst wachsam und gerissen. Hält er die Jäger für eine Gefahr, wird er dies melden (Bedrohungsstufe +1).

Die Jäger können Achmed aber auch selbst Fragen stellen, wobei seine Antworten stets beschönigend sind. Etwa zur Situation auf Zypern wird er sagen: „Ach, alles ist wunderbar, das Sultanat und die weisen Damen passen auf uns auf. Wir sind glücklich. Zypern und vor allem Girne gedeihen und der Handel blüht. Nur die Undankbaren machen uns zu schaffen. Dieses Gesindel! Aber einige von ihnen erhalten heute noch ihre gerechte Strafe. Geht zum großen Marktplatz hinter dem Hafen. Dann könnt ihr das Spektakel miterleben.“ Auch hier können die Jäger in die Falle tappen: Erkundigen sie sich intensiv nach den weisen Damen, wird Achmed diese zwar beschreiben (siehe Kasten „Informationen beschaffen“, S. 91), aber das Interesse der Jäger sofort melden (Bedrohungsstufe +1).

Hinrichtung auf dem Marktplatz

Entschließen sich die Jäger dazu, dem Hinweis des Hafenmeisters nachzugehen, oder wandern sie durch die Stadt (z. B. weil sie eine Massenbefragung durchführen), werden sie Zeuge des blutigen Schauspiels auf dem großen Marktplatz. Meiden sie die Menschenansammlung dort bewusst, erfahren sie später von dem Ereignis, z. B. im Gasthaus *Zum glänzenden Baldachin* (Handlungsfaden #2). Da sie in diesem Fall nicht auf den Tuchhändler Berhan aufmerksam werden, kann es sein, dass sie nie mit András in Kontakt kommen. Nur durch die Undankbaren in Lefkoşa (Handlungsfaden #3) können sie unter Umständen vom Anführer des Widerstands erfahren.

Szene – Auf dem Markt

Der Markt von Girne ist ein Kessel voller Leben. Die Menschen schlendern lachend von Stand zu Stand, Händler preisen mit lauter Stimme ihre Waren an. Neben bunten Bänder weht an Stangen ein euch unbekanntes Wappen: Es zeigt eine Schale, die von Weintrauben überquillt. Ihr bewegt euch durch die Masse und lasst euch vom Strom der Menschen mitreißen. In der Mitte des Marktplatzes steht ein Podest. Plötzlich erscheint ein Dutzend osmanischer Wachen, die drei Gefangene zum Podest eskortieren. Ihnen folgt eine Frau mit wallendem Gewand, auf dem ebenfalls die mit Trauben gefüllte Schale prangt. Hörner erschallen, und der Trubel auf dem Markt kommt zum Erliegen.

Erkundigen sich die Jäger bei anderen Marktbesuchern nach dem Geschehen, werden sie nur kurze allgemeine Antworten bekommen: Es handele sich um eine Hinrichtung; die Frau sei eine weise Dame; die Delinquenten seien Kriminelle. Natürlich gehen die Stadtbewohner ganz selbstverständlich davon aus, dass jeder die sogenannten weisen Damen kennt. Haken die Jäger nach, antwortet man ihnen mit misstrauischem Blick und beginnt zu tuscheln (Bedrohungsstufe +1).

Szene – Tag der Gerechtigkeit

Eine der Wachen zieht eine gekrümmte Klinge und die Frau beginnt zu sprechen: „Heute ist ein Tag der Gerechtigkeit! Erinnert euch an euer Leben vor unserer weisen Führerin Cevri. War es nicht furchtbar? Und schaut, wie ihr heute lebt! In Würde, in Wohlstand!“ Die Masse jubelt frenetisch. „Doch einige sind undankbare Banditen. Mörder und Verräter! Und ihnen wird heute die gerechte Strafe zuteil!“ Die Menge verwandelt sich in eine zornige Meute. Laut rufend fordert man den Tod der drei Gefangenen: eines bärtigen Mannes, einer schwächlich aussehenden Frau und eines Jungen, der kaum dem Kindesalter entwachsen ist. Als die Todgeweihten auf die Knie gezwungen werden, brüllt der Mann: „Für die Freiheit! Nieder mit der Hexe!“ Dann tritt die Wache hinter sie und der Schatten der riesigen Klinge verdunkelt die Gesichter der Gefangenen.

Informationen beschaffen

Die Jäger können im Rahmen einer Massenbefragung (Land und Leute, 1 FzA) Informationen über die aktuelle Lage auf Zypern in Erfahrung bringen. Am ehesten werden sie im Anschluss an die Hinrichtung Zeit für eine solche Recherche haben.

Wunderbare Insel (1 Erfolg): Alles ist wunderbar auf Zypern. Cevri, die lokale Herrscherin im Dienste des Sultans, ist ein Segen für die Inselbewohner. Allen geht es gut. (Da so mancher, der Kritik an der Obrigkeit übt, spurlos verschwindet, wird kaum jemand seine wahre Meinung kundtun.)

Undankbare (1 Erfolg): Bei den Hingerichteten handelte es sich um „Undankbare“. So werden alle Aufsässigen genannt, die sich gegen die Herrschaft Cevris und der Osmanen auflehnen und das Utopia auf Zypern zu zerstören versuchen.

Wappen mit Traubenschale (1 Erfolg): Dieses Symbol ist das Zeichen der weisen Damen, die an Cevris Seite über die Insel herrschen. (Tatsächlich ist es das Zeichen des Kults des Dionysos, aber obwohl dieser allgegenwärtig ist, vermeiden die Inselbewohner, seinen Namen zu nennen.)

Weise Damen (1 Erfolg): Sie sind die Wohltäterinnen im Dienste Cevris und in allen großen Städten der Insel anzutreffen. Jederzeit kann man sie ansprechen und um Hilfe bei allen nur erdenklichen Angelegenheiten bitten. Stets werden sie ihr Bestes tun, um dem Fragenden beizustehen. (Dies entspricht durchaus der Wahrheit und ist einer der Hauptgründe für das Vertrauen, dass die meisten Menschen Cevri und dem Kult entgegenbringen.)

Cevri (1 Erfolg): Cevri herrscht seit 33 Jahren über Zypern, seit sie den Menschen bei der Rebellion von 1700 gegen die tyrannischen Ritter vom Heiligen Grab half, die zuvor die Macht mit Gewalt an sich gerissen hatten. Nach dem Aufstand fiel die Insel an das Osmanische Reich und der Sultan stellte dem regierenden Pascha, Sinan Kara Mustafa, Cevri aufgrund ihrer Verdienste als erste Beraterin zur Seite. (Letzteres entspricht nicht ganz der Wahrheit, ist aber die vorherrschende Meinung im Volk).

Cevris Sitz (1 Erfolg, erfordert Wissen „Cevri“): Cevri residiert in ihrem Palast in Lefkoşa, der früheren Ordensfestung der Ritter vom Heiligen Grab. Die Reichtümer und Schätze, die die grausamen Ritter in den vorigen Jahrzehnten dort ansammelten, setzt die neue Herrscherin zum Wohl des Volkes ein.

Die Auswahl (1 Erfolg): In den nächsten Tagen findet eine große Zeremonie statt: „die Auswahl“, bei der einige wenige Glückliche von den weisen Damen auserkoren werden, um in das direkte Gefolge Cevris aufgenommen zu werden. Diese Auserwählten werden fortan den weisen Damen dienen müssen, aber auch in Luxus und Wohlstand leben.

Armand de Sonnac bzw. Tempelritter im Allgemeinen (1 Erfolg): Der Name de Sonnac ist den Zyprioten nicht bekannt. Erwähnen die Jäger jedoch, dass sie nach Tempelrittern suchen, wird die Atmosphäre plötzlich eisig (alle weiteren Erfolge bei dieser Massenbefragung verfallen). Viele der älteren Menschen erinnern sich noch zu gut an die Tyrannei des Ordens des Grabes Christi zu Jerusalem. Verächtlich weisen sie darauf hin, dass die Grabesritter über ein halbes Jahrhundert lang das Volk von ihrer Festung in Lefkoşa aus unterdrückten. Für sie sind alle Ritterorden gleichermaßen verdorben.

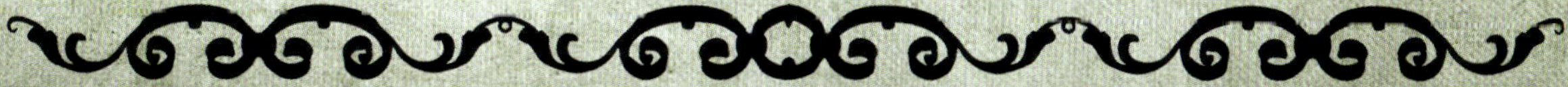

Schaut sich ein Jäger genauer um, erkennt er, dass nicht alle Passanten den Tod der Gefangenen fordern. Vor allem ein Tuchhändler am Rande des Platzes verhält sich auffällig: Angewidert dreht er sich um und verschwindet im Haus hinter seinem Stand (Handlungsfaden #1).

Den Tod der Delinquenten können die Jäger nicht verhindern. Drängen sie sich zum Podest vor, werden sie zu spät eintreffen. Sollten sie Waffen in die Luft abfeuern oder zu anderen radikalen Maßnahmen greifen, erhöht sich die Bedrohungsstufe sofort auf 5 und die tobende Masse überrumpelt die Gruppe. Jeder Jäger erleidet 3 Blutwürfel Schmerzschaden und der HeXXenmeister entscheidet, ob man sie gefangen nimmt oder sie im Chaos entkommen können.

Szene – Das Urteil

Das Schwert der Wache zischt durch die Luft und enthauptet alle drei Gefangenen mit einem einzigen Hieb. Die abgetrennten Köpfe poltern mit einem hässlichen Geräusch zu Boden. Die Menge tobt noch einige Minuten, dann kehrt sie wieder zu ihrem fröhlichen Treiben zurück. Niemand scheint sich daran zu stören, dass die Körper der Toten auf dem Podest liegen gelassen werden.

Handlungsfaden #1: Der Aufstand der Undankbaren

Berhans Mission

Wenn die Jäger die Hinrichtung auf dem Marktplatz von Girne miterlebt haben, können sie einen Tuchhändler am Rande des Platzes ausmachen, der sich verdächtig ablehnend verhält. Klopfen sie nach dem schaurigen Spektakel an seine Tür, öffnet ihnen Berhan (etwa 45 Jahre, in feine Stoffe gekleidet, schütteres Haar). Zunächst wird er versuchen, die Jäger abzuwimmeln, sofern sie sich nicht für Tuchwaren interessieren. Selbst wenn man ihn direkt auf die Undankbaren anspricht, muss der Sprecher der Gruppe eine erfolgreiche Redekunst-Probe (–2) ablegen, um das Vertrauen des Händlers zu gewinnen. Allerdings ist Berhan tatsächlich ein Mitglied des Widerstands und kann es sich nicht leisten, ein Risiko einzugehen: Er muss sich vergewissern, dass die Jäger keine Spione Cevris sind. Daher stellt er sie auf die Probe.

Mit unschuldiger Miene sagt er: „Bekannte von mir berichteten mir kürzlich, dass eine der weisen Damen, die sich Sibylle nennt, regelmäßig einen Wald am Fuße des Selvili Tepe aufsucht, des höchsten Gipfels des nahen Gebirges. Scheinbar hegt sie eine ebensolche Bewunderung für die alten Ruinen dort wie ich. Leider macht mein schlimmer Rücken es mir in letzter Zeit unmöglich, den beschwerlichen Weg dorthin auf mich zu nehmen. Wäret ihr so freundlich, sie zu fragen, ob sie mich in meinem bescheidenen Heim aufsuchen würde, um sich mit mir über die Heiligtümer der Altvorderen auszutauschen?"

Natürlich klingt in seinen Worten deutlich mit, dass dieser „Austausch" nicht unbedingt die bereitwillige Zusammenarbeit der weisen Dame erfordert und die Jäger sie auf jede nur erdenkliche Weise zu ihm schaffen können. Geschäftstüchtige Jäger können sogar eine Belohnung herausschlagen. Berhan ist bereit, der Gruppe 50 Gulden zu zahlen, wobei der Betrag nach den üblichen Regeln hochgehandelt werden. Er wird den Jägern daraufhin den genauen Weg zu dem Wald beschreiben.

Im Kyrenia-Gebirge

Wie ein riesiger Wall trennt das Kalksteingebirge im Norden Zyperns einen großen Teil der Küste vom übrigen Land ab und schafft somit gleichsam zwei Klimazonen: Während der Berggrat zur Küste im Norden stark bewaldet ist, ist er auf der Südseite trocken und karg. Die höchste Erhebung mit 1024 Metern ist der Selvili Tepe (oder Kyparissovouno), an dessen Fuß das Dorf Lapta liegt. Von dort aus müssen die Jäger über einen beschwerlichen Pfad 600 Höhenmeter überwinden, bis sie den Wald erreichen, den Sibylle regelmäßig aufsuchen soll. Dort finden sie auch die Ruinen des alten Tempels, von denen Berhan sprach. Die Landbevölkerung ist Fremden gegenüber misstrauisch. Jäger können sich zwar umhören, werden aber nichts herausfinden, was über die Sorgen einfacher Bauern hinausgeht. Für einige Gulden kann einer der Einheimischen als Führer angeworben werden, der die Gruppe zum Zielort bringt.

Szene – Ruinen im Wald

Die typischen kalabrischen Kiefern säumen eine offene, stark abfallende Lichtung, aus der sich die Überreste alter griechischer Säulen und Mauern erheben. Die Lichtung dient offenbar als kleiner Weinberg, denn überall zwischen den Pfeilern und Steinen wachsen kultivierte Weinreben, die rote Früchte tragen. Nach Norden hin eröffnet sich euch der atemberaubende Anblick des Tieflands und des Meers.

Wann Sibylle erscheint oder ob sie sogar schon anwesend ist, entscheidet der HeXXenmeister. Wie jede weise Dame trägt sie ein einfaches, Gewand in klassisch-griechischem Stil, bestickt mit Ranken- und Traubenmotiven sowie antiken Mustern. Ihr Kopf ist in ein Tuch gehüllt, über ihre Schulter hängt eine Tasche mit Arbeitsgerät, das sie zur Pflege ihres Weingartens benötigt.

Sprechen die Jäger Sibylle an, ist sie alles andere als begeistert über die Anwesenheit der Eindringlinge: Kaum haben sich die (vermutlich) sichtbar gerüsteten Jäger zu erkennen gegeben, verwandelt sich das Gesicht der weisen Dame in eine satyrhafte Fratze – und die Hexe geht zum Angriff über. Nur wenn sich die Gruppe absolut unterwürfig verhält, lässt sich Sybille auf ein kurzes Gespräch ein. Auf die Frage, ob sie die Jäger begleiten wolle, wird sie allerdings ebenso einen Hinterhalt der Undankbaren vermuten wie beim Anblick der Waffen. Am Ende wird die Gruppe gegen die Hexe kämpfen müssen. Um einen Beweis zu haben, dass die weise Dame in Wahrheit eine widernatürliche Kreatur war, können sie ihr den Kopf abschneiden und mitnehmen.

Das Treffen mit András

Kehren die Jäger nach Girne zurück und erzählen Berhan von ihrer Begegnung mit der Kreatur der Nacht (und zeigen ihm als Beweis deren Kopf), wird sich der Händler als Mitglied des Widerstands offenbaren. Er berichtet der Gruppe in aller Kürze, dass auch Cevri eine wahre Hexe sei und mit ihren teuflischen Schwestern die Macht an sich gerissen hätte. Über alles Weitere werde sie der Anführer der Untergrundkämpfer instruieren, sofern die Jäger zu helfen bereit seien.

Gehen die Jäger auf sein Angebot ein, beschreibt Berhan ihnen eine Stelle nahe der Mauer der örtlichen Festung, an der sie zur zweiten nächtlichen Stunde die Losung „Ich habe die Wahrheit gesehen" aussprechen sollen. Alles weitere würde sich ergeben.Finden sich die Jäger zur vereinbarten Zeit am beschriebenen Ort ein und sagen die Losung auf, erleben sie folgende Szene:

Szene – In die Festung

Der Mond steht hoch am Himmel, als ihr an der beschriebenen Stelle an der Festungsmauer die Losung aufsagt. Kurz darauf tritt eine in dunkle Gewänder gekleidete Gestalt aus den Schatten. Sie bedeutet euch, ihr zu folgen, während sie nach

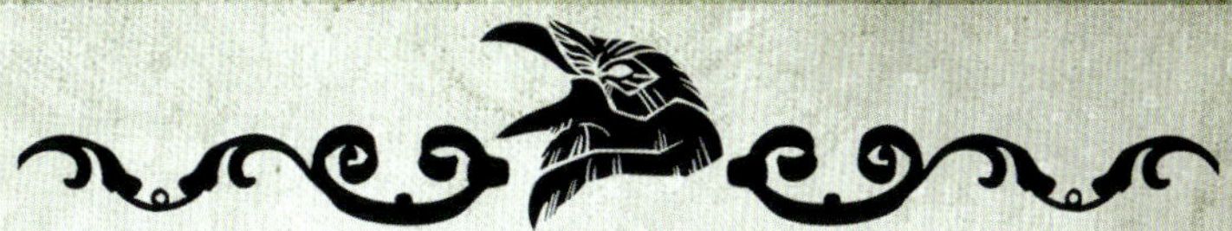

Übersicht über den Kampf

- Mänade „Sibylle"

(Werte siehe Mare Monstrum Obscura, *S. 99)*

Besonderheit: In der Einsamkeit des Gebirges kann Sibylle keine Kultanhänger beschwören, sie muss sich daher auf ihre anderen Kräfte verlassen, um sich gegen die Jäger zur Wehr zu setzen. Je nach Situation wird sie das Gesicht des Satyrs entweder bereits aktiviert haben oder dies als Erstes tun. Anschließend wirkt sie einen Schutzzauber und attackiert die Jäger mit wechselnden Kräften. Die Umgebung ihres Weinbergs zählt bezüglich der Kraft „Meisterschaft" wie eine sonstige Feierlichkeit, wodurch die Mänade einen Bonus von +3 auf sämtliche Proben erhält.

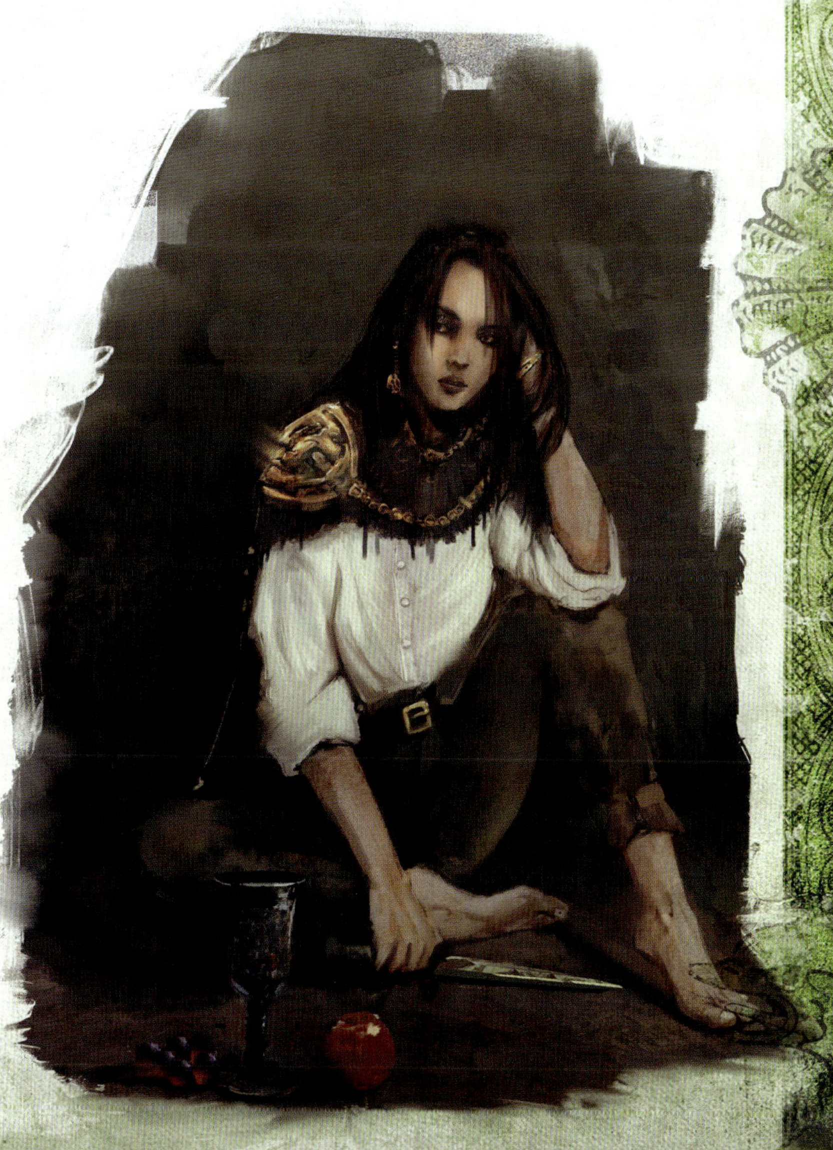

einem Stein in der Mauer tastet. Wenig später öffnet sich rumpelnd eine Geheimtür im Festungswall und ihr folgt der Person in einen Gang, der von Öllampen in flackerndes Licht getaucht ist. Immer tiefer dringt ihr in die Eingeweide der Festung vor, bis ihr vor einer Eisentür steht, die die vermummte Gestalt mit einem Knarren aufschiebt. Euer Blick fällt in einen großen Gewölberaum. An einer Tafel sitzt ein älterer Mann von etwa 50 Jahren. Er trägt feinste Seide sowie eine gepuderte Perücke und scheint murmelnd mit sich selbst zu sprechen. Euer Begleiter schlägt die Kapuze zurück und entpuppt sich als junge Frau. „Mein Herr", sagt sie, „sie sind hier!" Der Mann hält in seinem Zwiegespräch inne. Dann sagt er in schriller Tonlage: „Ah, die Retter Zyperns! Ja, der kleine Holzklotz wird den großen Wagen zum Stürzen bringen. Hört euch an, was ich euch anzubieten habe, Prieteni!"

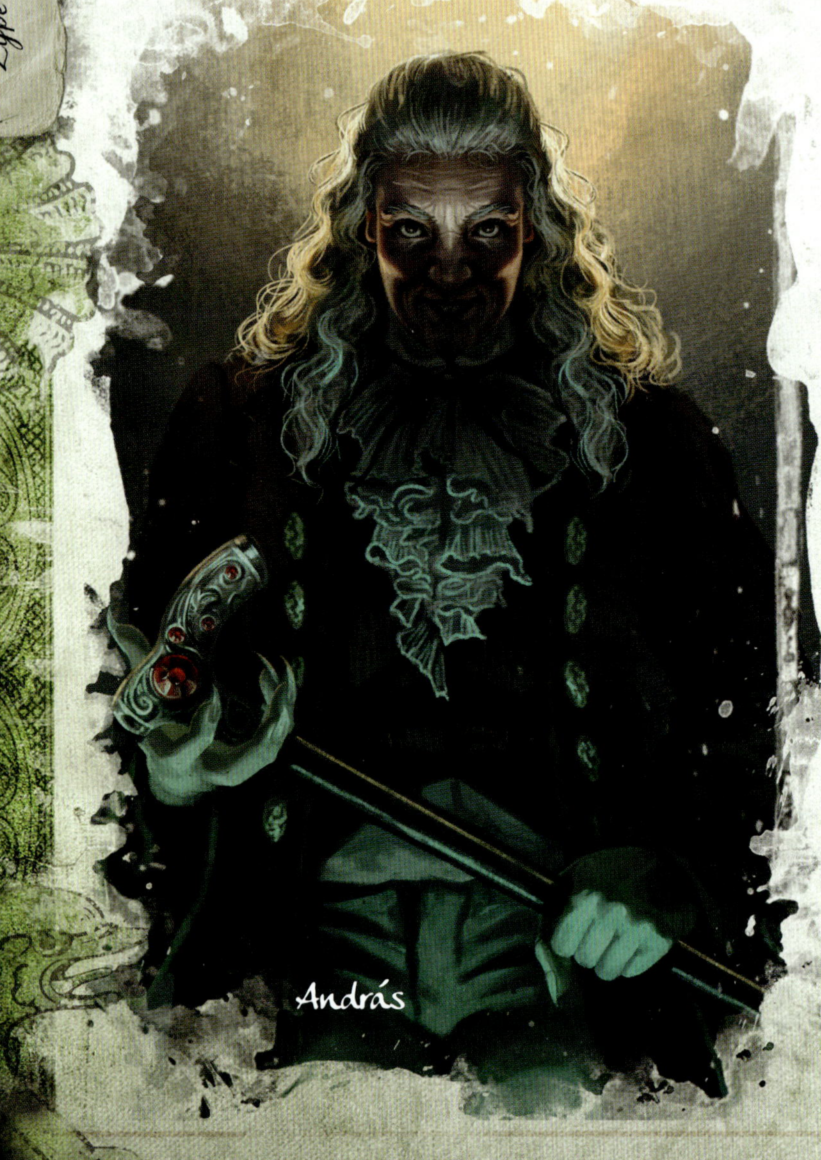
András

Offenkundig ist der eigentümliche Mann, den die junge Frau als Fürst András vorstellt, dem Wahnsinn näher als allem anderen. Dass es sich um einen Vampir handelt, sollten die Jäger an dieser Stelle allerdings noch nicht vermuten. Vielmehr sollte sie der Geisteszustand des Mannes an seiner Zurechnungsfähigkeit und dem Widerstand im Allgemeinen zweifeln lassen. Immer wieder faselt er wirr vor sich hin, unterbricht sich selbst und verliert sich in Nebensächlichkeiten.

Tatsächlich haben die Jäger den Anführer der sogenannten Undankbaren vor sich, einen Vampirfürsten, der Zypern lange aus den Schatten heraus lenkte, bis er zunächst von den Grabesrittern und dann den Mänaden fast aller Macht beraubt wurde – wodurch er zunehmend den Verstand verlor. Die Jäger können in ihm kurzzeitig einen Verbündeten gewinnen, aber das hat seinen Preis. András ist alt, wahnsinnig und will Zypern durch einen Aufstand destabilisieren, um an der verhassten Cevri Vergeltung zu üben. Dazu benötigt er die Hilfe der Jäger.

Der Auftrag des Vampirs

Zunächst wird András die Gruppe fragen, was sie auf Zypern möchte. Berichten die Jäger daraufhin von ihrer Suche nach den Hinterlassenschaften oder dem Grab des Tempelritters, sagt er in einem Moment plötzlicher Klarheit: „Wenn ihr meine Sache unterstützt, werde ich euch Zugang zur Schatzkammer des Palasts von Lefkoşa verschaffen. In den Tiefen der alten Festung bewahrt Cevri alle Reichtümer auf, die sie von den Rittern des Heiligen Grabes stahl. Dort werdet ihr finden, was ihr sucht."

Anschließend setzt András die Jäger über die Situation auf der Insel in Kenntnis. Viele Widerständler seien in den vergangenen Jahren gefangen genommen und in den Kerker von Lefkoşa gebracht worden. Der Vampir verlangt von der Gruppe, dort einzudringen und die Rebellen zu befreien. Im Anschluss würden diese einen Aufstand in den Straßen Lefkoşas anzetteln, während weitere Aufrührer die Stadt von außen attackierten. In dem entstehenden Chaos sei der Palast unbewacht und den Jägern stünde der Weg zur Schatzkammer offen.

Wenn die Gruppe auf das Angebot des Vampirs eingeht, zieht András mit theatralischem Gehabe einen Siegelring aus der Tasche und gibt ihn einem der Jäger (falls dieser ihn zu nehmen bereit ist). Das Kleinod streichelnd, erklärt er zuvor, dass der Ring äußert kostbar sei und magische Kräfte, ja sogar eine eigene Seele besäße. Mit seiner Hilfe sei es ein Leichtes, die Wachen im Kerkerhaus zu überwältigen. Er werde dem Träger von sich aus mitteilen, wann er aktiviert werden könne. Mehr vermögen die Jäger allerdings nicht über den Ring in Erfahrung zu bringen, András wird in Bruchstücken alter Erinnerungen schwelgen und nur noch mehr oder weniger verständliches Gebrabbel von sich geben.

András attackieren
Vielleicht entschließen sich die Jäger dazu, András anzugreifen. András ist nicht gerade erpicht auf einen Kampf mit den Jägern und wird sich möglichst zurückziehen, bevor es zur Auseinandersetzung kommt, oder als Ablenkung einen Blutjünger schicken und in der Zwischenzeit fliehen. Sollten die Jäger diesen Weg einschlagen, werden András und der Widerstand zu erbitterten Feinden der Gruppe. Sie werden jeden Schritt der Jäger auf Zypern beobachten (die Insel allerdings nicht verlassen) und diese aus dem Hinterhalt heraus angreifen, wann immer sich eine Möglichkeit ergibt.

Nach Lefkoşa

Der Weg nach Lefkoşa dauert eine halbe Tagesreise. Die Jäger werden unterwegs fahrende Händler und Patrouillen treffen, die alle von den Festlichkeiten am nächsten Tag sprechen (alternativ kann die Auswahl natürlich auch später stattfinden, falls die Gruppe mehr Zeit im Umland oder in Girne verbringen möchte). Mit einer erfolgreichen Probe auf Land und Leute können die Jäger Grundlegendes über die Zeremonie erfahren: Die Auswahl besteht aus einem rauschenden Straßenfest und einer zeremoniellen Handlung, bei der die weisen Damen besondere Individuen aussuchen, um sie in ihre Dienste aufzunehmen. Das wird als besondere Ehre aufgefasst, in Wahrheit jedoch rekrutieren die Hexen auf diese Weise nur neue Handlager für ihren Kult oder häufig auch Opfer für ihre Rituale. Nach welchen Kriterien die Auswahl erfolgt, können die Jäger zu diesem Zeitpunkt noch nicht in Erfahrung bringen.

Schließlich erreicht die Gruppe Lefkoşa.

Szene – Eine lebendige Stadt
Lefkoşa ist weitaus größer als Girne. Truppen des Sultans bewachen die Durchgänge in der riesigen, sternförmigen Festungsmauer. Durch die Tore quillt ein steter Strom von Besuchern und Händlern in die Stadt. Alle reden nur von dem anstehenden Fest, der sogenannten Auswahl. Es ist euch ein Leichtes, in der Menschenmasse unterzutauchen und unbehelligt in die Stadt zu gelangen. Die sauberen Straßen sind weit verzweigt, viele der prunkvollen Häuser deutlich im venezianischen Baustil angelegt. Über die Dächer hinweg ragen sowohl die Türme von Kirchen als auch von Moscheen. Es gibt zahllose Tavernen, und die Plätze sind voller Waren und Händler. An etlichen Straßenecken seht ihr weise Damen, die sich hilfsbereit die Nöte der Menschen anhören und ihnen gut zureden.

Die Jäger werden sich womöglich in der Stadt umsehen wollen, um ihre weiteren Schritte zu planen. Dabei könnten sie folgende Ziele ansteuern:

- **Kerkerhaus:** Der Kerker ist ein unscheinbares Gebäude mitten in der Stadt. Die Fenster sind klein und vergittert, vor der Tür stehen zwei Wachen. Um das Haus zu finden, können die Jäger entweder wahllos Passanten fragen

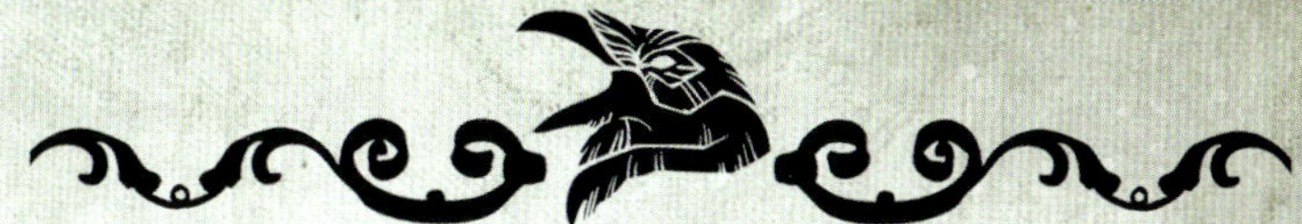

András' Siegelring

Der magische Siegelring folgt allein dem Willen des Vampirs und kann nur dann aktiviert werden, wenn András die Zeit für gekommen hält. Das wird erst geschehen, wenn sich die Jäger im Kerkerhaus von Lefkoşa befinden. Der Träger vernimmt dann eine Stimme in seinem Geist: „Jetzt, entfessele meine Macht!“ In diesem Moment kann sich der Jäger entscheiden, den Ring zu aktivieren (indem er ihn an den Finger steckt) oder nicht (indem er ihn in der Tasche lässt oder vom Finger nimmt). Wird er aktiviert, entfesselt der Träger finstere Blutmagie: Zunächst erleidet der betreffende Jäger Geistschaden in Höhe der Zahl anwesender Bandengegner, die daraufhin alle sterben. Anschließend entströmt den Mündern der Toten je ein fingerdicker Blutstrom, der vom Ring förmlich aufgesogen wird. Der Jäger erhält dadurch pro getötetem Bandengegner 1 Blutwürfel LEP zurück – sogar über sein Maximum hinaus –, allerdings steigt seine Verderbnis auch um insgesamt 1. Die Magie des Ringes lässt sich mehrfach anwenden, wobei der Träger jedes Mal 1 Verderbnis erhält. Der Gruppe sollte schnell klar werden, dass sie ein hilfreiches, aber durch und durch verruchtes Artefakt in ihrem Besitz haben – und dass derjenige, der es ihnen gab, vielleicht mehr ist als ein seniler alter Mann.

Ob der Siegelring auch in anderen Szenen abseits des Kerkerhauses genutzt werden kann, liegt im Ermessen des HeXXenmeisters.

Übersicht über den Kampf

- Andras *(Werte wie Drahtzieher aus den Schatten, siehe:* Buch der Regeln*)*
- 1 Blutjünger

Besonderheiten: Wird András in seinem Festungsversteck gestellt, befindet sich stets 1 Blutjünger in der Nähe, der sein Leben für den Vampirfürsten opfern wird. Der Blutjünger ist nicht beteiligt, wenn die Jäger András auf irgendeine Weise hervorlocken können. In seinem Versteck findet sich Beutegut im Wert von 1000 Gulden.

(was die Bedrohungsstufe um 1 erhöht, aber automatisch gelingt) oder sich als FZA mittels Erkennen (–4) diskret umschauen. Wenn sich die Jäger dazu entschließen, András' Aufstand zu unterstützen, führt ihr Weg unweigerlich in das Kerkerhaus der Stadt.

- **Ordensfestung:** Lefkoşa verfügt über keine eigene Burg, weshalb die Ritter vom Heiligen Grab einen prachtvollen Block venezianischer Villen im Zentrum der Stadt ausbauten und großspurig als Festung bezeichneten. Nach ihrer Machtübernahme ließ sich Cevri darin nieder, sprach allerdings nur noch von ihrem „Palast". Das Bauwerk ist ein Mysterium: Niemand weiß so recht, wo sich Cevri und ihre engsten Anhänger innerhalb des unüberschaubaren Komplexes aufhalten. Tatsächlich liegen die wichtigsten Hallen unterirdisch und sind hinter geheimen Türen und Gängen verborgen. Erkundigen sich die Jäger nach der Ordensfestung oder dem Palast, werden sie zu dem Gebäudekomplex geführt. Dort werden sie jedoch schnell merken, dass sie hier nicht weiterkommen. Alle Eingänge werden von jeweils zwei Wachen in der Livree der weisen Damen versperrt (weiße Uniform mit Traubenmotiv) und lassen niemanden hinein.
- **Regierungssitz des Statthalters:** Das einzige Gebäude, das sich leicht finden lässt, ist der Regierungssitz des Sinan Kara Mustafa Pascha. Er befindet sich in einer venezianischen Villa an einem der großen Märkte. Zwei Wachen stehen vor dem Tor, jede von ihnen trägt einen *Tugh*, ein osmanisches Würdenzeichen, bei dem es sich um eine Stange mit an der Spitze kreisförmig angeordneten Pferdehaaren handelt.

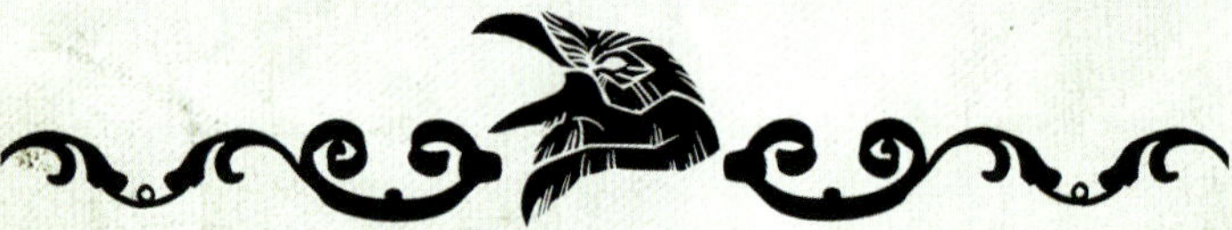

Lefkoşas weise Damen

Die weisen Damen, die man überall in Lefkoşa antreffen kann, sind in der überwiegenden Mehrheit weibliche Mitglieder des Dionysoskults, aber keine Hexen. Nur einige wenige sind tatsächlich Mänaden des inneren Kreises. Die menschlichen Kultistinnen sind fest davon überzeugt, Gutes zu tun. Sollten die Jäger eine von ihnen töten, erhalten sie 1 Verderbnis.

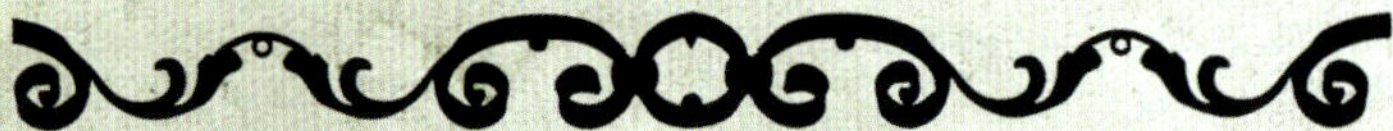

Das Kerkerhaus

Das Kerkerhaus ist zwar im Innern gut bewacht, vor dem Eingang aber verrichten nur zwei Wachen des Sultans ihren Dienst. Allerdings sind diese pflichtbewusst und lassen sich nicht leicht ablenken: Sie halten ihren Posten, was auch immer in ihrer Nähe geschieht. Entscheiden sich die Jäger für einen Angriff, erhöht das die Bedrohungsstufe um 1.

Dringen sie gewaltsam in das Gebäude vor, sind sie bald von Jz x 3 Wachleuten umzingelt. An dieser Stelle wird der Siegelring des Vampirs einen Impuls an seinen Träger senden: „Jetzt, entfessele meine Macht!" Ob die Gruppe sich der Wachen mithilfe des diabolischen Ringes entledigt oder auf herkömmliche Weise, liegt an ihnen.

Ein Eindringen ohne Konfrontation mit den Wachen ist schwierig. Sich erfolgreich an allen vorbeizuschleichen, ist nahezu unmöglich. Über kurz oder lang wird eine der Patrouillen die Jäger entdecken. Die beste Methode besteht darin, Schlafgift einzusetzen (etwa mittels der Rolle „Attentäter"). Haben die Jäger eine andere kreative Idee, sollte der HeXXenmeister ihnen keine allzu großen Steine in den Weg legen.

Schließlich sollten die Jäger die gefangenen Undankbaren erreichen und befreien können. Ihr Anführer heißt Atanasios (35 Jahre, schlank und drahtig, schwarzer Bart, Narbe über dem rechten Auge). Seine Männer überrumpeln die Wachen (falls die Jäger dies nicht bereits getan haben), entkleiden sie und ziehen die Uniformen an. Das alles wird ohne Tumult vonstattengehen. Danach verlassen die verkleideten Gefangenen das Kerkerhaus in unauffälligen Gruppen. Atanasios geht als Letzter. Zuvor berichtet er den Jägern, dass er und seine Leute bereits durch eine Kontaktperson von dem Plan in Kenntnis gesetzt wurden. Während der morgigen Zeremonie werde die Stadt im Chaos versinken. Er legt den Jägern noch einmal nahe, den Aufruhr zu nutzen, um in den Palast einzudringen.

Angriff auf den Palast

Entschließen sich die Jäger zu einem direkten Angriff auf den Palast, sollten sie einer Übermacht an Gegnern gegenüberstehen. Erfolgreich kann das Unternehmen jedoch sein, wenn die Jäger nicht allein kämpfen, sondern mithilfe der Crew der *Lucrezia* und geretteten Widerstandskämpfern vordringen. In diesem Fall werden die Kämpfe in Form von Fokusgefechten (wie beim Bordkampf) ausgetragen. **Erste Welle:** Kampf gegen Jz x 2 osmanische Wachen. **Zweite Welle:** Kampf gegen Jz x 2 osmanische Wachen und eine Mänade. **Dritte Welle:** Kampf gegen zwei Mänaden. Das alles sind nur Richtlinien. Der HeXXenmeister sollte versuchen, den Kampf möglichst anstrengend und kräftezehrend zu gestalten. Zwischen den Wellen bleibt den Jägern kaum Zeit, sich zu erholen und die Gegner formieren sich zusehends.

Der Aufstand

Am Tag nach der Ankunft der Jäger findet die Auswahl statt. Folgende Szene können sie auf dem großen Platz neben der Moschee und dem Regierungssitz miterleben. Sollte die Gruppe noch nichts von der Zeremonie gehört haben, wird sie vom Strom der Einwohner und Gäste geradezu mitgerissen. Ab der Mittagsstunde drängt es scheinbar ganz Lefkoşa auf den großen Platz vor dem Regierungsgebäude.

Szene – Die Auswahl

Ihr müsst euch durch eine johlende Menschenmenge schieben, um überhaupt etwas sehen zu können. Vier weise Damen stehen ruhig auf einem Holzpodest in der Mitte des Platzes, während sich die Masse um sie herum im Takt der Trommeln und Trompeten wiegt, die von Musikanten gespielt werden. Unter dem milden Lächeln der vier Frauen, geraten die Menschen immer mehr in Ekstase. Viele scheinen angetrunken zu sein und haben einen seltsam vernebelten Blick. Mit einem Mal hebt eine der Damen beide Arme und spricht mit lauter Stimme: „Kinder Cevris! Der große Tag ist gekommen! Wir werden dreißig von euch auswählen, die ein wunderbares Leben im Dienste unserer Herrin erwartet. Zeigt mir eure Hingabe! Wer von euch ist würdig?“

Sollten die Jäger die Undankbaren befreit haben, ist dies das Zeichen für ihren Einsatz.

Szene – Der Aufstand

Statt einer Antwort der Masse ertönt das laute Krachen eines Schusses und im gleichen Moment stürmen einige Wachen auf das Podest. Doch offenkundig haben sie nicht den Schutz der weisen Damen im Sinn: Begleitet von den erschreckten Schreien der Menge, ziehen sie ihre Klingen und rammen sie den Frauen in den Leib. Während drei der Damen mit erstauntem Blick zu Boden sinken, weist die vierte einen gänzlich anderen Gesichtsausdruck auf: Ihr Antlitz hat sich zu einer ziegenhaften Fratze gewandelt. Wie in tierhafter Raserei leistet sie den Angreifern Widerstand. Gleichzeitig erheben sich Männer und Frauen innerhalb der Menge und attackieren wahllos Umstehende.

Übersicht über den Kampf

- Jz x 3 Osmanische Wachen

Osmanische Wache

(Bande 2)

LeP: 12 | **Ini: 6** | **Beute:** 5 Gulden (Beutegut: Ausrüstung)
Säbel Erfolge 3, Schaden 3
Pistole Erfolge 3, Schaden 3

In der ausbrechenden Panik haben die Jäger es schwer, sich zielgerichtet einen Weg zu bahnen. Will die Gruppe zu dem Podest oder der blutgierigen Frau gelangen, muss jedem Jäger eine Probe auf Akrobatik (–3) oder Muskelspiel (–3) gelingen. In diesem Fall nehmen sie am Kampf teil (siehe Kasten). Sollte die Probe misslungen sein, kann sie in jeder Kampfrunde wiederholt werden.

Schlagen die Jäger direkt den Weg zum Palast ein, brauchen sie keine Proben abzulegen, da sie sich vom Zentrum des Tumults fortbewegen.

Zum Palast

Während die Jäger durch die Straßen der Stadt eilen, vernehmen sie Kanonensalven und Schreie. Immer wieder kommen ihnen Krieger in weißen Uniformen entgegen: Palastwachen.

An der ehemaligen Ordensfestung selbst sind beim Eintreffen der Gruppe nur noch wenige Wachleute anzutreffen. Diese stellen für bewaffnete Jäger keine Gefahr dar, der Kampf gegen sie kann daher erzählerisch abgehandelt werden. Wenn die Jäger Mustafa Kamber nicht besucht haben (siehe: Unter glänzendem Baldachin, unten), besitzen sie keine Karte der Burg. In diesem Fall können sie den erstbesten Bediensteten bedrohen oder überreden (vergleichende Probe Muskelspiel/Redekunst gegen Wil 4), um den Weg zur Schatzkammer zu erfahren.

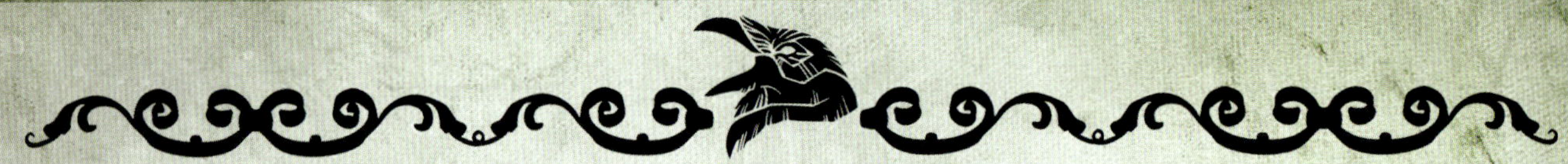

Kampf gegen die Blutjüngerin

Die wilde Frau ist eine Blutjüngerin des András (Werte siehe *Buch der Regeln*, S. 234) – und zwar jene, die die Gruppe durch den Geheimgang in die Festung von Girne führte. Allerdings ist sie nicht allein. Greifen die Jäger sie an, wird ab der zweiten Runde eine weitere Blutjüngerin am Kampf teilnehmen. Ob der Vampirfürst vom Verrat der Jäger erfährt, liegt im Ermessen des HeXXenmeisters.

Kampf gegen die Hexe

Die Hexe auf dem Podest ist eine Mänade. Wenn die Jäger bei ihr eintreffen, hat sie bereits das Gesicht des Satyrs angenommen, aber auch 25 % ihrer LeP verloren. Statt Kultanhängern beschwört sie Osmanische Wachen (siehe S. 97), die in diesem Kampf aufgrund ihrer großen Anzahl für die Beschwörung als Bandengegner der Stufe 1 gelten (für 1 Hex ruft die Mänade 3 Wachen herbei statt 2).

Handlungsfaden #2: Köder für die Hexen

Unter glänzendem Baldachin

Auch dieser Handlungsfaden führt die Jäger nach Lefkoşa und in den Palast von Cevri. Dreh- und Angelpunkt ist Mustafa Kamber, ein geheimer Ermittler des Sultans. Durch sein Spionagenetzwerk hat er von der Anwesenheit der Jäger erfahren und lässt ihnen eine Nachricht zukomme, während sie sich im Gasthaus *Zum glänzenden Baldachin* aufhalten, dessen Wirt Alexos ein Spitzel Kambers ist.

Der HeXXenmeister kann das Gasthaus je nach Situation in Girne oder Lefkoşa verorten. Es ist ein nobles Etablissement, das neben exquisiten Speisen und Getränken auch Wasserpfeifen mit vielen verschiedenen Tabaksorten anbietet. Gegen einige zusätzliche Münzen wird der Wirt den Jägern auch alkoholische Getränke reichen, die der muslimischen Bevölkerung untersagt sind.

Kehren die Jäger im *Glänzenden Baldachin* ein, wird in den späten Abendstunden ein kleiner Zettel unter ihrer Tür hindurchgeschoben. Er hat folgenden Inhalt: „Ich weiß von eurem Unterfangen. Besucht mich in meinem Geschäft in Lefkoşa. Dort kann ich euch die feinsten Gewürze des Orients zeigen, um euer Gericht zu einem würdigen Festmahl zu verfeinern, beispielsweise meinen besonderen Negin-Safran. – Mustafa Kamber“

Jäger, die am Brief schnuppern und denen eine Aufmerksamkeit-Probe (–2) gelingt, nehmen einen leichten Geruch von Safran wahr, der ihnen zuvor auch bei Alexos aufgefallen ist. Stellen sie den Wirt zur Rede, wird er zugeben, für Mustafa zu arbeiten. Er halte ihn für einen ehrenwerten Mann und treuen Diener des Sultans. Alexos kann den Jägern den genauen Standort von Mustafas Geschäft beschreiben, den sie aber auch von Passanten in Lefkoşa erfahren können. Der Wirt weiß mehr über Zypern als manch anderer. Fragen die Jäger ihn nach den Undankbaren oder András, so wird Alexos sie warnen. Die Widerständler würde zwar für eine gute Sache kämpfen, ihr Anführer jedoch sei eine zwielichtige Person, mit der man sich besser nicht einlassen sollte.

Der Gewürzhändler

Befinden sich die Jäger nicht bereits in Lefkoşa, werden sie vermutlich dorthin aufbrechen. Schließlich stehen sie vor dem Geschäft des mysteriösen Gewürzhändlers.

Szene – Exotische Gewürze

Eine Wolke von exotischen Düften strömt in eure Nasen und benebelt eure Sinne, als ihr die Tür zu Kambers Geschäft öffnet. Gewürze, Öle, Pasten und Essig aus aller Herren Länder werden im Untergeschoss des Gebäudes angeboten. Ein Mann mittleren Alters, dessen Kopf fast unter einem gewaltigen Turban verschwindet, begrüßt euch mit freundlicher Stimme: „Salam aleikum, verehrte Reisende. Wie kann ich Euch helfen?“

Wenn die Jäger das Kennwort „Negin-Safran“ erwähnen, wird Mustafa erwidern, dass diese Art Safran extrem selten sei, und fragen, wo sie denn davon gehört hätten. Zeigen sie ihm den Brief, kann er sicher sein, die richtigen Leute vor sich zu haben. Er bittet seine Gäste ins Obergeschoss des Hauses.

Was wollt Ihr von uns? „Mir ist zu Ohren gekommen, dass Ihr mutige Abenteurer seid – und vor allem Streiter für das Gute. ‚Jäger‘ wie man im nördlichen Europa sagt oder ‚Kahraman' im Lande des Hauses Osman. Seit Langem warte ich darauf, solch formidablen Streiter wie Euch zu treffen. Ich habe eine schwierige Aufgabe zu erfüllen, bei der ich Eure Hilfe benötige."

Unsere Hilfe? „Ich möchte dem Dionysos-Kult der Cevri einen empfindlichen Schlag versetzen. Dazu benötige ich tapfere Seelen, die mit einer List in den Palast der Hexe eindringen und in der Schatzkammer ein Fass Schwarzpulver zünden. Dabei muss es sich allerdings um Leute von außerhalb handeln, sonst ist das Vorhaben von Beginn an zum Scheitern verurteilt."

Dionysos-Kult und Hexen? *(Mustafa seufzt.)* „Gewiss, hinter den weisen Damen und den Gefährten der Cevri verbirgt sich nichts anderes als ein Kult von Hexen, die dem Götzen Dionysos dienen. Manche bezeichnen seine Buhlen auch als Mänaden, aber seid versichert: Es sind wahre Hexen mit furchtbaren Kräften. Der Kult hat in den vergangenen drei Jahrzehnten die ganze Gesellschaft der Insel unterwandert, sogar die Beamten meines geliebten Sultans stehen unter ihrer Kontrolle. Mit dem Schatz der Grabesritter vermochte der Kult zwar für Wohlstand zu sorgen, doch dieser wird zwangsläufig enden, wenn die Reichtümer zur Neige gehen. Dies will ich beschleunigen, indem wir die Schatzkammer unter Schutt begraben. Nur so werden die Zyprioten das wahre Gesicht ihrer Herrscherin erkennen."

Armand de Sonnac: „Diesen Namen kenne ich nicht. Ein Tempelritter sagt ihr? Dann kann er nur in der Festung gelebt haben, auch wenn er einem anderen Orden angehörte. Vermutlich wird er auch dort bestattet sein, im Gewölbe unter dem Komplex, den Cevri heute als ihren Palast bezeichnet."

Auf Nachfrage, allerdings auch nur dann, bietet Mustafa eine Belohnung von 250 Gulden pro Person an. Erklären sich die Jäger dazu bereit, dem Spion beim Sturz des Hexenkultes zu helfen, wird er ihnen ein kleines Fass mit Schwarzpulver samt 20 Meter Zündschnur bringen. Da er es für schwierig hält, sich im Palast zurechtzufinden (der Gebäudekomplex sei schon von den Grabesrittern immer wieder um- und ausgebaut worden), skizziert er den Jägern eine Karte, mit deren Hilfe sie den Eingang in die Gewölbe finden sollten. Anschließend erläutert er ihnen seinen Plan: Bei der bald stattfindenden jährlichen Zeremonie der Auswahl würden einige Dutzend Menschen auserkoren, um im Palast zu dienen. Wenn man zu den Erwählten gehörte, könnte man das Gebäude einfach durch den Haupteingang betreten.

Sollten die Jäger keinen anderen Plan verfolgen wollen, wird Mustafa anbieten, das Schwarzpulverfass sowie kleinere Waffen (etwa Dolche und Pistolen) in die Küche des Palasts zu schmuggeln, da die Auserkorenen den Palast natürlich unbewaffnet betreten werden müssen. Laut der Informanten des osmanischen Spions werden die Besitztümer der Erwählten, die man ihnen während der Zeremonie abnimmt, anschließend in die Schatzkammer gebracht.

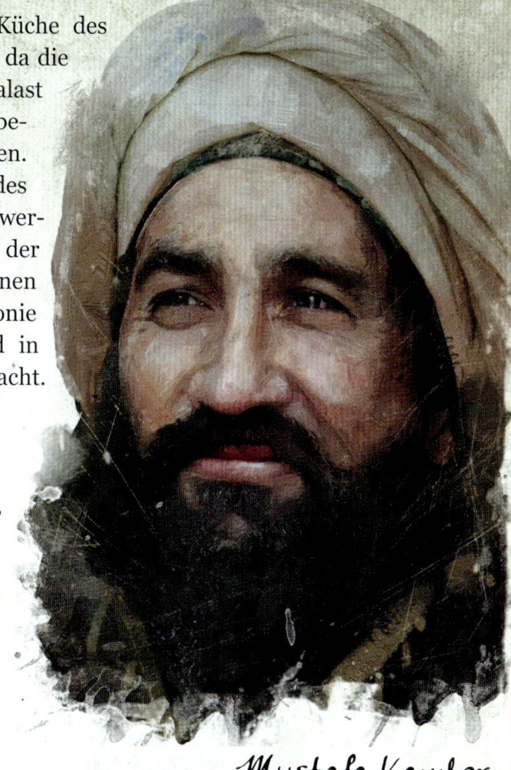

Den Plan umsetzen

Mustafa berichtet, dass er die Zeremonie seit Jahren genau beobachtet habe und zu wissen glaube, wie man erwählt werde. Um von der Mänade auserkoren zu werden, müssen die Jäger Folgendes tun:

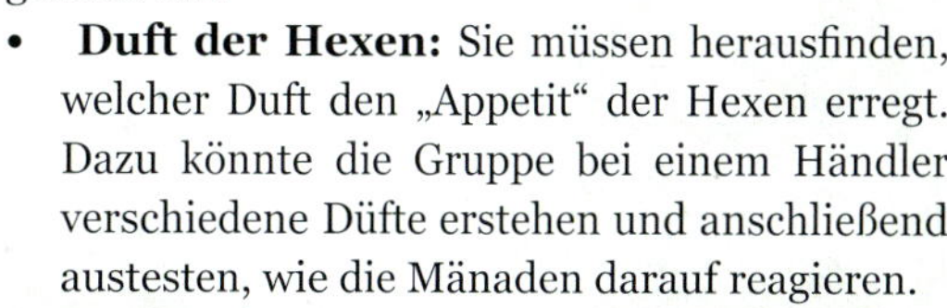

- **Duft der Hexen:** Sie müssen herausfinden, welcher Duft den „Appetit" der Hexen erregt. Dazu könnte die Gruppe bei einem Händler verschiedene Düfte erstehen und anschließend austesten, wie die Mänaden darauf reagieren.
- **Weintrauben:** Die Jäger müssen sich mit dem Motiv der Weintrauben schmücken. Es könnte sich um echte Weintrauben handeln, etwa als Kopfschmuck getragen, oder auch Kleidung mit entsprechendem Muster.
- **Hoheitstitel:** Sie müssen die Mitglieder des Kultes bespitzeln, um den Hoheitstitel Cevris in Erfahrung zu bringen. Rufen sie diesen während der Auswahl lautstark, werden sie die Aufmerksamkeit der Hexen auf sich ziehen.

Weintrauben bzw. Kleidung mit diesem Motiv lassen sich leicht besorgen. Auch den Hoheitstitel Cevris („Witwe von Anamur") kann man durch gezieltes Lauschen in Erfahrung bringen (sollten die Jäger mit den Undankbaren zusammenarbeiten, können ihnen auch diese den Titel verraten). Den passenden Duft herauszufinden, kann allerdings eine Herausforderung sein. Denn es reicht nicht, eine beliebige Kultanhängerin olfaktorisch zu beeindrucken, die Jäger müssen eine wahre Hexe auf ihren Geschmack bringen. Parfüm ist schnell besorgt (20 Gulden für verschiedene Düfte bei einem Händler), eine Mänade hervorzulocken, wird allerdings mehr Aufwand erfordern. Eine Möglichkeit besteht darin, einen Köder zu legen, indem die Jäger beispielsweise in den nächtlichen Straßen lautstark von Hexen und Mänaden und vom Kult des Dionysos reden – alles Dinge, die nur Eingeweihte wissen. Auch andere Pläne der Jäger sollten letztlich von Erfolg gekrönt sein.

Die Auswahl

Das Fest und die Zeremonie der Auswahl werden so stattfinden, wie unter Handlungsfaden #1 beschrieben (siehe: Der Aufstand, S. 97), nur dass diesmal kein Aufstand ausbricht. Nachdem die Mänade auf dem Podest ihre Ansprache gehalten hat, wird sie mit kritischem Blick die Menge mustern und nacheinander mehrere Menschen auswählen (willkürlich und instinktiv), unter denen sich auch die Jäger befinden sollten, sofern sie sich vorbereitet haben.

Wenn der HeXXenmeister möchte, kann er der Gruppe aber auch Steine in den Weg legen und nur die Hälfte der Jäger erwählen. In diesem Fall müssen die Auserkorenen entscheiden, ob sie sich doch vorzeitig absetzen oder darauf vertrauen, dass ihre Mitstreiter einen Alternativplan schmieden. Womöglich reicht die Zeit noch immer aus, um die Undankbaren aus dem Kerker freizulassen, andernfalls können die verschmähten Jäger Abdul Nasir über den Geheimgang in die Palastgewölbe folgen (siehe: Dem Geist folgen, S. 101).

Die Erwählten

Unter dem frenetischen Jubel der berauschten Menge hüllt man die Auserkorenen in zeremonielle Roben und schmückt sie mit Weinreben. Während die Menschen Blütenblätter werfen und mit bunten Bändern winken, setzt sich der Zug der Erwählten, geführt von den weisen Damen, in Richtung Palast in Bewegung. Die persönlichen Besitztümer der Anwärter werden in einer verzierten Truhe von Wachen getragen. Im Palast werden die Jäger schließlich in einen geschmückten Raum geführt. Dort bitten die weisen Damen alle Anwesenden, so lange zu warten, bis sie weitere Instruktionen erhalten.

Szene – Im Raum der Wartenden

Nachdem die weisen Damen das Zimmer verlassen haben, seid ihr allein mit den anderen Erwählten, die sich freudig unterhalten und von den Speisen kosten, sowie zwei Wachen, die sich neben der Tür postiert haben. Nach kurzer Zeit fällt euch auf, dass manche der Auserkorenen nach dem Verzehr der Früchte in einen rauschhaften Dämmerzustand verfallen.

Da sie sich unbewaffnet in der Höhle des Löwen befinden, werden die Jäger aus dem Raum entkommen müssen, ohne Aufsehen zu erregen. Sie könnten versuchen, die beiden Wachen vor der Tür im Handstreich zu überwältigen (Muskelspiel gegen Kkr 6) oder sie mittels Redekunst gegen Wil 6 zu manipulieren. Auch hier sollte der HeXXenmeister kreative Lösungen mit Erfolg belohnen. Sind die Wachen überwunden, können sich die Jäger mittels Kambers Karte auf die Suche nach der Küche machen. Dort findet die Gruppe unter einer Anrichte einige Dolche und Pistolen sowie das Schwarzpulver, getarnt als Fass mit Oliven. n.

Auf dem Weg zur Schatzkammer können die Jäger mittels Heimlichkeit gegen Sin 6 weitere Zusammenstöße mit Wachen verhindern. Falls dies misslingt, können sie versuchen sich herauszureden, indem sie sich als Bedienstete ausgeben, oder die Wachen mit Gewalt ausschalten, was allerdings dazu führen könnte, dass die Gruppe gehetzt von den Soldaten des Kults durch den Palast finden muss. Schließlich sollten sie aber die Schatzkammer erreichen können.

Handlungsfaden #3: Der Geist und die Jäger

Falsche Anschuldigungen

Dieser Handlungsfaden setzt spätestens ein, wenn die Bedrohungsstufe auf 5 steigt. Abdul Nasir ist Anführer der Agenten des Kults und von den Mänaden damit beauftragt, jeden Funken von Ungehorsam zu ersticken. Erregen die Jäger seine Aufmerksamkeit, wird er versuchen, sie aus dem Weg zu räumen. Dazu inszeniert er eine Situation, durch die es so aussieht, als ob die umstürzlerischen Umtriebe der Gruppe von den redlichen Bürgern der Stadt entdeckt wurden, damit die Jäger den Rückhalt der Bevölkerung verlieren.

Szene – Vorwürfe

Ihr befindet euch auf einem der kleineren Plätze der Stadt, als ihr seht, wie eine Gruppe von Stadtbewohnern mit den Fingern auf euch zeigt. „Das sind sie! Ich erkenne sie wieder", ruft eine ältere Frau. „Das sind Undankbare! Sie haben mein Haus geplündert und meine Kinder mitgenommen!" Dann bricht sie schluchzend zusammen. Ihr habt nicht einmal die Chance, Einwände vorzubringen, als bereits einen ganzer Trupp Soldaten um die Ecke biegt und auf euch zuhält.

Entweder stellen sich die Jäger den Soldaten, um sich zu rechtfertigen bzw. zu kämpfen, oder sie suchen das Weite. In beiden Fällen werden echte Mitglieder des Widerstands erscheinen, um zu helfen. Zunächst können alle Jäger eine Probe auf Aufmerksamkeit (–1) ablegen. Bei einem Erfolg erblicken sie hinter den Soldaten einen hageren Mann mit schmalem Gesicht, gekleidet in schwarze Gewänder. Sollten sie ihn attackieren oder sich ihm nur nähern, verschwindet der Mann hinter einer Hausecke und löst sich scheinbar in Luft auf.

- **Kampf gegen die Soldaten:** Streben die Jäger eine friedliche Lösung an, werden sie bei den Soldaten auf taube Ohren stoßen. Die Gruppe wird von insgesamt Jz x 5 Osmanischen Wachen (siehe S. 97) umringt. Bevor jedoch Jäger oder Soldaten ihre Waffen erheben können, prasseln Melonen und andere Gemüsesorten auf sie nieder, geworfen von Kindern aus den Gassen ringsum. Während des Tumults nimmt eine junge Rebellin, Silvia, einen Jäger an der Hand und zerrt ihn mit sich.
- **Flucht:** Versuchen die Jäger der Gefangennahme zu entfliehen, scheint wenig später die ganze Stadt gegen sie mobil zu machen. Wenn ein Entkommen zunehmend aussichtslos erscheint, taucht auch hier unverhofft Silvia auf und winkt die Jäger in eine enge Nebengasse.

Das Versteck

Wie auch immer die Jäger auf Silvia treffen, sie führt die Gruppe in eine Nebengasse. Folgen die Jäger dem Mädchen, zwängt sie sich durch eine Klappe in einer Hauswand, die in ein Kellergewölbe führt. Im Kellergewölbe treffen die Jäger auf ein Dutzend Erwachsener. Sprecherin ist Teresa (Mitte 60, schlohweißes Haar), die sich und ihre Gefährten als Mitglieder des Widerstands vorstellt. Teresa kennt die wahren Hintergründe der weisen Damen und weiß, um wen es sich bei dem hageren Mann handelt: „Abdul Nasir. Wir nennen ihn ‚den Geist', weil er wie ein Gespenst überall in der Stadt erscheint und verschwindet. Er ist Cevris Bluthund. Wir glauben, dass er einen Geheimgang kennt, der in den Palast führt. Aber niemand von uns war bislang so wahnsinnig, ihm zu folgen."

Dem Geist folgen

Jetzt oder später können die Jäger die Widerstandskämpfer einsetzen, um die Fährte des Geistes aufzunehmen. Das eröffnet ihnen die Möglichkeit, unbemerkt in den Palast zu gelangen. Damit man Abdul Nasir folgen kann, muss dieser hervorgelockt werden, etwa indem die Undankbaren zum Schein einen Anschlag verüben. Haben sich

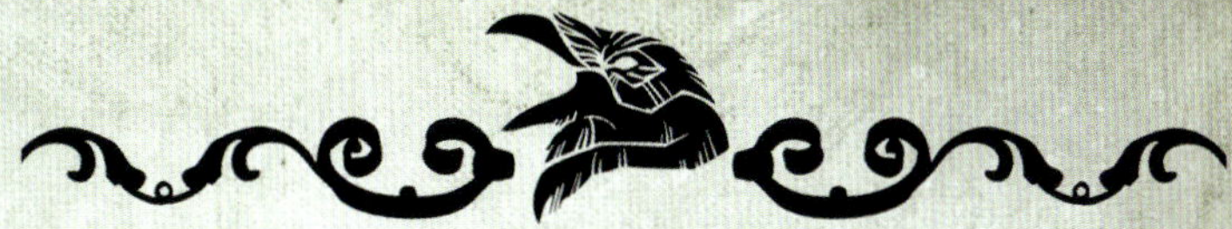

Spielwerte Abdul Nasir

Abdul Nasir besitzt die Spielwerte eines Seeräuberkapitäns (siehe: *Mare Monstrum Obscura*, S. 119), jedoch ohne die Nsc-Kraft „Ansporn". Außerdem trägt er einen Lederpanzer (Pw 2).

einige Jäger auf die Lauer gelegt, können sie dem Geist folgen, wenn er sich wieder in sein Quartier zurückzieht. Ihm unbemerkt nachzustellen, erfordert eine vergleichende Probe Heimlichkeit gegen Sin 7 des Agenten. Hat die Gruppe allerdings keine andere Alternative, um sich Zutritt zum Palast zu verschaffen, sollte der HeXXenmeister die Probe automatisch gelingen lassen.

Letztlich beobachten die Jäger, wie der Geist in einer Kirche verschwindet. Folgen sie ihm hinein, werden sie das Gebäude leer vorfinden. Schaut sich die Gruppe um, lassen sich mithilfe einer gelungenen Erkennen-Probe (–1) Schuhspuren entdecken, die in die Krypta im Untergeschoss führen. Dort offenbart eine weitere Probe auf Erkennen (–1) den Umrisse einer Geheimtür, die sich mit etwas Mühe aufdrücken lässt. Der sich anschließende Tunnel führt in die unterirdischen Kammern des Palastes, die Abdul Nasir als Quartier nutzt.

Szene – Das Quartier des Geists

Ihr erreicht mehrere zusammenhängende Gewölberäume, die wohnlich eingerichtet sind: Überall liegen Teppiche aus, die Wände sind weiß getüncht, die Durchgänge mit Vorhängen abgetrennt. Das Mobiliar ist im venezianischen Stil gehalten und reich mit Schnitzereien verziert.

In einem dieser Räume hält sich Abdul Nasir auf. Da er in seinem Quartier nicht mit Eindringlingen rechnet, können die Jäger ihn mit einer vergleichenden Probe auf Heimlichkeit gegen Sin 7 umgehen. Sollte er die Gruppe bemerken oder diese ihn angreifen, wird er sich ohne Zurückhaltung in den Kampf stürzen. In seinem Quartier finden die Jäger Beutegut im Wert von 450 Gulden sowie weitere 400 Gulden in Münzen. Zudem entdecken sie eine Karte über die Stadt Lefkoşa und den Palast, mit der sich die Schatzkammer leicht erreichen lässt. Schleichen die Jäger an Abdul Nasir vorbei, finden sie die Karte nicht. In diesem Fall müssen sie stattdessen einen Bediensteten überwältigen, bedrohen oder befragen (siehe: Zum Palast, S. 97), um sich im Palast zu orientieren.

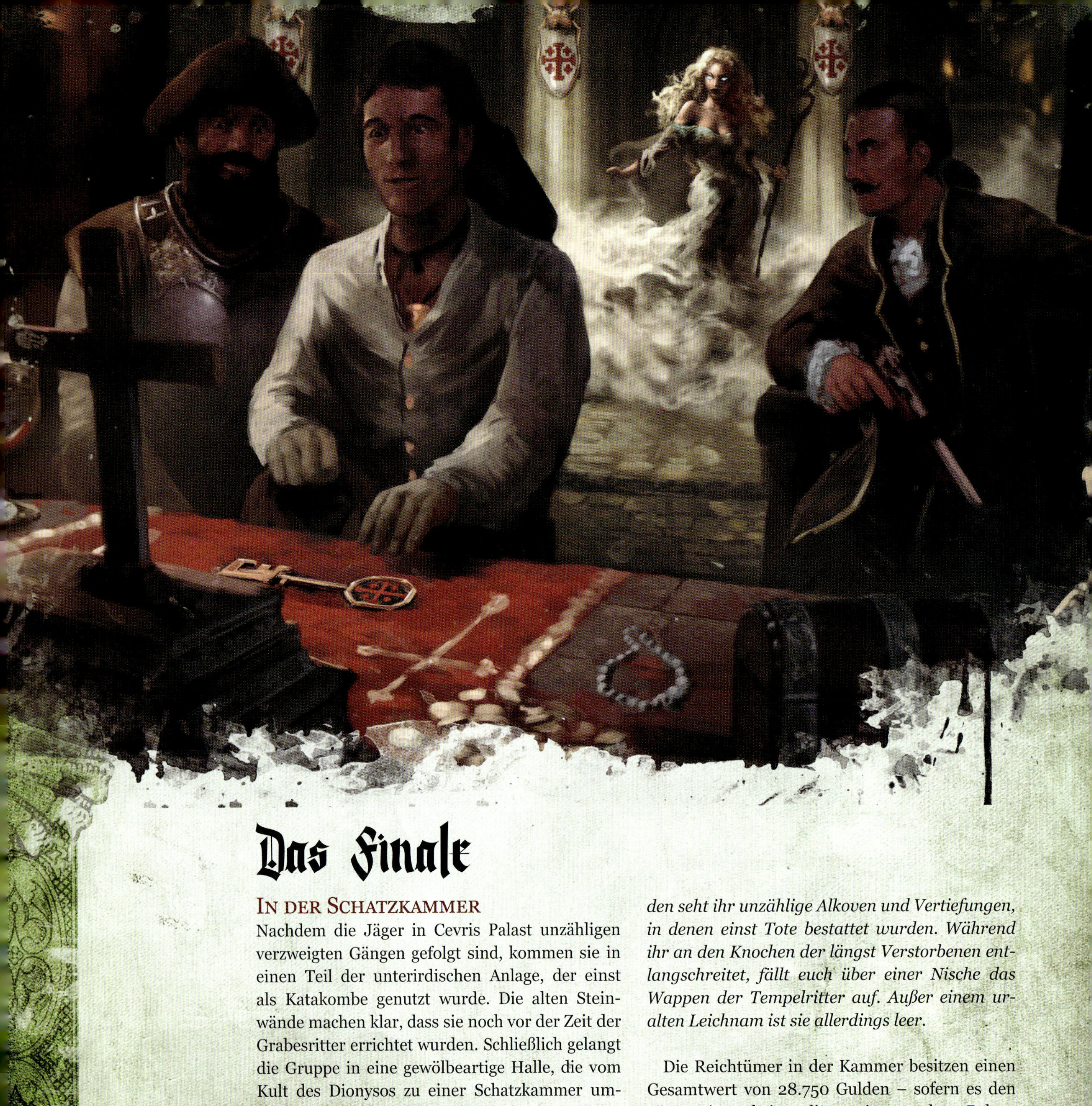

Das Finale

In der Schatzkammer

Nachdem die Jäger in Cevris Palast unzähligen verzweigten Gängen gefolgt sind, kommen sie in einen Teil der unterirdischen Anlage, der einst als Katakombe genutzt wurde. Die alten Steinwände machen klar, dass sie noch vor der Zeit der Grabesritter errichtet wurden. Schließlich gelangt die Gruppe in eine gewölbeartige Halle, die vom Kult des Dionysos zu einer Schatzkammer umfunktioniert wurde.

Szene – Schatzkammer

Ihr betretet eine kreisrunde Halle, die mindestens 40 Meter durchmisst. Fackeln an den Wänden tauchen den Raum in ein warmes Licht. Die Halle ist mit Haufen funkelnder Münzen, wertvollem Schmuck, alten Kunstwerken und Truhen verschiedener Größen gefüllt, von denen einige vor weiteren Schätzen wie Edelsteinen, Zeremonienwaffen und Geschmeide überquellen. In den Wänden seht ihr unzählige Alkoven und Vertiefungen, in denen einst Tote bestattet wurden. Während ihr an den Knochen der längst Verstorbenen entlangschreitet, fällt euch über einer Nische das Wappen der Tempelritter auf. Außer einem uralten Leichnam ist sie allerdings leer.

Die Reichtümer in der Kammer besitzen einen Gesamtwert von 28.750 Gulden – sofern es den Jägern irgendwie gelingt, sie aus dem Palast, durch Lefkoşa, über die Insel und bis zur *Lucrezia* abzutransportieren, ohne dabei Aufmerksamkeit zu erregen. Durchsuchen die Jäger die Schätze, werden sie durch eine erfolgreiche Probe auf Erkennen (–1) eine kleine Truhe finden, die sowohl das Kreuz der Templer als auch das der Grabesritter trägt. In ihr findet sich auch ein Stück Pergament mit der lateinischen Botschaft: „Dies ist das Vermächtnis unseres getreuen Bruders, verraten von Rom, nach dem Tode aufgenommen in unserer Mitte, ohne Wurzeln und doch verwurzelt in Gott.“ In dem Kästchen befindet sich das gesuchte Schlüsselfragment.

Auserwählte Eindringlinge
Sollten die Jäger als Erwählte in den Palast gekommen sein, finden sie in der Schatzkammer auch die verzierte Kiste mit ihren Besitztümern. Außerdem ist die Gewölbehalle jener Ort, an dem sie Mustafa Kambers Schwarzpulverfass zünden sollen. Allerdings sollten die Jäger dazu erst genug Zeit haben, nachdem sie Hüterin besiegt haben (siehe unten). Setzen sie die Zündschnur in Brand, empfiehlt es sich, die Beine in die Hand zu nehmen.

Szene – Bumm!
Die Explosion lässt euch taumeln, auch wenn ihr das Gewölbe schon längst hinter euch gelassen habt. Die Druckwelle treibt Staub und Steinsplitter vor sich her. Hustend tastet ihr euch weiter vor.

Die Wächterin des Schatzes

Kurz nachdem sie das Schlüsselfragment gefunden haben, wird eine besonders alte und mächtige Mänade das Gewölbe betreten, die Hüterin.

Szene – Die Hüterin
Plötzlich vernehmt ihr eine kratzende Stimme. „Ihr wagt es, die Schwesternschaft zu bestehlen? Ihr wagt es, in mein Reich einzudringen, in das Reich der Schatzhüterin? Ich werde Cevri eure Köpfe präsentieren, nachdem ich sie euch vom Rumpf gerissen habe!“ Als ihr euch umschaut, seht ihr eine groteske Hexe, deren Antlitz das eines Satyrs ist und aus deren Kopf lange gewundene Hörner ragen, auch die Beine ähneln der einer Ziege und ihr ganzer Körper scheint von einem flaumartigen Fell bedeckt zu sein.

Seit Jahrzehnte hat die Hüterin ihr Vettelgesicht nicht abgelegt und so nahm sie mit der Zeit mehr und mehr das ziegenhafte Aussehen eines Satyrs an. Sie wird nicht lange zögern und sich sofort auf die Jäger stürzen.

Flucht aus dem Palast

Nachdem die Jäger die Hüterin besiegt haben, können sie aus dem Palast entkommen. Sollten die Jäger Mustafa Kambers Bombe zur Explosion gebracht haben, wird sich der ganze Palast in heilloser Panik befinden. Vielleicht ist neben der Schatzkammer sogar ein Teil des oberirdischen Gebäudekomplexes eingestürzt. Unter diesen Umständen haben die Jäger keinen Widerstand zu erwarten. Am Ende dieser Episode hat die Gruppe ein weiteres Schlüsselfragment in ihrem Besitz. Unter Umständen bietet sich direkt im Anschluss an die Flucht an, lose Enden der Handlungsfäden aufzugreifen. Wird sich der Widerstand gegen den Kult des Dionysos durchsetzen? Oder können die Osmanen mit Mustafa Kambers Hilfe wieder die Kontrolle über die Insel erlangen? Wie wird Cevri auf den Angriff der Jäger reagieren? Oder plant die Gruppe vielleicht sogar, den Kampf zur Hexe selbst zu tragen? All dies sind Fragen, die in weiteren spannenden Abenteuern auf Zypern beantwortet werden können.

Übersicht über den Kampf

- Die Hüterin
- Kinder des Dionysos (durch Beschwörung)

Spielwerte: Die Hüterin

Die Hüterin besitzt die Spielwerte einer Mänade mit folgenden Anpassungen:

- Die Hornattacke des „Gesichts des Satyrs“ verursacht einen Grundschaden von 10 statt 5.
- In der Schatzkammer beschwört die Hüterin Kinder des Dionysos statt Kultanhänger.
- Aufgrund ihrer körperlichen Veränderung beträgt ihr Pw 3 statt 1.
- Bezüglich der Kraft „Meisterschaft“ zählt die Umgebung der Schatzkammer für die Hüterin wie eine Kultorgie, sodass sie Hüterin einen Bonus von +5 auf alle Proben erhält.

Kind des Dionysos

(Bande 3)

Kinder des Dionysos entsprechen in jeder Hinsicht Kindern des Cernunnos (siehe: *Hexenzorn – Grimoire für den Hexenjäger*, S. 99). Wie Alben sind sie zwar mythische Lebewesen, aber keine widernatürlichen.

LeP: 13 | **Ini: 14** | **Beute:** 5 Gulden (Beutegut: Tand, Felle, geschnitzte Schmuckstücke)
Dolch Erfolge 4, Schaden 1
Bogen Erfolge 4, Schaden 2 +*Panzerdurchdringer (–1)*

- **Deckungshaltung** (SR –5/Fernkampfangriffe, freistehend)
- **Hinterhalt** (10 Würfel/Wald)

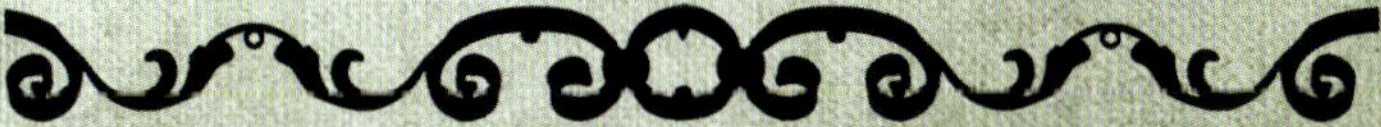

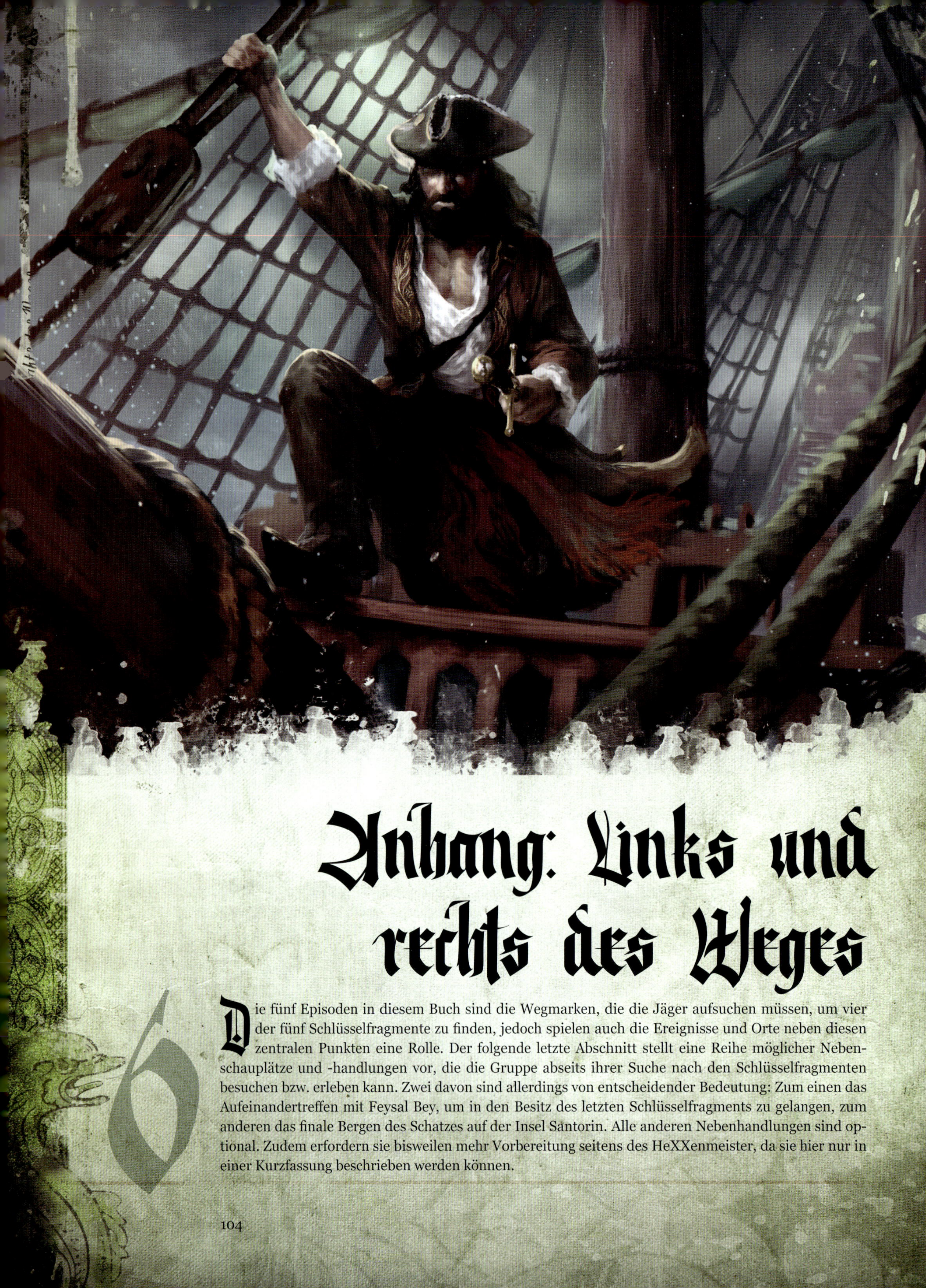

Anhang: Links und rechts des Weges

6

Die fünf Episoden in diesem Buch sind die Wegmarken, die die Jäger aufsuchen müssen, um vier der fünf Schlüsselfragmente zu finden, jedoch spielen auch die Ereignisse und Orte neben diesen zentralen Punkten eine Rolle. Der folgende letzte Abschnitt stellt eine Reihe möglicher Nebenschauplätze und -handlungen vor, die die Gruppe abseits ihrer Suche nach den Schlüsselfragmenten besuchen bzw. erleben kann. Zwei davon sind allerdings von entscheidender Bedeutung: Zum einen das Aufeinandertreffen mit Feysal Bey, um in den Besitz des letzten Schlüsselfragments zu gelangen, zum anderen das finale Bergen des Schatzes auf der Insel Santorin. Alle anderen Nebenhandlungen sind optional. Zudem erfordern sie bisweilen mehr Vorbereitung seitens des HeXXenmeister, da sie hier nur in einer Kurzfassung beschrieben werden können.

Rhodos – Insel des fünften Ritters

Hintergrund

Die Insel und die Stadt Rhodos spielen als Schauplatz für die Kampagne keine große Rolle, aber es ist sehr wahrscheinlich, dass die Jäger die Insel ansteuern, da sie Teil des Rätsels ist. Geographisch liegt sie zwischen Kreta und Zypern, weshalb es sich anbietet, von hier aus zu einem der beiden anderen Templergräber aufzubrechen. Vermutlich werden die Jäger in Rhodos-Stadt anlegen, das am Nordzipfel der Insel gelegen ist.

Szene – Der Hafen von Rhodos

Ihr steuert einen Hafen an, in dem nur wenige Schiffe vor Anker liegen. Die Stadt dahinter macht einen heruntergekommenen Eindruck. Allerdings scheint sie von einem mächtigen Festungsring umschlossen zu sein, den man von der Seeseite jedoch nur bruchstückhaft zu sehen bekommt. Nur die auf einem Hügel thronende Burg mit ihren weiß getünchten Mauern wirkt gut erhalten und wehrhaft. Eine geradlinige Straße führt zwischen eng beisammenstehenden Häuser hinauf zum Burghügel.

1733 herrscht über Rhodos erneut der Hospitaliterorden, der Stadt und Insel erst vor zwei Jahren von einem lockeren Bund von Korsaren zurückeroberte. Die Spuren der Kampfhandlungen sind noch heute an vielen Stellen offensichtlich. So manches Gebäude in Rhodos-Stadt weist Einschusslöcher auf, ganze Straßenzüge sind abgebrannt, viele Häuser stehen noch leer oder werden derzeit wiederaufgebaut.

Obwohl der Orden die Instandsetzung und den Ausbau der Insel mit großen Geldmitteln unterstützt, ist es um die Wirtschaftskraft der Rhodier nicht gerade gut bestellt (das war allerdings schon vor Inbesitznahme durch die Hospitaliter so), und das merkt man deutlich, wenn man sich durch die Stadt bewegt.

Lediglich der zur Festung ausgebaute Großmeisterpalast im Zentrum der Stadt, Sitz des Ordens auf Rhodos, macht einen prächtigen Eindruck. Viele andere Reparaturarbeiten wurden bislang hintangestellt. Allerdings macht sich der Einfluss der Hospitaliter, die von der Bevölkerung mit offenen Armen empfangen wurden, langsam bemerkbar. Viele Siedlungen im Hinterland florieren bereits. Bis diese Entwicklung jedoch überall sichtbar ist, wird es noch einige Jahre dauern.

Die Hospitaliter

Die Jägergruppe sollte es dieses Mal nicht schwer haben, mit den maßgeblichen Personen sprechen zu können. Erste Anlaufstelle wird vermutlich der Großmeisterpalast sein. Befindet sich ein Johanneus-Bruder in den Reihen der Jäger, werden sie dort wie gute Freunde willkommen geheißen. Andernfalls müssen sie am Torhaus gute Argumente liefern, um zu Kommandant Adriano da Marciano vorgelassen zu werden. Hier sollte der HeXXenmeister im Hinterkopf behalten, dass die Johannei ein großes Interesse an okkultem Wissen haben und in den Tiefen unter dem Großmeisterpalast durchaus nicht unumstrittene Forschungen durchführen. Berichten die Jäger von Guillaume de Borgonde bzw. seinem Rätsel oder ihren Erlebnissen an einem der anderen Schauplätze, wird der Statthalter ihnen neugierig eine Audienz gewähren.

Adriano da Marciano

Adriano da Marciano (mittelgroß, etwa 45 Jahre, gepflegter Backenbart, schwadroniert gern über Rotwein) empfängt die Jäger in einer pompös eingerichteten Halle des Großmeisterpalastes. Als er von der Gruppe erfuhr, war er gerade dabei, einen

Feysal Beys Schlüssel

Die Jäger werden vermutlich schon mehrere Episoden erfolgreich beendet und so einige Schlüsselfragmente in ihren Besitz gebracht haben, bevor es zum letzten Part der Kampagne kommt, denn eines der gesuchten Artefakte befindet sich in der Hand von Feysal Bey. Der gefürchtete Korsar besitzt es bereits seit Beginn der Kampagne, als er in der Straße der Wunder kaufte, nachdems Carlotta d'Ambrosio vor ihrem Cousin fliehen musste. Die junge Abenteurerin weiß das – und die Jäger sollten es nach einiger Zeit auch in Erfahrung bringen. Wurde Carlotta anfangs entführt, könnte die Gruppe diese Information von Desmina bekommen. Als heimlicher Handlanger Cosimo Calergis hat auch Michel Fourmont davon erfahren. Scheiden beide Informanten aus, können diesen Part beliebige andere Nsc übernehmen, denen die Jäger an den verschiedenen Schauplätzen der Kampagne begegnen und die ihnen freundlich gesinnt sind. Dass Feysal Bey Ausschau nach gewissen Schlüsselfragmenten hält, hat sich inzwischen herumgesprochen. Nur eines können die Jäger nicht wissen: welchem der fünf Ritter Feysal Beys Schlüssel gehörte. Folglich müssen sie davon ausgehen, dass sie unweigerlich an einem Schauplatz leer ausgehen. Dieser Schauplatz ist Rhodos.

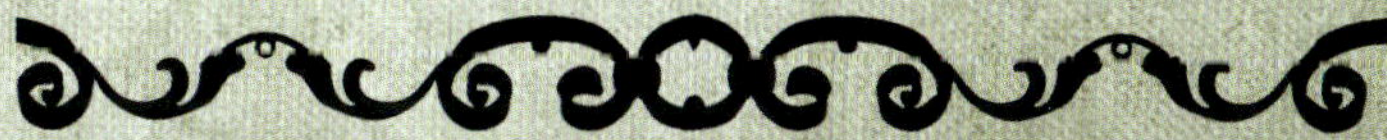

Winzer zu ermitteln, der den begehrten Vertrag zur Belieferung des Palastes erhält. Die Jäger sind eingeladen, an der Verkostung der Weine teilzunehmen. Außer da Marciano befinden sich noch fünf weitere hochrangige Ordensmitglieder in der Halle. Der Kommandant trifft sich niemals allein mit Fremden. Da Marciano ist erpicht darauf, so viel wie möglich von den Jägern und ihren Erlebnissen zu erfahren. Je nachdem, wie fortgeschritten die Kampagne ist, kann dies zu einem längeren Gespräch ausarten, das bis tief in die Nacht dauert und in deren Verlauf immer mehr Wein konsumiert wird, später auch handfeste Nahrung. Im Gegenzug kann da Marciano einige Wissenslücken der Gruppe schließen. Er weiß zum Beispiel, dass Feysal Bey nach den Schlüsselfragmenten sucht und vor Kurzem auch vor Rhodos gesichtet wurde (auch der Korsar weiß nicht, wessen Artefakt er besitzt). Was Gilbert de Chartres angeht, hat der Ordensbruder allerdings Enttäuschendes zu berichten. Tatsächlich kennt da Marciano den Namen des Tempelritters und weiß, dass dieser 1520 auf Rhodos starb und seine Gebeine in einer Kirche der Hospitaliter hinterlegt wurden. Doch als die Osmanen Süleymans des Prächtigen den Orden zwei Jahre später vertrieben, plünderten sie sämtliche Schätze und Gräber. Die Kirche wurde sogar abgerissen. Was mit den Hinterlassenschaften des Templers ab diesem Zeitpunkt geschah, verliert sich im Dunkeln der Geschichte.

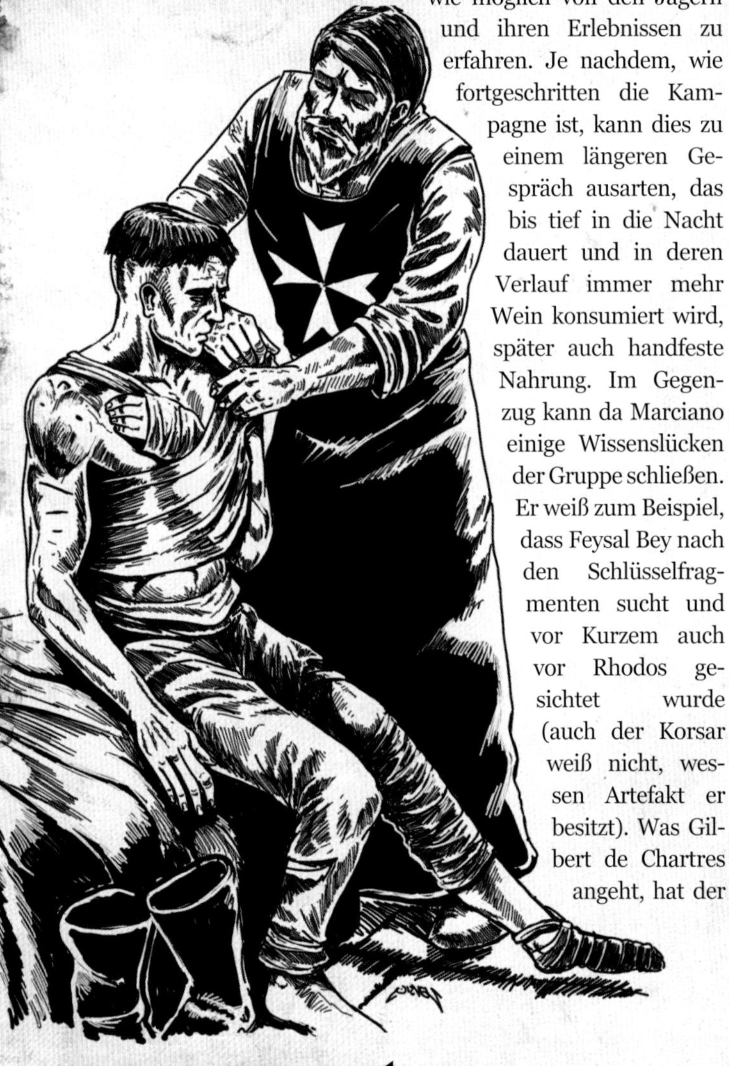

Weitere Optionen

Schnell merken die Jäger, dass sich Rhodos bei ihrer Suche als Sackgasse entpuppt. Glauben sie dem Kommandanten der Hospitaliter nicht, können sie natürlich eigene Nachforschungen anstellen, was dem HeXXenmeister die Möglichkeit gibt, diverse kleinere Abenteuer einzubauen: Vielleicht dringen die Jäger in die Gewölbe unter dem Großmeisterpalast vor und kommen dabei den obskuren Studien der Johannei auf die Spur oder sie erfahren von der wahnsinnigen Kreatur, die seit einiger Zeit das Umland der Stadt heimsucht. Diese und weitere Anregungen finden sich in *Mare Monstrum*, a S. 62 , und *Mare Monstrum Obscura*, ab S. 62.

Göttliche Essenz

Unter bestimmten Bedingungen können die Jäger von den Ordensbrüdern einen kleinen Vorrat Göttliche Essenz erwerben, wobei die Hospitaliter die wertvolle (und geheime) Substanz nicht leichtfertig abgeben. Befindet sich kein Johanneus-Bruder in den Reihen der Jäger, ist die Essenz vermutlich nur von geringem Wert für sie. Ganz anders sieht es allerdings aus, wenn sie auf der Suche nach den Zutaten für den Ätherschnaps sind (siehe: Ätherschnaps für den Geisterkapitän, S. 110).

Feysal Bey

Feysal Bey, der mächtigste Gegenspieler der Jäger, wird vermutlich erst im Laufe der Kampagne eine Rolle spielen. Um die spätere Begegnung mit ihm aufzubauen, sollte der HeXXenmeister den Korsarenfürsten wie einen drohenden Schatten über den Jägern schweben lassen. Immer wieder könnte die Gruppe geflüsterte Gerüchte über ihn hören, immer wieder könnte sein Schiff während einer Episode gesichtet werden, immer wieder könnten seine Handlanger am Rande in Aktion treten. Außerdem sollte sich im Laufe der Kampagne herumsprechen, dass Feysal Bey nach alten Artefakten der Tempelritter sucht – deren Beschreibung ziemlich genau auf die Fragmente zutrifft, die die Jäger bereits in ihren Besitz gebracht haben.

Aber was wäre ein ikonischer Gegenspieler, wenn er niemals in Erscheinung träte? Der HeXXenmeister kann die folgenden drei Begegnungen, wenn möglich in der beschriebenen Reihenfolge, an beliebigen Schauplätzen einstreuen.

Der Assassine Remzi

Feysal Bey sucht mit aller Macht nach den anderen Schlüsselfragmenten. Daher hat er seine besten Spione auf mögliche Ziele angesetzt, an denen er die Artefakte vermutet. An einem dieser Orte kommen die Jäger in Kontakt mit einem Assassinen (oder einer Assassinin), im besten Fall Remzi. Womöglich haben die Jäger mit diesem ohnehin noch ein Hühnchen zu rupfen.

Den folgenden Hinweis kann die Gruppe entweder im Rahmen einer Massenbefragung oder von einem beliebigen Nsc erhalten:

Der Schlüsselsucher (2 Erfolge): Es gib eine Person in der Stadt, die ganz ähnliche Fragen stellt wie die Jäger und die sich selbst nur „der Schlüsselsucher/die Schlüsselsucherin" nennt. Möglichst unauffällig habe sich die mysteriöse Person nach einem bestimmten Tempelritter umgehört. Daher kann niemand sicher beschreiben, wie sie aussieht. Unklar ist auch, in wessen Auftrag sie handelt. Nur eines ist bekannt: Wer Hinweise auf ein altes Templerartefakt oder einen solchen Ritter besitzt, soll eine Nachricht beim Wirt des *Tanzenden Krugs* hinterlassen. Der/Die Unbekannte werde sich dann mit dem Informanten in Kontakt setzen. Es winke eine reiche Belohnung, sagt man.

Mit dieser Information können die Jäger die Spur ihres Konkurrenten aufnehmen, z. B. indem sie den Wirt bestechen oder ihn unauffällig beobachten. Vielleicht werden sie aber auch selbst aktiv, geben sich als Informanten aus und vereinbaren ein Treffen mit der geheimnisvollen Person. Remzi (oder sein Ersatz) sind extrem vorsichtig. Die Jäger müssen unter Beweis stellen, dass auch sie Meister der Heimlichkeit sind, um ihn zu stellen.

Wird der Assassine entdeckt und enttarnt, kann sich eine Verfolgungsjagd durch die Gassen oder über die Dächer der Stadt entspinnen. Sollte Remzi erneut entkommen, wird er zu einem späteren Zeitpunkt in Erscheinung treten. Ab der ersten Begegnung mit den Jägern hat er deren Fährte aufgenommen und wird sie nicht mehr verlieren. Sobald sie am Ende der aktuellen Episode das Schlüsselfragment gefunden haben, schlägt er zu. Er könnte die Jäger ködern, indem er etwa einen befreundeten Nsc entführt, oder sie in eine andere Art von Hinterhalt locken. Auch schreckt er nicht vor der Anwendung von Giften, Drogen und Sprengsätzen zurück. Seiner habhaft zu werden, sollte die Jäger vor Herausforderungen stellen.

Können die Jäger ihn fassen, wird er nichts Wesentliches verraten. Er wird lediglich preisgeben, dass er im Dienste Feysal Beys steht. Der Korsar habe durch einen Verräter aus den Reihen des Orakelbundes von dem Schatz der Tempelritter erfahren und in Konstantinopel bereits ein Schlüsselfragment in seinen Besitz gebracht (was die Jäger womöglich schon aus anderen Quellen wissen). Falls Remzi Carlotta in Napoli di Romania entführt hat, habe er sie weisungsgemäß auf der *Seewolf* abgegeben. Ob sie noch lebt, weiß er nicht. Allerdings hält er seinen Auftraggeber nicht für dumm: „Feysal Bey wird sie erst dann töten, wenn sie keinen Nutzen mehr für ihn hat." Da Remzi (oder ein entsprechender Assassine) dem verdorbenen ägyptischen Zweig des Ordens angehört, verursacht seine Tötung keine Verderbnis.

Der Wolf zeigt sich

Die folgende Begegnung kann eintreten, wenn die Jäger aus einem beliebigen Hafen auslaufen wollen. Gerade als sie den Anker lichten und die Segel setzen, kommt ihnen die *Seewolf* entgegen.

Szene – Der Wolf der See

Plötzlich scheint sich der Himmel zu verfinstern, obwohl sich keine Wolke vor die Sonne schiebt. Auch die Geräusche des Hafens werden leiser. Die Menschen auf den anderen Schiffen und an der Kaimauer verstummen und starren wie gebannt auf das Meer hinaus. Durch die Hafeneinfahrt schiebt sich ein mächtiger, nachtschwarzer Rumpf; einst ein venezianisches Linienschiff, heute ein Gefährt aus der Hölle. Die Reling ist verziert mit Tausenden Totenköpfen, die Segel blähen sich entgegen der Windrichtung auf und ein tiefes Ächzen und jammerndes Knarzen geht von den Masten und Planken aus.

Natürlich erkennt Feysal Bey die *Lucrezia* – und er durchschaut auch jedwede Tarnung, die sich die Jäger womöglich ausgedacht haben.

Szene – Feysal Bey

Das finstere Höllengefährt kommt der Lucrezia *immer näher, doch sein Kurs scheint knapp an euch vorbeizuführen. Als es in unmittelbarer Nähe an euch vorbeigleitet, erfahrt ihr auch den Namen des Schiffs:* Seewolf. *Fast im gleichen Moment erblickt ihr eine wahrhaft imposante Erscheinung: ein am Bug stehender Mann, der alle anderen Crewmitglieder überragt. Er trägt einen schwarzen Herrenrock, doch seine Brust ist nackt, bedeckt nur von zahlreichen Tätowierungen. Auf dem Kopf trägt er den Dreispitz eines venezianischen Admirals, doch seine dunkle Haut weist auf eine arabische oder nordafrikanische Abstammung hin. Gerade als das dämonische Schiff euch passiert, fixieren euch die Augen des Mannes – und er brüllt Befehle. Die* Seewolf *wendet!*

Jetzt ist der denkbar beste Zeitpunkt für eine Flucht, denn die Jäger haben einen Vorteil: Sie müssen nicht erst wenden und können im engen Hafenbecken mit der kleineren *Lucrezia* besser navigieren als Feysal Beys Schiff. Regeltechnisch drückt sich dies in einem Bonus von +2 auf Schiffsnavigation für die *Lucrezia* und einen Malus von −2 für die *Seewolf* aus. Die Flucht sollte, wenn möglich, keine einfache Aufgabe sein. Feysal Bey könnte einige Breitseiten auf die Jäger abfeuern oder es gelingt einem Teil seiner Crew, die *Lucrezia* zu entern (der Korsarenfürst selbst wird jedoch nicht darunter sein).

Wenn möglich sollte die Gruppe nur um Haaresbreite entkommen. Sollte es schlecht um die *Lucrezia* bestellt sein, kann der HeXXenmeister diverse Ablenkungen einstreuen. Zum Beispiel könnten einige vor Anker liegende venezianische Schiffe die *Seewolf* unter Beschuss nehmen, schließlich ist Feysal Bey ein gesuchter Korsar. Unter Umständen können die Jäger auch das Horn von Kapitän Teehlen verwenden, um die *Seedirne* herbeizurufen, die daraufhin einige Runden später am Ort des Geschehens auftaucht und der *Lucrezia* jene Minuten verschafft, die sie zur Flucht benötigt. Ist Carlotta an Bord der *Seewolf* gefangen, könnte sie einen Ausbruchsversuch unternehmen und Feysal Bey attackieren. Zwar hat sie keine Chance gegen ihn, aber auch dies würde den Jägern wertvolle Zeit verschaffen.

Konfrontation mit Feysal Bey

Ab einem gewissen Zeitpunkt ist eine direkte Konfrontation mit dem Korsarenfürsten unausweichlich. Allerdings sollte sich diese erst im weiteren Verlauf der Kampagne ereignen, spätestens dann, wenn die Jäger alle anderen Schlüsselfragmente gefunden haben. Sie müssen Feysal Bey dazu nicht aktiv suchen, irgendwann zieht sich dessen Schlinge zusammen und er stellt seine Beute auf hoher See, wo die wesentlich schnellere *Seewolf* den meisten anderen Schiffen überlegen ist. Zudem wird der Korsar schwarze Magie anwenden, um seine Konkurrenten zu stellen. Die folgende Szene kann irgendwo auf hoher See stattfinden.

Szene – Fremde Segel

Der Wind bläht die Segel der Lucrezia *auf und treibt euch eurem Ziel entgegen, als von oben ein Alarmruf erschallt: „Fremdes Schiff voraus!" Nur wenige Augenblick später brüllt der Ausguck panisch: „Es ist die* Seewolf*!". Sofort bricht Unruhe unter der Crew aus. Das finstere Schiff, das nun auch ihr am Horizont erkennt, wird schnell größer, obwohl es direkt gegen den Wind fährt. Plötzlich vernehmt ihre ein unheimliches Flüstern, Worte in einer fremden Sprache, die scheinbar über Meilen hinweg an eure Ohren getragen werden. Wie auf Kommando fallen die Segel der* Lucrezia *schlaff herab. Von einem auf den anderen Moment setzt der Wind aus und das Meer wird spiegelglatt. Nebel formt sich auf dem Wasser und wächst zusehends zu einer dichten Wolke, die euer Schiff nur Sekunden später vollständig einhüllt.*

In dieser unheimlichen Atmosphäre nähert sich die *Seewolf* still und leise ihrer Beute. Die Jäger und die Crew können abwarten und sich für den unausweichlichen Kampf bereit machen.

Szene – Treffen im Nebel

Plötzlich geht alles ganz schnell. Ein riesiger Schatten durchbricht den Nebel und nur wenige Herzschläge später erbebt euer Schiff durch den Aufprall der sie rammenden Seewolf. *Eine tiefe, männliche Stimme ertönt: „Ergebt euch, ihr Würmer! Ihr habt keine Chance gegen mich und meine Crew. Übergebt mir die Schlüsselfragmente und ich lasse euch am Leben."*

Klar zum Entern!

Natürlich können es die Jäger darauf ankommen lassen und sich dem Korsaren im Kampf stellen. Tun sie dies, schickt Feysal Bey seine Entermannschaft aus. Im Fokuskampf werden es die Jäger mit 9 Erfahrenen Seeräubern zu tun bekommen (aufgeteilt in zwei Wellen: die erste mit 5 Bandengegnern, die zweite mit 4) sowie entweder dem Assassinen Remzi oder einem anderen Mitglied seines Ordens. Der Meuchelmörder schleicht sich von hinten an: Gelingt ihm eine vergleichende Probe Ath gegen Sin + Fw (Aufmerksamkeit) des Jägers mit der höchsten Gesamtwürfelzahl, wird er ab der zweiten Kampfrunde überraschend (Ini +10) ins Gefecht eingreifen. Für den Kampf gelten die Umgebungsregeln für dichten Nebel (siehe: *Mare Monstrum Obscura*, S. 121).

Schlagen die Jäger das Enterkommando zurück, bedeutet das nur einen kleinen Sieg, denn nun wird sich Feysal Bey den Jägern persönlich stellen, erneut begleitet von 9 Erfahrenen Seeräubern. Und der Korsar ist kein einfacher Gegner, zumal die Jäger nach dem ersten Kampf vermutlich angeschlagen sind. Nachfolgend sind einige Möglichkeiten aufgeführt, wie sich der Kampf entwickeln kann:

Carlotta greift ein

Sollte sich Carlotta an Bord der *Seewolf* befinden, wird sie sich just dann befreien, wenn es zum Kampf gegen ihr eigenes Schiff kommt. Unter Umständen kann sie auch aktiv von einem der Jäger befreit werden, indem sich dieser absetzt und heimlich auf das gegnerische Schiff schleicht. Er wird zwar nicht wissen, wo die Abenteurerin gefangen gehalten wird, könnte aber ein Besatzungsmitglied des Korsaren erpressen. Eventuell wird er auch auf die in der Bilge eingesperrten wahnsinnigen Seeleute aufmerksam (siehe: Die Crew der „Seewolf“, S. 15) und lässt sie frei. Dies würde ein solches Chaos verursachen, dass Feysal Beys Mannschaft zunächst kein Entermanöver ausführen kann. Im Gegenteil: Vielleicht geht die tapfere Crew der *Lucrezia* sogar selbst zum Angriff über! Auch dann würden die Jäger zunächst gegen Erfahrene Seeräuber und einen Assassinen kämpfen, bevor Feysal Bey sich ihnen stellt.

Fremdes Bombardement

Sollten die Jäger in einen Kampf gegen Feysal Bey verstrickt sein, aber zu unterliegen drohen, können weitere Schiffe aus dem Nebel auftauchen. Der HeXXenmeister hat hier die Wahl, ob er Eduardo Calergi erscheinen lässt oder den Orakelbund (oder beide). Die zwei Fraktionen verfolgen die *Lucrezia* zwar, sind aber ebenso mit Feysal Bey verfeindet. Welche Schiffe auch immer erscheinen, sie werden sich zunächst durch Kanonenfeuer bemerkbar machen, das jedoch aufgrund des Nebels weit vom Ziel einschlägt.

Dennoch wird auch ein Feysal Bey die Neuankömmlinge nicht ignorieren können und zunächst von der *Lucrezia* ablassen. Befindet er sich bereits persönlich im Kampf, wird er sich absetzen (falls die Jäger ihn ziehen lassen) und die Verteidigung gegen die Neuankömmlinge befehlen.

Die Jäger haben nun die Chance, mithilfe von Diplomatie (Redekunst-Proben) eine befristete Allianz mit den anderen Parteien einzugehen. Diese stimmen bereitwillig zu, den alten Zwist so lange zu begraben, bis die *Seewolf* in die Flucht geschlagen ist (und nicht eine Minute länger). Ein Ausgang ist völlig offen und das Seegefecht wird umso interessanter, je mehr Parteien involviert sind.

Der Geisterkapitän

Mit dem Muschelhorn Willem van Teehlens sind die Jäger in der Lage, die *Seedirne* und ihre geisterhafte Besatzung herbeizurufen, sollten sie diese Möglichkeit nicht bereits anderweitig verbraucht haben. Geschieht dies zu Beginn der Begegnung, werden die Jäger der *Seewolf* mithilfe van Teehlens entkommen, danach allerdings ist ihr Gefallen bei diesem eingelöst. Dennoch: Früher oder später muss sich die Gruppe Feysal Bey stellen, denn nur er ist im Besitz des letzten Schlüsselfragments. Außerdem hält er womöglich Carlotta gefangen. Selbst wenn van Teehlen die Jäger dieses Mal aus ihrer misslichen Lage befreien kann, wird der Korsarenfürst zu einem späteren Zeitpunkt erneut angreifen.

Feysal Bey wird besiegt

Irgendwann muss Feysal Bey besiegt oder zumindest vertrieben werden. Können die Jäger ihn im Kampf töten, finden sie das begehrte Schlüsselfragment an einer Kette um seinen Hals. Geschieht das auf der *Seewolf*, wird sich Beys Körper in Rauch auflösen. Zu einem späteren Zeitpunkt wird er durch einen Pakt mit Asasel wieder eine stoffliche Form annehmen und als untoter Rächer das Mare Monstrum terrorisieren.

Auch wenn er lediglich vertrieben wird, könnte das Schlüsselfragment in die Hände der Jäger geraten. Vielleicht konnte es von Carlotta gestohlen werden, die sich auf der *Seewolf* befand, oder von Desmina (die es den Jägern entweder bringt oder damit zu flüchten versucht) – wahlweise natürlich auch von einem anderen Nsc. In diesem Fall befindet sich das Fragment nicht bei Feysal Bey selbst, sondern in dessen Kapitänskajüte, wo der ausgesuchte Nsc es unerkannt während eines Kampfes oder bei Verhandlungen in seinen Besitz bringen konnte, vielleicht sogar unter Beteiligung der Jäger.

Mit dem vollständigen Schlüssel in der Hand sollte die Gruppe ohne weitere Unterbrechung Santorin aufsuchen können. Lebt Feysal Bey noch, kann er nach dem Fund des Schatzes ein letztes Mal als zornige Nemesis in Erscheinung treten und den Jägern einen denkwürdigen finalen Kampf liefern.

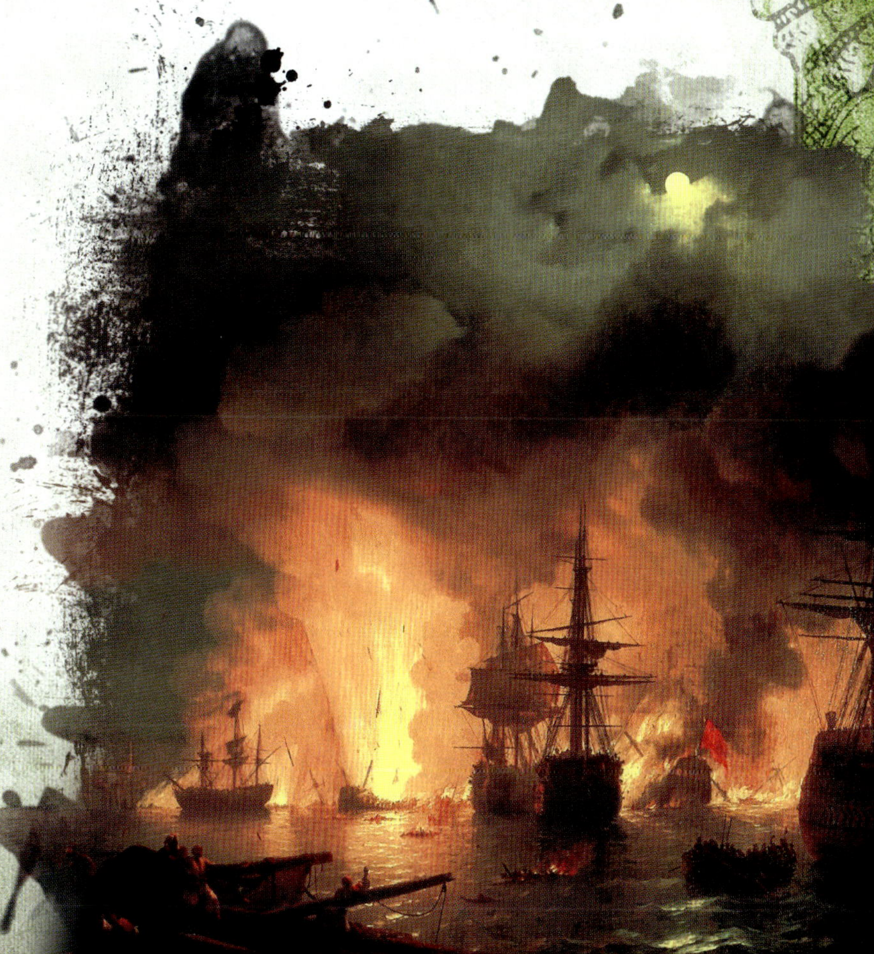

Ätherschnaps für den Geisterkapitän

Hintergrund

Diese Nebenhandlung nimmt ihren Anfang, wenn sich die Jäger am Ende der Amorgos-Episode bereit erklären, dem Geisterpiraten Willem van Teehlen im Austausch für das Schlüsselfragment einen Gefallen zu tun. Für den Ätherschnaps, den sich der durstige Untote so sehr wünscht, müssen die Jäger folgende Zutaten finden:

Göttliche Essenz

Nur die Johannei der Hospitaliter sind in der Lage, aus den Kadavern widernatürlicher Kreaturen Göttliche Essenz zu gewinnen. Ist einer der Jäger ein Johanneus-Bruder, lässt sich diese Zutat – die entsprechende Kraft vorausgesetzt – leicht erlangen. Andernfalls muss die Gruppe mit den Hospitalitern Kontakt aufnehmen. Am einfachsten gelingt das auf der Insel Rhodos, die die Jäger vermutlich ohnehin im Rahmen des Rätsels anlaufen werden (siehe oben). Will der HeXXenmeister es der Gruppe erschweren, an die Zutat zu kommen, kann der dortige Kommandant Adriano da Marciano einen Auftrag als Gegenleistung verlangen. Die Jäger sollen entweder das aus den Gewölben der Festung entlaufene Monster ausfindig machen oder die Gennadier ausspionieren und deren Beweggründe in Erfahrung bringen (beides siehe: *Mare Monstrum Obscura*, ab S. 62). Sollte einer der Jäger ein Heroe sein, würde ihn dies in jedem Fall tief in den Zwist zwischen den rhodischen Helden und dem Orden hineinziehen.

Moly und Kylix

Die Wunderpflanze Moly sowie die Trinkschale Kylix werden, mit vielen anderen legendären Artefakten, im *Archiv des Wächterbundes 4* beschrieben.

Heinzeller-Glas mit Seelenlicht

Einen „Seelensplitter" in den Ländern der Ägäis zu finden, ist schwieriger, als man annehmen würde. Insgesamt ist Seelenlicht hier wenig verbreitet. Die einzige Ausnahmen stellen die Venezianer dar, die ausgiebig mit der geheimnisvollen Substanz experimentieren. Um ein gefülltes Heinzeller-Glas zu bekommen, könnten die Jäger Kreta ansteuern und bei der Gilde der Schöpfer vorstellig werden. Eventuell finden sie es während der dortigen Episode im Labor vom Meister Topo, alternativ müssen sie für die Gilde erst eine schwierige Mission in den geheimnisvollen und tödlichen Minen unter der Stadt erfüllen, z. B. atlantische Schätze bergen oder die Population von Monstern ausdünnen. Aber auch andere Organisationen, mit denen die Jäger möglicherweise in Kontakt stehen, könnten hier weiterhelfen, angefangen bei den Gelehrten der Prager Burg bis hin zu den Logen der Atlantisforscher.

Wunderpflanze Moly

Diese Pflanze wird bereits in antiken Schriften erwähnt. Sie blüht nur dort, wo sich die Anderswelt und die Realität der Menschen berühren, z. B. in der Nähe atlantischer Ruinen, in Troja, auf Zauberinseln oder im Territorium einer Nymphe. Falls der HeXXenmeister die Nebenhandlung „Troja sehen und entführt werden" einbindet (siehe rechte Seite), sollte Moly dort zu finden sein. Andernfalls kann die Zauberpflanze auch in der Nähe des Grabs Sir John-Arthurs auf Kreta blühen.

Kylix

Die wundersame Trinkschale Kylix, die sich immer wieder neu mit Wein füllen soll, ist ein Attribut des Gottes Dionysos. Entsprechend verfügt der Kult des Dionysos, der auf Zypern aktiv ist, über Gefäße mit ähnlichen magischen Eigenschaften. Um eine solche Schale zu bekommen, muss man sie (etwa während der dortigen Episode) einer Mänade oder einem hochrangigen Kultanhänger entreißen. Das Artefakt könnte sich auch in der Schatzkammer von Cevris Palast in Lefkoşa befinden.

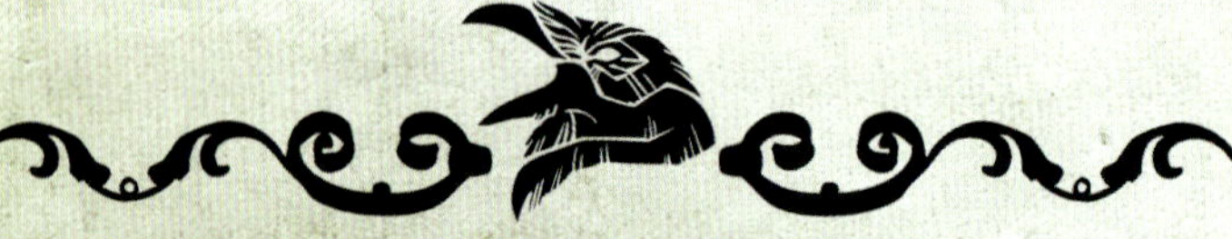

Einkaufsbummel

Fehlt den Jägern eine bestimmte Zutat, können sie ihr Glück auch in der Gasse der Wunder in Konstantinopel versuchen, wo angeblich mit Artefakten und Antiquitäten aller Art gehandelt wird. Diese wäre ein guter Anlass, die Nebenhandlung „Die Suche nach Desminas Geliebter" (siehe S. 114) zu beginnen. Mögliche Ereignisse in der Stadt des Sultans sind in dieser Nebenhandlung beschrieben.

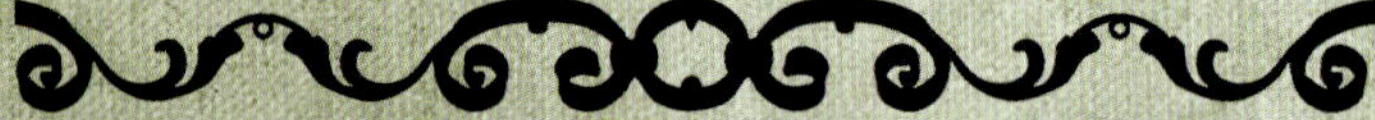

Wein der Heroen
Nur wahre Heroen sind in der Lage, diesen Wein herzustellen, folglich bekommt man ihn auch nur von ihnen. Sollten die Jäger noch nie von den Söhnen und Töchtern der Nymphen gehört haben, wird van Teehlen sie einweihen. Er wird ihnen auch den Tipp geben, die Suche auf Rhodos auszuweiten, weil sich dort Heroen aufhalten sollen.

Troja sehen und entführt werden

Hintergrund

Cosimo Calergi spielt in der Haupthandlung der Kampagne nur eine untergeordnete Rolle, vermutlich tritt er sogar nie selbst in Erscheinung. Dies kann der HeXXenmeister mithilfe der folgenden Nebenhandlung ändern. Früher oder später wird Cosimo auf die tolldreisten Jäger aufmerksam, die seine Tochter wahlweise begleiten oder aus den Fängen des Feysal Bey entreißen wollen bzw. sogar seinen eigenen. Auch wenn sie sich direkt gegen gestellt haben sollten, erkennt er ihr Potenzial und wird versuchen, sie für seine Pläne einzuspannen.

Dreh- und Angelpunkt dieser Nebenhandlung ist Michel Fourmont, dem die Jäger in der Athen-Episode begegnen können. Der französische Gelehrte ist weder besonders unauffällig noch vorsichtig. Sobald sich die Gelegenheit ergibt, wird er sich von Bord der *Lucrezia* schleichen, um sich in der nächsten Hafenkneipe zu vergnügen. Das wird vermutlich dann geschehen, wenn die Jäger gerade ohne ihn auf einem Landgang sind. Doch Fourmonts Eskapade hat Folgen: Je nach Aufenthaltsort werden entweder die venezianischen Behörden oder Calergis Spione auf ihn aufmerksam und schnappen den Altertumsforscher. Kehren die Jäger nach (hoffentlich) erfolgreicher Mission zu ihrem Schiff zurück, ist die Crew ratlos, was den Verbleib Fourmonts angeht. Kurz darauf jedoch bekommt die Gruppe unerwarteten Besuch.

Szene – Ein unerwarteter Gast
An der Hafenmauer hat sich eine kleine Gruppe Söldner in venezianischer Tracht versammelt, angeführt von einem schmalen, geckenhaften Mann, der ständig lächelt. „Wollt Ihr mich anhören?“, ruft er zu euch hinüber. „Wir haben Euren Altertumsgelehrten. Verhandeln wir?“

Es handelt sich um Jacopo Dandolo, je nach aktuellem Schauplatz ein hochrangiger Beamter oder ein Spion im Dienste des Generalgouverneurs. Dandolo wird mit den Jägern verhandeln wollen – und zwar in der Öffentlichkeit, damit die Crew der *Lucrezia* nicht auf falsche Gedanken kommt.

Das ist sein Angebot: „Michel Fourmont hat Verpflichtungen gegenüber meinem Herrn, Signore Cosimo Calergi, dem ehrenwerten Generalgouverneur von Morea. Daher befindet er sich momentan in unserer Obhut. Signore Calergi ist allerdings bereit, ihn euch zu überlassen, im Gegenzug für ein Treffen. Es soll in der osmanischen Stadt Çanakkale stattfinden, im Teehaus am Platz des Homers. Falls ihr mit seinem Vorschlag einverstanden seid, kommt ohne Waffen.“

Die Stadt Çanakkale

Treffen die Jäger in der Stadt an den strategisch wichtigen Dardanellen ein (mehr Details siehe: *Mare Monstrum*, S. 69, und *Mare Monstrum Obscura*, S. 70), finden sie einen lebendigen, quirligen Ort vor, in dem man verhältnismäßig vielen Europäern begegnet. Im Trubel der engen Gassen ist das Teehaus am Platz des Homers nicht leicht zu finden, aber letztlich sollte die Gruppe es erreichen. Im Inneren halten sich vor allem europäische Trojasuchende auf, aber auch Einheimische in reichen Gewändern, die den Weitgereisten (gefälschte) Artefakte zum Verkauf anbieten oder sie mit (erfundenen) Informationen über den Standort der legendären Stadt versorgen. Die wenigsten der Anwesenden haben allerdings wahrhaftig vor, die anstrengende und gefährliche Reise ins Hinterland auf sich zu nehmen, um nach alten Ruinen und Schätzen zu suchen. Es ist mehr der Reiz des Exotischen, der sie anlockt.

Fragen die Jäger nach Cosimo Calergi, treten zwei venezianische Leibwächter an sie heran und entwaffnen sie. Anschließend wird die Gruppe in einen von Oliven- und Haselnussbäumen gesäumten, ruhigen Innenhof geführt. Eine kleine Schar eifriger Diener versorgt die Jäger mit Tee und Gebäck, bis Cosimo Calergi erscheint.

Szene – Der alter Mann und die Jäger
Ein alter, gebrechlicher Mann mit stechenden Augen betritt den Innenhof, gestützt von einem muskulösen Diener. Nachdem er sich ächzend niedergelassen hat, beginnt er mit kratzender Stimme zu sprechen: „Ich weiß, dass Ihr mit mei-

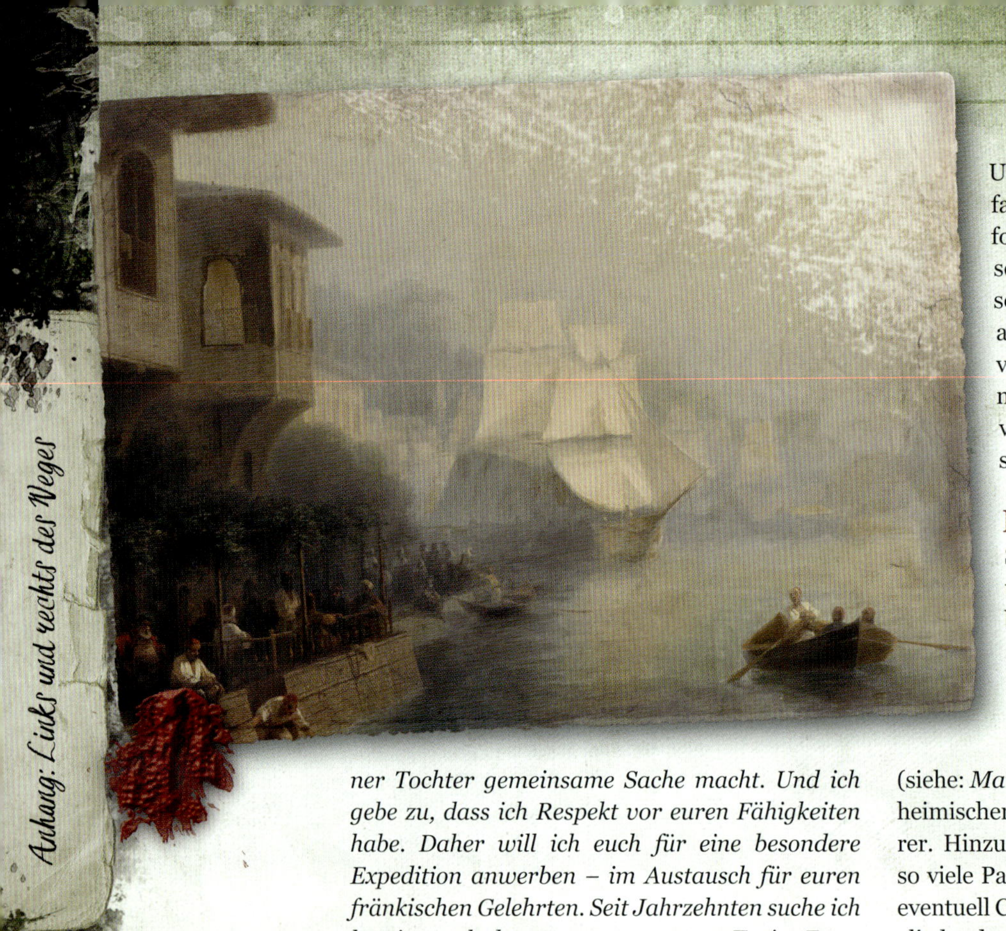

Entgegen der Ankündigung seines Unterhändlers wird Calergi den gefangenen Fourmont allerdings nicht sofort freilassen. Erst wenn sich die Jäger seinem Willen fügen und ihn begleiten, so sagt er, wird er dieses Druckmittel aus der Hand geben. Mit kaltem Lächeln verspricht er, den Altertumsforscher nach bestandener Expedition völlig unversehrt an die Jäger zu übergeben – ansonsten jedoch ...

ner Tochter gemeinsame Sache macht. Und ich gebe zu, dass ich Respekt vor euren Fähigkeiten habe. Daher will ich euch für eine besondere Expedition anwerben – im Austausch für euren fränkischen Gelehrten. Seit Jahrzehnten suche ich bereits nach dem untergegangenen Troja. Zwar bekommt man in Çanakkale an allen Ecken entsprechende Informationen und Artefakte, dies liegt allerdings mehr daran, dass der Pascha der Stadt weiß, wie viel Geld sich mit dem Fälschen derselben machen lässt. Ich allerdings habe meine eigenen Quellen. Zuverlässige Quellen. Nun habe ich einen entscheidenden Hinweis erhalten, wo sich das legendäre Troja befinden könnte. Ihr sollt mich auf der Suche danach begleiten.“

Je nachdem, ob Carlotta entführt wurde und von wem, wird sich das folgende Gespräch anders entwickeln: Sollte sich Cosimos Tochter bei den Jägern befinden, wird der Generalgouverneur hinzufügen, dass er sich gern ihr versöhnen würde und sie mehr denn je für diese Mission brauche. Ist Carlotta die Gefangene des Feysal Bey, schimpft er zornig über diesen „Teufel der Meere“ und lässt wider Erwarten echte Besorgnis erkennen. Hat sein Neffe Eduardo sie vielleicht sogar schon zu ihm zurückgebracht, befindet sie sich in einem Nebenraum und schließt sich mit Einverständnis Calergis für die Expedition den Jägern und ihrer Crew freudig an (in der Hoffnung auf eine Chance zur erneuten Flucht). Ein eventuelles Wiedersehen mit ihrem Vater hingegen ist deutlich unterkühlter. Die beiden werden kaum zwei Sätze miteinander wechseln. Allein die Rettung Fourmonts aus den Klauen ihres Vaters bewegt Carlotta zu einer Zusammenarbeit.

Reise durch die Troas

Sollten sich die Jäger nicht gegen Calergis unwiderstehliches Angebot entscheiden, bricht die Expedition am nächsten Tag auf. Der Generalgouverneur hat bereits im Vorfeld eine ansehnliche Gefolgschaft zusammengestellt, bestehend aus zehn venezianischen Seesoldaten (siehe: *Mare Monstrum Obscura*, S. 119), zehn einheimischen Trägern und einem ortskundigen Führer. Hinzu kommen fünf Reitpferde und dreimal so viele Packesel. Abgesehen von den Jägern (und eventuell Carlotta) lässt er keine weiteren Crewmitglieder der *Lucrezia* zu.

Der mysteriöseste Begleiter jedoch ist Abdulkadir Bilge, genannt „der Weise“, ein Mann mittleren Alters mit scharf geschnittenem, länglichem Gesicht, das von einem schwarzen Bart umrahmt ist. Er spricht so gut wie nie – und wenn, dann nur mit Calergi selbst. Dieser wiederum scheint dem seltsamen Mann zu vertrauen, denn Abdulkadir ist niemand anders als der geheimnisvolle Hinweisgeber, der den wahren Standort Trojas zu kennen vorgibt.

Auch der greise Gouverneur selbst nimmt an der beschwerlichen Expedition teil. Entweder wird er dabei in einer Sänfte getragen oder – wenn es das Gelände nicht anders zulässt – er reitet auf einem der Pferde. Obwohl er deutlich unter der Hitze und den Unebenheiten des hügeligen Geländes leidet, erduldet er alle Leiden ohne Murren. Sein Körper wird von dem eisernen Willen angetrieben, endlich Troja zu finden.

Doch er ahnt nicht, dass auch er nur Opfer einer falschen Fährte wurde, ausgelegt von Şişman Fatma, Matriarchin des im Dorf Gülpınar ansässigen Werrattenclans. Ihr Ziel ist es, sich an Calergi zu rächen. Vor einigen Jahren, als ihr Clan noch schwach war, sah sie sich gezwungen, einige ihrer Kinder an Menschenhändler zu verkaufen, um das Überleben der übrigen Sippe zu sichern. Nicht wenige der skrupellosen Kaufleute standen im Dienst des venezianischen Generalgouverneurs. Heute, da ihr Clan stärker und stärker wird, verfügt sie endlich über die Mittel, um Vergeltung für das unbarmherzige Vorgehen zu üben. Obwohl die widernatürliche Kreatur alles andere als rechtschaffen ist, liegt ihr viel daran, ihre verlorene Brut zu retten, immerhin sind sie Teil ihrer Sippe. Außerdem will sie so die Stärke ihres Clans beweisen und deutlich machen, dass sich niemand ungeahndet an den ihren vergreifen darf.

Es dauerte einige Jahre, bis sich Abdulkadir Bilge, in Wahrheit ein Werratten-Attentäter, das Vertrauen Calergis erschleichen konnte und ihn davon überzeugte, dass sich die Ruinen von Troja nahe des Dorfes Ezine im Tal des Flusses Karamenderes Çayı befinden. Geschickt nutzt er Calergis Vermutung aus, dass es sich bei dem Fluss um den antiken Skamandros handelt, an dessen Ufern er die untergegangene Stadt zu finden glaubt.

Diese Ereignisse waren es im Übrigen auch, die zum Bruch zwischen Carlotta und ihrem Vater führten. Als die junge Frau von dem Kinderhandel erfuhr, entfloh sie angeekelt dem elterlichen Haus.

Ezine

Die Reise von Çanakkale nach Ezine wird etwa vier Tage dauern. Die erste Etappe führt noch recht bequem über eine gut ausgebaute Küstenstraße bis zur Mündung des Karamenderes Çayı. Danach folgt man dem immer enger werdenden, sich windenden Tal in Richtung Süd und Südost. Die Reise führt auch am legendären Hügelberg Trojas vorbei, der von den Heroen der Kidemóna bewacht wird, doch davon bekommen die Jäger nichts mit. Am Ende quartiert sich die gesamte Reisegruppe bei Großbauern am Rand des Dorfes Ezine ein. Hier beginnt die eigentliche List der Werratten.

Am nächsten Morgen werden die Jäger (und Carlotta) sowie einige der venezianischen Soldaten von Abdulkadir Bilge aufgefordert, ihm zu folgen – vermutlich ist es das erste Mal, dass er überhaupt das Wort an die Gruppe richtet. Die Ruinen befänden sich in einem sehr unzugänglichen Teil der umliegenden Berge. Man müsse einen Weg finden und eventuell freiräumen, damit Calergi sie passieren könne. Gehen die Jäger mit dem ansonsten schweigsamen Mann, liegt ein beschwerlicher Tag vor ihnen, den sie vorwiegend mit dem Schleppen von Felsbrocken verbringen. Bleibt allerdings ein Gruppenmitglied im Dorf (oder schleicht dorthin zurück), wird er das wahre Gesicht der zuvor äußerst gastfreundlichen Bewohner kennenlernen: Eine Bande Werratten greift die Expedition an, macht kurzen Prozess mit den beiden Leibwächtern und den verbliebenen Soldaten und entführt Cosimo Calergi. Ein anwesender Jäger muss womoglich gegen eine einzelne Werratte kämpfen (siehe: *Buch der Regeln*) oder sich mit erfolgreichen Heimlichkeit-Proben vor den Angreifern verstecken. Ist kein Gruppenmitglied vor Ort, kann einer der Leibwächter während des Angriffs einen Schuss absetzen, der weithin hallt und die Jäger in den Bergen alarmiert. Kehren sie daraufhin mit dem scheinbar völlig ahnungslosen Abdulkadir zurück, ist Calergi bereits verschwunden und seine Leute sind tot. Indem die Gruppe den verbliebenen Dorfbewohnern auf den Leib rückt (bei denen es sich um gewöhnliche Menschen handelt, die mit Gewalt eingeschüchtert wurden), lässt sich herausfinden, dass Abdulkadir für die Aktion verantwortlich ist. Wird er befragt, nimmt er seine Hybridgestalt und kämpft bis zum Tod, freilich ohne den Plan zu verraten. Begleitet Carlotta die Gruppe, bringt sie die Geschehnisse mit dem Menschenhandel von einst in Verbindung und berichtet, dass die Kinder aus dem Dorf Gülpınar an der Südspitze der Troas gekauft wurden. Ist die Schatzjägerin nicht anwesend, entdecken die Jäger eine entsprechende Notiz der Matriarchin im Gepäck Abdulkadirs, die auf den Standort der Werratten hinweist.

Nach Gülpınar

Folgen die Jäger der Spur, so werden sie konsequent von den Werratten und ihren Verbündeten aufgehalten. Angriffe aus dem Hinterhalt, Steinlawinen, die die Straße versperren, aber auch Täuschungen durch einheimische Führer zögern die Reise hinaus, während die Entführer selbst dank ihrer Ortskenntnis schnell vorankommen.

Gülpınar

Matriarchin Şişman Fatma hält Cosimo Calergi in einem kleinen, muffigen Keller eines Bauernhauses gefangen. Jeden Tag befragt sie ihn nach dem Verbleib der verkauften Kinder, aber der Generalgouverneur weiß natürlich nicht, wohin sie gebracht wurden (er könnte es über die Frachtpapiere in Napoli di Romania herausfinden, aber das hält Şişman für eine Ausrede). Am dritten Tag wird sie die Geduld verlieren und den verhassten Venezianer lebendig an den verwitterten Säulen des außerhalb des Dorfs befindlichen Tempels des Apollon Smintheus aufhängen, wo er qualvoll dahinsiechen soll.

Folgen die Jäger der Fährte unmittelbar, werden sie Cosimo an einer Säule hängend antreffen und gerade noch retten können. Gehen sie zunächst einer anderen Spur nach oder halten sie sich bewusst länger an einem bestimmten Ort auf, wird der Gouverneur sterben. In jedem Fall kommt es zum Kampf mit einer Horde von Werratten. Sollte es dabei schlecht um die Jäger bestellt sein, kann der HeXXenmeister einen Trupp osmanischer

Skamandros und Troja

Dass Troja tatsächlich am Skamandros lag, ist vermutlich korrekt. Doch erst 1873 wird Heinrich Schliemann auf dem dortigen Hügel Hisarlık Ruinen entdecken, die er für die legendäre Stadt des Priamos hält. Sie befinden sich am Unterlauf des heutigen Karamenderes Çayı, rund 22 Kilometer entfernt von Ezine, das weiter flussaufwärts liegt. Es ist pure Ironie, dass die Expedition Cosimo Calergis an eben jenem Hügel vorbeizieht, ihn aber keines Blickes würdigt.

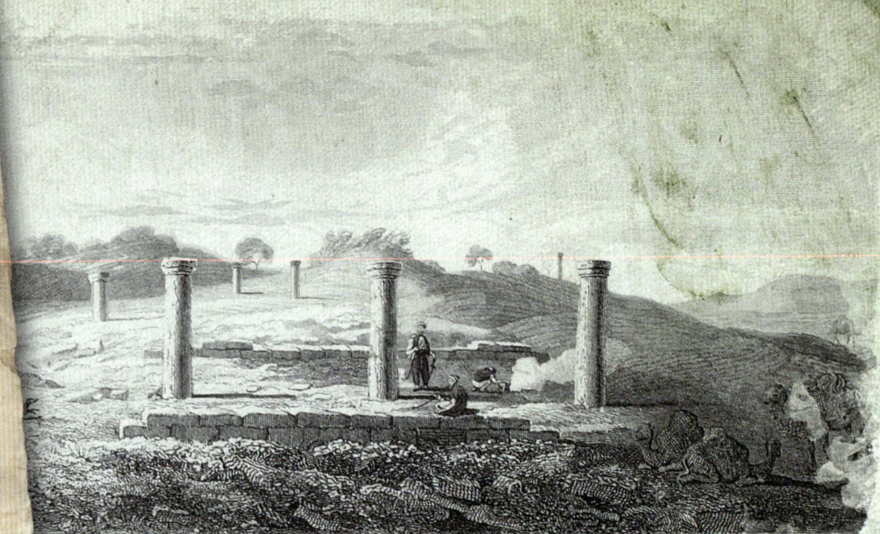

Soldaten aus der nahegelegenen Festung Babakale zu Hilfe eilen lassen, vor dem die eher feigen Ratten flüchten. Die Gruppe wird sich dann mithilfe der Soldaten zunächst in die Küstenfestung und dann mit einem Schiff nach Çanakkale zurückziehen können.

Und nun?

Im Grunde hat diese Nebenhandlung lediglich die Funktion, die Beziehung der Jäger zu Cosimo Calergi zu definieren. Konnten sie ihn retten, wird er sich erkenntlich zeigen: Er entlässt Fourmont tatsächlich aus seiner Schuld (was er eigentlich nie vorhatte) und übergibt ihn den Jägern unversehrt, zudem wird er die Gruppe nicht länger verfolgen lassen. Stirbt der Generalgouverneur, dauert es nicht lange, bis seine Neffen dies herausfinden. In diesem Fall bleibt Fourmont in Gewalt der Venezianer, die von nun an noch erbitterter und gnadenloser gegen die Jäger und die *Lucrezia* vorgehen.

Die Suche nach Desminas Geliebter

Hintergrund

Diese Nebenhandlung können die Jäger entweder von Desmina selbst erhalten (siehe: Amorgos – Der Fluch des Templers, ab S. 36) oder sie kann zufällig bei einem Besuch in Konstantinopel beginnen. Letzteres ist auch möglich, sollte die Orakeljüngerin von Bord verbannt worden sein. Inhaltlich dreht sie sich um das Auffinden von Desminas Geliebter, Maria, die einstmals dem Orakelbund angehörte, ihn aber vor einigen Jahren verlassen musste.

Hintergrund

Desminas und Marias Liebe stand unter einem schlechten Stern: Ernsthafte gleichgeschlechtliche Beziehungen sind innerhalb des Bundes zwar nicht verboten, aber eher verpönt, da sich der innere Kreis der Orakeljünger seit Jahrzehnten bevorzugt in den eigenen Reihen fortpflanzt. Problematischer war ihre Zugehörigkeit zu unterschiedlichen Dienerschaften: Während Desmina eine Dienerin der Pflicht ist, gehörte Maria dem bewaffneten Arm des Orakelbunds an, den Dienern der Wut. Am schwersten jedoch dürften die Zweifel an Marias Loyalität gewogen haben, da sie mehr oder weniger offen die Befürchtungen der sogenannten Skeptiker gegenüber den Zielen des Bundes teilte.

Als der Aufstand der Skeptiker 1723 blutig niedergeschlagen wurde, lebte Maria in der ständigen Angst, dass man ihre früheren Verbindung aufdecken und sie zur Rechenschaft ziehen würde. Einige Monate später fasste sie den schweren Entschluss, zu fliehen, und verschwand eines Nachts spurlos. In der Zeit davor hatte sie immer verschlossener gewirkt, weshalb Desmina lange Zeit Marias Wandlung von einer ergebenen Dienerin zu einer Verräterin für das Ende ihrer Liebe verantwortlich machte.

Desmina Einsicht

Während der Ereignisse der Amorgos-Episode und der gemeinsamen Reise mit der Gruppe gewinnt Desmina Abstand zu den festen Regeln und Gebräuchen des Bundes. Dadurch werden die Zweifel, die seit dem Verschwinden Marias mehr oder weniger bewusst an ihrer Loyalität nagten, im gleichen Maße stärker wie der Wunsch, ihre verlorene Liebe endlich wiederzufinden. Verstärkt wird diese Entwicklung eventuell durch positive Erfahrungen oder Gespräche mit den Jägern – je nachdem, wie diese mit ihr umgehen.

Sobald das Vertrauen zu einem Jäger groß genug ist, wird sie ihm ihr Herz ausschütten und ihn anflehen, ihr bei der Suche nach ihrer „Freundin" Maria zu helfen, die sie seit langer Zeit bitterlich vermisst. Sie wird sich auch dann mitteilen, wenn die Gruppe sie in einem Hafen oder auf einer Insel absetzen will, falls sie ihr nicht vertraut.

Der HeXXenmeister kann folgende Szene mit einem Spielercharakter an beliebiger Stelle einstreuen, um die Nebenhandlung einzuleiten:

Szene – Die nachdenkliche Orakeljüngerin
Schon den ganzen Tag lang scheint Desmina in Gedanken versunken auf die Wellen zu starren. „Maria liebte das Meer", hörst du sie murmeln. Als sie sich umwendet, streift dich ihre glasiger Blick nur kurz. So niedergeschlagen hast du sie bislang noch nie gesehen.

Sollten die Jäger auf ihrer Entscheidung gegen Desmina verharren, der HeXXenmeister diese aber nicht als Spionin einsetzen wollen (siehe: Amorgos – Der Fluch des Templers, ab S. 36), kann er die Orakeljüngerin auch flehentlich darum bitten lassen, wenigstens nach Konstantinopel mitgenommen zu werden (wo sie Maria richtigerweise vermutet). Den Jägern bietet sie im Gegenzug für diesen Gefallen geheime Informationen über den Orakelbund an. Geht die Gruppe noch immer nicht darauf ein, wird sie ihnen zudem 500 Gulden anbieten, die sie allerdings nicht besitzt. Sie kann nur hoffen, dass sie Maria findet und diese das Geld aufbringen kann. Desmina spielt mit hohem Einsatz und die Jäger sollten bemerken, dass sie wirklich verzweifelt ist.

Erklärt sich die Gruppe bereit, die Verschollene zu suchen, wird sich Desminas Einstellung gegenüber den Jägern schlagartig weiter verbessern, ebenso wie ihre Loyalität gegenüber dem Orakelbund weiter abnimmt.

Die verlorene Liebe
Sobald sich Desmina offenbart, entweder aufgrund einer wachsenden Freundschaft zu den Jägern oder aus purer Verzweiflung, wird sie folgende Informationen preisgeben. Dabei spricht sie zwar nie direkt darüber, dass Maria ihre wahre Liebe ist, trotzdem sollte dies für die Jäger unverkennbar sein.

- Sie berichtet den Jägern von Maria und bezeichnet sie als sehr gute Freundin, die vor etwa zehn Jahren spurlos verschwand, was ein Loch in ihrem Herzen hinterlassen habe. Sie glaubt, dass Maria floh, weil enge Freundschaften unter Mitgliedern verschiedener Dienerschaften nicht gestattet seien. Zudem behauptet sie wahrheitswidrig, von Maria aufgefordert worden zu sein, mit ihr zu gehen, sie aber nicht den Mut besaß, den Bund zu verlassen.
- Auf die Frage, wo sich Maria aufhalten könnte, wird Desmina erwähnen, dass diese immer nach Konstantinopel wollte. Als Kind habe sie zahlreiche Märchen über den Großen Basar gehört, den sie zumindest einmal im Leben sehen wollte. Ist Desmina schon länger an Bord, könnte sie alternativ in einem von der *Lucrezia* angesteuerten Hafen einen Orakeljünger getroffen haben, der ihr einen Hinweis auf Marias Verbleib gab.
- Die Orakeljüngerin kann den Jägern folgende Personenbeschreibung geben: Maria sei genauso alt wie sie selbst, also 34, außerdem die schönste Frau der Welt, groß, stattlich und mit einer Haut weich wie Samt und hell wie Porzellan. Sie habe rotgoldenes, lockiges Haar und wundervolle grüne Augen, die wie Jade funkeln. Unverwechselbar sei eine Stirnnarbe in Form eines Halbmonds, die davon herrühre, dass sie als Kind in ein Dornengestrüpp fiel. Desmina geht davon aus, dass Maria ihre auffälligen Haare vermutlich gefärbt oder abgeschnitten hat. Damals sei sie nur mit ihrem Schwert und einer einfachen Dienstkleidung verschwunden, aller Voraussicht nach als blinde Passagierin auf einem Handelsschiff.

Auf der Suche nach Maria
Wenn der HeXXenmeister möchte, kann er während der Reise quer durch die Ägäis weitere Spuren und Hinweise einstreuen oder auch zusätzliche potenzielle Aufenthaltsorte ins Spiel bringen. Letztlich hält sich Maria aber tatsächlich in Konstantinopel auf, was die Suche aber keineswegs leicht macht. Eine einzelne Person in der gewaltigen Stadt zu finden, ist nahezu unmöglich. Davon ausgehend, dass nur die auffällige Stirnnarbe sowie Marias Fähigkeiten als ausgebildete Kämpferin Aufmerksamkeit erregt haben könnten, sind umfangreiche Nachforschungen erforderlich, die aber zunächst nicht von Erfolg gekrönt sind. Nur die Verbindungen der Crew zum Schatzjägerring werden die Gruppe hier weiterbringen.

Marias Geschichte
Dass Maria sang- und klanglos verschwand, liegt daran, dass sie demselben Geheimnis auf die Spur kam wie die Skeptiker, weshalb sie zu Recht um

ihr Leben fürchtete: Sie fand heraus, dass der Orakelbund von dämonischen Kreaturen gelenkt wird und dass Schwester Adrastea, „die Stimme" selbst, ebenfalls ein Nachkomme der widernatürlichen Tantaliden ist. Sie floh, ohne sich zu verabschieden, um ihre Geliebte Desmina nicht in Gefahr zu bringen.

Doch der Orakelbund schickte ihr Häscher hinterher. Wo auch immer sie Zuflucht fand, spürten die Handlanger der Tantaliden sie auf. Erst als sie sich vor einiger Zeit den Hornwächtern anschloss – einer Bande von skrupellosen Kriminellen, die im konstantinopeler Stadtteil Beyoğlu um Einfluss ringen –, gelang es ihr, die Verfolger abzuschütteln.

Vor Kurzem allerdings konnten Spione des Orakelbunds erneut Marias Aufenthaltsort ermitteln. Wieder war sie gezwungen, ihre kämpferischen Talente unter Beweis zu stellen, um sich der Angreifer zu erwehren, ganz zum Missfallen der Hornwächter. Des Fliehens überdrüssig, verschanzte sich Maria in einem alten Pulverturm, wo die Jäger sie schließlich ausfindig machen.

Die Gasse der Wunder

Von der Gasse der Wunder können die Jäger vor allem durch Carlotta erfahren (oder wahlweise einem anderen Mitglied der Crew). Obwohl die Schatzjägerin es riskant findet, an den Ort ihrer turbulenten Flucht zurückzukehren, erklärt sie sich bereit, Kontakt zur sogenannten Großmutter des Gerümpels herzustellen. Schließlich sei diese ein Gründungsmitglied des Schatzjägerrings und würde so gut wie niemand sonst wissen, was in Konstantinopel vor sich geht.

Auf dem Weg zum Kapalı Çarşı, dem Großen Basar, spricht die Crew der *Lucrezia* ehrfurchtsvoll von der Großmutter des Gerümpels, die zwar noch keiner von ihnen persönlich gesehen hat (außer Carlotta), die aber über mystische Kräfte verfügen soll. Sie sei die unangefochtene Königin des Antiquitätenhandels vermutlich nicht nur in der Gasse der Wunder, sondern im ganzen Osmanischen Reich.

Nachforschungen

Wenn der HeXXenmeister die Gasse der Wunder auslassen oder den Jägern eine Alternative anbieten möchte, kann er sie auch durch langes Nachforschen auf die Hornwächter stoßen lassen. Dazu legen die Jäger eine Gruppen-Sammelprobe ab (je 1 Fza, Probe auf Land und Leute). Sobald die Gruppe 15 Erfolge angesammelt hat, werden sie darauf hingewiesen, dass eine Person mit Marias Aussehen in der Gesellschaft von Mitgliedern der Hornwächter gesehen wurde.

Szene – Gasse voller Trödel

Der Große Basar ist erfüllt von Leben: Waren aus allen Teilen des Reiches, aber auch aus dem Ausland, werden hier angeboten. Von ihm zweigt eine kleine, überladene Seitenstraße ab, die jedoch auf den ersten Blick enttäuschend wirkt. In dieser Gasse bieten die Händler mitnichten Wunder an, sondern nur wertlosen Trödel.

Die Auslagen der Geschäfte dienen nur der Ablenkung: Die wahren und wertvollen Artefakte finden sich in verwinkelten und vollgestellten Hinterräumen, engen Hinterhöfen und Kellern, in die man jedoch nur eingelassen wird, wenn man die geheimen Handzeichen kennt. Zum Glück gehören einige Crewmitglieder der *Lucrezia* (Carlotta, Sara, Alexios) dem Schatzjägerring an. Sollten sie die Jäger begleiten, werden sie schließlich zur Großmutter des Gerümpels vorgelassen. Andernfalls muss die Gruppe zunächst durch eine erfolgreiche Probe auf Aufmerksamkeit (–5) auf die Handzeichen aufmerksam werden und sich dann mit diversen Proben auf Redekunst das Vertrauen der Händler erschleichen – was mitunter mehrere Tage dauern kann. Selbst dann jedoch wird die Herrin der Gasse nur durch Mittelsmänner Kontakt mit der Gruppe aufnehmen. In diesem Fall muss der HeXXenmeister die folgende Szene entsprechend anpassen.

Szene – Die Großmutter des Gerümpels

Ihr werdet durch ein Labyrinth schmaler Korridore, winziger Innenhöfe und mit Trödel vollgestopfter Geschäftsräume geführt, bis ihr euch schließlich in einem schlicht eingerichteten Obergeschoss wiederfindet. Teppiche und Sitzkissen sowie ein niedriger Tisch laden zum Verweilen ein. Aus den schmalen Fenstern dringt der Lärm des Großen Basars an eure Ohren. Nach kurzer Zeit öffnet sich eine Tür und zwei Frauen treten ein. Die eine ist uralt und runzlig wie eine Rosine. Sie trägt einfache Gewänder und wirkt gebrechlich. Die zweite ist jung und offenbar die Gehilfin der Alten. Behutsam geleitet sie die zittrige Frau ins Zimmer, wo diese sich auf einem Kissen niederlässt.

Die Großmutter des Gerümpels hat womöglich schon von den Jägern gehört und weiß um deren Beruf. Da sie eine wahre Hexe ist , lässt sie größte Vorsicht walten. Sollte es zum Kampf kommen, öffnen sich sämtliche Türen, und bewaffnete Diener strömen ins Zimmer (Jz x 3; Werte wie Gewöhnlicher Seeräuber, siehe *Mare Monstrum Obscura*, S. 119). Andernfalls gibt sie sich freundlich und bietet den Jägern Tee und süßes Gebäck an. Wer möchte, kann eine Wasserpfeife gebracht bekommen. Wird sie auf Maria angesprochen, erklärt sich die Mänade bereit, ihre Fühler nach der Gesuchten auszustrecken. Als Gegenleistung verlangt sie entweder eine wahre Antiquität bzw. ein Artefakt oder die Hilfe der Jäger bei einer heiklen

Aufgabe. Bei Ersterem könnte es sich um ein wertvolles Stück aus dem Schatz Willem van Teehlens (Amorgos-Episode) oder Cevris (Zypern-Episode) handeln, vielleicht sogar um die mechanische Eule (Athen-Episode). Hilfe benötigt die wahre Hexe bei der Auseinandersetzung mit ihrem Konkurrenten Keke „dem Kurden“ oder dem Attentäter Zunderschwamm-Habibi, falls sich dieser bereits offenbart hat (siehe: *Mare Monstrum Obscura*, S. 43). Kommen die Jäger nach erledigter Aufgabe oder in Besitz einer Rarität wieder (mindestens einen Tag später), wird die Großmutter des Gerümpels sie auf die Hornwächter verweisen, denen Maria nun anzugehören scheint. Sie stellt zudem den Kontakt zu einem Mittelsmann der kriminellen Bande her.

Die alte Mänade kann nach Maßgabe des Spielleiters auch Wissenslücken der Jäger schließen oder ihnen ähnlich wie der Fischer bei der Lösung eines Rätselabschnitts helfen. Sie ist extrem gut informiert, gibt ihr Wissen aber nicht freigiebig weiter. Für geheime Informationen verlangt sie zwischen 10 und 100 Gulden (schließlich ist sie Geschäftsfrau).

Die Hornwächter

Ob durch die Großmutter des Gerümpels oder intensive Nachforschungen, schließlich treffen die Jäger in einem Kaffeehaus auf Muhammed (fast 50, ergrauendes Haar, fein gestutzter Backenbart), eine Kontaktperson der Hornwächter. Von ihm können sie erfahren, dass die Beschreibung Marias sehr genau auf eines ihrer Mitglieder passt. Allerdings hat sich Desmona, wie sich die talentierte Kämpferin nennt (die Ähnlichkeit zu Desmina liegt auf der Hand), nach einem kürzlichen Angriff auf sie in ein Versteck zurückgezogen. Scheinbar hatte jemand eine alte Rechnung mit ihr offen, die den Angreifern allerdings nicht gerade gut bekam: Desmona richtete ein wahres Blutbad an – was den eher subtil vorgehenden Hornwächtern sehr missfällt. Aus diesem Grund wären sie erfreut, wenn sich die Gruppe der Renegatin annehmen würde, auf welche Weise auch immer.

Erklären sich die Jäger dazu bereit, das Problem aus der Welt zu schaffen, beschreibt Muhammed ihnen den Weg zum vermutlichen Aufenthaltsort Desmonas: einem alten Pulverturm am Rande der Stadt. Es könne aber sein, dass sie inzwischen weitergezogen sei, denn sie halte sich nie lange am selben Ort auf.

Desmonas Turm

Maria, alias Desmona, hat in einem verlassenen Pulverturm Quartier bezogen und den Ort mit zahlreichen Fallen gespickt, um die Orakeljünger

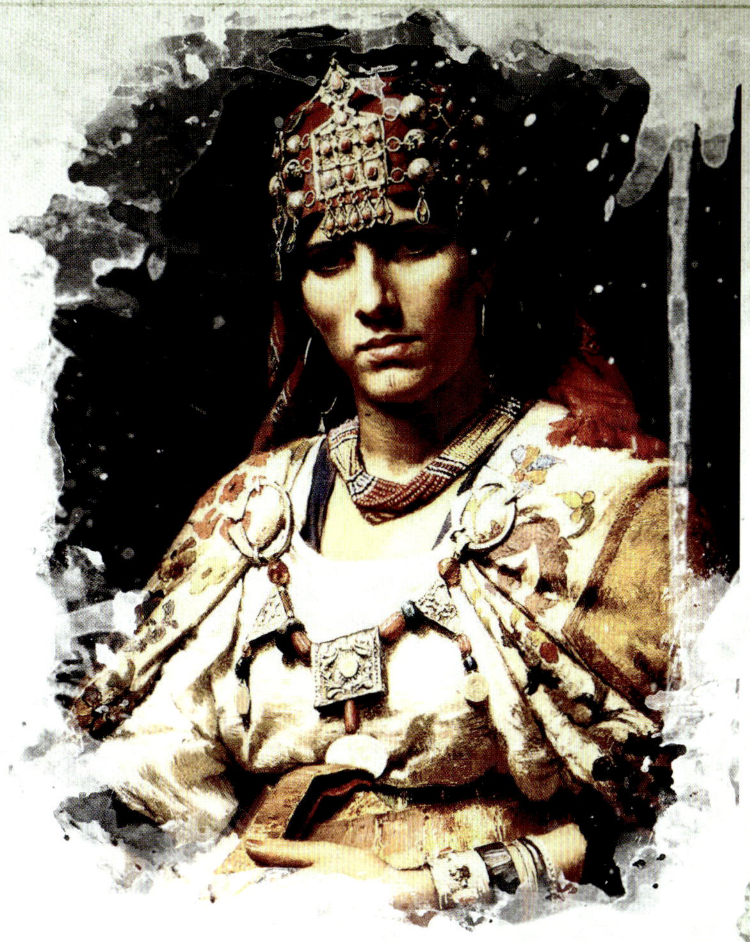

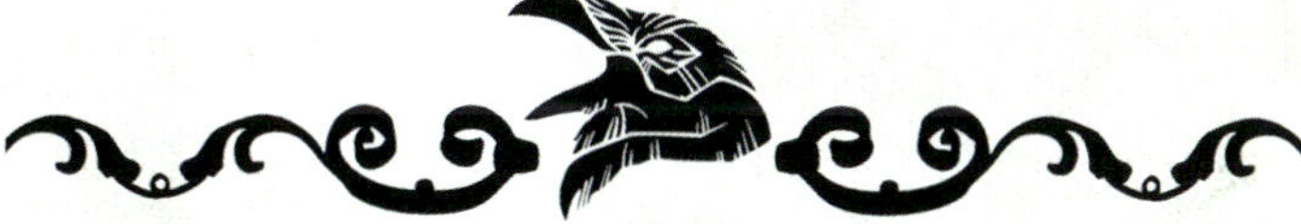

Das rhodische Schlüsselfragment

Obwohl es in der Kampagne eigentlich nicht vorgesehen ist, dass die Jäger auf diese Weise Informationen über das Schlüsselfragment Feysal Beys erhalten, können sie die Großmutter des Gerümpels im Rahmen dieser Nebenhandlung natürlich darauf ansprechen.

Die Informationen der Hexe sind allerdings vage. Sie berichtet, dass sie das Schlüsselfragment von einem befreundeten Händler bekommen hat. Über das Stück selbst weiß sie nicht viel, allein der Umstand, dass es einst einem Tempelritter gehörte, der auf Rhodos bestattet wurde, ist ihr bekannt. Sie ist sich sicher, dass das Fragment Teil eines Rätsels ist und der Orakelbund seit Jahrzehnten versucht, dieses zu lösen.

Fragt man sie, warum sie Feysal Bey das Schlüsselfragment verkauft hat, wird sie ernst sagen, dass man sich den berüchtigten Korsaren besser nicht zum Feind macht. Schließlich habe er ein Bündnis mit dem Herrn der ägyptischen Assassinen geschlossen und gebiete über eine einige der besten Attentäter und Spione in diesem Teil der Welt. Obwohl dies der Wahrheit entspricht, war ihre eigentliche Absicht, das angeschlagene Verhältnis zu Feysal Beys Mutter zu verbessern, der mächtigen Hexe Paraskevi, ebenfalls eine Mänade.

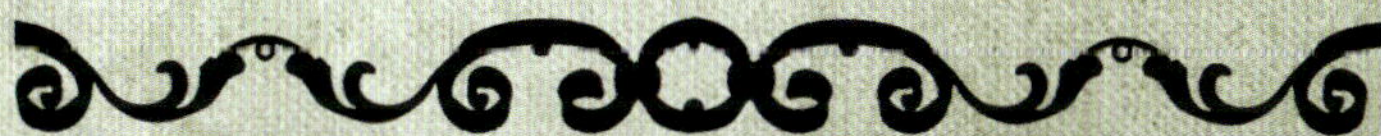

abzuwehren, deren Angriff sie unweigerlich erwartet. Betreten lässt sich das stockfinstere Gebäude nur über das Dach, da sämtliche anderen Zugänge zugemauert sind. Maria hat dieses Bauwerk aus eben diesem Grund gewählt, da sich etwaige Eindringlinge so Stockwerk für Stockwerk von oben nach unten vorkämpfen müssen. Auf jeder Etage erwarten die Jäger Fallen oder Wächter.

- **Vierter Stock:** Wer nicht aufpasst, löst einen versteckten Rutschmechanismus aus, der den Betreffenden über eine Klappe in der Außenwand ins Freie befördert – aus gut 20 Metern Höhe. Die beiden Jäger, die sich als Erstes in den Raum wagen, müssen eine Aufmerksamkeit-Probe (–4) ablegen, um die Fallen zu entdecken, ansonsten werden sie ausgelöst. Dann kann den Unglückseligen nur noch eine Reflexe-Probe (–3) retten. Gelingt es dem Jäger nicht, auf diese Weise beiseite zu springen oder sich festzuhalten, stürzt er in die Tiefe und erleidet 6 Blutwürfel Schmerzschaden.
- **Dritter Stock:** In diesem Stockwerk befinden sich hungrige Bluthunde in Käfigen, deren Türen durch eine Stolperfalle (Aufmerksamkeit-Probe –4 zum Entdecken) geöffnet werden. Bei den Bluthunden handelte es sich um Bandengegner, die für erfahrene Jäger keine echte Gefahr darstellen; der Kampf kann erzählerisch abhandelt werden. Die Hunde dienen lediglich als Alarmgeber.
- **Zweiter Stock:** Diese Ebene war einst ein Weinlager. Die wenigen Flaschen Rotwein, die hier noch lagern, sind allesamt vergiftet (1 Elixierwürfel Giftschaden bei Einnahme).
- **Erster Stock:** Drei mottenzerfressene und von Spinnweben überzogene Betten stehen in diesem Raum. Zieht man eine der vermoderten Decken weg, wird eine Pfeilfalle ausgelöst (Aufmerksamkeit-Probe –5 zum Entdecken; Reflexe-Probe –5 zum Ausweichen, ansonsten 1 Elixierwürfel Giftschaden).
- **Erdgeschoss und Keller:** Das Erdgeschoss ist frei von Fallen und gemütlich mit brennenden Kerzen eingerichtet, auf einem Tisch liegt eine zerlesene Ausgabe von Shakespeares „Romeo und Julia". Eine Falltür führt in den Keller hinab. Wenn Maria überrascht wird, so liegt sie hier auf einem Diwan und schläft (tags) oder sitzt an einem Schreibtisch und liest (nachts). Sollten die Bluthunde angeschlagen haben, hat sie sich im Keller eingeschlossen und ist allenfalls durch gutes Zureden oder die Anwesenheit Desminas zu einem Öffnen der Klappe zu bewegen. Dringen die Jäger mit Gewalt ein (erfordert Werkzeugkiste und erfolgreiche Handwerken-Probe), wird Maria sie mit dem Mut der Verzweiflung angreifen. Obwohl sie eine fähige Schwertkämpferin ist, hat sie gegen eine Überzahl keine Chance, sodass der Kampf erzählerisch abgehandelt werden kann. Sollte der HeXXenmeister dennoch Kampfwerte benötigen, kann er die eines Seeräuberkapitäns oder eines Assassinen heranziehen (siehe: *Mare Monstrum Obscura*, S. 119 bzw. 47). Maria ergibt sich, wenn ihre LEP auf unter 10 sinken.

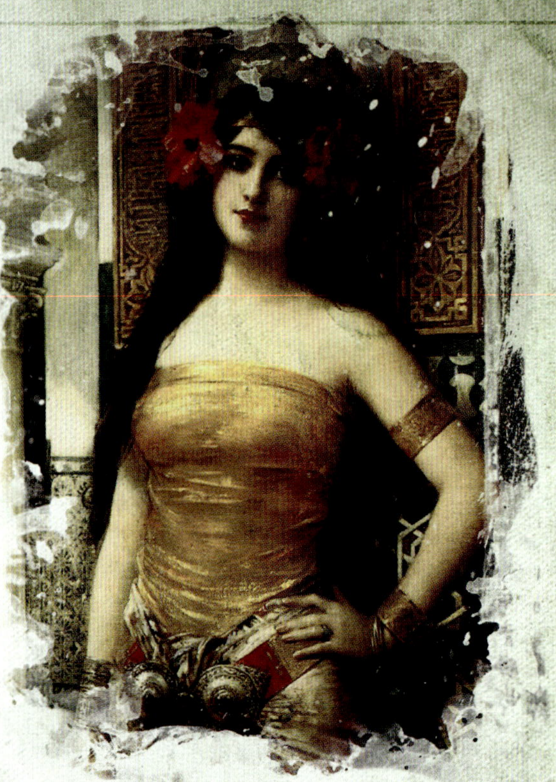

Ein glückliches Ende?

Können die Jäger Maria überzeugen, dass sie keine Handlanger des Orakelbundes sind, ist sie gesprächsbereit. Andernfalls müssen sie die Gesuchte überwältigen oder durch einen Kampf zum Aufgeben zwingen. Begleitet Desmina die Gruppe, fallen sich die zwei Frauen nach einem kurzen Moment des Staunens in die Arme. Nach dem unverhofften Wiedersehen haben die beiden viel zu bereden. Desmina bedankt sich bei den Jägern und bittet sie um etwas Zeit. Eine Weile später wird sie die Gruppe aufsuchen und ihr von dem Gespräch berichten, wobei sie eventuelle Lücken ihrer Vorgeschichte schließt und Maria auch als ihre Partnerin offenbart. Falls die Jäger es noch nicht ahnten, wird Desmina nun auch berichten, dass der Orakelbund von dämonischen Kreaturen geleitet wird, die sich Tantaliden nennen.

Finale auf Santorin

Das *Geheimnis der Inseln* hat ein für HeXXen 1733 untypisches friedliches Finale. Der HeXXenmeister kann das ändern, indem er nach dem Besuch der Schatzkammer auf Santorin noch einmal Feysal Bey, Cosimo Calergi (oder seinen Neffen Eduardo), den Orakelbund oder weitere Gruppierungen erscheinen lässt, mit denen die Jäger im Laufe der Kampagne aneinandergeraten sind. Andererseits ist gerade ein stilles Finale manchmal besonders denkwürdig – vor allem dann, wenn man eine lebende Legende trifft.

Kurs Santorin

Haben die Jäger alle Schlüsselfragmente in ihrem Besitz und fügen sie diese zusammen, beginnen einige der scheinbar willkürlichen Buchstaben silbern zu leuchten. Auf der Querachse ergibt sich das Wort „Santa", auf der Längsachse „Irini". Ein Gelehrter wie Michel Fourmont weiß sofort, dass es sich dabei um den alten venezianischen Namen des heutigen Santorin handelt. Jäger können das mithilfe einer erfolgreichen Probe auf Wissensgebiete (−3) oder Land und Leute (−5) herausfinden. Zur Not kann ihnen aber auch ein Besatzungsmitglied der *Lucrezia* weiterhelfen. Letztlich werden sie also in Erwartung großer Reichtümer Kurs auf die Kyladeninsel nehmen. Jedoch ist die Insel heute fest in der Hand der Kyklopen. Als noch der letzte Tempelritter lebte, war dies nicht so: die Kyklopen erschienen erst nach 1640 auf der Bildfläche. Longinus sah bislang jedoch keinen Zwang, den Schatz umzubetten. Der Grund dafür ist einfach: Der Schatz existiert schon seit langem nicht mehr.

Szene – Insel des Feuers

Als ihr euch Santorin nähert, fällt euer Blick auf steil aufragende Hänge, die mitunter von Menschenhand in Terrassen geformt wurden. Bald schon könnt ihr erkennen, dass hier vor allem Wein angebaut wird. Zwischen den Weinbergen scheinen kleine verschlafene Ortschaften zu liegen, aber auch seltsam Festungen mit einer Vielzahl rauchender Schlote. Dann geht ein Raunen durch die Mannschaft und Oma Fatima zeigt mit Schrecken auf den Hang, der euch am nächsten ist. Auf ihm erkennt ihr eine riesige Gestalt, die einen schweren Felsbrocken in den Händen wiegt und deren hervorstechendstes Merkmal sofort verrät, um welche Art von Geschöpf es sich handelt: Denn in der Mitte ihres Gesichts sitzt ein einziges großes Auge! Mit einem Brüllen schleudert der Kyklop den gewaltigen Stein in eure Richtung. Aufberstende Gischt und eine fulminante Wasserfontäne lassen euch erleichtert aufatmen, ihr scheint außerhalb seiner Reichweite zu sein. Während ihr an der schauerlichen Kreatur vorbeisegelt, hört ihr Sara murmeln: „Wir müssen einen sicheren Hafen finden."

Santorin ist nicht nur irgendeine der sogenannten Kyklopeninseln (siehe *Mare Monstrum*, S. 19, und *Mare Monstrum Obscura*, S. 67), sie ist die bekannteste. Innerhalb der Kykladen ist sie vor allem bei zwielichtigem Volk eine beliebte Anlaufstelle, denn die sagenhaften Kreaturen verkaufen ihre meisterhaften Schmiedeerzeugnisse im Austausch für Sklaven und Vorräte auch an Menschen. Obwohl die gesamte Insel zur Festung ausgebaut wurde, sollten die Jäger aber letztlich in einer kleinen geschützten Bucht vor Anker gehen und eine der kleinen Dorfschaften erreichen können, die nur von Einheimischen bewohnt werden. Dort treffen sie dann auf den eigentlichen Hauptakteur dieses Schlussakts: den Fischer.

Inwieweit die Gruppe zuvor mit den monströsen Herren der Insel in Konflikt gerät, obliegt dem HeXXenmeister. Grundsätzlich kann die *Lucrezia* auch den Hafen ansteuern, in dem die Kyklopen Handel treiben, doch kann sie das in Schwierigkeiten bringen. Haben sie kein geeignetes Tauschmaterial oder fliegt ihre eventuelle Tarnung auf, sehen sie sich mehr Giganten gegenüber, als selbst erfahrene Jäger bezwingen können. Mit dem richtigen Auftreten und gutem Verhandlungsgeschick jedoch ist das Vorhaben nicht unmöglich. In diesem Fall begegnet ihnen Longinus dort.

Andererseits können die Kyklopen für ein feuriges Finale herhalten. Sollten die Jäger unter dem wachsamen Auge der Kyklopen auf die Insel vordringen, werden diese das früher oder später bemerken. Nach der Begegnung mit Longinus kann es sein, dass mindestens einer von ihnen die Jäger angreift. Dies kann auf instabilem Grund geschehen. Während des Kampfes öffnen sich Risse im Boden, und glühende Lava drängt blubbernd und zischend nach oben.

Lava-Unterlage

Für einen Kampf gegen einen Kyklopen eignet sich die Tischmatte „Lava-Feld" aus dem Werkzeuge-Erweiterungsset Mare Monstrum.

Das Geschenk des Unsterblichen

Erneut begegnen die Jäger dem mysteriösen Fischer, doch diesmal ist er ungewohnt ernst. „So konntet ihr das Rätsel also lösen. Ihr habt meinen Respekt. Es wird Zeit, dass wir offen miteinander sprechen. Aber nicht an diesem Ort. Trefft mich auf der Vulkaninsel Palea Kameni. Sie ist so klein, dass die Kyklopen bislang kein Interesse an ihr gezeigt haben. Umfahrt sie, bis ihr eine kleine weiße Kapelle an der Küste seht, umgeben von warmen Quellen. Dort werde ich euch morgen bei Einbruch der Dunkelheit empfangen."

Die weiß getünchte Kapelle im steilen, grauen Hang ist leicht zu finden. Tatsächlich ist man auf „der alten Verbrannten", der kleinsten vulkanisch entstandenen Insel Santorins, relativ sicher vor den nahen Kylopen. Das Wasser unterhalb des Gotteshauses gibt einen leichten Dampf ab und ist rostbraun gefärbt. Sollte es bereits dunkel werden, sind in den winzigen Fenstern Lichtschimmer von Kerzen zu erkennen. Im kleinen Kirchenraum wartet der Fischer bereits auf die Jäger.

Szene – Der wartende Fischer

Der Fischer trägt nun eine weiße Toga, deren Schnitt eher römisch als griechisch zu sein scheint. Wortlos nickt er euch zu, dann begibt er sich zur Rückwand des kleinen Gebäudes, an der ein schmuckloses Kreuz hängt. Mit einem schnellen Handgriff löst er eine verborgene Arretierung, und die Fugen einer Geheimtür werden sichtbar. Als er den Durchgang öffnet, strömt euch warme Luft entgegen und ihr erkennt eine Treppe, die hinab in den Fels führt. Der Mann wendet sich zu euch um und sagt: „Das Artefakt in eurem Besitz war nie als Schlüssel im eigentlichen Sinne gedacht. Auch zusammengefügt dient es nicht dazu, ein Schloss zu öffnen, es soll nur den Weg weisen – und zwar an diesen Ort. Folgt mir." Mit einer Kerze in der Hand begibt er sich in die Tiefe.

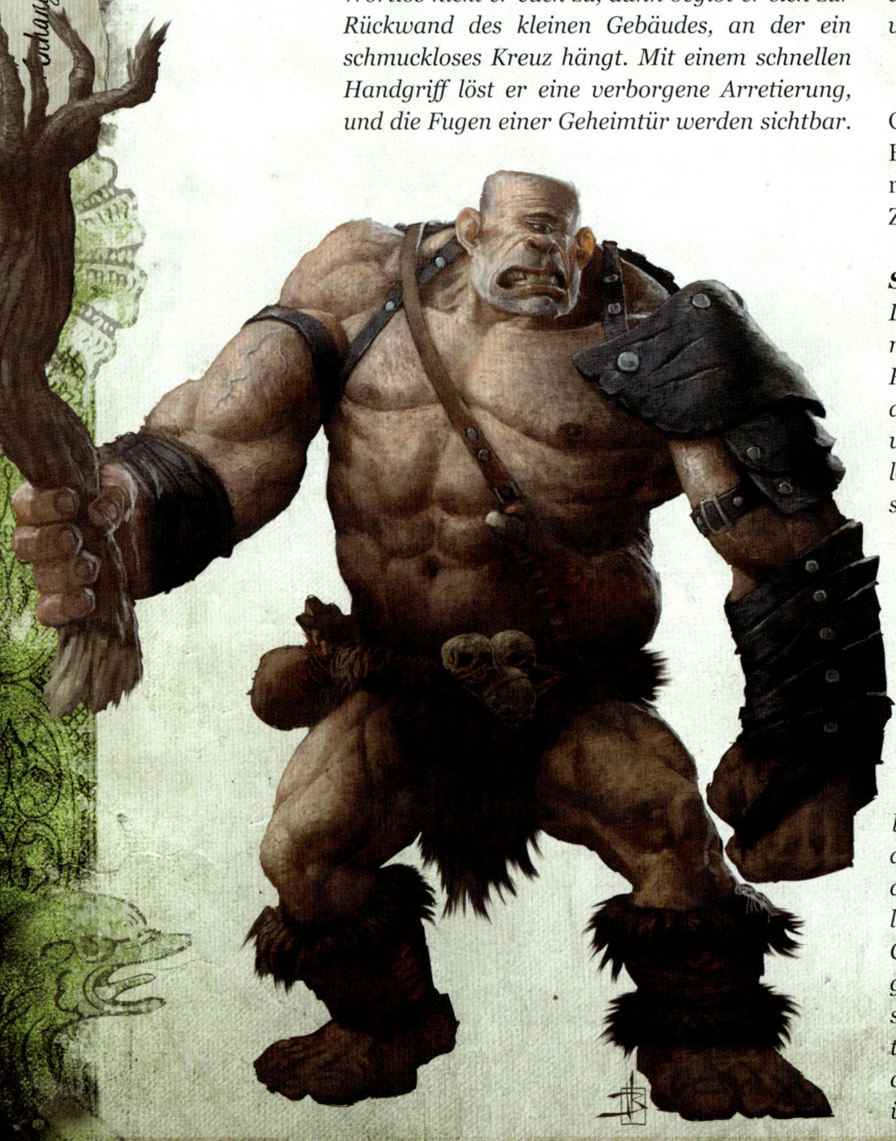

Der Fischer schreitet schweigsam voran, bis er nach eine größere Höhlenkammer erreicht, etwa 4 Meter hoch und 7 Meter im Durchmesser.

Szene – Die Höhle

Die Treppe führt in eine natürliche Höhle, in der mehrere Steinbänke im Halbrund angeordnet sind. Aus den Wänden ragen Vorsprünge heraus, an anderer Stelle sind Alkoven und Nischen in den Fels gehauen. Falls ihr hier gewaltige Schätze erwartet habt, werdet ihr enttäuscht. Abgesehen von Staub und Geröll ist die Kammer leer.

An dieser Stelle wird Longinus bereitwillig die Geschichte der fünf Tempelritter erzählen. Der HeXXenmeister kann sie vorlesen oder mit eigenen Worten wiedergeben, damit er besser auf Zwischenfragen der Jäger eingehen kann.

Szene – Die Geschichte der Tempelritter

Der Fischer berichtet: „Im Jahr 1302 traf ich erstmals auf die fünf Ritter, die mit ihrem Schiff vor Rhodos strandeten. Sie hatten einen Schatz bei sich, den sie in einer Höhle an der Küste versteckten. Es waren imposante Reichtümer: Gold, Silber, Juwelen, viele Kunstwerke aus dem Heiligen Land. Ich stellte die gerüsteten Männer zur Rede und sie bezeichneten sich als Tempelritter. Sie seien aus der Levante geflohen, kurz bevor die Kreuzfahrerstaaten untergingen. Ich sprach lange mit ihnen und sie schienen meine Gegenwart als wohltuend zu empfinden. Über mehrere Tage hinweg berichtete ich ihnen von meinem Leben und meinem Glauben – und ich inspirierte sie. Jahrelang unterwies ich sie daraufhin in meinen Lehren, bis sich abzeichnete, dass Rhodos an die Hospitaliter fallen würde. Ich riet meinen fünf Gefährten, den Schatz an einem anderen Ort zu verbergen, denn es war unklar, wie der Orden auf die Templer reagieren würden. Immerhin stand er Papst Clemens V. nahe, jenem Mann, der gerade im Begriff war, den Templerorden zu zerschlagen und sie als Ketzer zu brandmarken. Auf Rhodos hatten wir bereits viel Gutes für die Menschen getan, denn das ist Sinn und Zweck meines Lebens. So überzeugte ich die Ritter davon, in die Welt aufzu-

brechen, um mit ihrem Reichtum – sowohl an Geld als auch an Güte – den Unterdrückten zu helfen. Schließlich stießen wir auf diese Höhle, brachten den Schatz hierher und schmiedeten den Schlüssel. Die Einzelteile sollten die Ritter jederzeit daran erinnern, dass sie sich selbst eine Pflicht auferlegt hatten. Ich bat den Allmächtigen, seinen Segen in das Metall fließen zu lassen – nicht für mich selbst, sondern damit meine Gefährten zu Werkzeugen seines Willens werden konnten. Und in seiner unendlichen Milde gewährte er mir armen Sünder diesen Wunsch. Lange Zeit waren die Ritter von der Last des Alters befreit, um ihre heilige Pflicht zu erfüllen. Zwar waren sie nicht unsterblich, aber jeder wandelte für viele Jahrzehnte auf Erden. Als die Jahre vergingen, schrumpfte der Schatz immer mehr, im gleichen Maße wie die Ritter das Licht des Guten in die Welt brachten. Bis am Ende nichts mehr von ihm übrig geblieben war. Ja, dies ist die Kammer, die den Schatz beherbergte. Schaut euch um. Nun ist sie leer.“

Etwas verschweigt Longinus jedoch: Auf einem Steinpodest liegt noch ein letzter Gegenstand, ein altes, rostiges Stück Eisen. Mit etwas Phantasie ist es als Speerspitze zu erkennen. Zeigt man es dem Fischer, lächelt er.

Szene – Die Heilige Lanze

Als ihr den Fischer auf das verbliebene Stück ansprecht, antwortet er: „Das ist nichts weiter als ein wertloses Erinnerungsstück aus alten Tagen. Die Kreuzritter fanden es, als sie sich dereinst in Antiochia verschanzten. Dieses Stück gab ihnen die Kraft, die Belagerung zu durchbrechen und eine Übermacht muslimischer Krieger zu besiegen. Sie nannten es die Heilige Lanze von Antiochia. Jedoch: Sie war nie echt. Nie war es jene Lanze, die ein verblendeter Centurio namens Longinus dem ans Kreuz genagelten Jesus in die Seite trieb und in diesem Augenblick die Wahrheit und die Reinheit des Glaubens erkannte. Er blickte Jesus tief in die Augen und wurde von ihm gesegnet – und zugleich verflucht, denn nichts von beidem kann ohne das andere existieren. Der Centurio würde unsterblich sein und erst dann ins Jenseits einfahren dürfen, wenn das Christentum erlöschen würde.

In diesem Moment wird den Jägern klar werden, dass der besagte Centurio gerade vor ihnen steht. Das Offensichtliche auszusprechen, führt lediglich dazu, dass Longinus ihnen milde zulächelt. Nach einiger Zeit wird er ihnen ein Angebot unterbreiten – allerdings nur, falls sich die Jäger auf ihren Reisen keiner groben Verbrechen gegen die Menschlichkeit schuldig gemacht haben. Überwiegen die verdorbenen Taten der Jäger ihre guten, weiß der Unsterbliche dies und wird die Jäger nicht dafür belohnen.

Szene – Das Angebot

Longinus spricht: „Eure Mühen, diesen Ort zu finden, sollen belohnt werden. Immerhin habt ihr viel Gutes getan auf euren Reisen und etliche Schrecken aus der Welt verbannt. Das verlangt nach einer Belohnung, meint ihr nicht auch? So stelle ich euch also vor die Wahl: Wollt ihr die Heilige Lanze von Antiochia als Geschenk annehmen oder meinen Segen empfangen? Wählt weise und entscheidet mit einer Stimme.“

Die Qual der Wahl

Da sich die Gruppe einstimmig für eine Antwort entscheiden muss, werden die Jäger vermutlich etwas diskutieren müssen. Doch alles Spekulieren hilft wenig, im Grunde können sie nicht wissen, welche Auswirkung ihre Entscheidung hat. Folgende Möglichkeiten stehen ihnen offen:

Die Heilige Lanze

Longinus wird den Jägern die Lanze feierlich überreichen. „So nehmt dieses letzte Relikt des Templerschatzes an euch. Möge es eure Schritte lenken und euch helfen, wie es einst den Verteidigern Antiochias half.“ Tatsächlich handelt es sich (wie Longinus wahrheitsgemäß sagte) um nichts weiter als ein Erinnerungsstück. Die Lanze hat keine magische Wirkung, keinen Materialwert und auch sonst keinerlei Funktion, außer der eines nostalgischen Memorabiliums.

Longinus’ Segen

Entscheiden sich die Jäger für Longinus’ Segen wird dieser nacheinander jedem die Hand auf den Kopf legen und ein uraltes christliches Gebet auf Aramäisch sprechen. Alle Jäger erhalten +1 JP (zusätzlich zu JP durch einen eventuell stattfindenden Stufenaufstieg) und permanent +1 LEP.

Das Ende der Reise

Der Schatz der Templer wurde gefunden, viele Gegner und Gefahren wurden überwinden, Einsichten wurden gewonnen und neue Kräfte entdeckt. Auch wenn die Reichtümer am Ende eher spiritueller Natur sind, wird die Gruppe im Laufe ihrer Reise zu einigem Wohlstand gekommen sein. Die Kampagne endet an dieser Stelle – es sei denn, die Jäger begeben sich zurück an Bord der *Lucrezia* und brechen gemeinsam mit der Crew auf, zu neuen Abenteuern im Mare Monstrum und darüber hinaus.

ALTERNATIVE

Sollten die Jäger sich für die „nutzlos“ Lanze entscheiden, kann der HeXXenmeister zusätzlich regeln, dass sie die fünf Schlüsselteile behalten dürfen. Dieses Artefakt kann jede Wirkung haben, die der HeXXenmeister für sinnvoll hält, z.B. dass jeder Jäger zu Beginn eines Kampfes 1 Segnung generiert.

Marino,
treuer Jünger der Geschwister des Orakels von Chora.
Der Segen der Stimme sei mit dir.
Mögen deine Wege Licht ins Dunkel des Vergessens bringen
im Angesicht der Ewigen Erleuchtung.

Hiermit ersuchen wir dich, die auserwählte Zielperson in Napoli di Romania zu kontaktieren und sie mit folgendem Auftrag zu entsenden: Sie soll ihre Verbindungen zu der Vereinigung von Schatzjägern nutzen, um in der Gasse der Wunder ein Artefakt von der Mutter des Gerümpels zu erwerben, welches vor Kurzem in Konstantinopel erschien.
Wir glauben, dass es sich um eines von fünf Schlüsselfragmenten handelt, welche im Zusammenhang mit dem Rätsel des Guillaume de Borgonde stehen. Vor deiner Abreise sei dir gestattet, die wirren Notizen de Borgondes in der Bibliothek des Klosters von Amorgos zu sichten und es in einer dir gefälligen Sprache aufzuschreiben.
Deine weitere Aufgabe wird darin bestehen, das Rätsel zu entschlüsseln oder nach Hinweisen zu suchen, die uns bei ebendiesem Vorhaben helfen. Deine Notizen dürfen auf keinen Fall in die Hände unserer Feinde fallen, also sei bereit, sie schnell zu vernichten, falls Unbill droht.
Wenn die Schatzjägerin aus Konstantinopel zurückgekehrt ist und dir den Schlüssel ausgehändigt hat, trete unverzüglich die Heimreise nach Amorgos an. Entlohne die Handlangerin mit dem vereinbarten Preis in Höhe von 1000 Piastern und nimm weitere 300 für deine persönlichen Ausgaben mit. Versuche nicht, die Frau zu übervorteilen, da wir nicht wollen, dass unser guter Ruf beim Schatzjägerring leidet.
Sei vorsichtig. Der Verräter Marcos Papadakis hat unserer Kenntnis nach das Wissen um den Schatz der Tempelritter an den abscheulichen Korsaren Feysal Bey verkauft. Wie wir diesen einschätzen, hat er Marcos sicherlich getötet, anstatt ihn auszuzahlen. Wir glauben, dass Feysal Bey ebenfalls von dem Schlüsselfragment in Konstantinopel gehört hat oder dies in Bälde tun wird und sich dorthin begibt.
Eile ist angeraten, zumal der Korsar einen Pakt mit dem Dā ī der Assassinen von Ägypten geschlossen hat. Was dies bedeutet, kannst du dir mit Sicherheit selbst ausmalen.

Mögen die Götter dich beschützen
K.

Handout Mare Monstrum #2– Hingekritzelte Notizen auf italienisch

G. vermischt in seinen Notizen geschichtliche Ereignisse mit Lebenserfahrungen. Als ob er die Jahrhunderte persönlich erlebt hätte. Muss ein schräger Vogel gewesen sein.

Keine Notizen vor 1270. Begeisterung für Kreuzritter. G. sieht sich offenbar der Tradition der Templer verpflichtet. Romantische Verklärtheit oder Senilität?

G. spricht häufig von vier Freunden, die er als Ritterbrüder bezeichnet. Andere Freunde der Templer? Gar ein Geheimbund? Der Templerorden wurde 1312 vom französischen König aufgelöst. Sollten Teile überlebt haben?

Dieser Fakt scheint historisch nicht belegt: Nach Abzug der Templer aus Outremer sollen sie einen Schatz mitgenommen haben, der nie in Frankreich ankam. Erste Animositaten mit dem König. Kein Datum angegeben. Ich vermute 1303 oder 1304. Letzte Templerfeste Aruad wurde 1302 aufgegeben.

Heilige Lanze von Antiochia. G. scheint ein Faible für Mythen zu haben. Fehlt noch, dass er den Heiligen Gral erwähnt.

Um den Schatz zu wahren, ward ein Schlüssel geformt, der das Tor öffnet.“ Meine eigene Übersetzung der lateinischen Passage. Interessant. Wenn es den Schatz wirklich gab, muss er heute ein Vermögen wert sein. Kein Wunder, dass Schwester K. so begierig auf den Schatz ist.

Der Schlüssel ward aufgeteilt in fünf Teile, und ein jeder ward gegeben einem der Ritter.“ Dieser Satz scheint keinen Sinn zu ergeben. Der Schlüssel, den A. im Besitz von G. fand, sah nach einem normalen Schlüssel aus, wenngleich seltsam geformt. Aber nicht wie ein Bruchstück. Vielleicht sinnbildlich? Jeder Ritter ein Schlüssel, zusammen also fünf.

Ein Geheimnis, das ein jeder mit ins Grab nahm.“ War G. ein Grabräuber? Er plündert ein Grab, findet den Schlüssel und Hinweise auf die anderen. Reine Spekulation. Aber plausibel. Würde erklären, warum er das Felsenkloster zuletzt nicht verließ. Vielleicht wurde er verfolgt.

Hier wird es spannend, angeblich die Standorte der anderen Schlüsselteile. Natürlich in Rätselform.

Insel der Frommen. Rückkehrer aus dem Heiligen Land. Gesichert hinter hohen Mauern, den Mameluken trotzend. Insel der Sonne. Des wahren Glaubens Eiland. Tief verborgen im sakralen Schatten der Trutzburg ruht das Grab Gilbert de Chartres.“

Interpretation: Da G. versessen auf die Templer war, kann es sich bei den Frommen nur um diese handeln. Doch der Orden wurde aufgelöst. Sollte Aruad gemeint sein, die Insel vor der syrischen Küste? Wurde von den Templern bis 1302 gehalten. Aber wurde der Schlüssel nicht später geformt?

Insel des geflügelten Löwen. Wo der Orient auf den Okzident trifft. Vor 1400 zehnmal aufbegehrend und zehnmal niedergeschlagen. Wo alte Säulen die Zeiten überstehen. Auf ewig schlummernd in den Bergen, der tapfere Ritter Sir John-Arthur Baron of Clinton, Streiter für die Unterdrückten.“

Interpretation: Der geflügelte Löwe kann nur der Markuslöwe Venedigs sein. Eine Insel oder ein Ort, der von Venedig gehalten wurde? Trifft leider auf sehr viele Inseln zu. Heute noch Morea und Kreta, damals auf viele weitere Ort. Aufstände gab es früher ebenfalls viele. Und alte Säulen findet man selbst auf dem kleinsten Eiland.

Stolze Säulen in der Oberstadt. Altare reicher Götterwelten, dem Heiden Ort der Anbetung. Godewyn de Mol, begraben im goldgelben Lichte in des Berges Eingeweide. Der richtige Wind zeigt den Weg.“

Interpretation: Eine Oberstadt wurde von den alten Griechen als Akropolis“ bezeichnet. Davon gab es viele, die bekannteste sicher in Athen. Doch kann G. wirklich Athen meinen, wo die Stadt doch von den Venezianern beschossen und zerstört wurde? Und was ist mit dem goldgelben Lichte gemeint? Vielleicht Kornfelder? Solche gibt es nicht im felsigen Umland Athens. Worauf sich der richtige Wind bezieht, ist mir völlig schleierhaft.

Lateinisches Königreich von Wellen umschlossen. Das Herz des Löwen legte den Grundstein. Wo die Kauffahrerrepubliken ihren Krieg ausfochten, bis zunächst die westliche gewann. Wo die Spuren der Templer im Staube vergehen. Armand de Sonnac, mein treuer Freund, möge es dir im Grabe besser ergehen.“

Interpretation: Mit Sicherheit ist eine Insel gemeint. Das Herz des Löwen“ deutet erneut auf die Flagge der Serenissima hin. Wird nicht ohne Grund auch Löwenrepublik genannt. Mit den Kauffahrerrepubliken können folglich nur Venedig und Genua gemeint sein. Doch diese fochten viele Kriege um viele Inseln aus. Es fehlt ein eindeutiger Hinweis. Oder übersehe ich etwas?

Quintilis, Anno Domini 1302

Die Mameluken belagern uns seit Wochen. Unsere Nahrungsmittel gehen zur Neige. Der Brunnen in der Feste Aruad mag uns noch mit süßem Wasser versorgen, doch wir Ritter leben nicht von Wasser allein. Wir hoffen auf die Ankunft der Flotte. Aber niemand weiß, ob Zypern die Nachricht vom Angriff der ägyptischen Schiffe erhalten hat. Wir werden Aruad aufgeben müssen. Es schmerzt mich. Mit Aruad fällt nicht nur die letzte Bastion unseres Ordens. Auch die Kreuzfahrerstaaten hören damit auf zu existieren. Der Traum des christlichen Morgenlandes ist ausgeträumt. Nach 200 Jahren fällt Outremer, und die Heiden herrschen wieder über das Heilige Land.

Meine letzte Aufgabe wird es sein, einen Ausfall zu wagen. Mit vier Brüdern werde ich morgen aufbrechen, um mit einem Boot einen kleinen Teil des Schatzes in die Heimat zu bringen. Auch das Artefakt ist darunter, sowie 2000 Bezanten und vielerlei weitere Güter von hohem Wert. Möge Gott unsere Wege lenken.

Sextilis, Anno Domini 1302

Wir konnten die Mameluken umgehen, doch der Sturm schmetterte unser Schiff an die Küste der Insel Rhodos. Zum Glück blieb der Schatz unbeschädigt. Wir verbargen ihn in einer Höhle. Doch neues Ungemach droht. Wir erhielten Kunde, wonach die Auseinandersetzungen zwischen unserem Orden und dem König von Frankreich zunehmen. Da wir die Gründe nicht kennen, haben wir beschlossen, vorerst nicht mit dem Schatz in die Heimat zurückzukehren.

Februarius, Anno Domini 1304

Die Lehren des Weisen erfüllen unsere Seelen mit neuem Mut und neuer Tatkraft. Seine Erzählungen und Gleichnisse sind denen des Messias gleich! Er ist unser neuer Führer. Wir vertrauen ihm unser Leben an. Unser Blut und unsere Seelen.

November, Anno Domini 1308

Wir erhielten Kunde, wonach unsere Brüder in Frankreich der Ketzerei und der Sodomie angeklagt wurden. Philipp IV. und Clemens V. scheinen es ernst zu meinen. Das Ende unseres stolzen Ordens ist nahe. Doch den uns anvertrauten Schatz sollen die Gierschlünde nicht bekommen. Er ist nicht mehr sicher auf der Insel. Die Hospitaliter breiten sich mehr und mehr aus. Sie unterstehen direkt dem Papst, welcher ein Feind unseres Ordens, der Armen Ritterschaft Christ und des Salomonischen Tempels zu Jerusalem ist. Wir können den Hospitalitern, obgleich Brüder im Geiste, nicht vertrauen. Wir brachten den Schatz auf eine neue Insel. Ein Ort, geschützt durch einen Schlüssel in Form eines Kreuzes. Ein jeder von uns wird ein Bruchstück des Schlüssels an sich nehmen. Wir werden ausziehen und Gutes tun, so wie es uns der Weise lehrte. Ich werde meine Gefährten vermutlich für sehr lange Zeit nicht mehr wiedersehen. Gott beschütze uns.

Maius, Anno Domini 1366

Mein Kampf gegen die Venezianer ist zu Ende. Ich muss zu meiner Schande gestehen, dass ich obsiegt wurde. Die Schurken der Serenissima haben Kreta unter ihre Kontrolle gebracht und den Widerstand gebrochen. Ich bin einer der wenigen Überlebenden, und ohne den Segen des Weisen hätte auch ich die Nacht nicht überstanden. Meine Schule in Candia wurde überrannt. Nur mithilfe der Wege durch das Immaterium konnte ich fliehen. Ich weiß nicht, was mit den Lehrern und Schülern geschah. Ich muss das Schlimmste annehmen.
Ich habe mich ins Kloster zurückgezogen, um meine Wunden zu lecken und für meine Verfehlungen Buße zu tun. Es wird lange dauern, bis sich eine neue Gelegenheit ergibt, die Tyrannen zu vertreiben.

Iunius, Anno Domini 1453

Byzanz ist gefallen. Die Kunde erreichte mich am Morgen. Sie verbreitet sich wie ein Sturm. Zwei Monde wurde die Prächtige vom Sultan des Osmanenreiches belagert. Als die Türken die Stadtmauern überwanden, sollen sie ein Blutbad angerichtet haben, wurde mir berichtet. Ich weiß nicht, welche Bedeutung dieses Ereignis haben wird. Aber das Oströmische Reich scheint damit tosend untergegangen zu sein. Erneut wurde ein leuchtende Fackel der Zivilisation von den Ungläubigen ausgetreten. So wie damals, als wir aus dem Heiligen Land vertrieben wurden.

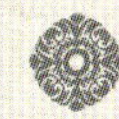

Quintilis, Anno Domini 1460

Es beglückt mein Herz, dass so viele Byzantiner den Weg nach Kreta gefunden haben. Die Insel blüht auf, obwohl die Venezianer nach wie vor mit eiserner Faust über die Menschen herrschen. Doch der Widerstand gegen die Ungerechtigkeit wächst. Ich nutze meine geheimen Wege durch das Immaterium, um Candia heimlich zu betreten und für unsere Sache zu kämpfen.

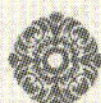

Aprilis, Anno Domini 1524 (letzter Eintrag)

Ich wage es kaum noch, die Pfade durch das Immaterium zu betreten. Sie erscheinen mir dunkler und gefährlicher als je zuvor. Als ob sich der Kosmos selbst auf ein Ereignis von gewaltiger Tragweite vorbereite. Etwas scheint Notiz von mir genommen zu haben. Ein Schatten, der mich auf meinen Wegen durch die Dunkelheit begleitet. Ein unheimlicher Verfolger. Nur meine heilige Kerze vermag ihn abzuhalten. Möge sie niemals erlöschen auf meinen Pfaden. Ich wage mir nicht auszudenken, was passieren würde. Das Geschöpf, das mich verfolgt, könnte in unsere Welt gelangen. Eine Bestie aus der Zeit der Heroen.

Handout #1: Brief auf Altgriechisch

Marino,

treuer Jünger der Geschwister des Orakels von Chora.
Der Segen der Stimme sei mit dir.
Mögen deine Wege Licht ins Dunkel des Vergessens bringen im Angesicht der Ewigen Erleuchtung.

Hiermit ersuchen wir dich, die auserwählte Zielperson in Napoli di Romania zu kontaktieren und sie mit folgendem Auftrag zu entsenden: Sie soll ihre Verbindungen zu der Vereinigung von Schatzjägern nutzen, um in der Gasse der Wunder ein Artefakt von der Mutter des Gerümpels zu erwerben, welches vor Kurzem in Konstantinopel erschien.

Wir glauben, dass es sich um eines von fünf Schlüsselfragmenten handelt, welche im Zusammenhang mit dem Rätsel des Guillaume de Borgonde stehen. Vor deiner Abreise sei dir gestattet, die wirren Notizen de Borgondes in der Bibliothek des Klosters von Amorgos zu sichten und es in einer dir gefälligen Sprache aufzuschreiben.

Deine weitere Aufgabe wird darin bestehen, das Rätsel zu entschlüsseln oder nach Hinweisen zu suchen, die uns bei ebendiesem Vorhaben helfen. Deine Notizen dürfen auf keinen Fall in die Hände unserer Feinde fallen, also sei bereit, sie schnell zu vernichten, falls Unbill droht.

Wenn die Schatzjägerin aus Konstantinopel zurückgekehrt ist und dir den Schlüssel ausgehändigt hat, trete unverzüglich die Heimreise nach Amorgos an. Entlohne die Handlangerin mit dem vereinbarten Preis in Höhe von 1000 Piastern und nimm weitere 300 für deine persönlichen Ausgaben mit. Versuche nicht, die Frau zu übervorteilen, da wir nicht wollen, dass unser guter Ruf beim Schatzjägerring leidet.

Sei vorsichtig. Der Verräter Marcos Papadakis hat unserer Kenntnis nach das Wissen um den Schatz der Tempelritter an den abscheulichen Korsaren Feysal Bey verkauft. Wie wir diesen einschätzen, hat er Marcos sicherlich getötet, anstatt ihn auszuzahlen. Wir glauben, dass Feysal Bey ebenfalls von dem Schlüsselfragment in Konstantinopel gehört hat oder dies in Bälde tun wird und sich dorthin begibt. Eile ist angeraten, zumal der Korsar einen Pakt mit dem Dā□ī der Assassinen von Ägypten geschlossen hat. Was dies bedeutet, kannst du dir mit Sicherheit selbst ausmalen.

Mögen die Götter dich beschützen

K.

Handout #2: Hingekritzelte Notizen auf Italienisch

G. vermischt in seinen Notizen geschichtliche Ereignisse mit Lebenserfahrungen. Als ob er die Jahrhunderte persönlich erlebt hätte. Muss ein schräger Vogel gewesen sein.

Keine Notizen vor 1270. Begeisterung für Kreuzritter. G. sieht sich offenbar der Tradition der Templer verpflichtet. Romantische Verklärtheit oder Senilität?

G. spricht häufig von vier Freunden, die er als Ritterbrüder bezeichnet. Andere Freunde der Templer? Gar ein Geheimbund? Der Templerorden wurde 1312 vom französischen König aufgelöst. Sollten Teile überlebt haben?

Dieser Fakt scheint historisch nicht belegt: Nach Abzug der Templer aus Outremer sollen sie einen Schatz mitgenommen haben, der nie in Frankreich ankam. Erste Animositäten mit dem König. Kein Datum angegeben. Ich vermute 1303 oder 1304. Letzte Templerfeste Aruad wurde 1302 aufgegeben.

Heilige Lanze von Antiochia. G. scheint ein Faible für Mythen zu haben. Fehlt noch, dass er den Heiligen Gral erwähnt.

„Um den Schatz zu wahren, ward ein Schlüssel geformt, der das Tor öffnet.“ – Meine eigene Übersetzung der lateinischen Passage. Interessant. Wenn es den Schatz wirklich gab, muss er heute ein Vermögen wert sein. Kein Wunder, dass Schwester K. so begierig auf den Schatz ist.

„Der Schlüssel ward aufgeteilt in fünf Teile, und ein jeder ward gegeben einem der Ritter.“ Dieser Satz scheint keinen Sinn zu ergeben. Der Schlüssel, den A. im Besitz von G. fand, sah nach einem normalen Schlüssel aus, wenngleich seltsam geformt. Aber nicht wie ein Bruchstück. Vielleicht sinnbildlich? Jeder Ritter ein Schlüssel, zusammen also fünf.

„Ein Geheimnis, das ein jeder mit ins Grab nahm.“ War G. ein Grabräuber? Er plündert ein Grab, findet den Schlüssel und Hinweise auf die anderen. Reine Spekulation. Aber plausibel. Würde erklären, warum er das Felsenkloster zuletzt nicht verließ. Vielleicht wurde er verfolgt.

Hier wird es spannend, angeblich die Standorte der anderen Schlüsselteile. Natürlich in Rätselform.

„Insel der Frommen. Rückkehrer aus dem Heiligen Land. Gesichert hinter hohen Mauern, den Mameluken trotzend. Insel der Sonne. Des wahren Glaubens Eiland. Tief verborgen im sakralen Schatten der Trutzburg ruht das Grab Gilbert de Chartres.“

Interpretation: Da G. versessen auf die Templer war, kann es sich bei den Frommen nur um diese handeln. Doch der Orden wurde aufgelöst. Sollte Aruad gemeint sein, die Insel vor der syrischen Küste? Wurde von den Templern bis 1302 gehalten. Aber wurde der Schlüssel nicht später geformt?

„Insel des geflügelten Löwen. Wo der Orient auf den Okzident trifft. Vor 1400 zehnmal aufbegehrend und zehnmal niedergeschlagen. Wo alte Säulen die Zeiten überstehen. Auf ewig schlummernd in den Bergen, der tapfere Ritter Sir John-Arthur Baron of Clinton, Streiter für die Unterdrückten."

Interpretation: Der geflügelte Löwe kann nur der Markuslöwe Venedigs sein. Eine Insel oder ein Ort, der von Venedig gehalten wurde? Trifft leider auf sehr viele Inseln zu. Heute noch Morea und Kreta, damals auf viele weitere Ort. Aufstände gab es früher ebenfalls viele. Und alte Säulen findet man selbst auf dem kleinsten Eiland.

„Stolze Säulen in der Oberstadt. Altare reicher Götterwelten, dem Heiden Ort der Anbetung. Godewyn de Mol, begraben im goldgelben Lichte in des Berges Eingeweide. Der richtige Wind zeigt den Weg."

Interpretation: Eine Oberstadt wurde von den alten Griechen als „Akropolis" bezeichnet. Davon gab es viele, die bekannteste sicher in Athen. Doch kann G. wirklich Athen meinen, wo die Stadt doch von den Venezianern beschossen und zerstört wurde? Und was ist mit dem goldgelben Lichte gemeint? Vielleicht Kornfelder? Solche gibt es nicht im felsigen Umland Athens. Worauf sich der richtige Wind bezieht, ist mir völlig schleierhaft.

„Lateinisches Königreich von Wellen umschlossen. Das Herz des Löwen legte den Grundstein. Wo die Kauffahrerrepubliken ihren Krieg ausfochten, bis zunächst die westliche gewann. Wo die Spuren der Templer im Staube vergehen. Armand de Sonnac, mein treuer Freund, möge es dir im Grabe besser ergehen."

Interpretation: Mit Sicherheit ist eine Insel gemeint. Das „Herz des Löwen" deutet erneut auf die Flagge der Serenissima hin. Wird nicht ohne Grund auch Löwenrepublik genannt. Mit den Kauffahrerrepubliken können folglich nur Venedig und Genua gemeint sein. Doch diese fochten viele Kriege um viele Inseln aus. Es fehlt ein eindeutiger Hinweis. Oder übersehe ich etwas?

Handout#3 – Tagebuch des Tempelritters

Quintilis, Anno Domini 1302

Die Mameluken belagern uns seit Wochen. Unsere Nahrungsmittel gehen zur Neige. Der Brunnen in der Feste Aruad mag uns noch mit süßem Wasser versorgen, doch wir Ritter leben nicht von Wasser allein. Wir hoffen auf die Ankunft der Flotte. Aber niemand weiß, ob Zypern die Nachricht vom Angriff der ägyptischen Schiffe erhalten hat. Wir werden Aruad aufgeben müssen. Es schmerzt mich. Mit Aruad fällt nicht nur die letzte Bastion unseres Ordens. Auch die Kreuzfahrerstaaten hören damit auf zu existieren. Der Traum des christlichen Morgenlandes ist ausgeträumt. Nach 200 Jahren fällt Outremer, und die Heiden herrschen wieder über das Heilige Land.

Meine letzte Aufgabe wird es sein, einen Ausfall zu wagen. Mit vier Brüdern werde ich morgen aufbrechen, um mit einem Boot einen kleinen Teil des Schatzes in die Heimat zu bringen. Auch das Artefakt ist darunter, sowie 2000 Bezanten und vielerlei weitere Güter von hohem Wert. Möge Gott unsere Wege lenken.

Sextilis, Anno Domini 1302

Wir konnten die Mameluken umgehen, doch der Sturm schmetterte unser Schiff an die Küste der Insel Rhodos. Zum Glück blieb der Schatz unbeschädigt. Wir verbargen ihn in einer Höhle. Doch neues Ungemach droht. Wir erhielten Kunde, wonach die Auseinandersetzungen zwischen unserem Orden und dem König von Frankreich zunehmen. Da wir die Gründe nicht kennen, haben wir beschlossen, vorerst nicht mit dem Schatz in die Heimat zurückzukehren.

Februarius, Anno Domini 1304

Die Lehren des Weisen erfüllen unsere Seelen mit neuem Mut und neuer Tatkraft. Seine Erzählungen und Gleichnisse sind denen des Messias gleich! Er ist unser neuer Führer. Wir vertrauen ihm unser Leben an. Unser Blut und unsere Seelen.

November, Anno Domini 1308

Wir erhielten Kunde, wonach unsere Brüder in Frankreich der Ketzerei und der Sodomie angeklagt wurden. Philipp IV. und Clemens V. scheinen es ernst zu meinen. Das Ende unseres stolzen Ordens ist nahe. Doch den uns anvertrauten Schatz sollen die Gierschlünde nicht bekommen. Er ist nicht mehr sicher auf der Insel. Die Hospitaliter breiten sich mehr und mehr aus. Sie unterstehen direkt dem Papst, welcher ein Feind unseres Ordens, der Armen Ritterschaft Christ und des Salomonischen Tempels zu Jerusalem ist. Wir können den Hospitalitern, obgleich Brüder im Geiste, nicht vertrauen. Wir brachten den Schatz auf eine neue Insel. Ein Ort, geschützt durch einen Schlüssel in Form eines Kreuzes. Ein jeder von uns wird ein Bruchstück des Schlüssels an sich nehmen. Wir werden ausziehen und Gutes tun, so wie es uns der Weise lehrte. Ich werde meine Gefährten vermutlich für sehr lange Zeit nicht mehr wiedersehen. Gott beschütze uns.

Handout #4 – Tagebuch von Sir John-Arthur, Baron Clinton

Maius, Anno Domini 1366
Mein Kampf gegen die Venezianer ist zu Ende. Ich muss zu meiner Schande gestehen, dass ich obsiegt wurde. Die Schurken der Serenissima haben Kreta unter ihre Kontrolle gebracht und den Widerstand gebrochen. Ich bin einer der wenigen Überlebenden, und ohne den Segen des Weisen hätte auch ich die Nacht nicht überstanden. Meine Schule in Candia wurde überrannt. Nur mithilfe der Wege durch das Immaterium konnte ich fliehen. Ich weiß nicht, was mit den Lehrern und Schülern geschah. Ich muss das Schlimmste annehmen.

Ich habe mich ins Kloster zurückgezogen, um meine Wunden zu lecken und für meine Verfehlungen Buße zu tun. Es wird lange dauern, bis sich eine neue Gelegenheit ergibt, die Tyrannen zu vertreiben.

Iunius, Anno Domini 1453
Byzanz ist gefallen. Die Kunde erreichte mich am Morgen. Sie verbreitet sich wie ein Sturm. Zwei Monde wurde die Prächtige vom Sultan des Osmanenreiches belagert. Als die Türken die Stadtmauern überwanden, sollen sie ein Blutbad angerichtet haben, wurde mir berichtet. Ich weiß nicht, welche Bedeutung dieses Ereignis haben wird. Aber das Oströmische Reich scheint damit tosend untergegangen zu sein. Erneut wurde ein leuchtende Fackel der Zivilisation von den Ungläubigen ausgetreten. So wie damals, als wir aus dem Heiligen Land vertrieben wurden.

Quintilis, Anno Domini 1460
Es beglückt mein Herz, dass so viele Byzantiner den Weg nach Kreta gefunden haben. Die Insel blüht auf, obwohl die Venezianer nach wie vor mit eiserner Faust über die Menschen herrschen. Doch der Widerstand gegen die Ungerechtigkeit wächst. Ich nutze meine geheimen Wege durch das Immaterium, um Candia heimlich zu betreten und für unsere Sache zu kämpfen.

Aprilis, Anno Domini 1524 (letzter Eintrag)
Ich wage es kaum noch, die Pfade durch das Immaterium zu betreten. Sie erscheinen mir dunkler und gefährlicher als je zuvor. Als ob sich der Kosmos selbst auf ein Ereignis von gewaltiger Tragweite vorbereite. Etwas scheint Notiz von mir genommen zu haben. Ein Schatten, der mich auf meinen Wegen durch die Dunkelheit begleitet. Ein unheimlicher Verfolger. Nur meine heilige Kerze vermag ihn abzuhalten. Möge sie niemals erlöschen auf meinen Pfaden. Ich wage mir nicht auszudenken, was passieren würde. Das Geschöpf, das mich verfolgt, könnte in unsere Welt gelangen. Eine Bestie aus der Zeit der Heroen.

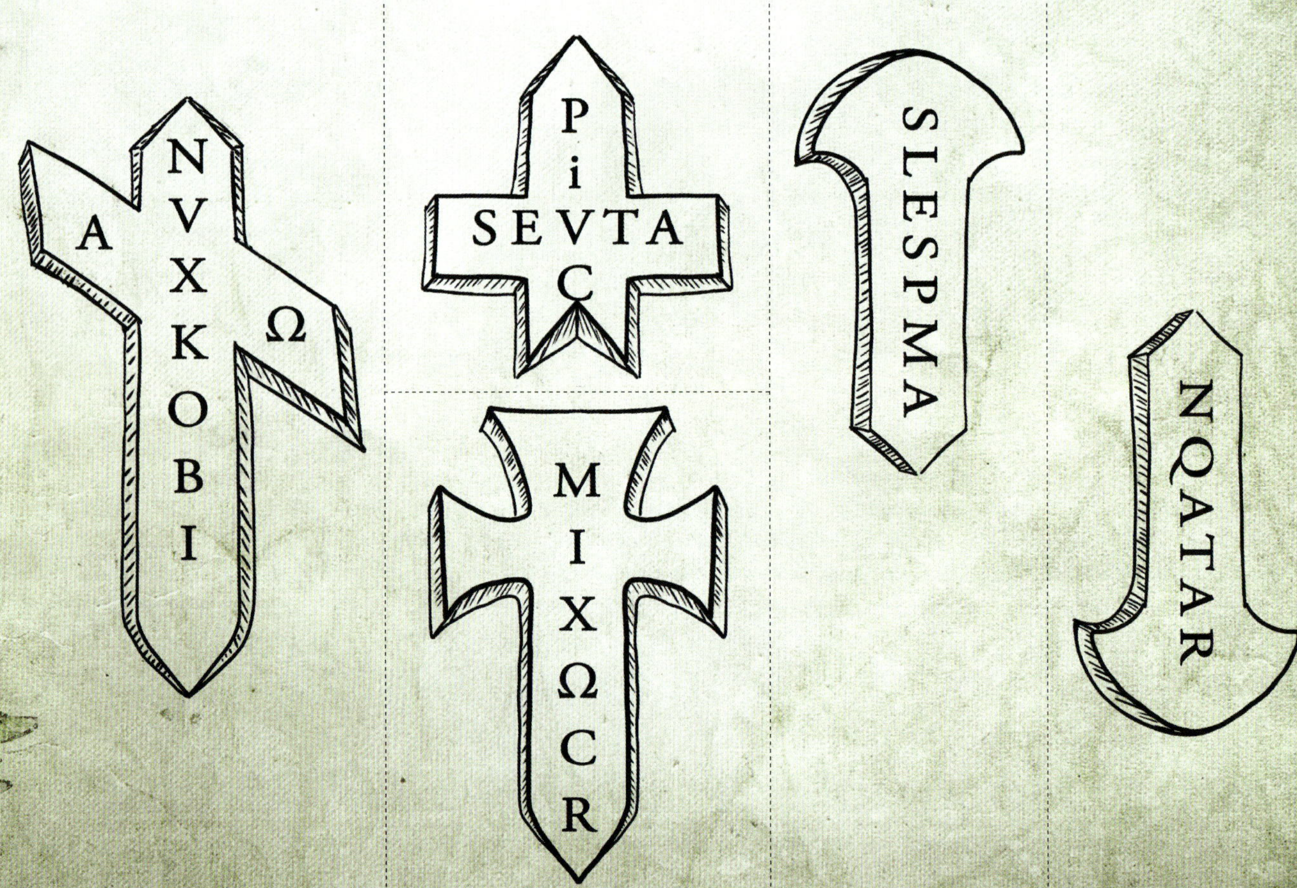

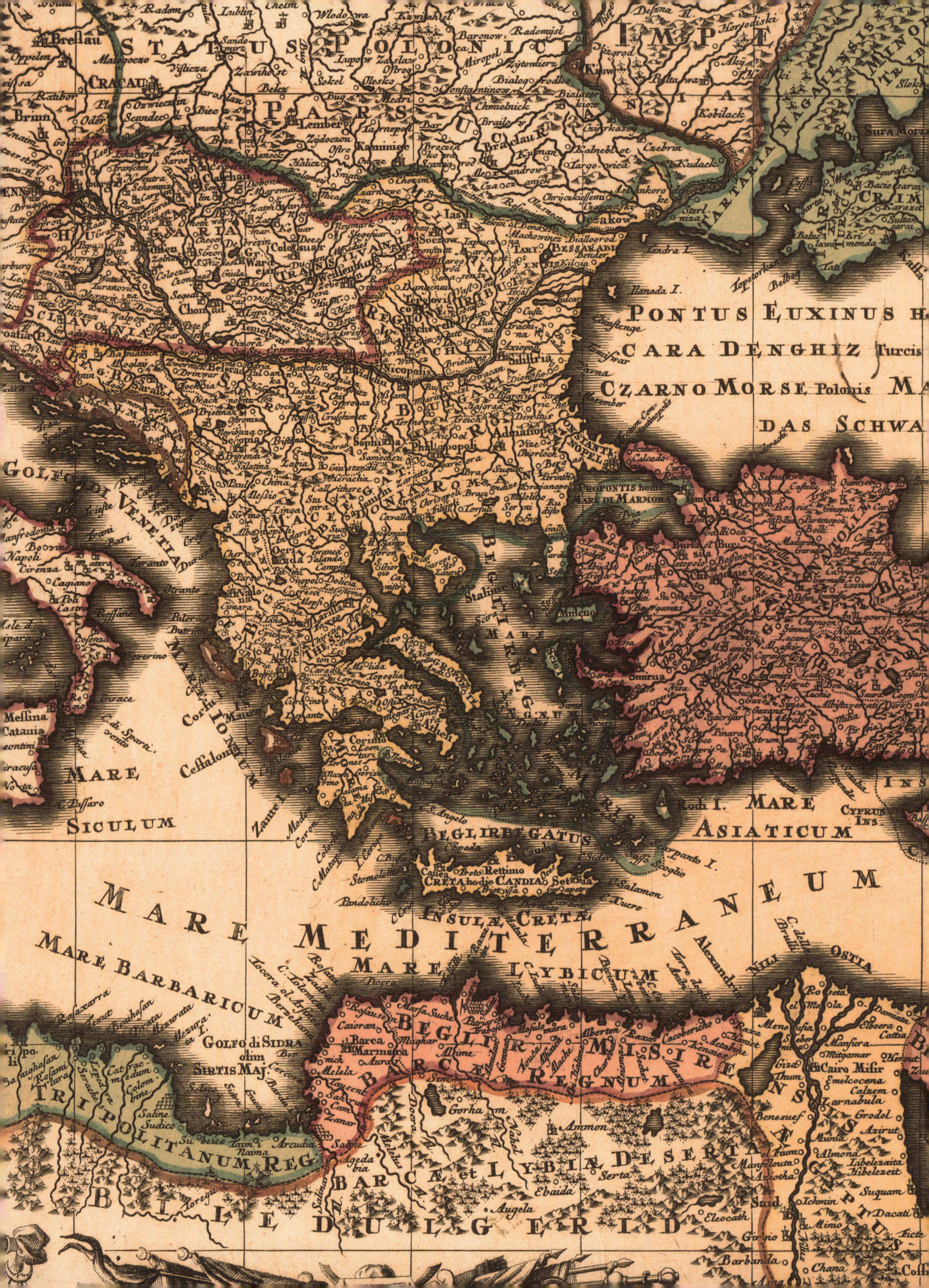
PONTUS EUXINUS
CARA DENGHIZ Turcis
CZARNO MORSE Polonis
DAS SCHWA
MARE MEDITERRANEUM
MARE BARBARICUM
MARE LYBICUM
MARE ASIATICUM
MARE SICULUM
GOLFO DI VENETIA
MARE IONIUM
INSULA CRETA
CRETA hodie CANDIA
BEGLIRBEGATUS
TRIPOLITANUM REG
BARCÆ et LYBIÆ DESERTA
BILEDULGERID
BEGLIR MISIRENSIS REGNUM
BARCA
GOLFO di SIDRA olim SIRTIS MAJ.
PROPONTIS hodie MARE di MARMORA
CRACAU
Breslau
Oppelen
Lemberg
Kaminiec
Oczakow
Smirna
Kobilack
Corfu
Cefalonia
Zante I.
Messina
Catania
Rodi I.
Cyprus Ins.
Cairo Misir
Philippopoli
Sophia
Nicopoli
Silistria
Barbanda